国际货币基金组织 主持编写
INTERNATIONAL MONETARY FUND

中国财政科学研究院财政大数据研究所 译
刘尚希 傅志华 王志刚 审校

公共财政的
数字化
变革

Digital
Revolutions
in Public Finance

〔印〕桑吉夫·古普塔 Sanjeev Gupta
〔英〕迈克尔·基恩 Michael Keen
〔英〕阿尔帕·沙阿 Alpa Shah
〔加〕吉纳维芙·维迪尔 Geneviève Verdier 等／著

社会科学文献出版社
SOCIAL SCIENCES ACADEMIC PRESS (CHINA)

致　谢

　　这本书是一个集体努力的作品，并得益于国际货币基金组织内部和外部研究者的贡献。我们要感谢这些作者，他们在工作中进行密切合作并对这一主题充满热情。

　　本书中的研究最早出现在 2017 年 4 月在华盛顿特区举行的国际货币基金组织—世界银行春季会议上，是国际货币基金组织财政事务部组织的"公共财政领域的数字化变革"论坛的会议论文，本书的章节写作大大受益于在此期间收到的有价值的反馈，部分章节也受益于这些评论和比尔及梅琳达·盖茨基金会。

　　国际货币基金组织通信部的琳达·基恩和琳达·朗有效地开展了与这本书相关的所有工作，我们在此感谢他们出色的工作。丽莎·普拉多和安娜·波波维奇在书稿完成中的一些环节展示了出色的行政才能。凯蒂·惠普尔为这本书提供了排版设计服务。本书能基于会议论文改编而成，这要感谢比尔及梅琳达·盖茨基金会的慷慨支持，我们要感谢比尔及梅琳达·盖茨基金会的维萨尔·古贾德胡尔，他娴熟地协调了我们与该基金会的合作。

桑吉夫·古普塔

迈克尔·基恩

阿尔帕·沙阿

吉纳维芙·维迪尔

译　序　积极推动公共财政的数字化转型

数字化浪潮蓬勃兴起，个人、企业、政府的数字化转型已是大势所趋，2020年突发的新冠疫情更是加快了这一进程。财政是国家治理的基础和重要支柱，财政的数字化转型是政府数字化转型的重要内容。财政数字化转型的核心是用数字化技术手段重构财政体系，使传统的预算、税收、政府采购、转移支付等业务流程及其公共决策实现平台化、智能化，并实现与个人、企业、社会组织的开放互联。财政体系的数字化最终嵌入数字经济、数字社会、数字政府之中，形成数字财政新模式。数字科技是国家治理现代化的新内容，如何利用大数据、云计算和智能算法等先进数字技术渗入财政运行的全过程，是建立现代财政，夯实国家治理基础不可或缺的要素。

现代社会是一个风险社会，如何在各种风险和不确定性中构建确定性，面临着巨大挑战。无论对个人、企业还是政府部门，数字化转型都意味着重构，财政数字化转型也就是要打造数字财政。财政是国家治理的基础和重要支柱，相应地，数字财政为国家治理提供了新的基础，有利于提升治理效能。数字财政可以使财政变为"开放型财政"，形成更多的应用场景，让企业、居民和社会组织嵌入其中，大大降低信息不对称和提高财政运行效率，增强财政对冲公共风险的功能，为国家治理、国家发展注入更大的确定性。

IMF 在 2017 年组织了 29 位来自财政、税收、法律、计算机等各领域的权威专家，就公共财政的数字化变革主题展开研究，可谓是一部非常具有指引性的著作，我院组织相关研究人员和部分研究生对著作进行了翻译和审校。本书共分为十三章，涉及内容包括数字化与公共财政体系重塑、数字时代的国内和国际税收问题、数字化与财政管理创新、发展中国家如何利用数字技术实现公共服务提供和支出的现代化、扶贫资金使用、部分国家数字化转型案例、印度经济数字化的财政政策内涵、政府数字化与公共财政管理的结合、政府支付数字化在发展中经济体中的价值等。

总之，本书汇集了众多权威专家的智慧，有不少真知灼见，我也乐意向国内的实务部门、学术界等推荐本书，希望能有更多的读者关注财政的数字化转型，共同推动数字财政建设，为财政治理注入数字之"芯"，以财政的数字化转型带动政府数字化转型，共同助推中国经济社会的繁荣进步。

刘尚希

中国财政科学研究院党委书记、院长

第十三届全国政协委员

前　言

财政政策对我们所有人都有重大影响。政府如何调动资源并将其用于公共产品和服务，以及如何利用财政政策来引导经济，对社会的福祉都至关重要。国家制定和执行财政政策的能力越强，人民的生活就会越美好。

数字革命具有改善财政政策的巨大潜力。通过改变各国收集、加工和处理信息的方式，数字技术可以重塑政府设计和实施税收、支出，以及宏观财政政策的方式。如果科学技术被巧妙地加以运用，财政政策将会更加有效、透明、公平地改善全世界人民的生活，其中有巨大的潜在好处。

现在政府可以获得更好的数据。数字化使得政府可以通过电子记录更有效地储存和追踪资讯，连接政府各部门的数据库，以及加强处理和分析大型数据集的能力。有了这些新数据和新功能，就有了更好的系统。许多国家已经发现，征税、提供公共服务、管理社会项目和管理公共财政的成本更低。这提供了新的政策选择，包括更具创新性和先进的税收制度。未来认知系统和人工智能会如何影响我们的税收系统和公共服务提供呢？

最重要的是，新的政策和更好的制度可以对人们的生活产生更大的影响。目前正在进行的公共财政数字化变革，对政府及其所代表和服务的人民来说具有强烈的变革意义。

每个国家都需要开辟属于自己的道路——要么采取渐进的步骤实现数字化，要么跨越到更新、更复杂的政策和实施方法。我们不能低估这一路要面临的体制挑战和能力限制，新政策的设计必须是公平和包容的。此外，随着跨境传播的信息越来越多，还存在隐私和网络安全问题方面的担忧以及新的欺诈手段，这些都需要国际合作与监管，然而，潜在的好处远远大于风险。

国际货币基金组织和比尔及梅琳达·盖茨基金会为能够成为推动这一重要议程的合作伙伴而感到自豪。我们对未来有共同的愿景，即技术创新能够帮助最贫困和最脆弱的人过上健康、富裕的生活。就财政政策而言，这意味着未来各国政府将利用技术来收集和分配资源，造福本国人民。

我们希望这本书能让我们更加接近那个未来。我们可以共同开发新技术使所有国家取得更好的财政政策效果。

梅琳达·盖茨　　　克里斯蒂娜·拉加德

比尔及梅琳达·盖茨基金会联合主席　　国际货币基金组织总裁

主要贡献者

珍妮·阿克（Jenny Aker）是塔夫茨大学弗莱彻学院和经济系的发展经济学副教授，研究非洲撒哈拉以南地区的发展经济学。她曾在国际粮食政策研究所、全球发展中心和天主教救济服务中心工作。阿克女士对一系列问题进行了研究，包括信息技术对发展成果的影响、农业市场效率、成人教育的障碍以及社会保障计划。2008 年，她获得了加州大学伯克利分校农业经济学博士学位。她拥有弗莱彻学院的文学硕士学位和杜克大学学士学位。

阿齐布·阿斯拉姆（Aqib Aslam）是国际货币基金组织财政事务部的一名经济学家，此前曾在欧洲研究部门工作。在此之前，他曾在高盛国际、英格兰银行和英国政府经济服务局工作。他拥有剑桥大学的博士学位、伦敦大学学院的硕士学位和牛津大学的学士学位。他的主要研究方向为应用宏观经济学和计量经济学。

所罗门·阿塞法（Solomon Assefa）是 IBM 公司非洲研究中心主任。他负责 IBM 在肯尼亚和南非的研究实验室，并负责该公司在非洲大陆的战略研究与合作伙伴关系。此前，他是非洲战略研究和增长计划的负责人，也是科学技术办公室的项目经理。作为一名研究科学家，阿塞法博士在 IBM 的纳米光电子技术领域工作，其职责包括研究、开发和将技术转移到商业领域。他与人合作在同行评审期刊和会议论文集上发表了 150 多篇论文，拥有 50 多项专利。他也是埃塞俄比亚学院院士，南非威特沃特斯兰德大学荣誉教授。阿塞法博士获得了物理学学士学位和理学硕士学位及麻省理工学院电子工程和计算机科学博士学位。

马尔科·坎贾诺（Marco Cangiano）是国际货币基金组织（IMF）前助理总裁，目前是伦敦海外发展研究所和联合国资本发展基金的独立顾问。他曾为国际货币基金组织、意大利经济和财政部等机构提供咨询。1991~2016 年，他在 IMF 担任多个职位。其中，在 2008~2015 年，他担任公共财政管理司司长，在此之前，他曾领导国际货币基金组织预算和规划办公室的预算战略司。他在华盛顿和海外就一系列财政问题发表过演讲，包括经合组织高级预算官员会议、维也纳联合研究所、卢布尔雅那金融卓越中心、哈佛大学肯尼迪政府学院和纽约大学瓦格纳公共服务研究生院。他毕业于罗马大学，拥有约克大学经济学硕士学位。他曾在多个公共支出和财政问责计划的指导委员会任职，发表了有关能源经济学、养老金改革、财政透明度和税收政策的文章，并于 2013 年与 IMF 联合编撰了《公共财政管理及其新兴架构》（*Public Financial Management and It's Emerging Architecture*）一书。

陈静楠（Jingnan/Cecilia Chen）是英国埃克塞特大学经济学讲师（助理教授）。她在上海交通大学获得金融学学士学位，在乔治梅森大学获得经济学博士学位。她的研究结合了实验方法论、博弈论以及心理学和社会学的观点。她的主要研究方向是行为经济学和实验经济学，包括税收遵从、欺骗和性别等主题。

迈克尔·得弗罗（Michael Devereux）是牛津大学企业税收中心主任、牛津大学赛德商学院商业税务专业的教授、牛津大学奥利尔学院教授。他是欧洲税收政策论坛的研究主任、经济政策研究中心和德国经济信息研究会（CESifo）的研究员。他还是《英国税务评论》的助理编辑，也是《世界税务杂志》编辑委员会的成员。他是由英国财政大臣主持的税收与竞争力商业论坛的成员，2014 年成为欧盟委员会数字经济税收高级别专家组成员。

马丁·弗莱明（Martin Fleming）是 IBM 的首席分析官和首席经济学家。作为首席分析官，弗莱明博士领导着 IBM 的数据科学能力中心，致力于提高公司的业务绩效和实现其财务目标。作为首席经济学家，他定期为公司的管理层提供宏观经济方面的见解和分析，并与 IBM 的部分客户打交道。弗莱明博士还是 IBM 数据科学专业的负责人，其使命是推动数据科学专业人员的增加和专业知识与技能的熟练化。他的研究成果发表在专业期刊和大众广泛关注的出版物上，包括《经济学人》《纽约时报》《华尔街日报》等。他曾在包括联合经济委员会在内的多个美国国会委员会作证。弗莱明博士拥有塔夫茨大学经济学硕士和博士学位，以及马萨诸塞大学洛厄尔分校数学学士学位。

艾伦·盖尔布（Alan Gelb）是全球发展中心的高级研究员和研究主任。他曾在世界银行任职，担任发展政策主任、非洲区首席经济学家和 1996 年《从计划到市场》（*From Plan to Market*）世界发展报告的工作组主任。他最近的研究包括数字识别系统和生物识别技术的发展应用、资源丰富国家的特殊发展挑战、非洲经济的增长和多样化以及基于成果的援助。他是 ID4 Africa 顾问委员会的成员，而 ID4 Africa 是一个多方利益相关者活动，旨在促进数字识别技术服务于非洲的发展。在加入世界银行之前，他曾在埃塞克斯大学和皇后大学担任学术职务。他获得了牛津大学哲学学士和博士学位及南非夸祖鲁·纳塔尔大学理学学士学位。

露丝·古德温－格罗恩（Ruth Goodwin-Groen）是"Better Than Cash Alliance"的常务董事，"Better Than Cash Alliance"是一个由各国政府、企业和国际组织组成的全球伙伴关系，旨在加快从现金支付向数字支付的转变，总部设在联合国。在领导联盟之前，古德温－格罗恩女士是二十国集团普惠金融全球伙伴关系的澳大利亚联合主席和澳大利亚政府的普惠金融顾问。她拥有英国巴斯大学的博士学位、哈佛商学院工商管理学院硕士和西澳大利亚大学的学士学位。她领导咨询业务长达15年，主要关注普惠金融、金融部门和机构发展问题。

肖恩·格里姆肖（Shaun Grimshaw）是埃克塞特大学经济学博士，也是该校税务管理研究中心的成员之一。他目前的研究方向包括逃税和欺骗行为方面的实验研究。在加入该研究中心之前，他曾在德意志银行担任信贷衍生品技术经理，拥有牛津大学的化学博士学位。

桑吉夫·古普塔（Sanjeev Gupta）是国际货币基金组织财政事务部副主任，此前曾在该组织非洲和欧洲部门任职工作。古普塔曾率领IMF代表团前往非洲、亚洲、欧洲和中东约25个国家，并代表IMF出席了许多国际会议。在加入IMF之前，他是德国基尔世界经济研究所的研究员、印度海德拉巴行政参谋学院教授，以及印度工商联合会秘书长。古普塔先生与同伴就宏观经济和金融稳定问题发表了150多篇论文，出版了12部著作，国际货币基金组织最新发布的报告是《发达和新兴经济体公共卫生医疗改革的经济学》（*The Economics of Public Health Care Reform in Advanced and Emerging Economies*，2012）、《能源补贴改革：教训与启示》（*Energy Subsidy Reform: Lessons and Implications*，2013）、《公平和可持续养老金：挑战与经验》（*Equitable and Sustainable Pensions: Challenges and Experiences*, 2014）、《财政政策与不平等》（*Fiscal Policy and Inequality*, 2015）和《财政政治》（*Fiscal Politics*，2017）。

巴斯·雅各布（Bas Jacobs）自2007年起担任荷兰鹿特丹伊拉斯谟大学经济学院经济学和公共财政学教授。他是丁伯根研究所和德国经济信息研究会的研究员、荷兰CPB经济政策分析局的学术伙伴、荷兰皇家经济协会主席。他的研究跨越了公共财政、最优税收、宏观经济学、人力资本理论和劳动经济学的边界。雅各布教授曾写过关于最优劳动所得税、最佳资本收入征税、逆最优税收、人力资本理论、最优教育政策、最低工资劳动力市场的最优税收、公共资金的边际成本、环境和矫正性税收、工资不平等、财政政策、生产率增长和技术变革的文章。他拥有阿姆斯特丹大学经济学硕士和博士学位。

拉维·坎伯（Ravi Kanbur）是 T.H.Lee 世界事务方面的教授、国际应用经济学与管理学教授、康奈尔大学经济学教授。他曾担任世界银行高级职员，非洲首席经济学家。他是人类发展和能力协会主席、联合国大学世界发展经济研究所（UNU-WIDER）理事会主席、国际社会进步委员会科学理事会联合主席、经济合作与发展组织经济绩效衡量高级专家组成员。他也是经济不平等研究学会的前主席、气候正义对话高级咨询委员会的前成员，以及全球贫困问题委员会核心小组的前成员。

迈克尔·基恩（Michael Keen）是国际货币基金组织财政事务部副主任，他曾任税收政策和税收协调司司长。在加入 IMF 之前，他是埃塞克斯大学经济学教授、京都大学客座教授。2010 年，获得 CESifo-IIPF 马斯格雷夫奖；2012 年，在新德里的国家公共财政与政策研究所发表演讲，并担任国际公共财政研究所名誉所长（2003~2006 年当选所长）。他曾率领技术援助团前往 30 多个国家，就广泛的税收政策问题提供咨询，并为世界银行、欧洲委员会和私营部门提供咨询。他曾在美国国家税务协会理事会任职，并在《美国经济杂志：经济政策》《国际税收与公共财政》（他是该杂志的联合创始人）《公共经济学杂志》《经济研究评论》和许多其他杂志的编委会任职，他是关于现代增值税、石油和矿产资源税以及不断变化的关税等一系列著作的合著者。最近的文章还出现在《美国经济评论》《经济政策》《公共经济学杂志》《发展经济学杂志》《国家税务杂志》上。

拉米娅·克吉（Lamya Kejji）是国际货币基金组织统计部门的信息管理助理，从事数据收集和数据库管理工作。她曾是国际货币基金组织信息技术部的一名项目官员。她拥有法国南锡电信学院的计算机科学工程学位。

阿文·克里希纳（Arvind Krishna）是 Hybrid Cloud 的高级副总裁，也是 IBM 研究部的主管。他曾担任 IBM 系统与技术集团开发与制造总经理、IBM 信息管理总经理、IBM 软件战略副总裁。克里希纳博士领导着 IBM 的混合云部门，该部门年收入达 100 亿美元，负责新一代认知计算、云服务和平台服务、半导体、数据驱动解决方案和区块链等项目的研究。作为一名电气工程师和商业领袖，克里希纳博士在无线网络、安全、数据库系统和研究方面取得了重大技术成就。他协助开发了世界上第一个可操作的无线系统。他是 IBM 安全软件业务的先驱，并研发了新的数据库技术，他是 IBM 研究部区块链策略的架构师，也是为这种新兴技术使用开源和开放标准的架构师。克里希纳博士在同行评审期刊和会议论文集中共发表过 26 篇论文，拥有 15 项专利。他获得了印度坎普尔理工学院的学士学位，以及伊利诺伊大学厄巴纳 – 香槟分校的电气工程博士学位。

杰森·兰姆（Jason Lamb）是比尔及梅琳达·盖茨基金会金融服务扶贫数字化促进项目副主任。他带领团队与全球组织合作，力求为每个人提供金融服务，包括那些每天生活费不足 2 美元的人。在基金会任职期间，他曾担任 Better Than Cash 联盟的董事会主席和董事会成员。他目前在普惠金融联盟董事会任职。2013 年，他还与人合著了一份开创性的报告《营利性扶贫》（*Fighting Poverty Profitably*），该报告量化了通过数字金融服务接触消费者所节省的成本。加入该基金会之前，兰姆在华盛顿互惠银行工作了 6 年，负责管理消费者支票业务。在麦肯锡公司的 7 年里，他获得了有关金融部门和新兴经济体的初始经验，并曾在中东欧、非洲和北美的银行担任顾问。他是麦肯锡布达佩斯办事处的创始成员之一。兰姆先生拥有加州大学戴维斯分校经济学和历史学学士学位，以及密歇根大学罗斯商学院的工商管理学硕士学位。

苏珊·隆德（Susan Lund）是麦肯锡公司的合伙人，也是麦肯锡全球研究院的负责人，主要从事国际金融市场和全球化方面的研究。她的最新研究为全球银行的紧缩和金融全球化的现状提供了新的证据。最近的报告评估了数字金融和移动货币对发展中国家的潜在经济影响，研究了全球化在数字经济时代如何演变，并评估了与世界各国债务积累相关的风险。隆德博士是美国全国商业经济协会的理事，也是外交关系委员会、布雷顿森林体系委员会和商业经济学家会议的成员。她拥有斯坦福大学应用经济学博士学位和西北大学学士学位。

弗洛里安·米施（Florian Misch）是国际货币基金组织财政事务部的经济学家，他曾就欧洲和墨西哥的多个分析项目以及财政问题从事研究工作。在加入国际货币基金组织之前，他是德国一家主要智库部门的副主管，并曾在世界银行、德国国际合作组织和新西兰财政部等多个组织担任顾问。他的研究方向包括宏观经济学、公共财政和发展经济学。他拥有诺丁汉大学经济学博士学位。

加雷斯·迈尔斯（Gareth Myles）是阿德莱德大学经济学教授、商学院院长、财政研究所研究员。他曾任华威大学讲师、埃克塞特大学经济学教授、税务管理研究中心主任。他是《公共经济理论杂志》的执行主编，1998~2013年担任《财政研究》的执行主编。他的主要研究方向是公共经济学，著作包括《公共经济学》（*Public Economics*）（1995）、《中级公共经济学》（*Intermediate Public Economics*）（2006），以及发表在《国际税收与公共财政》《公共经济理论杂志》《公共经济学杂志》等刊物上的大量文章。他是《米尔利斯英国税收体系评论》（*Mirrless Review of the UK Tax System*）的作者之一。

恩朱古纳·恩东古（Njuguna Ndung'u）是肯尼亚内罗毕大学的经济学副教授。他是肯尼亚中央银行的前行长（2007~2015）。按照法律规定，他在肯尼亚中央银行担任了两届四年任期的行长。他曾是世界经济论坛全球咨询委员会成员和牛津大学布拉瓦尼克政府学院访问学者。在被任命为行长之前，他是非洲经济研究联合会——一个泛非主要的能力建设网络的培训主任。他还在加拿大国际发展研究中心工作，担任东部和南部非洲区域办事处的区域方案专家，并在肯尼亚公共政策研究和分析研究所担任首席分析研究员。在后者中，他带领一个团队开发了肯尼亚宏观模型，该模型自 2001 年以来一直用于预测经济增长和财政状况。他在瑞典哥德堡大学获得博士学位，曾在内罗毕大学讲授《高级经济理论》和《计量经济学》。此外，他还在国际期刊上广泛发表文章，并在有关经济政策问题的各种书籍中发表文章。目前，他是布鲁金斯非洲增长计划杰出顾问小组的成员、普惠金融联盟咨询委员会成员（负责协调非洲、亚洲和拉丁美洲的普惠金融政策），以及总部位于联合国的"Better Than Cash"联盟的高级顾问。

布莱恩·奥尔登（Brian Olden）是国际货币基金组织财政事务部公共财政管理司副司长，自 2013 年以来，他一直在 IMF 任职。2009~2012 年，他曾担任 IMF 的欧洲东南部地区公共财政管理顾问。在加入国际货币基金组织之前，他在一家专门从事公共财政管理的咨询公司担任董事，在爱尔兰财政部担任高级财政经理，并在爱尔兰财政部担任官员。奥尔登先生就公共财政管理和债务管理问题发表了许多文章与著作，并为货币基金组织的政策文件做了重要贡献。奥尔登先生拥有都柏林城市大学投资与财政的理学硕士学位和都柏林大学的理学学士学位。

马科斯·波普劳斯基－里贝罗（Marcos Poplawski-Ribeiro）是国际货币基金组织研究部的高级经济学家。他曾在国际货币基金组织的财政事务部和非洲部门任职。在加入国际货币基金组织之前，他在巴西、欧洲和美国的许多机构和大学（包括联合国、阿姆斯特丹大学、国际前景与信息中心、巴黎政治学院）工作和授课。他拥有阿姆斯特丹大学经济学博士学位。他在公共财政、宏观经济学、国际经济学和发展等多个领域的主要学术期刊和政策性期刊上发表过论文。

素雅什·拉伊（Suyash Rai）是新德里国家公共财政和政策研究所的高级顾问，主要研究金融监管、基础设施监管和公共财政等问题。他曾在政府委员会任职，并为多个政府机构提供研究和咨询支持。他曾在私营银行印度工业信贷投资银行和小额信贷组织 IFMR Trust 工作。他还担任世界银行"扶贫协商小组"的顾问。他为各种流行媒体撰稿，拥有管理学硕士学位和计算机科学学士学位。

拉欣·罗伊（Rathin Roy）是新德里国家公共财政和政策研究所的董事兼首席执行官，该研究所是印度财政部下属的一个独立研究机构。罗伊博士曾担任印度政府第十三届财政委员会的经济顾问、财政责任与预算管理审查委员会成员、第七届中央薪酬委员会委员。他以前是联合国开发计划署曼谷亚太区域中心的区域负责人、巴西包容性增长国际政策中心主任，联合国开发计划署总部公共财政经济学家。在加入联合国开发计划署之前，他曾在伦敦大学亚非学院经济学系担任终身教授，并在曼彻斯特大学任教。罗伊博士的研究方向主要集中在发展中国家和新兴经济体中与人类发展有关的财政和宏观经济问题。他撰写了大量关于人类发展的财政空间、政府间财政问题、财政政策、宏观经济条件以及 IMF 第四条政策分析的文章。罗伊博士拥有剑桥大学经济学博士学位、贾瓦哈拉尔·尼赫鲁大学经济学硕士学位，以及德里大学圣·史蒂芬学院经济学（荣誉）学士学位。

阿尔帕·沙阿（Alpa Shah）是国际货币基金组织财政事务部税收政策部门的经济学家。她的工作包括对收入、消费和自然资源税收政策问题的技术援助、研究和分析。在加入国际货币基金组织之前，她在伦敦的投资银行部门从事基础设施融资方面的工作，后来又在利比里亚政府银行担任海外发展研究所研究员，就与国际投资者的谈判和监测投资协定提供咨询。她拥有剑桥大学经济学硕士学位和伦敦大学亚非学院理学硕士学位。

约翰·维拉（John Vella）是牛津大学法学院税法学副教授、哈里斯·曼彻斯特学院研究员、牛津大学商业税收中心项目主任。维拉先生曾在马耳他大学（获文学学士和法学博士学位）和剑桥大学（获法学硕士和哲学博士学位）学习法律。在获得博士学位后，他前往牛津大学，先是在法学院担任诺顿·罗斯公司职业发展研究员，随后在牛津大学商业税务中心担任高级研究员。他最近的研究集中在跨国公司的税收、金融部门的税收以及税收合规和管理方面。

吉纳维芙·维迪尔（Geneviève Verdier）是国际货币基金组织财政事务部支出政策副司长。在加入 IMF 之前，她是得克萨斯农工大学的助理教授。她曾在加拿大银行研究部，国际货币基金组织战略、政策和审查部，非洲部门及能力发展研究所担任经济学家。她获得了不列颠哥伦比亚大学的博士学位。迄今为止，她的工作及各项出版物涉及广泛的宏观经济问题，包括公共支出效率、公共投资、主权债务重组、经济增长、国际宏观经济学和金融发展。

奥利维亚·怀特（Olivia White）是麦肯锡公司旧金山办事处的合伙人，致力于新兴市场的普惠金融主题。她还与美国和欧洲的金融机构合作，特别是在风险管理方面，并负责麦肯锡公司的企业风险管理业务。怀特女士的著作涉及广泛的主题，是麦肯锡全球研究院出版的《人人享有数字金融：促进新兴经济体的包容性增长》（*Digital Finance for All: Powering Inclusive Growth in Emerging Economics*）（2016）一书的作者。在加入麦肯锡公司之前，她是麻省理工学院帕帕拉多物理学研究员。她拥有哈佛大学物理学博士学位，获得牛津大学数学硕士学位、斯坦福大学物理学和数学学士学位，曾获罗德奖学金。

目　录

1 导论：重塑公共财政

桑吉夫·古普塔　迈克尔·基恩　阿尔帕·沙阿　吉纳维芙·维迪尔

财政政策的有效性是指收集和使用资源以稳定经济周期、追求分配目标，以及实现公共支出，它在很大程度上取决于政府能够获得的信息和技术，以及政府如何利用这些信息和技术。一般来说，政府在经济衰退时会刺激经济，在经济繁荣时会节省开支。政府征税是为了支持社会安全网、医疗和教育服务、基础设施等。因此，财政政策的设计和执行从根本上取决于政府可获得的有关经济及参与者信息的可靠性、及时性和详细程度。这包括纳税人的收入和资产、社会救助计划受益人的身份和情况、工人的就业状况、产出缺口的大小以及政府交易的规模和时间。通过改变政府收集、运行和处理信息的方式，数字化[①]正在改变这些政策的制定和执行——这个过程才刚刚开始。这一重塑过程是本书的主题。

计算机化是指使用计算机执行人工任务，其在政府领域已经如同其他任何地方一样熟悉和日常化，但是现在它正在顺应更深刻的数字化过程。随着人工智能能够根据提供给它的信息自我学习，深度学习技术正在将数字化的边界向前推进。通过使用这种技术，计算机能够设计工业对象，提出科学假说，甚至创作音乐（McAfee and Brynjolfsson，2017）。

数字化也极大地增加了数据收集和存储的可能性。在 2000 年，只

[①]　数码化和数字化这两个术语经常互换使用，数码化指的是将信息存储转换成数字格式（一系列二进制数字）以供计算机使用；数字化指的是将数字技术融入日常生活，包括政府系统。因此，本书的核心问题是数字化。

有 25% 的数据是以数字形式存储的；而到了 2007 年，这一比例达到 94%
（Ross，2016）。通过多种途径——计算机、平板电脑和手机获取和共享信
息，这场革命几乎让世界每一个角落都受到影响：2014 年，全球 90% 的
人口都能使用手机（ITU，2014；GSMA，2013）。这场数字革命正在产
生广泛的影响，向市场、社会和政府提出了应对和理解这一持续变化的
挑战。

本章首先指出，虽然数字革命为公共财政提供了令人兴奋的新机遇
（更好的信息、更佳的系统和更好的政策）——这是下一节的重点，但是
它并非没有重大的挑战和局限。这些内容将在第二节进行讨论。第三节讨
论了各国如何根据本国国情采取措施，并强调了它们在应对新出现的挑战
方面进行合作的必要性。本章的其余部分详细叙述了本书的贡献。

新的机遇

通过数字化，政府有可能更有效地实施当前的财政政策——做我们现
在所做的事情，但要做得更好。也许不久之后，政府就会以新的方式设计
政策——我们现在没做，也做不了的事。未来政府可以获得更好的信息，
构建更佳的系统，设计和实现更好的政策。

更好的信息

在数字革命的许多潜在好处中，最显而易见和最关键的可能是收集、
处理和传播更及时、更容易获取和更透明的经济活动信息的能力。更大的
存储容量和更强的计算能力意味着政府现在可以通过跟踪和记录大量的交
易和互动收集更多的信息。

税务部门通过使用数字系统、标准化报告格式和电子接口，越来越多
地获取私营部门掌握的大量信息，例如银行交易和利息收入数据。信息共
享系统也得到了改进。不断发展的在线门户网站及数字平台允许财政部门
访问跨政府部门的数据。全球税务透明度方面的新规范催生了一项全球报

告标准，以便与非居民所在国的税务部门自动交换关于非居民财务记录的信息。

各国政府现在可以收集即时的信息。澳大利亚和英国的税务部门目前可以收到实时报告的工资单信息；在巴西和俄罗斯，政府通过电子发票系统可以立即获得公司销售数据。随着公共财政管理的自动化，一些政府可以通过其信息技术系统访问高频率的财政数据。一些国家，例如巴西和美国，甚至向公众提供这些日常现金业务。

通过数字技术，我们还可以更准确地识别个人及其相关活动。监测和记录个体特征的新技术提供了一种独特、安全和成本较低的替代传统纸质官方文件的系统。在许多发展中国家，这项技术为政府和公民提供了使用各种身体特征，包括指纹、虹膜、血型和 DNA 鉴定官方身份的手段，加强了民事登记和居民身份登记。Gelb 和 Clark（2013）在 80 多个国家发现了一些由政府或非政府组织开发的用于确认身份的生物识别项目——既包括大型项目，也包括小型项目。拉丁美洲在使用生物识别技术的居民身份系统方面处于领先地位，其他地区也紧随其后。非洲的安哥拉、加纳、尼日利亚和南非已经建立或正在计划建立这种系统。阿富汗、孟加拉国、尼泊尔和巴基斯坦等国家也纷纷效仿。印度的阿达哈尔（Aadhaar）是世界上最大的生物识别系统，有超过 11 亿公民登记在册。

在私营部门，实时记录数字信息产生了数据经济，个人在每次互联网搜索、零售交易和使用数字手段进行的活动中都留下了数字踪迹。企业已经在购买和销售这些数据，并将其与人工智能算法结合使用，以便更好地改善它们的广告效果。政府已经开始运用这些数据，这样的大数据和认知计算也可能扩大政策和执法的选择。

更佳的系统

伴随新的信息和新的能力，加强执行税收和支出政策有了新的可能性。这些措施包括降低税收遵从成本，以及提供公共服务、管理社会项目和管理公共财政。

税务管理

电子纳税申报降低了纳税人的遵从成本和政府的行政管理成本。例如，早在 15 年前，许多国家就开始尝试电子纳税申报（OECD，2006；Deloitte，2013）。此外，获取第三方信息使政府能够越来越多地"预填"纳税申报表，进一步减轻了遵从负担，纳税人只需核实他们收到的信息。获取更多的信息来源和提高连接各种政府系统中现有信息的能力，有助于税务部门更好地发现逃税或避税行为。

数字化使政府能够对商业活动进行电子跟踪。例如，通过使用电子发票跟踪销售情况有助于更有效地管理间接税，这是欺诈以及收入流失的一个常见领域。俄罗斯推出了在线收银机，记录每笔交易的信息，然后立即传输到一台服务器上，税务部门可以访问这台服务器。几十年来，对增值税（VAT）发票的大规模交叉核对（以核实销售者是否被征收了他们寻求抵免的税款）在技术上被认为是不可能的。现在中国正在证明这是可以做到的。[①] 在巴西，公共数字簿记系统（SPED）允许税务部门根据企业输入年度数字簿记报告中的信息来确定企业的所得税义务。

随着收集数据的格式更加标准化，处理能力的提高使税务部门能够通过分析大型数据集并结合不同的数据来源（例如，为增值税服务的企业级的输入和输出数据）来评估纳税人的风险。在英国，英国税务及海关总署的 Connect 计算机利用各种来自政府和公司的信息，以及个人的数字足迹，创建每个纳税人总收入的概况。这种分析能力甚至可以用来评估新税收和支出政策的行为影响。

数字系统在消费者和第三方增强法规遵从性方面发挥了新的作用。在新兴的 P2P 经济中，数字平台的个人买方和销售方之间的中间交易在以前非正式或没有正式文件的活动中引入了组织和正规化方案。这些平台记录了大量的消费和收入数据，如果税务部门能够获取这些数据，就可以在税务管理中发挥重要作用（正如 Aslam 和 Shah 在第 3 章中所讨论的那样）。

---

① 参见 Fan 等（2017）。

例如，爱沙尼亚使用平台技术将 Uber 司机直接与税务部门联系起来，将乘车收入直接计入他们的纳税申报表。巴西圣保罗的 Nota Fiscal Paulista 项目为消费者提供了审计服务，该项目使用数字支付系统，旨在鼓励在最后消费阶段更好地执行增值税，向索要发票的消费者提供 30% 的退税和每月的彩票奖金。①

公共支出、公共服务提供和行政管理

数字化有助于改善公共服务的提供。政府可以凭借强大的能力传播重要信息。研究发现，通过短信分享的关于最优农业方法技术和大宗商品价格的信息可以增加农民的知识。同样，通过手机分享的关于母乳喂养、性和性健康的信息也增加了接收人的知识（参见 Aker 的第 8 章）。爱沙尼亚在使用数字平台提供政府服务方面表现突出。使用电子身份证，公民可以在网上投票和查阅医疗记录——这只是政府提供的 600 项电子服务中的一小部分（参见 Cangiano、Gelb 和 Goodwin-Groen 的第 12 章）。数字技术也可以帮助政府提高服务质量。海地、印度、巴基斯坦和乌干达的评估结果表明，数字监测可以减少一些关键公共服务工作者的日常缺勤行为，包括护士、医生和教师（World Bank，2016）。

电子支付系统的使用有助于提高官僚机构的效率，节约财政支出，并促进福利的交付（分别参见 Aker 的第 8 章，Roy 和 Rai 的第 11 章，Cangiano、Gelb 和 Goodwin-Groen 的第 12 章）。例如，在海地和菲律宾，一旦支付实现数字化，一些社会援助项目的每笔交易成本会下降约 50%（Zimmerman，Bohling and Parker，2014）。各国政府目前正在广泛使用生物识别技术，以扩大社会福利的覆盖面、提高目标定位能力。2013 年启动的印度政府直接福利转移计划（Direct Benefit Transfer Program）显著改变了补贴和福利的交付系统，将工资直接转入与受益人的 Aadhaar 生物身份证挂钩的银行账户（参见 Roy 和 Rai 的第 11 章，以及 Cangiano、Gelb 和 Goodwin-Groen 的第 12 章）。

---

① 参见 Naritomi（2015）的评估。

与此同时，政府支付的数字化往往减少了欺诈和腐败（参见 Lund、White 和 Lamb 的第 13 章）。埃博拉危机期间，塞拉利昂通过移动钱包进行电子支付工具的引入，帮助恢复了对常常被侵吞工资的卫生健康工作者的支付（Bangura，2016）。在科特迪瓦，大多数中学生通过电子方式缴纳学费，几乎消除了该国内战后普遍存在的盗窃和贿赂行为（Frydrych，Scharwatt and Vonthron，2015）。

一个在政府机构和相关第三方之间建立联系的数据库为扩大福利覆盖面提供了机会。通过再分配来消除贫穷的做法往往因许多有资格的公民未能登记领取福利而受阻。未能登记领取福利的比例可能很高：法国国民议会 2016 年的一项研究估计表明，1/3 符合条件的公民未能享有保障的最低收入福利（在 2016 年改革之前）。① 如果公共机构和雇主之间的个人信息是同步的——通过与银行信息挂钩的数字认证实现（必要时使用生物识别技术），在这些数据中自动记录的个人情况的变化可以立即触发覆盖范围划定和福利支付实现，而无须冗长且可能带有污名的程序来证明资格，包括填写表格和排队等。将覆盖范围包括在内作为默认范围（而不是排除在外），将更加符合最初的政策目标，并减少贫困，尽管可能需要更高的财政成本。

更好的政策

增加获得信息的机会、增强型数字系统和较强的处理能力，也可以开辟新的政策选择。

及时监测和统一纳税人收入、消费和财富信息的能力，为重新思考税收政策的设计提供了空间。例如，现行制度武断地规定了一年期作为所得税的正常征税基础，但如果能够更好地获得数据和使用数据，就可能实现更接近于寿命期的基础——可以说更公平，也可能更有效率。虽然出于实际原因，现行税收制度下的资本收益往往只对变现征税，但现有技术可以对资产价值进行定期跟踪和记录，以便根据权责发生制对收益征税。

---

① 参见 http://www.assemblee-nationale.fr/14/rap-info/i4158.asp 。

扩大国家间个人纳税人信息交流和匹配的范围，最终甚至可能直接向股东征收资本所得税，从而不再将公司税作为向最终股东征收代扣税的手段。允许对个人消费者购买进行电子追踪和标记的技术，可以为更具创新性和累进性的消费税制铺平道路，例如通过跟踪（和对其征税）终身消费。

高频率财政数据的呈现为财政政策制定者提供了重要的机遇，例如更好地预测收入和编制预算。日常财政数据对于试图稳定商业周期的政策制定者尤其有用，使政府能够实时监测经济活动。随着数据存储和分析能力的增强，政府可以利用税收收入与商业周期的相关性来预测危机或监控现金结余，以更好地评估流动性和借贷需求（参见 Misch、Olden、Poplawski-Ribeiro 和 Kejji 的第 6 章）。

在许多国家，数字化还促进了治理工作和财政透明度的改善，使公民能够轻松获得有关政府收入和支出的信息，例如通过英国政府网，或者鼓励公众参与预算过程；又如通过韩国的 D-Brain 系统。[1] 在这方面，所谓的"数字五国"——爱沙尼亚、以色列、新西兰、韩国和英国[2] 承诺根据开放标准、开放源码系统、开放市场和政府透明度的原则，建立更好的数字公共服务体系。

新的挑战和那些不会消失的旧挑战

虽然本书阐明了数字革命的许多潜在好处，但它也强调了数字化变革需要仔细的设计和保障措施，以及对挑战和限制的清楚理解。

旧的和熟悉的挑战

政府对技术的采用
各国政府采用的新技术必须与其能力相适应。各国以不同的速度吸收

---

① 参见 Chambers、Dimitrova 和 Pollock（2016）的成果报告。
② 参见 https://www.ict.govt.nz/assets/Uploads/D5Charter-signed-accessible.pdf。

新技术，反映了在公共部门采用新技术的挑战。政治、制度和人力方面的制约因素将继续阻碍政府创新和采用先进的技术解决方案。

过去在引进综合财务管理信息系统[①]方面的失败，特别是在发展中国家，说明了其中的一些限制。在许多国家，成功实施这种制度的障碍包括体制上的官僚抵制、政府采用创新制度的能力有限，以及利用新技术谋取个人利益（Diamond and Khemani，2005；USAID，2008）。在政府未能收获技术改造潜在优势的例子中，不乏类似令人警醒的现象。

数字包容

为了对纳税和支出系统进行数字化管理，政府必须确保尽可能多的个人和企业能够进入数字世界并使用数字技术。这可能涉及普惠金融银行倡议，以确保公民有机会进入正规的银行系统，或者考虑到有可能出现不必要的收入损失，或许风险更大；降低税收优惠，例如降低增值税或营业税率，以鼓励使用数字支付系统而不是现金支付，比如阿根廷、韩国和乌拉圭。其他国家（中国、阿拉伯联合酋长国）已经启动了数字钱包或移动货币计划，为那些无法使用银行账户的人提供现金替代品。

新技术和新举措的推出必须经过精心设计，认识到个人和企业采用新技术和新举措的过渡时间和成本。例如，新的电子报告要求可能给小型企业带来沉重负担，一些个人可能无法获得数字技术，这就需要做出其他安排。2016 年 11 月，令人意外的印度去货币化就是一个很好的例子。取消大面额纸币的决定似乎是在一夜之间做出的，这一决定一方面是为了缩小使用"黑钱"进行非法交易的规模，另一方面是为了加速印度经济的数字化进程。对小企业和消费者来说，这一决定导致零售市场的大范围混乱。

补充性机构改革

充分利用数字化的机遇，需要政府以不同的方式组织自身，摆脱传统的技能组合。例如，数字化使税收和社会福利系统更完整的一体化变

---

① 综合财务管理信息系统使预算和会计业务计算机化和自动化，使人们能够获得可靠的业务数据，并提高财政透明度和控制能力。

得容易（考虑到社会支持支付只是负税收）。事实上，越来越多的税务部门发现，它们不仅在征税，还在进行支出。这可能需要完全不同的技能和过程。厘清一个复杂的税务案件可能需要数月或数年的时间，但不会造成太大损失。但是，复杂而迅速变化的个人环境需要快速反应，而处理此类紧急情况所需的个体技能可能与解释退税权利所需的技能截然不同。在更广泛的层面，将政府机构之间的信息连接起来，例如税务管理部门和卫生服务部门之间的信息、政府和私人机构之间的信息，以及税务管理部门和 P2P 企业之间的信息，可能需要发展这种新的交换渠道和协议。

新的挑战

革命并不是容易度过的时期，革命可能会有它更令人讨厌的方面。本书所讨论的数字革命也不例外。

新的税务问题

政府可能会以一定的谨慎和警惕态度来对待数字革命，并意识到创新往往能够激励个人和企业的行为，使有效税收征管变得更难，而不是更容易。税收欺诈者破坏甚至利用政府部署新技术的例子比比皆是。例如，电子收银机的使用带来了"Zappers"的开发。"Zappers"是一种软件，它可以简单地以无法检测到的方式删除一些销售记录。2009 年，欧盟的排放交易体系（排放权的买卖）是由于增值税欺诈中止的，欧洲刑警组织估算，收入损失约为 50 亿欧元。该系统利用了网上交易，并在一定程度上掩盖了衍生品交易的绝对速度和规模。一些欧洲国家也受到增值税计划的冲击，这些计划涉及自动提交多个欺诈性增值税退税申请，每一个申请本身规模都太小，以至于税务部门无法集中精力处理，但就其数量而言，总体意义重大。重要的是要记住，犯罪攻击可能非常复杂。各国政府要保持领先并不容易。

在企业领域，跨国公司为减少税基而采用的税收筹划受到了很大关注（IMF，2014；OECD，2013）。近年来，数字化加剧了这些挑战，使越来越多的公司，包括许多家喻户晓的公司，能够在多个司法管辖区以电子方式运营和销售，而无须在当地设立实体店。正如 Devereux 和 Vella 在第4章中讨论的，解决这个问题的一种方法是扩展当前在一个国家积极从事税收活动的概念———一种"做我们现在做的，但做得更好"的方法。本章还探讨了一种更为激进的替代方法，即更深刻地改变公司税的性质，以便在消费者或股东所在的地方征收税款，而不是在企业拥有与发展相关业务的地方征税，这在很大程度上是一种"用不同方式做事"的做法。随着信息变得有价值并易于交易，就出现了信息本身是否应该成为征税对象的问题。例如，可以认为，关于一个国家公民行为和偏好的信息是该国的集体资产，就像该国境内的任何石油、黄金或其他自然资源资产一样。从这一点上看，看到一种潜在的征税权，类似在自然资源方面得到广泛承认和行使的那种权力，是很短的一步。这将再次彻底背离当前的准则。

获取信息

数字化的影响在很大程度上取决于所收集信息的准确性和及时性。例如，预填报纳税申报单可能是降低遵从和管理成本的一个有吸引力的选择，但必须仔细设计和实施该系统，以确保它不会提供作弊的机会和动机。例如，如果预填报的信息对纳税人过于有利，人们可能不会期望纳税人主动纠正它：从心理上讲，预填报将错误的"所有权"从纳税人转移到税务部门（参见 Chen、Grimshaw 和 Myles 的第5章）。

确保较高的数据质量需要对披露此类信息采取适当的激励措施。例如，那些希望避免被起诉或征收巨额税款的人，有动力去寻找不留下他们交易行为数字痕迹的方法。实现这一目标的途径之一是使用现金，消除这种隐藏的机会是转向无现金经济的一个关键优点，这一点在 Rogoff（2016）的推动下得到了明显的体现。一些国家已经采取措施，将大面额纸币"去货币化"或从流通中撤回，以杜绝无登记活动，并鼓励使用数字货币转账。Roy 和 Rai 在第11章中讨论了印度的此种做法。然而，"暗网"已经显示出私人的主动性，他们善于在不留下可追踪痕迹的情况下开发在线交易的方式。尽管随着可追踪的数字交易的便利性不断增强，这将变得不那么有吸引力，但减小使用不可追踪替代品（如分散式加密货币）的动机仍将是一个关键问题。

隐私

虽然增加的信息为更有针对性地设计和实施税收与支出政策提供了机会，但收集详细的个人和公司信息具有重大的敏感性。实时记录个人的数字信息，以及企业在营销活动中使用这些数据，引发了人们对信息管理和使用应如何受到监管和保护的担忧。尽管人们往往乐于向零售企业提供数据，或以社交媒体活动的形式留下数字痕迹，但政府对个人数据的记录和管理往往会遭遇奥威尔式的不安。

如前文所述，一些国家正在转向使用单一平台的方法，将不同政府部门持有的公民信息连接起来，并将存储和处理集中在几个数据中心。尽管这些数据中心可以被用来制定更有效、更有针对性的税收和支出政策，但使用不当则很容易造成社会和经济混乱。事实上，近年来，世界各地的主要政府机构都曾遭到黑客攻击、泄密和勒索，侵犯了隐私，凸显了政府系统易受外部入侵的脆弱性。

最后，数据收集的性质和程度可能是制度和社会政治因素的函数，在政府信任或法治缺乏的国家可能受到更多的限制。然而，显而易见的是，如果要实现本书构想的强化财政政策，政府对公民的监督可能需要新的审查水平。

基本限制

数字革命无疑扩大了财政政策的边界，但解决一些制度或发展问题可能仍然超出了技术的范围。电子支付系统可以加强控制，减少欺诈和腐败，但我们绝不能太天真。事实已经证明，犯罪分子非常善于攻击税收体系。在通过电子方式向政府工作人员提供的转账已经在当地银行兑现后，可能会发生贿赂和盗窃行为。农民可能会得到关于农业实践的更好的信息，但仍然需要渠道和市场来销售他们的商品。区块链技术可能使土地登记管理更加安全，但在一个原始的纸质登记已被摧毁的国家，这将毫无用处。对不定期交易的资产难以估值，导致无法对资本利得征税。换句话说，数字化不会消除财政政策必须经常运作的制度约束，例如，公共和私人激励机制不一致，大部分人进入市场的机会有限，或者产权界定不清。

此外，数字化并没有解决公共财政的一个根本问题：无法通过观察私人信息来区分个人能力、努力和运气。一个理想的税收和转让制度不应以个人的收入为基础，而应以个人的初始情况和特点为基础。至于这些特征是否会在某一时刻凸显出来，然后受到人为操纵，人们的争论才刚刚开始。①

展望未来

数字革命已经开始。各国政府必须做出回应，否则就会被抛在后面。

每个国家的数字化之路必须取决于其国情。虽然大多数发达经济体正在选择更多渐进式的方法，但对于发展中国家而言，技术进步提供了"跨越"到更新和更复杂的政策制定、设计和实施的潜力。

基础设施更为"基础"的国家或许能够直接跨越到最新的数字技术。例如，一些没有普及通用固定电话基础设施的国家已经开始采用更复杂、更便捷的移动电话和互联网技术。肯尼亚通过 M-Pesa 率先使用基于移动电话的资金转移，现在甚至允许通过移动电话直接支付税款和为政府服务（参见 Ndung'u 的第 10 章）。这种技术已扩展到像阿富汗这样的脆弱国家，在这些国家收入增加的能力受到了冲突和腐败的阻碍。爱沙尼亚从苏联独立后的低基础设施阶段开始，跨越了几个发展阶段，现在处于完全数字化的环境中，使用区块链分布式分类账技术保证系统安全。"数据大使馆"设置在卢森堡，能够在发生网络攻击的情况下重启。

数字革命正在引发围绕不平等和重新分配的难题。数字化伴随手工劳动工作的自动化程度的提高，软件和机器人部分地，甚至有时完全地执行某些工作（Acemoglu and Restrepo，2016）。这也可能对各国产生重要

---

① Jacobs 在第 2 章，Chen、Grimshaw 和 Myles 在第 5 章均提到了这一点，但他们的立场截然不同。

影响。自动化可能对发展中国家产生不利影响，例如，跨国公司雇用大量低成本劳动力从事制造业工作。由于数字化允许大量利润的产生，所以对就业和收入分配会产生影响，因为知识和金融资本的提供者可能会享受到最大的利益。

这些不断变化的就业和分配趋势已经开始引发对适当的财政政策应对的质疑。一个解决方法是建议对增加使用替代劳动力的"机器人资本"征税。[①] 另一种更符合经济学家不愿放弃提高生产效率要求的方法，将是确保更公平的所有权分配和对机器人创造的经济价值征税。更为直接的是，增加就业机会和结构性失业的可能性再次引发了一个问题，即是否应该采用普遍基本收入（IMF，2017）。[②] 其他人则更为乐观。Brynjolfsson 和 McAfee（2014）提出了一个未来的愿景，我们可以通过投资教育来塑造技术而不是制定相反的政策，政策可以促进整体经济增长，改善所有人的就业前景，即使数字化需要通过投资教育、研究和开发基础设施来获得。

数字革命也强调了国际合作的重要性。信息现在以前所未有的速度和数量跨越国界，对创新、全球供应链、国际贸易和资本流动产生重大影响。[③] 严重的网络安全威胁和担忧凸显了系统在经济活动受到广泛且代价高昂的干扰时的脆弱性，以及在一个独立的数字经济中开展国际合作和应对这些威胁的重要性。在一个相互联系日益紧密的全球体系中，为应对数字革命的国际税收挑战，可能需要加强国际协调。

摆在政府面前的挑战是，如果它们要充分发挥数字化的潜力，就必须尝试它们已经确立的经营方式——甚至思考他们如何看待这种经营方式。

012

---

① 韩国政府正在提出类似的建议，不是引入税收，而是减少对自动化投资的税收激励（The Telegraph，2017）。

② 其最常用的定义中，普遍基本收入是定期给予所有公民的统一转移支付。最突出的是，Atkinson（2015）提倡某种形式的全民基本收入。IMF（2017）也讨论了全民基本收入作为解决不平等问题的一个政策选择。

③ 参见 He 等（2017）讨论金融部门技术创新的影响，特别是在跨境支付领域，包括可能的监管挑战和国际合作领域。

这本书的内容是什么

本书分为五部分。第一部分探讨税收政策和税收管理的前沿，首先是从更广泛的角度看待数字化对税收政策设计的影响，然后再关注新兴的P2P经济、日益数字化的经济中企业税收面临的挑战，以及预填报的使用和税务管理的在线指导。第二部分讨论了数字化带来的更广泛的财政管理的变革潜力，从每日财政数据的可用性到区块链和人工智能。第三部分转向支出政策并讨论虽简单但无处不在的技术和信息——移动电话、生物识别数据如何帮助改善公共服务的提供，甚至可能有助于社会福利目标的实现，同时也强调它们本身并不一定能解决或回避更深层次的制度问题。第四部分介绍和评论了许多国家的数字化经验，特别是肯尼亚和印度。第五部分通过量化数字革命潜在收益的大小得出结论。

第一部分：推进税收政策与税收管理的前沿

第2章开篇，Bas Jacobs 探讨了数字革命给税收政策和执行所带来的信息扩展和分析能力的影响。这些影响可能是深远的，因为信息约束是传统税收经济分析的核心。对于最优税收理论家来说，在理想世界中，政府将能够以零成本完全验证纳税人所有相关的固定经济特征。在这样一个世界里，不失真的、个性化的一次性税收可用来重新分配收入和增加收入：如果信息是完备的，避税和逃税将是不可能的。当然，在现实生活中，政府并没有这样完备的信息，纳税人可能会虚报自己的收入、消费、财富或遗产，以避税甚至逃税。为了缓解这些问题，政府使用税务审计来验证经济结果，并对违规行为进行惩罚。

那么，数字革命对税收政策的设计和执行意味着什么呢？首先，Jacobs 认为，数字化可以通过提供更多的可能性来验证纳税人的真实经济成果，从而帮助提高税务部门的执法能力。例如，更多地使用数字支付方式可能会为政府提供更多关于个人消费支出总额的信息，使税务部门能够比目前更有效地核实报告的收入和财富持有量（劳动力和资本）是否与观察到的消费水平相符。数字化还可以通过创建财富和资本收入的数据登记册，并将其与金融机构即第三方报告机构联系起来，从而帮助提高遵从程度——事实上，在某种程度上，这已经发生了。其次，数字化可以让政府使用比目前更复杂的税收系统。例如，纳税义务不仅取决于纳税人当前的年收入，还取决于不同时期的收入、配偶的收入、资产持有情况等。通过对更多信息进行税收安排，政府可以更好地、更有效地实现收入再分配目标。当然，政府是否会真正实施此类税收改革，不仅取决于拥有更好的税收执行或更高效的税收体系所带来的经济效益，还取决于横向公平，以及公民对隐私和潜在滥用国家权力的担忧。事实上，这些担忧可能是许多拟议的税收改革迄今未得到实施的原因。然而，正如 Jacobs 所总结的那样，在一个日益数字化的世界里，理解税收政策前沿所推进到的新位置对政策制定者来说非常重要。

　　除了认识到税收政策的潜在机会，政府还必须做好准备，充分应对在这个日益数字化的世界中产生的新型经济活动，特别是在这种活动对国内收入转移构成挑战的情况下。

　　在第 3 章，Aqib Aslam 和 Alpa Shah 采用了这方面的主要实例，探索与以数字为媒介的 P2P 活动相关的税收政策和管理问题，网络平台已成为越来越受欢迎的组织活动、提供商品和服务的地方。他们回顾了 P2P 经济的关键特征，这些特征可能是决定其未来税收待遇的因素。重要的是，他们认为 P2P 活动的兴起并不一定需要对现有税收体系或其所依据的原则进行彻底反思。

　　事实上，如果 P2P 经济继续增长的话，它将迫使税收政策和政府从新的角度重新思考。具体来说，随着 P2P 行业的持续发展，新的小型企业的数量也在增加，尤其是在收入分配的低端。如果这种情况持续下去，现有的对大量小企业征税的挑战只会增加。此外，这些新进入者可能取代更大的公司，同时使以前未登记的活动正式化。

　　令人高兴的是，P2P 经济也提供了一个重要而独特的机遇。数字平台已经可以通过代扣代缴各种税（可能包括对提供中介服务的人征收的销售税和所得税），充当税务管理的托管人，这一角色可以帮助降低遵从和管理的难度，同时增加税收，尤其是在管理能力低的国家。此外，作为在线中介机构，P2P平台正在记录其虚拟市场上发生的无数交易的数据。如果各国政府同这些平台合作取得这些数据，就可以减少资料方面的限制，加强税收的执行，并使迄今为止尚未登记在案的活动能够更好地量化。

在第4章中，Michael Devereux和John Vella探讨了数字化给跨国企业利润征税所带来的挑战。在当前的国际税收体系中，税收来源国对企业的积极所得收入享有主要的征税权，而居住国对消极所得收入享有主要的征税权，如股息、版税和利息。然而，应纳税利润的实际分配取决于跨国公司进行的避税活动，即"利润转移"的性质和程度。

他们探讨了数字化促进企业国际化的方式，越来越复杂的供应链的产生增加了利润转移的可能性，并挑战了传统观念，即企业必须在一个国家拥有强大的实体，才能在该国缴纳公司税，这对跨国公司的国家税收形成了严峻挑战。数字企业处于这些担忧的最前沿，它们似乎特别擅长将利润转移到低税收地区。

015

第4章呼吁进行根本性改革，以减轻目前国际公司税收体系所面临的压力。该章认为，这些改革指向的是一种以相对固定因素为基础的税制，从而限制了税基转移到其他地方的机会。它提出并探索了两种可能性：向股东所在地或消费者所在地征税。数字化可能最终会帮助实现这一目标，如前文所述，使利润直接归属于股东，并按股东的水平征税。它还讨论了某些类型的数字企业所带来的独特且极具争议的公司税挑战，这些企业向它们所服务的市场的一方"免费"提供服务。

在第5章中，Jingnan Chen、Shaun Grimshaw和Gareth Myles报告了来自英国实验室的直接证据，证明了数字干预对提高纳税人遵从性的影响。其中一个实验与纳税申报单的预填报有关，这在几个发达经济体（如澳大利亚、丹麦和荷兰）已经实施。在这里，他们研究的问题是，当纳税人得到的信息不正确时，他们可能会做出怎样的反应。当错误对纳税人有利时，纳税人往往不会纠正错误。总的来说，这本身并不意味着预填报不利于遵从。这种情况似乎不太可能发生，并且预填报在降低纳税人履行义务的成本方面有明显的优势。但它确实提醒我们，不准确或不完整的预填报存在危险，表明其向税务部门提供的可用信息存在缺陷。令人惊讶的是，研究结果还表明，当错误的方向是征收过多的税收时，纳税人也倾向于接受这一点。他们研究的第二个问题是，向纳税人提供的是在线信息而不是纸面信息的相对有效性。事实证明，这不如指导本身的性质重要——从这个意义上说，在线指导本身不一定更好。

因此，第 5 章提供了一个非常切实的提醒，即数字化不是完美的，已确立的做法和关注点在检查最终报表的完整准确性方面仍然很重要，获取信息的便利性不能代替其清晰度。第 5 章还强调了严格评估数字创新的重要性，实验是实现这一目标的最重要工具之一。

第二部分：财政管理创新

本书的第二部分探讨了新技术在宏观经济政策和公共财政中的实际应用。

在第 6 章中，Florian Misch、Brian Olden、Marcos Poplawski-Ribeiro 和 Lamya Kejji 探讨了公共财政和公共财务管理（PFM）工具的数字化如何促进分类和高频财政数据（在这里指每日）的构建。 许多国家已实施信息技术系统，以自动管理其公共财政。这些系统记录每日政府交易——税收收入、工资支付、债务发行等。他们认为，通过补充低频常规宏观经济总量进行实时宏观经济分析，可以获取这些数据，并将其用于政策目的。本章做出了两个主要贡献。首先，它表明数字化已使许多国家的日常财务数据可用。其次，他们认为从这些数据中去除噪声相对容易，有助于这些数据在财政政策分析中的实际应用。

第 6 章介绍了几个案例研究和实例，以说明每日财政数据对监控税收、评估财政脆弱性，并使用现金余额和工资收据实时监测经济活动的有用性。作者承认了这可能存在的缺点。他们认为必须采取保护措施，以确保不会因为误解数据中的短期波动而触发警报。此外，信息系统只反映现金交易，可能无法捕获一些重要的财政运作信息。尽管如此，在适当的保障和能力建设的情况下，本章强有力地论证了可以充分利用了这一未充分利用的财政信息来源。

Arvind Krishna、Martin Fleming 和 Solomon Assefa 在第 7 章中探讨了两种新兴的数字技术——区块链和认知计算，以及其在政府和公共财政中的潜在应用。区块链技术可以通过将数据放入共享的分布式同步数据库中来减少摩擦并增加对交易系统的信任，从而允许每个参与者访问交易记录系统。认知计算技术可以处理和分析这些数据，以获得洞察力和检测模式。他们认为，数字化和云计算的出现使政府和行业能够通过互联网获得先进的技术解决方案。这减少了对基础设施进行大规模资本密集型投资的需求，并降低了成本。

他们研究了区块链和认知计算如何单独和组合地帮助政府改善某些核心功能，例如数字公民身份、征税和福利支付。由于数十亿人缺乏适当的身份证明，区块链可以为公民建立永久的、不可改变的身份记录。事实上，爱沙尼亚已经为其公民提供了基于区块链技术的数字身份证。区块链也可用于征税，这是目前与其所依赖的商业交易分开的过程。使用区块链，公司不需要提交申报表，因为它们的税务账户可以持续维护和自动结算。商业交易与其部分税收之间的分离产生了故意和意外的漏报。认知系统可以通过查看商业交易模式及其相对税收来发现这种漏报。此外，区块链技术还可以帮助改善福利待遇的支付。例如，在英国，就业与养老金部（DWP）正在实施一项试点计划，在分布式账本上记录福利支付交易，以改善其管理和减少超额索赔。

他们还提供了一系列关于如何最好地准备和利用这些新兴技术的建议。特别是，他们强调政府需要提高管理和标准化数据和流程的能力，包括维护大规模、高质量标准化数据集的能力，这将促进数据共享和收集——这是区块链和认知计算的核心需求，以及标准化工作流、文档管理、身份验证和认证过程的意愿。更重要的是，政府必须投入人力资本——这是成功采用颠覆性技术的关键。

第三部分：实现公共服务提供和支出的现代化

第三部分讨论技术对支出政策和公共服务提供的影响。事实上，全球数字技术的发展，使人们对其在缩小与公共服务提供相关的关键市场失灵的空间方面产生了相当大的乐观情绪。过去 10 年，基于数字化的公共服务项目数量大幅增加，截至 2017 年，约部署了 400 个。然而，关于这些初始举措影响的研究仍然有限，往往集中在特定的国家和部门，因此人们对其普遍适用性的认识不足。

Jenny Aker 在第 8 章中回顾了其中的一些举措，重点介绍了发展中国家的移动电话技术，涉及卫生、教育和农业等多个领域。移动电话的使用方式多种多样，包括作为课堂教学设备、作为分发转移支付的平台、作为医疗记录保存设备，以及作为天气或商品价格等关键农业信息的通信设备。

她发现，这些举措有时可以在某些方面取得成功。例如，在社会保障方面，它们提高了提供服务的效率，也就是说，降低了提供某种质量的公共服务的成本。在教育方面，研究发现数字化可以提高效率，以确保项目达到既定目标。然而，在农业和健康方面，结果喜忧参半。虽然移动设备提供了新的机遇，但也带来了新的挑战——文本需要读写能力、语音平台成本高昂。此外，它们并不总是能克服阻碍发展的结构性障碍，例如无法使用道路权和产权等其他重要基础设施。

第 8 章的结论是，数字公共服务的提供应建立在对市场失灵——信息不对称，以及对交易成本的透彻理解之上，这些是对技术采用和公共服务提供的约束。

在第 9 章中，Ravi Kanbur 说，不要过于乐观地认为技术创新是解决减贫公共支出困难的一个解决方案。他在这一章回顾了目标理论的基本原理，指出了数字革命对精确目标的三个关键方面——信息成本、高隐性边际税率和政治经济可能产生的影响。例如，他认为，尽管生物特征信息可能提供一个独特的标识符，但精确的目标定位需要详细的收入和消费信

018 息，而在拥有大量信息部门的发展中国家，即使努力实现数字化，收入和消费信息仍将是稀缺的。同样，数字化也无法解决精确目标所要求的高隐性边际税率问题。

最后，数字化不一定能消除由政治经济考虑、规范和现有制度所带来的约束。中等收入的公民可能会反对让穷人受益而对他们几乎没有什么好处的支出；腐败官员可能会绕过旨在减少漏报的数字系统。然而，以数字为基础的社会保障计划往往取得了成功——完全降低了该计划的成本。这似乎表明，有必要进行基于家庭数据的实证研究，以检验数字化可能实现的那种更精细的目标所涉及的权衡。

第四部分：国家案例研究

第四部分介绍了国家案例研究，并为寻求走上数字改革道路的人提供经验教训。

Njuguna Ndung'u 在第 10 章描述了肯尼亚的数字革命如何为税收政策设计和管理的重大变革铺平道路。这场革命是由 M-Pesa 的诞生引发的。M-Pesa 是一个货币转账系统，它逐渐发展成一个实时零售支付系统，并进一步发展成一个虚拟的储蓄和信贷供应平台。这些发展促进了金融普惠性的显著增强，并为税务部门设计更有效的纳税系统提供了跳板，包括用于管理国内税收的网络应用系统（iTax 系统）、帮助纳税和纳税人获取税务信息的手机应用程序（M-Service 平台）。

第 10 章描述了这些创新，详细说明了货币当局和电信管制机构在提供适当的法律和管制框架方面的关键作用，以及肯尼亚税务局在实施 iTax 和 M-Service 系统之前进行现代化努力的重要性。虽然没有提供足够的数据来量化这些数字化工作对税收的影响，但本章认为，数字化税务系统减少了纳税人和税务人员之间的直接交互，从而减少了行贿和欺诈的机会，并允许税收当局降低税收征管成本，使许多小型和过去的无证企业现在使用手机进行纳税。肯尼亚的案例表明，数字金融服务的广泛使用和更大的金融普惠性可以成为公共财政数字化的重要推动力。

在第 11 章中，Rathin Roy 和 Suyash Rai 着重讨论了印度经济数字化的财政政策内涵。他们回顾了促进数字化所采取的措施，包括 2016 年的去货币化决定。随着阿达哈尔（Aadhaar）的引入，政府一直在努力提高公共支出的效率，尤其是转移支付。成功的普惠金融项目对这些努力至关重要。根据 Pradhan Mantri Jan Dhan Yojana（PMJDY）——普惠金融计划，2014~2017 年，印度开设了 2.8 亿多个银行账户，允许将社会福利费用直接支付到受益人的银行账户。此外，印度政府还开发了一个公共采购的在线系统，并试图利用数字技术来改善税收征收和执法。

近年来，最有名的、国际上宣传最多的去货币化行动可能是印度的行动。在 2016 年 11 月的一份意外声明中，印度政府宣布决定撤回大面额纸币（占流通货币的 87%），以扩大税基、减少现金和非法持有现金（所谓的黑钱）的使用。政府希望将主要以现金为基础的经济永久转向由去货币化而产生的数字支付。

他们指出，虽然现有的证据表明，生物特征信息的使用降低了支付系统的腐败程度，减少了漏报，但全面衡量这些举措的影响还为时过早。初步证据还表明，直接向受益人提供社会福利可以产生可观的财政节约。尽管去货币化政策及其意外推出可能在短期内减少经济活动，但要评估其对印度非正规经济和数字化的全面影响还为时过早。

Marco Cangiano、Alan Gelb 和 Ruth Goodwin-Groen 在第 12 章论述了 PFM 中数字化的前景。他们认为，现在是将支付数字化作为功能性 PFM 系统的主流，以更好地实现 PFM 和更广泛的改革目标的时候了。为此，要注意避免在实施政府财务管理信息系统时发生的常见错误。案例研究说明了将数字化支付与政府的 PFM 相结合的好处。

在印度，政府结合使用了独特的生物识别技术（Aadhaar 计划）、兼顾效率和社会效益的金融普惠，并减少福利计划下的非法受益人的数量。在墨西哥，政府通过"单一国库账户"调整数字化和集中支付的政策目标，提高了两者的效率和有效性，并促进了金融普惠。通过创建 X-Road（一种数据交换层，可在信息系统之间实现基于互联网的安全数据交换）

和先进的数字身份系统，爱沙尼亚显著提高了政府的效率。加纳标准化数字身份识别，以及摆脱以现金为基础的经济模式，仍面临着挑战，但也导致了公共就业岗位中影子工人的减少。

这些案例指出了数字化和 PFM 一体化的关键成功因素：首先，需要高层领导来消除改革过程中不可避免的反对；其次，建立 PFM 数字和监管基础设施的综合方法；最后，对数字经济的风险进行预测，这就需要关注数据的隐私性和安全性。

第五部分：这一切价值几何

在本书的第 13 章中，Susan Lund、Olivia White 和 Jason Lamb 对政府支付从现金转移到数字的潜在价值进行了量化。本章的重点是减少政府支出和税收收入的漏损、减少欺诈性支出和逃税，以及降低数字化支付流程的成本。他们发现，发展中国家的政府支付数字化可以节省 1% 的 GDP，相当于每年 2200 亿~3200 亿美元的价值。这相当于所有政府支付交易价值的 1.5%。其中，0.5% 的 GDP（每年 1050 亿~1550 亿美元）将直接归于政府，并改善财政收支状况，而剩余部分将在政府支出达到预期目标后惠及个人和企业。这些估算很可能低估了公共财政数字化的价值，因为它们忽视了改善政府服务可能带来的显著二阶效应，包括鼓励私营部门更广泛地使用数字金融，并将经济活动从非正式部门转移到正式部门。

显然，要理解目前正在进行的数字革命对财政政策的设计和实施可能产生的影响，以及对其进行量化，还有很多工作要做。各国的影响也可能大不相同。例如，在某些情况下，这些影响可能使政府的规模得以扩大，以便处理未得到满足的开支需要和实现可持续发展的目标；在其他情况下，这可能是筹资和支出总量大致不变，但两者都更有效的问题。尽管革命的结果本身很难预测，但本书明确指出，当前和未来数字革命的影响可能是深远的。

参考文献

Acemoglu, Daron, and Pascual Restrepo. 2016. "Robots and Jobs: Evidence from U.S. Labor Markets." MIT Working Paper, Massachusetts Institute of Technology, Cambridge, M.A.

Atkinson, Anthony. 2015. *Inequality: What Can Be Done?* Cambridge, M.A: Harvard University Press.

Bangura, Joe Abass. 2016. "Saving Money, Saving Lives: A Case Study on the Benefits of Digitizing Payments to Ebola Response Workers in Sierra Leone." Better Than Cash Alliance, New York.

Brynjolfsson, Erik, and Andrew McAfee. 2014. *The Second Machine Age: Work, Progress, and Prosperity in a Time of Brilliant Technologies.* New York: W. W. Norton & Company.

Chambers, Lucy, Velichka Dimitrova, and Rufus Pollock. 2016. "Technology for Transparent and Accountable Public Finance." Report, Open Knowledge Foundation, Cambridge, United Kingdom.

Deloitte. 2013. "Comparative Study of the Personal Income Tax Return Process in Belgium and 33 Other Countries." London.

Diamond, Jack, and Pokar Khemani. 2005. "Introducing Financial Management Information Systems in Developing Countries." IMF Working Paper 05/196, International Monetary Fund, Washington, D.C.

Fan, Haichao, Yu Liu, Nancy Qian, and Jaya Wen. 2017. "The Short- and Medium-Run Effects of Computerized VAT Invoices on Tax Revenues in China." Unpublished, Fudan University, Shanghai, China.

Frydrych, Jennifer, Claire Scharwatt, and Nicolas Vonthron. 2015. "Paying School Fees with Mobile Money in Côte d'Ivoire: A Public-Private Partnership to Achieve Greater Efficiency." Case Study, GSMA, London.

Gelb, Alan, and Julia Clark. 2013. "Identification for Development: The Biometrics Revolution." Working Paper 315, Center for Global Development, Washington, D.C.

GSMA. 2013. "The Mobile Economy 2013." London.

He, Dong, Ross Leckow, Vikram Haksar, Tommaso Mancini-Griffoli, Nigel Jenkinson, Mikari Kashima, Tanai Khiaonarong, Celine Rochon, and Herve Tourpe. 2017. *Fintech and Financial*

021

Services: Initial Considerations. IMF Staff Discussion Note 17/05, International Monetary Fund, Washington, D.C.

International Monetary Fund (IMF). 2014. "Spillovers in International Corporate Taxation." IMF Policy Paper, Washington, D.C.

——. 2017. *Fiscal Monitor: Tackling Inequality.* Washington, D.C., October.

International Telecommunications Union (ITU). 2014. *Measuring the Information Society Report.* Geneva.

McAfee, Andrew, and Erik Brynjolfsson. 2017. *Machine, Platform, Crowd: Harnessing Our Digital Future.* New York: W.W. Norton & Company.

Naritomi, Joana. 2015. "Consumers as Tax Auditors." Working Paper, London School of Economics, London.

Organisation for Economic Co-operation and Development (OECD). 2006. "Using Third Party Information Reports to Assist Taxpayers Meet Their Return Filing Obligations—Country Experiences with the Use of Pre-Populated Personal Tax Returns." Information Note, Forum on Tax Administration Taxpayer Sub-Group, Paris.

——. 2013. "Base Erosion and Profit Shifting Action Plan." Note by the Secretariat, Paris.

Rogoff, K. S. 2016. *The Curse of Cash.* Princeton, NJ: Princeton University Press.

Ross, Alec. 2016. *The Industries of the Future.* New York: Simon & Schuster.

The Telegraph. 2017. "South Korea Introduces World's First 'Robot Tax'." August 9.

US Agency for International Development (USAID). 2008. "Integrated Financial Management Information Systems: A Practical Guide." USAID Paper, Washington, D.C.

World Bank. 2016. *World Development Report: Digital Dividends.* Washington, D.C.

Zimmerman, Jamie M., Kristy Bohling, and Sarah Rotman Parker. 2014. "Electronic G2P Payments: Evidence from Four Lower-Income Countries." Focus Note 93, Consultative Group to Assist the Poor, Washington, D.C.

第一部分

推进税收政策
和税收管理的前沿

2 数字化和税收 *

巴斯·雅各布

引 言

在理想的情况下，政府能够以零成本完全核实所有相关的经济结果和

纳税人的特征。在这样一个世界里，不扭曲的、个性化的一次性税收可以用来重新分配和提高收入。事实上，政府可以根据纳税人的收入再分配特征来制定税收政策，如盈利能力、需求、初始捐赠、遗产继承、运气等。此外，如果信息是完备的，避税和逃税就不会存在。政府只需要知道个人赚多少钱，存多少钱，消费多少钱。如果市场也是完美的（没有外部性，没有垄断，拥有完整的合同、对称的信息、完整的市场、零交易成本），福利经济学的第二个基本定理将适用：政府可以完全区分资源配置和分配问题，因为任何有效的市场结果都可以通过使用个性化的一次性税收和转移支付进行适当的再分配来实现。

然而，世界并不是理想的，因为关于经济结果和纳税人特征的信息并不完备。信息约束是传统税收经济分析的核心。政府无法核实个人或家庭的所有经济结果。事实上，纳税人可能会错误地表达他们的收入、消费、财富或遗产，以避税甚至逃税。信息约束决定了政府的税收执行能力。政府对经济结果的成本核查（税务审计）和对不合规的惩罚，缓解了核查经济结果的信

* 本章作者感谢 Aqib Aslam、Mike Devereux、Vitor Gaspar、Michael Keen、Ruud de Mooij、Victoria Perry、Alpa Shah、Geneviève Verdier 和 Philippe Wingender 的评论和建议。

息不对称问题。纳税人容忍风险的意愿、政府对逃税行为的惩罚规模，以及税收执行技术决定了避税的程度（Allingham and Sandmo，1972）。

此外，政府无法核实个人和企业的重要特征（如赚钱能力）和经济行为（如工作努力程度）。因此，非扭曲的、个性化的一次性税收是不可行的，政府必须依靠对收入（产出）、消费、储蓄和遗产等可核实的经济结果征税。信息约束意味着政府不可避免地扭曲了人们赚钱、消费、储蓄和留下遗产的动机。因此，这些限制是公平与效率之间最终权衡的根本原因（Mirrlees，1971）。[①] 因此，信息限制决定了避税和逃税的机会，形成了公平与效率之间不可避免的取舍。本章认为，数字化可以通过两种方式帮助减小这些限制。

首先，数字化可以通过更好地核实纳税人的真实经济成果来减弱信息约束。数字化使政府更容易将税收系统各部分的现有信息联系起来，以便更好地发现逃税或避税行为。因此，数字化可以看作改善政府的税收执行技术。更好的税收执行可以让政府以更低的税收（更高的效率）获得同样的收入，或者以同样的税收增加更多的收入。

其次，数字化可以让政府实施更复杂的税收制度。例如，纳税义务不仅可以以当前年度收入（劳动）为条件，还可以以不同时期的收入、配偶收入、资产持有量等为条件。通过更多的信息调整税率表，政府可以更好地实现收入的再分配。因此，相同的收入再分配可以通过降低税率来实现，或者相同的税率可以实现更多的收入再分配。通过在税制设计中使用更多的信息，数字化可以在一定程度上实现公平与效率的权衡。

然而，重要的是，数字化永远不能否定公平与效率的权衡。重要的经济行为仍然是纳税人的私人信息，因此税务部门无法察觉（如工作努力）。即使在一个完全数字化的世界里，即使没有避税或逃税，这种情况依然存在。但是，通过对超出现有收入范围的变量调整税率表，政府可以在考虑

---

① 在低税率情况下，如果收入再分配能够提高经济效率，如提供收入保险或缓解资本市场的失灵（例如促进教育投资），就可能无法在公平与效率之间取得平衡。此外，如果税收制度不能得到优化，公平与效率之间就不可能存在平衡。消除低效率可以同时实现公平和提高效率。

某些经济行为不可验证性的基本信息约束的同时，改善公平与效率的权衡。

本章遵循了经典的公共财政方法，这种方法牢牢植根于福利经济学。其主要目的是确定理想的税收政策，仿佛这些政策是由一位开明的独裁者制定的。当然，开明的独裁者是不存在的，因此关于税收的讨论不能脱离政治经济、法律（横向公平）和隐私问题。尽管如此，本章旨在向决策者提供是否有可能改进税收政策的信息。无论政治和其他问题是否最终会阻碍社会实施改善福利的税收改革，这都是一个重要的政策信息。

数字化影响着公共和私营部门。数字化可能导致更强烈的避税和逃税倾向，并增强对征税的行为反应，例如实施更积极的税收计划。因此，数字化也会提高税收的效率成本，从而降低最优税收。此外，通过助长避税和逃税行为，数字化可能会加剧收入和财富的不平等，而这两者往往会增加最优税收。因此，私营部门的数字化可能会提高再分配税的效率成本和公平收益，但目前尚不清楚私营部门的数字化是否会导致较低或较高的最优税率。然而，这里的分析仍然适用，因为在公共部门更好地利用信息可以为所有可能的效率成本和税收的分配收益建立更有效的税收制度。

数字化对最优税收设计意味着什么？本章分析了数字化在减少避税和逃税方面的前景以及劳动、资本和消费税制的最优设计。本章提供了 13 个政策想法，以改善现有的税收制度。其中，5 个想法涉及通过利用更多关于纳税人经济成果的信息来改进政府的税收执行技术；8 个想法涉及缓解现行税收制度中的公平与效率的权衡，办法是利用更多的可获得信息设计税率表。

本章讨论了数字化与税收执行，并对数字化与税收设计进行了探讨，最后总结了数字化与税收的政策建议以及对税收政策与数字化的思考。

数字化与税收执行

Allingham 和 Sandmo（1972）的研究是对逃税经济学的经典贡献。在他们的分析中，纳税人需要向税务部门报告他们的收入。他们可以隐瞒部分收入，但当他们被发现偷税时，要付出罚款的代价。信息约束在于政府不知道纳税人的真实收入，只能通过审计来判断纳税人是否存在欺诈行为。在 Allingham 和 Sandmo（1972）的研究中，纳税人按一定的概率接受审计。如果相比未申报的收入所带来的节省税款，预期罚款足够低，纳税人的最佳策略是少报收入。

审计是一种高成本的国家核查或监控方式，审计情况代表纳税人的真正收入。税收执行技术反映了政府在核实纳税人真实收入方面的效率。因而税收执行技术可以告诉我们，在一定数量的资源用于审计和执行税收的情况下，发现了多少逃税行为。一般来说，如果政府能够对纳税人的逃税行为处以无限大的罚款，不管审计概率有多低，税收执行技术都会变得完美，几乎没有代价（Mirrlees，1999）。在这种情况下，没有纳税人认为低报收入符合自身利益。然而，法律限制了政府可以施加的惩罚，例如，政府也可能在正确使用税法方面犯错误。鉴于不可能对逃税者进行无限处罚，税收执行技术主要取决于税务部门处理纳税人信息时所发现的逃税行为的有效性。[1]

数字化有望改进政府的税收执行技术。特别是，数字化允许政府处理更多关于纳税人不同经济结果的信息，比如他们的收入、资本收入、消费支出、赠与和遗产。因此，各种来源的信息可以用来更容易地识别逃税的纳税人。如果数字化改进了执行技术，数字化就可以减少逃税行为。对于同样的法定税收结构，政府收入也会增加。

数字化如何帮助改进税收执行技术？为了解决这个问题，可以考虑某个人在某一年的预算曲线。个人预算约束曲线表明，净财富 a 的增加 Δa 加上收到的净遗产／赠与 b^* 等于净资本收入 r^*a 加上净劳动收入 w^*l 减去净消费支出 p^*c 减去净遗产／赠与支出 g，即 $\Delta a+b^*=r^*a+w^*l-p^*c-g$，星号表示税后价值。税务部门应收集家庭预算约束的许多信息。这样的信息是否是可获得的，取决于是否对劳动收入、资本收入和遗产所得征税。

---

[1] Keen 和 Slemrod（2016）分析了税收的最优执行。各国政府需要在增加税收的好处与降低税收执行的公共成本之间进行权衡。

税务部门目前掌握了哪些信息？几乎所有国家都对劳动收入征税，因此税务部门需要核实税前劳动收入 wl。通常情况下，大多数发达国家的企业都有第三方报告员工的劳动收入。然而，完全核实劳动收入是不可行的，特别是对个体经营者来说，第三方报告是困难的甚至是不可能的。同样，大多数国家也对资本收入征税，这要求核实税前资本收入 ra。鉴于资本的国际流动性较大，核实资本收入比核实劳动收入更为复杂。尽管如此，金融机构还是会对个人的各种资本收入进行第三方报告。这些资料主要涉及银行账户的存款（包括利息）、投资基金的资产及其回报、保险单和养老保险基金的资产及这些资产的回报。通过使用金融机构提供的信息，政府也可以在国际上交换信息。然而，资本收入的一些重要部分如住房和养老金通常税率很低，或者根本不征税。许多国家通常在财产登记册中收集关于地方政府层面的财产价值信息。政府也可能通过土地和卫星地图来强制征收财产税。

此外，在大多数国家，并非个人预算的所有要素都可以观察到，因为没有在个人层面征税，尤其是在消费 pc 层面。大多数消费税（增值税、销售税）是作为公司层面的预扣税征收的。有时也可以从来自消费交易数据和海关的第三方报告中观察到。此外，大多数国家不征收财产税，因此可能无法获得关于个人层面财产累积 Δa 的信息。最后，遗产或赠与支出 g 如果有的话可能只是轻税。个人预算约束曲线中不能被政府核实的项目越多，个人纳税人就越容易避税或逃税。

个人预算约束曲线也可以用一生的时间来绘制，而不是一年一次。终生消费的净现值 c 加上净遗产和赠与所得的净现值 b 等于净收益的净现值 y：$c+b=y$。如果税务部门有纳税人终生收入 y 和终生消费支出 c 的信息，那么就更容易监测对遗产或赠与税（b）的逃税或避税行为。事实上，在整个生命周期的任何时期，如果消费的净现值 c 与收入的净现值 y 存在很大偏差，税务部门可能会预期存在对遗产或赠与税的避税或逃税行为。

虽然这也许不是一个令人惊讶或新奇的想法，但数字化仍然有可能通过收集更多关于纳税人经济结果的信息来减少逃税和避税行为。数字化可能有助于收集关于个人或家庭消费水平、个人或家庭资本收入或资产，以及个人或家庭遗产和赠与的信息。此外，数字化可以促进第三方报告，不仅包括劳动收入，而且包括消费、资本收入和资产。本节的其余部分给出了五种改进税收执行技术的方法。

消费量数据的联结

由于更多地使用数字支付方式，数字化可以为政府提供更多关于个人消费支出总额的信息。事实上，在未来，所有的消费交易甚至可能会变成电子化，现金可能会被废除（Rogoff，2016）。[①]根据定义，总消费加上累积的财富（包括遗产和赠与）等于劳动收入加资本收入。消费通常不会在个人层面被观察到。然而，通过记录消费交易，数字化提供了将个人消费支出总额与劳动收入、资本收入和财富数据联系起来的可能性。

假设政府确实能够核实个人层面的总消费量。从个人的年度预算曲线来看，税务部门可以核实报告的收入（劳动力和资本收入）和财富拥有量是否与观察到的消费水平一致。如果不一致，税务部门可能会检查这个纳税人是否逃避所得税。目前税务部门可能已经依靠总消费量发现了所得税中的逃税行为。但是，系统地记录所有消费交易将大大加强对个人消费支出总额的计量。这不仅适用于富裕纳税人，也适用于从未申报缴纳所得税的大部分贫穷纳税人，由于他们的应纳税收入太低，无须纳税，可由一般的免税或依赖于收入的各种税收抵免。

此外，如果有关于个人消费的信息，税务部门还可以核实所报告的财富是否与收入和消费数据相符。如果报告的财富水平太低，不符合观察到的收入和消费水平，税务部门可以检查纳税人是否通过将财富转移到非官方部门或国外进行逃税。因此，需要进行国际协调和信息交流，以核实纳税人是否确实将财富转移到国外。

---

① 废除现金和仅仅依靠电子消费交易使易货交易更有利可图。在无现金经济条件下设计税收制度时，需要考虑偷税漏税的形式。

如果每年都记录所有的消费和收入，那么税务部门也可以计算直到某一特定时刻纳税人的消费现值和劳动收入现值之间的差额。如果纳税人当年持有的资产情况以及之前的遗产和赠与行为不符合这些措施，税务部门可以检查纳税人是否使用避税工具将财富转移给其配偶或子女，或将财富转移到非官方部门或国外。因此，如果数字化使个人消费可以核查，政府将能够减少所得税、财富税、遗产和赠与税中的避税和逃税行为。[①]

财富和资本收入的数据联结

数字化可能有助于创建和链接财富和资本收入的数据登记册——储蓄、公开交易的资产、私人持有的资产、住房所有权、养老金和遗产。通过综合应纳税财富、资本收入和遗产的各种信息来源，政府可以减少逃税和避税。核查所有资产和资产回报需要有关住房所有权的信息，这些信息可以从当地的房产登记处查阅。[②] 因此，数字化可以帮助核实纳税人的资本总收入和财富水平，从而更有效地对资本收入和财富征税（另见"企业所得税""资本收入的最优税收"章节）。

031

财富与资本数据的跨境联结

纳税人可以通过将资产转移到国外来避免缴纳财富税和资本利得税。通过《税务信息交换协议》，各国共享某些金融机构中个人和公司金融账户的信息，可以减少逃税行为。许多参加经济合作与发展组织（OECD）《多边税收行政互助公约》的国家已经达成双边协议，根据要求分享所有类型的投资收入信息，包括利息、股息、某些保险合同的收入和其他类似收入，也分享账户余额和出售金融资产的收益。金融机构包括银行、托管人、经纪人、某些集体投资工具和某些保险公司。数字化可以帮助进

---

① 此外，通过废除现金交易使所有消费交易电子化，政府可以减少非正规经济，在流动性陷阱条件下更有效地进行宏观经济管理，帮助克服名义利率的零下限（Buiter and Rahbari，2015；Rogoff，2016）。

② 财产收益是不能直接计量的，如果要对收益征税，就必须估算财产收益。

一步建立和联结资产所有权（股票、房地产、养老金）和资本收入（利息、股息、资本利得、财产价值、养老金所得）的国际登记册（Zucman，2015）。

当然，这种信息交换由于受益人拥有的船舶、无记名股票和无记名债券而变得复杂，目前尚不清楚数字化在这些情况下是否有帮助。然而，更完整的登记册和税务部门之间进一步的信息共享将使避税更加困难。此外，信息交流使政府更容易根据纳税人居住地征收资本利得税，而不是根据收入来源地征税。实际上，如果能够在个人层面核实所有资产及其收益，那么就不需要缴纳企业所得税。企业所得税仍然可以作为个人资本收入的预扣税（另见"企业所得税"章节）。[①]

作为第三方报告者的金融机构

关于资本收入和资产持有情况的信息有助于政府发现征收资本利得税时发生的避税和逃税行为。虽然信息交流不需要数字化，但数字化有可能大大降低这样做的成本，特别是如果各国自愿交流财政信息的话。截至 2017 年 11 月，已有 100 个国家同意在 2017 年或 2018 年之前分享双边税收信息交换协定中的金融信息（OECD，2016a）。数字化允许金融机构——银行、保险公司、投资基金、养老基金等，为政府充当资本收入和财富的第三方报告者。此外，金融交易税可以帮助生成关于纳税人资产的额外信息。

作为第三方报告者的消费者

如果大多数消费交易实现数字化，消费者可以充当增值税或销售税的第三方报告者。在无现金经济中，正如 Rogoff（2016）所倡导的那样，所有的消费交易都将是数字化的。政府可以利用电子支付信息（例如通过借记卡和信用卡支付）或者使用来自数字平台的消费信息来估计特定公司的

---

① Devereux 和 Vella（2017）更详细地讨论了数字化对公司税的影响。

总销售额。个别公司的销售信息可以帮助政府减少企业在增值税或销售税方面的避税和逃税行为。然而，那些逃税的公司有强烈的用现金而不是电子方式进行交易的动机。因此，如果大量消费交易仍以现金形式进行，数字化只能有限地减少逃税行为。

数字化与税收设计

劳动收入的最优税收

诺贝尔经济学奖获得者 Mirrlees（1971）的文章解释了信息约束如何决定公平和效率之间不可避免的权衡。米尔利斯静态模型分析了劳动收入的最优非线性税收。人们可以把米尔利斯模型看作一种广义上的最优收入再分配理论，或者更广泛地看作一种最优福利国家理论。米尔利斯框架决定了有效的边际税率应该如何最优地随收入而变化。劳动收入的有效边际税率包括法定税率以及所有依赖收入的转移、税收抵免、税收减免和旨在重新分配收入的福利。政府的目标是以最佳的方式在每个劳动收入水平上确定有效的边际税率。个人的盈利能力也就是他们每小时工作的生产力是不同的。个人可以权衡消费的收益和努力工作的成本[1]。政府重新分配高能力者的收入给低能力者。社会对收入再分配的偏好是外生的。

033

Mirrlees（1971）框架中的基本信息约束是盈利能力和工作投入都是私人信息，因此政府是无法验证的。事实上，政府所能核实的是劳动总收入，即盈利能力和工作投入的产物。由于信息约束，基于盈利能力的非扭曲的、个性化的一次性税收无法实施，福利经济学第二定理被打破。政府只能通过一个扭曲的、非线性的劳动收入税率表来重新分配收入。通过对劳动收入征税，政府不仅重新分配了来自盈利能力的租金，

---

[1]　这些成本可以被狭义地解释为放弃了休闲，但更广义地说，它包含了放弃家庭生产的成本或放弃来自非正规或黑市劳动力市场的收入。因此，如果在非正规部门工作的可能性增强了对税收的行为反应，那么应纳税收入的弹性就会增大。

也重新分配了劳动成果。因此，收入再分配扭曲了对工作的激励措施。

　　Mirrlees（1971）从理论上导出了最优的非线性所得税方程。设定收入分配中每一点的最优边际税率，使高边际税率的边际分配利益等于扭曲工作努力的相关边际净损失。最近的文献表明，最优的税制安排通常具有一个 U 形的收入特征。U 形曲线背后的经济逻辑是：在特定收入水平下设定较高的边际税率所带来的再分配利益总是随着收入的增加而减少。直观上讲，如果更高的收入水平下的边际税率提高，那么边际税率提高所产生的额外的税收累进性就会降低。提高较高收入水平下的适用税率比提高较低收入水平下的适用税率所得到的税收收入更少。鉴于税收收入较低，如果提高较高收入水平适用的边际税率，税收抵免、转移支付或税收减免就不能提高得那么多。与此同时，较高的边际税率造成的税收扭曲遵循收入分配曲线特征：对于大多数经验证的收入分配而言，税基首先随收入增加，然后随收入减少。对于给定的应税收入弹性，同样的边际税率在低收入群体中产生较低的扭曲，在中等收入群体中产生最高的扭曲，然后在高收入群体中产生较低的扭曲。这是标准的拉姆齐逻辑。因此，低收入水平的边际税率开始时很高（高分配收益—低扭曲），然后转向收入分配模式（低分配收益—高扭曲），在此模式之后再次增加（低分配收益—低扭曲），并逐渐向高收入者的固定最高税率收敛。[1]

　　对数字化潜力的重要认识直接来自 Mirrlees（1971）：数字化在米尔利斯框架的假设下没有任何改善税收制度的潜力。如果如米尔利斯假设的那样，赚钱能力（劳动力努力程度）基本上是无法核实的，那么数字化也不能改变这个基本的信息约束。即使在一个完全数字化的世界里，赚钱能力和劳动力努力程度仍然是无法核实的。因此，数字化没有能力缓解公平

034

---

① 　为更详细地解释非线性税制安排的形式，参见 Mirrlees（1971）、Diamond（1998）和 Saez（2001）。

与效率之间的权衡。这与 Kanbur（2017）的言论一致。[①] 另一种解释是，如果通过对劳动所得的非线性征税来优化收入再分配，政府将充分利用所有关于纳税人劳动收入的可获得信息。此外，数字化无助于改善税收执行，因为税收执行已被认为是完善的。也就是说，在 Mirrlees（1971）框架中，劳动收入被假定是完全可以核实的。

数字化与累进消费税

最优所得税的 Mirrlees（1971）模型不适用于发展中国家，因为发展中国家的税收执行力度普遍太小，无法核实劳动收入。因此，大多数发展中国家严重依赖消费税来增加收入或重新分配收入。如果所得收入无法向政府核实，政府被迫对消费征税，那么数字化可能有助于缓解公平与效率之间的两难选择。

电子交易系统和生物特征识别技术有助于在消费税之外实现非个性化一次性转移支付。[②] 因此，即使收入是不可核查且免税的，数字化也会允许政府实行累进消费税，而不是比例消费税。因此，累进消费税可以在相同的消费税率下提高收入再分配水平，也可以在相同的收入再分配水平下设定较低的消费税率。因此，数字化可以提高商品税制的收入再分配

[①] 相比之下，Chen、Grimshaw 和 Myles（2017）认为，数字化可能在未来允许政府验证个人的盈利能力。如果盈利能力确实可以验证，最优税收理论的核心激励问题就会消失，并取得最优结果。然而，由于种种原因，人们应该对这个想法持怀疑态度。第一，外生盈利能力的衡量标准尚不明确。例如，每小时工作收入是内生的，是对教育、职业选择、在职培训、工作强度、在劳动力市场的运气等方面投资的结果。第二，很难找到真正衡量盈利能力的外生性指标，因为即使是所谓的外生性指标，如智商或基因，也可能具有可塑性。正如 Chen、Grimshaw 和 Myles（2017）指出的那样，这可能会引入新的行为反应。第三，寻找盈利能力的衡量标准引发了一系列哲学、政治和法律问题，诸如应该如何恰当地衡量赚钱能力。第四，即使有可能对能力征税，也会出现税收方面的时间一致性问题。个人在向政府透露了自己的盈利能力后，期待着完全个性化的一次性税收，有强烈的动机歪曲自己的盈利能力，或利用税收制度来避免这种首选的个性化一次性税收（Roberts，1984）。

[②] 考虑一个人的预算约束时，所得是 wl，w 是工资，l 是劳动力，个人用于消费的劳动收入是 c，则税率为：$wl = (1+\tau)c$。显然，如果可以根据电子交易或生物特征识别向个人提供非个性化的一次性转移支付 g，预算约束将变为：$wl + g = (1+\tau)c$。这将把消费税从比例税改为累进税，前提是 g 为正值。

能力。

　　许多国家还依靠不同的商品税来进行收入再分配，例如在必需品方面征收较低的增值税。在没有所得税的情况下，出于再分配的原因，这样的政策是可取的。然而，如果税收制度允许非个性化一次性转移支付，除了线性消费税之外，政府也许能够最大限度地减少对使用低增值税率进行收入再分配的依赖。[①] 因此，政府可以通过线性消费税并辅以一次性税收来组织更多的收入再分配，如低增值税税率，以避免产生与差异化消费税相关的扭曲。

最优收入与商品税

　　最优非线性所得税的标准米尔利斯模型只考虑两种商品（消费和休闲），而政府只收到一个盈利能力的信号——劳动收入。然而，现实世界中的个人可能会做出更多的选择：他们在同一时间在不同的消费品之间做出选择，在不同时间点的消费之间做出选择（根据他们的存款），他们选择如何储蓄（如投资组合）、教育投资等。此外，个人的盈利能力可能不同，原因是他们的偏好不同，如对不同商品的偏好（出租房屋、医疗保健）、时间偏好（储蓄或借款）或风险规避行为。因此，当个人面临多种商品之间的选择并且他们的偏好可能不同时，应该如何优化税收制度？在不同时期对不同消费品和消费征税的税收制度中，数字化是否有助于改善公平与效率之间的权衡？

　　最优商品税理论的出发点是阿特金森－斯蒂格利茨（AS）定理，该定理推导了在什么条件下，政府只需对劳动收入征收非线性税收，就可以得到所有期望的收入再分配，而不必诉诸商品税差别化（Atkinson and Stiglitz，1976）。AS 定理是一个重要的基准。如果不需要区分商品税，所

---

　　① 事实上，如果个人偏好是 Gorman 极坐标形式，其中包括柯布－道格拉斯（Cobb-Douglas）、CES 生产函数、Stone-Geary 函数、线性支出系统（LES）和等弹性效用函数，则即使穷人将其收入的一部分不成比例地花在生活必需品上，政府也能最优地征收统一的消费税（Deaton，1977）。

有的再分配都可以通过非线性所得税来实现。随着所得税的完善执行，正如 AS 定理所假设的那样，根本不需要征收商品税。相同的经济成果可以通过将所有的、统一的商品税设定为零以及按比例调整劳动收入税来实现。那么应该如何在劳动收入和消费税之间进行最佳的税收分配呢？在 AS 定理的条件下，所得税和消费税之间的区别是无关紧要的。然而，实际上对所得税和消费税的依赖大概取决于税收执行问题。[①]

AS 定理表明，如果个人的盈利能力不同、盈利能力只影响劳动收入、个人对各种商品有相同的偏好、商品效用与休闲效用的可分性较弱，则商品税应该是统一的（Atkinson and Stiglitz，1976；Laroque，2005；Jacobs and Boadway，2014）。可分性较弱意味着提供劳动力的意愿是独立于个人如何支配他们的收入的。特别是对于所有收入相同的个人来说，商品需求是相同的。因此，商品需求并没有揭示出更多关于盈利能力的信息，而这些信息已经存在于劳动收入中。因此，差别化的商品税不仅不能比非线性所得税重新分配更多的收入，而且还扭曲了商品需求。考虑 AS 定理的另一种等价的方式是，可分性较弱意味着所有商品都是工作（或休闲）的平等补充，因为对于劳动收入相同的个人来说，商品需求是相同的。因此，差别化的商品税不能通过以较高（较低）税率对补充休闲（补充工作）的商品征税来缓解劳动力供应的扭曲，而只会扭曲商品需求。

在 AS 定理的条件下，数字化不能保证改进原有的税制安排，因为所有的再分配都应该通过劳动收入的非线性税收来进行。综上所述，数字化在只有两种商品（消费和休闲）的 Mirrlees（1971）框架下没有前途。这一结果的一个推论是，如果 AS 定理的条件确实适用的话，数字化也没有改进 Atkinson 和 Stiglitz（1976）框架中现有的多种商品的税收制度。在这种情况下，通过非线性所得税来组织所有的收入再分配是社会最优的，

---

① 非线性所得税的税收管理和实施比线性消费税的成本更高。大多数消费税必须是线性的，因为个人消费交易是匿名的。然而，与非线性所得税相比，线性消费税是较差的收入再分配工具。因此，政府可能希望使用线性消费税和非线性所得税来平衡所得税中的逃税成本和避税成本与消费税的分配损失（Boadway，Marchand and Pestieau，1994）。

此时商品税是多余的。因此，任何对数字化改善公平与效率的权衡的承诺都依赖 AS 定理的失效。

　　AS 定理的所有基本条件在现实世界中估计都会失败：即使个人只有一个"深层"特征（即盈利能力）不同，盈利能力的异质性也可能决定他们对不同商品或除劳动收入之外的部分收入（如资本收入）的偏好。此外，个人的偏好并不需要在劳动与所有其他商品之间弱分离，从而使得商品需求与劳动选择相互作用。此外，如果个体在一个以上的"深层"特征上存在差异，AS 定理也会失效，如健康、时间偏好等。在所有这些情况下，商品税都不是多余的。如果商品税不是多余的，数字化就有可能改善公平与效率的权衡。

　　本章后面的部分将转向一个复杂的问题：如果个人在多个"深层"特征上存在差异，那么应该如何最优地设计税收制度？接下来的章节将重点讨论异质性仍然是一维的情况，但是不仅仅讨论对劳动收入产生的影响。剩余章节尤其将聚焦商品税和资本收入税。

数字化与商品税

　　如果 AS 定理的条件不成立，除了劳动收入外，商品也可能按非线性安排征税。除了劳动收入之外能力上的异质性决定了人们对商品需求或资本（或其他）收入的偏好，就属于这种情况。商品需求不仅反映了劳动收入的差异，还反映了对商品或其他收入来源的偏好。例如，盈利能力可以与捐赠、资本收入或遗产相关。

　　如果大宗商品需求（以劳动收入为条件）与盈利能力正相关，那么对大宗商品征收较高税率是最优选择，这是因为盈利能力与大宗商品的初始禀赋存在相关性（Cremer，Pestieau and Rochet，2001；Gerritsen et al.，2017）。

　　此外，个人偏好可能取决于能力。如果高能力的个人比低能力的个人更喜欢消费这些商品，商品应该按更高的税率征税——这里的能力表现为劳动收入（Mirrlees，1976；Saez，2002）。从直观上看，如果商品需求因人而异，那么除了通过观察劳动收入获得的信息外，商品需求还揭示了关于盈利能力的其他信息。

此外，即使所有个体对某些商品的偏好是相同的，但不能与劳动微弱区分，那么有些商品对工作的互补作用比其他商品更强（更弱）。因此，消费某些商品的意愿随个人的努力程度而变化。然后，政府最优地降低（增加）与工作（休闲）相辅相成的商品税，以缓解所得税对劳动供给的扭曲（Corlett and Hague，1953；Atkinson and Stiglitz，1976；Jacobs and Boadway，2014）。① 最佳的商品税应该是非线性的，并取决于个别商品需求（Atkinson and Stiglitz，1976；Mirrlees，1976）。当然，无论是出于收入再分配还是出于效率原因，商品税的差异总是以商品需求扭曲为代价的。

那么，如果商品税的差异确实是可取的，数字化是否会影响最优商品税的设定？非线性商品税要求政府能够核实个体对商品的需求。如上所述，如果数字化有助于收集个人消费信息，那么它可能特别有用。如果所有的消费交易都可以通过电子支付系统核查，那么政府就能够征收个性化的、非线性的消费税。这类商品包括水、电和天然气。非线性税（补贴）也经常在许多服务上征收，如医疗保健、教育和（房屋）租金。

然而，在实践中，大多数商品税都是线性的。如果商品可以在二级市场上交易，而这些交易又不能得到政府的核查，那么就不可能对商品征收非线性税。二级市场存在的商品是可运输的、耐用的和可储存的。因此，支付不同非线性商品税的个人将在二级市场上进行交易，直到所有净价差被套利消除。二级市场上的不可核查交易有效地使个别商品需求不可核实，因此只能实施线性商品税。② 不可运输的、易腐烂的和不

---

① Ramsey 反弹性规则是 Corlett-Hague 动机区分现代税收的一个特例，最有弹性的商品是对工作最有力的补充（Ramsey, 1927）。

② Diamond 和 Mirrlees (1971a, 1971b)、Atkinson 和 Stiglitz (1976)、Saez (2002)、Mirrlees (1976)、Jacobs 和 Boadway (2014) 表明了最优线性商品税需要用于再分配的原因。如果所得税被限制为线性的或偏好是异质的，并且出于效率原因，再分配是为了缓解劳动税引起的劳动力供应扭曲。

可储存的商品难以在二级市场进行交易，政府可以核查这些商品的需求。因此，这些商品可以被非线性地征税。[①]

　　因此，数字化可以允许对可核查商品需求的个别商品征收非线性税，从而补充现有的商品税制。假定个别商品需求是可核查的，非线性商品税以比线性商品税更低的效率成本重新分配收入。虽然非线性商品税的理论案例可以很容易地得到证明，但是对哪些商品应该征税以及如何区分商品税并不清楚。而实证文献明确地否定了 AS 定理的条件。[②] 与此同时，相关文献对商品税的设计提供的指导较少。因此，需要对商品需求进行更多的实证研究，以便为有关数字化世界中消费税最优设计的政策讨论提供信息。

企业所得税

　　在大多数现代税制中，企业所得税大概是最扭曲的税种。事实上，最优税收理论并没有为资本收入的征税提供坚实的福利经济学基础。按来源对资本收入征税会影响生产效率，因为它会扭曲企业的投资、杠杆率和区位决策。最好避免生产效率低下，即使在税收扭曲的次优环境下也是如此（Diamond and Mirrlees，1971a，1971b）。[③] 可以说，企业所得税最重要的任务是充当个人所得税的"后盾"。政府根据个人所得税向每个股东征

[①]　二手市场也变得越来越数字化，例如二手商品的在线平台。然而，这不太可能允许对这些平台上交易的商品征收非线性消费税，因为这些商品的特性不会因为在二手平台上交易而改变。特别是，非线性商品税会诱发税收套利，这是因为商品仍然是耐用的、可运输的、可储存的。

[②]　参见 Browning 和 Meghir（1991），Crawford、Keen 和 Smith（2010），Gordon 和 Kopczuk（2014），以及 Pirttilä 和 Suoniemi（2014）。

[③]　然而，生产效率定理依赖一些重要的假设，而这些假设在现实中并不需要满足（Diamond and Mirrlees，1971a）。第一，政府需要核实经济中所有生产部门的所有要素支付情况。因此，如果存在免税的非正规部门或黑色部门，那么生产效率定理就失效了。第二，所有劳动类型（或职业）都必须是生产中的完美替代品，这样每小时工资都会受到生产扭曲的对称影响。如果劳动类型不能完全适用，政府需要制订一个特定于劳动类型（或职业）的劳动力税收计划（Scheuer and Werning，2016）。第三，生产规模需要稳定的回报（零利润），否则政府需要对纯利润征收 100% 的税。

税，比向许多不同的股东派发股息的公司征税更加困难。此外，在金融全球化的世界中，对股东个人征税更加困难，因为个人的资产分布在许多国家。因此，如果对以居住地为基础的资本收入征税太困难或成本太高而无法实施，那么从源头征税可能是对资本收入征税的唯一途径。[1]

如果设立国际注册机构来收集所有资产和资本收入的信息，数字化将为直接向股东征税带来巨大希望。如果政府可核查个人资本收入，那么资本收入可以按居住地而不是来源地征税。此外，资产和资本收入以数字方式进行登记，就可以大大改善税收征缴。那么，企业所得税可能就不再需要用来支持个人所得税了。

最激进的一种企业所得税方式是可以完全取消的，或者企业所得税仍然可以当作股息收入的预扣税，就像它最初推出时所打算的那样（Zucman，2015）。通过这样做，政府可以依靠公司股息支付的第三方报告，从而减少资本收入申报中的逃税行为。此外，通过在公司层面征收预扣税，而不是在许多股东层面征收个人所得税，仍然可以实现对股息征税的规模经济。

取消基于来源的企业所得税将消除企业所得税造成的巨大经济扭曲。特别是，大多数国家都采用了"经典的"公司税制，即股权融资成本（股利）不能从企业所得税中扣除，而债务融资成本（利息）可以从企业所得税中扣除。因此，只要不是所有投资都以债务融资，通过对正常和高于正常水平的股权收益征税，企业所得税就会提高资本的使用成本，因此，企业所得税使公司投资减少。此外，由于对债务和股权的税收处理不对称，企业通过债务为自己的活动提供相对较多的资金，这是税收诱导的结果。这种"债务偏好"不仅扭曲了经济体的最优资本和风险分配，而且高杠杆还加剧了金融的不稳定性和脆弱性（IMF，2016）。此外，各国企业所得

[1]　或者说，企业所得税可以看作一种福利税，以补偿政府在基础设施、人力资本、机构等方面的投资。此外，企业所得税可被视为将部分税收负担转嫁给外国股东的一种方式。由于资本的流动性高且不断增强，后者的论点在实践中变得不那么重要。

税税率之间的差异为将实体经济活动转移到税率较低的国家，或通过转移价格操纵、债务转移或许可证将利润转移到税率较低的国家提供了激励。如果对资本收入按居住地征税，而不是按来源地征税，所有这些不利因素都会消失，通过企业所得税进行的税收套利也将停止。

此外，对以居住地为基础的资本收入征税将结束企业所得税的税收竞争。为了吸引经济活动，各国可能会对其他邻国制定的企业所得税税率做出策略反应（Keen and Konrad，2013）。从经验来看，税率被认为是策略补充，尤其是在欧盟。这意味着如果一个国家这样做，其他国家就会降低企业所得税税率（Devereux and Loretz，2013）。因此，税收竞争可能导致"触底竞争"，即企业所得税税率被压到非常低甚至零的水平。近几十年来，西方世界大多数国家的企业所得税税率大幅下降，加剧了这种担忧。如果对资本收入的征税不再是以来源地而是以居住地为基础，那么对流动资本的税收竞争可能会从企业所得税转向个人所得税，因为各国可能会降低个人所得税中的利息税、股息税和资本收益税，以吸引高净值个体，而不是企业。

最优资本收入税

AS 定理也为著名的理论结果提供了基础，即如果偏好在不同时期的劳动和消费之间相同且弱可分，盈利能力仅存在异质性，那么不应对个人所得税中资本收入的正常回报征税。[①] 然而，与商品税一样，零资本税的这些条件在实践中并不符合。由于以下原因，对资本收入征收的税款应为正数。

• 贴现率随盈利能力的增强而降低（Mirrlees，1976；Saez，2002；Banks and Diamond，2010；Diamond and Spinnewijn，2011）；

[①] Chamley（1986）和 Judd（1985）也发现，从长远来看，资本收入的最优税收为零。Jacobs 和 Rusu（2017）表明，这一结果最终来自最优商品税原则。特别是对资本收入征收的长期税收为零，因为随着时间的推移，消费同样成为休闲的补充。因此，就降低劳动力市场扭曲程度而言，对资本收入征税没有任何好处，只会降低储蓄扭曲的成本。因此，Chamley（1986）和 Judd（1985）的研究可以被解释为 AS 定理的特例。

• 初始资产或遗赠通常随盈利能力的增强而增加（Cremer，Pestieau and Rochet，2001；Piketty and Saez，2013）；

• 资产回报随盈利能力的增强而增加（Gerritsen et al.，2017）；

• 资产或遗赠随盈利能力的正向冲击而增加（Jacobs and Schindler，2012）。

因此，即使劳动收入相同，高能力个人的资本收入也较高。对资本收入征收正税也因此成为收入再分配的最佳选择。

出于一些效率原因，资本收入的最优税收也应该是正的。特别是，征收资本收入税是可取的，因为它可以达到以下目的。

• 利用劳动税防止税收套利（Christiansen and Tuomala，2008；Reis，2011）；

• 对租金征税（Correia，1996）；

• 缓解劳动供给的扭曲（Corlett and Hague，1953；Atkinson and Stiglitz，1976；Erosa and Gervais，2002；Conesa，Kitao and Krueger，2009；Jacobs and Boadway，2014）；

• 缓解人力资本的扭曲（Jacobs and Bovenberg，2010）；

• 缓解资本市场的失灵（Aiyagari，1995）；

• 缓解保险市场的失灵（Golosov，Kocherlakota and Tsyvinski，2003；Golosov，Troshkin and Tsyvinski，2016；Jacobs and Schindler，2012；Fahri and Werning，2012）。

因此，以正税率征收资本收入是有充分的经济理由的，它排除了消费税（或支出税）的理论依据——这种理论依据意味着对正常回报的资本收入不征税。然而，没有理由认为资本所得税应该与劳动所得税（一种综合所得税）相同，因为劳动所得税和资本所得税都有不同的额外负担和不同的分配利益。因此，双重所得税制度，即对劳动收入和资本收入按不同的税制征税，可能是最优的（Jacobs，2013）。

根据同样的论点，人们会认为，对各种资本收入来源——储蓄存款和贷款的利息、已交易股票和非交易非公开持有股票的股息和资本收益、住房的租金和资本收益，以及养老基金的资产累积实行差别税制是可取的。然而，对各种资产的差别税收待遇可能会在资产类别中引发大规模的税收套利，因为通过投资基金、住房、养老金和企业所有权等方式，很容易将一种资产转换为另一种资产。因此，所有的资本收入可能需要在一个统一的税收制度下征税。

大多数税收制度对不同的资本收入和财富来源实行不同的税率（Harding，2013；OECD，2011，2016b）。住房经常会得到补贴，例如扣除抵押租金、估算租金非常低或不纳税。养老金一般会得到补贴，通常是免税的养老金积累、个人所得税中的各种税收优惠也是常见的。利息收入、股息和资本利得一般在个人所得税中征税，尽管一些国家不征收资本利得税。个体企业的资产所得往往享有特定税收待遇，一般具有多种税收优惠。例如，按收付实现制（对交易股票或少数人持有的股票）征收资本利得税的国家，一般不对未实现资本利得的应计利息征税（Auerbach，1991）。

不同资本收入来源的差别税收待遇为税收套利、资产类别之间的套利、个人或法人实体之间的套利以及长期套利（例如建立养老金基金）打开了大门。此外，资本税的拼凑造成了各种各样的经济扭曲。一份并非详尽的清单包括：由于住房和独资企业中的债务偏好，家庭融资决策中的杠杆率过高，以及由家庭投资组合分散性差导致的风险分配扭曲，例如房地产市场风险暴露率过高、对流动性低的养老金财富的投资过高。对资本收入（甚至是补贴）征收较低的税收会导致劳动力市场更加扭曲，因为税收负担会转移到劳动收入或消费上。对劳动收入和消费征收更高的税，削弱了人们提高劳动努力程度、进入劳动力市场、投资人力资本和推迟退休的动力。

数字化使政府能够创建和联结财富和资本收入（储蓄、公开交易资产、私人持有资产、房屋所有权、养老金和赠与／遗产）的数据登记册。因此，数字化使实行双重所得税制度成为可能，在单一的资本收入总体制度下，"综合"资本收入和财富可以相互联系并对称征税。这一制度最好包含一个统一税率，适用于超过某一免税额的所有资本收入。[①] 这一制度有利于减少税收套利，增强现行个人所得税制度的效率和公平性。随着时间的推移，对所有资本收入来源课征的单一税率消除了所有资本收入来源之间的套利，以及个人或法人实体之间的套利。此外，资本和风险分配将不再受到扭曲。最后，政府可以更容易地采取对劳动收入和资本收入的最优税收组合。

税收制度中的联合性

现实世界的税收制度通常都相当简单。最简单的形式是，所有的收入来源在同一个累进税表下被征税，即征收综合所得税。然而，不同的国家对不同收入来源的征税有不同的税制安排。这些税制安排通常是相互独立或"不相交的"。例如，劳动收入的边际税率仅取决于劳动收入，与资本收入或财富水平无关。同样，在双重税制下，资本收入的边际税率仅取决于资本收入，而不取决于劳动收入。

当然，例外确实存在。虽然劳动收入的税率与在双重税收制度中的资本收入或在综合所得税制中的资产基本无关，但许多国家在疾病、残疾、失业或福利方面采用资产检验。因此，税收优惠制度具有"联合性"：有效边际税率对劳动收入的影响（包括福利、税收优惠和税收抵免的影响）取决于财富。那么，问题就在于，税制安排中的交叉依赖（或联合）是否符合社会需求。如果是这样的话，那么数字化对于这些复杂得多的税收系统的管理和整合将是非常有用的。

考虑税收计划中的交叉依赖关系的起点是 Mirrlees（1976）对最优收入和商品税的分析。Mirrlees 认为，盈利能力是唯一的"深层"原始参数，它不仅在劳动收入方面抑制了个体之间的异质性，而且在某种程度上抑制

---

① 　20 世纪 50 年代以来，政府可以通过对资本收入征收更大的免税额来提供税收激励，以便为退休储蓄。无论个人如何为退休储蓄，政府都会为退休储蓄提供激励措施：无论是通过个人储蓄和股票市场投资，通过他们的房子，通过个人企业，还是通过养老基金。

了个体的偏好、禀赋等。Mirrlees 已经指出，对收入和商品分别征收非线性税收是最优的。因此，如果个人只在一个深层次的特征上有所不同，那么税收计划中的交叉依赖就是多余的（Renes and Zoutman，2016b）。因此，数字化将再次无助于改善现有的税收制度，因为它不能创造税收计划的联合性。

　　如果个人除了盈利能力之外，还有更多的方面存在差异，那么税制安排上的联合是可取的。Kleven、Kreiner 和 Saez（2009），Golosov、Tsyvinski 和 Werquin（2014），Renes 和 Zoutman（2016a，2016b），Spiritus（2017）在 Mirrlees（1976）的基础上，分析模型中的最优非线性税收，在这些模型中，个人可能有不止一个特征，如他们的盈利能力、参与成本、健康状况、时间偏好、风险规避行为等。因此，几乎在所有最优税收相关文献中，并非所有个体之间的异质性都可以归结为一个潜在的因素。这些作者都认为，最优的税收制度在税制安排中具有交叉依赖性。例如，劳动收入的最优税率取决于资本收入或资产，反之亦然。同样，某些商品的税率取决于劳动收入和资本收入或资产。因此，如果个人的盈利能力在多个方面存在差异，那么交叉依赖就是可取的。

　　根据经验，一个最优的税收制度在税制安排之间有许多相互依存的关系，这些相互依存的关系等于人与人之间有差异的特征的数量（即类型空间的维数）。① 直观上说，在税率表中引入交叉依赖的目的是缓解税收制度的经济扭曲。如果个人在多个维度上存在差异，他们可以在多个维度上调整自己的行为，使政府更难将收入再分配目标对准它想要支持的个人。然而，通过在税制安排中引入联合性，政府可以更有效地"控制"收入再分配的行为反应。在最优税收方面，多维异质性允许个人通过获利（"双

①　直观地看，最优税收函数必须实现直接机制的次优配置，其中政府设计了一个资源可行和激励相容的配置，或每个人通过特定的商品选择如实地揭示所有隐藏的特征。为了充分揭示 J 个隐藏特征，每个商品上的最优楔子也应该至少是 J 商品需求的函数。

重"或"联合"偏差）来与税收制度"博弈"。① 因此，与收入再分配相关的激励约束被放宽了。所以引入联合税制安排可以让政府以较低的或相同的效率成本达到同样的或更好的再分配效果。

为了解税收制度中的联合性为何可取，考虑下面这个简单的例子，这个例子受到 Diamond 和 Spinnewijn（2011）的启发。假设对劳动收入纳税、对资本收入不纳税，那么既有高收入能力又有强烈时间偏好的个人可以明天少工作、今天多存钱以减少劳动所得税，或者是明天增加休闲时间，同时牺牲今天的一些消费。如果个人可以通过改变劳动力供给和储蓄行为最终支付较少的劳动税，那么这种策略是可取的。因此，对于任何边际收入税率，劳动税都会实现较少的收入再分配。现在，如果政府将劳动收入税率设定为资本收入的税率，这样高收入的个人就会支付正的边际储蓄税，那么个人就不会为了减少税单而采取多储蓄、少工作的双重偏差。因此，这种策略对收入再分配的行为反应较小，政府可以通过引入劳动收入和资产的联合税收制度来缓解公平与效率的权衡。

一个重要的政策问题是：当个人在多个维度上存在异质性时，如何设计最优税收。本节的其余部分考虑了几个关于联合性可以改进现有税收制度的建议。然而，关于如何设计这样的联合税制，在理论和实践上都知之甚少。因此，需要进行更多的研究，以确定实施联合税收制度可能带来的福利收益，以及如何在实践中设计这些制度。

终生收入税

本节前一部分的主要观点是，税收制度最好具有与个人特征一样多

---

① 这不能保证实际上能够执行联合计划。出现执行问题的原因是，个人可以利用他们在最佳直接机制中无法获得的市场交易组合各种商品。这又是一个"联合偏差"的问题。Renes 和 Zoutman（2016b）推导出在两类税务问题中实施联合计划是可能的。在第一类税务问题中，分配应该是次优帕累托有效的，不应该有外部性。在第二类税务问题中，次优分配应该满足选择空间，使实施条件与激励相容约束相一致。Golosov、Tsyvinski 和 Werquin（2014）以及 Spiritus（2017）假设所有给定的税制安排对于任何一组模型基元都是可实现的。他们只分析了最优税收制度的最优性质。

的交叉依赖关系，这一观点概括了个人在不同时期具有不同盈利能力的环境。因此，基于整个收入历史的联合税制安排是最优的。联合意味着 t 年度收益的边际税率不仅取决于 t 年度的收益，还取决于其他年度的所有收益。因此，每年劳动收入的最优税率取决于整个劳动收入历史，包括所有未来收入。粗略地说，某一年的收入是反映整个生命周期内"平均收入能力"或"终生收入能力"的指标，但不是一个完美的指标。因此，通过根据每年的劳动收入来征税，政府可以更好地将收入重新分配给那些平均收入能力较低且终生收入较低的个人。每个时期的收入都提供了关于个人终生收入能力的有用信息。因此，通过综合整个收入历史，政府在设定税收时采用了更多的终生收入能力的信号。因此，政府可以基于给定的分配目标以较低的效率损失对劳动收入征税，将整个劳动收入历史作为税制安排的依据。

如果个人在其生命周期的每一年确实有不同的收入能力，那么在什么条件下非线性所得税是时间不变的（或与年龄无关的）的最优选择？Werning（2007）指出，最优边际税率随着时间的推移通常不是固定的，因为所得税的税收扭曲和分配收益都不是固定的。税制安排随着时间的推移而保持不变（即"税收平滑"），符合效用函数，从而产生恒定的弹性，以及个人之间平行的年龄—收入曲线。后者意味着实际上只有一个潜在的异质性来源（Werning，2007）。因此，只有在这种特殊情况下，仅仅根据年度收入制定一个税制安排就足够了。

根据劳动收入历史征税的讨论也与 Vickrey（1939，1947）的一个旧观念有关，即所得税的基础是累计平均收入。横向公平原则表明，终生税优于年度税。直观地说，那些终生平均收入相同，但收入波动较大的个人，将根据年收入的累进所得税制缴纳更多的税。采取终生税的做法可以消除这种不平等。年度收入也可能是衡量终生收入的一个很差的指标，因为在整个生命周期中，收入状况发生了很大变化、保险市场失灵（劳动力和资本收入没有风险保障）、资本市场不完善（借款/流动性约束）。因此，终生税可以通过减轻低收入阶段的税收负担和加重高收入阶段的税收负担，更有效地重新分配收入，改进一些资本和保险市场的不完善之处。此外，累进年度税制还创造了激励机制，促使收入逐渐从高税率时期转向低税率时期，尤其是资本收入时期。这些不利因素可以通过实行终生税制来避免。

Vickrey（1939，1947）建议对应税收入的年平均数征税，仿佛所有应税收入随着时间的推移都是不变的。[1] 在税收文献中，人们较少关注对累计平均收入的征税。一个例外是 Liebman（2003），他分析了在没有资本收入税的情况下，对劳动所得征税的收入平均数。他指出，在当前存在偏见或借贷约束的情况下，劳动税的累积平均可以降低劳动力供给的扭曲程度，并使消费曲线更加平滑，从而产生微小的公平收益和显著的效率收益。在许多国家，个人纳税人可以多年使用电子税务档案。因此，数字化使得实施 Vickrey（1947）提出的关于对累计平均收入征税的提议成为可能，这种提议归结为对终生收入征税。到目前为止，还没有一个国家实现 Vickrey 的累计收入税。[2] 但是，数字化可能允许边际税率依赖整个收入历史。这样做可以提高社会福利，使收入再分配更好地针对终生收入意义上的穷人，从而以较低的效率成本实现收入再分配目标。

劳动和资本收入的联合税收

如上所述，如果个人在不止一个特征上存在差异，那么税制安排中的交叉依赖通常是最优的。所谓的新动态公共财政文献（Golosov，Kocherlakota and Tsyvinski，2003；Kocherlakota，2005，2010；Golosov，Tsyvinski and Werning，2007）分析了模型中收入、消费和资本的非线性税，在这些模型中，个人在其生命周期的每个阶段的盈利能力都是异质

047

---

[1] 由于 Vickrey（1939,1947）讨论了传统的综合所得税，他提议对未实现资本收益的利息征税，以便取消所有阻碍资本收益的激励措施。另外，Auerbach 和 Bradford（2004）也较为关注这一点。

[2] Vickrey（1939）表明，一个人只需要两个连续的纳税申报表，就可以对累积平均收入征税。因此，实现这样一个系统的数字化的要求很低，甚至没有要求。

的。[①] 相关文献表明，劳动收入的最优税收通常取决于资产或资本收入的水平，反之亦然。因此，应确定哪种形式的资产测试是最佳的。直觉上，通过调节资产（或资本收入）水平上的收入再分配，个人将不那么有动力去扭曲劳动供给和储蓄行为，以便从针对穷人的再分配计划中获益。举例来说，Golosov 和 Tsyvinski（2006）的研究表明，个人在生命周期的早期阶段可能会储蓄更多的收入，以便在生命周期的后期阶段虚假地申请残疾津贴。残疾津贴的资产测试使这种"联合偏差"（节省更多资金和虚假声称残疾）变得不那么有吸引力。他们的模拟表明，从资产测试中获得的潜在福利收益是巨大的。[②]

数字化使得政府对劳动力和资本收入或财富征收复杂的联合税变得更加容易，在这种情况下，劳动力收入的边际税率可能取决于资本收入或财富，反之亦然。事实上，在许多国家，收入支持计划通常不仅在劳动和资本收入方面受到经济状况调查，而且在财富方面也会受到调查。通过在税制安排中引入联合性，可以改善公平与效率的权衡。因此，数字化有望为穷人提供更精确的收入支持目标，从而提高公平（根据给定的税率进行更多的再分配）或效率（根据给定的再分配设定更低的税率），或两者兼而有之。

个人和家庭收入的联合税收

大多数税收制度要么对个人收入征税，要么对家庭收入征税。个人

---

① 盈利能力通常被建模为一个随机变量，随着时间的推移会演变为一个马尔可夫过程，可能表现出持续性。此外，这些模型可能考虑到总体生产率的冲击。

② 实现次优分配需要非常复杂的税收制度。由于保险市场缺失、存在外部性，通过单独的税收安排实施最优分配通常是不可能的（Renes and Zoutman, 2016b）。Albanesi 和 Sleet（2006）分析了新动态公共财政模型的一个版本，该模型带有偏好冲击（对工作负效用的冲击），而不是技能冲击。如果偏好冲击是独立的、同分布的，那么最优的非线性联合税收安排取决于当前的劳动收入和财富。模拟结果显示，劳动力边际税率在财富方面呈下降趋势。预期的财产税最多是 2%，这是相当可观的。Kocherlakota（2005, 2010）考虑了在权威新动态公共财政模型中一般过程的技能冲击和总体风险。最优非线性劳动税和线性财产税被证明是整个收入历史的函数。此外，预期的最优财产税为零。但这些结果取决于所选择的特定实现方式。

所得税和家庭所得税之间的区别通常并不明确。许多实行以个人为基础的税收制度的国家也考虑到对家庭收入的依赖，例如对住房、医疗保健、税收信用或福利方面的收入支持。同样，由于税收福利制度中个人特有的因素，税收制度一般不完全以家庭收入为基础。在经济学文献中，关于是根据个人收入还是根据家庭收入征税，长期以来存在经济学争论（Boskin and Sheshinski，1983；Kleven，Kreiner and Saez，2009）。这一争论尚未得到解决，因为它充满了概念上的困难，即政策的适当目标应该是什么？政策应该以个人还是家庭福利为基础？然而，即使不深入这些讨论，并坚持对社会福利采取严格的个人主义办法，不同家庭中个人的最优税收问题仍然是一个复杂的问题。

标准 Mirrlees（1971）框架假设盈利能力是一种已知信息，是异质性的唯一来源。然而，如果我们允许由不同的个体组成家庭，不仅盈利能力是私人信息，家庭成员之间的转移支付也是私人信息。如果第一收入者将资源转移给第二收入者，那么个人收入对于个人消费以及个人福利来说都是一个很差的指标。此外，所得税制不能以家庭内部转移之后的个人收入为条件。以家庭收入为基础的税收制度将家庭内部的转移支付纳入考虑范围，其方法是以共同收入为基础计算总的纳税义务。

如果税收制度是以个人或家庭收入为基础的，那么它如何影响效率和再分配呢？为了理解个人所得税和家庭所得税之间的区别，假设一个家庭由两个赚取收入的人组成。根据定义，主要收入者（"男性"）的收入高于次要收入者（"女性"）。此外，假设次要收入者在其劳动力供给决策上比主要收入者更有弹性。进一步假设税制结构是累进的，其税率随收入的增加而增加。所有这些假设在经验上都是有效的。与个人税收制度相比，假设主要和次要收入者的收入顺序保持不变，累进税制提高了次要收入者的税率，降低了主要收入者的税率。鉴于次要收入者在他们的劳动力供给决策上更具弹性，相对于个人税收制度，家庭税收制度对工作的激励将会更弱。与此同时，如果家庭收入在传统和现代夫妇中是相同的，在累进的个人税收制度下，劳动收入分布更不平等的家庭（"传统夫妇"）的税负比劳动收入分布更平等的家庭（"现代夫妇"）更重。[①] 这是家庭税收制度与个人税收制度相比所隐含的较大的劳动供给扭曲的反映。

Kleven、Kreiner 和 Saez（2009）分析了家庭联合征税的情况，其中主要收入者在密集边际上供给劳动，次要收入者在宽泛边际上供给劳动。他们的研究表明，如果双收入家庭比单收入家庭的情况更好（或更糟），最优所得税制度的特点是对双收入家庭的劳动参与征收正税（或提供补贴）。由于次要收入者的最优参与税取决于主要收入者的劳动收入，因此税制表现出联合性。特别是，如果参与税（或补贴）减少了主要收入者的收入，就会出现负（或正）联合。对于非常高收入的主要收入者，参与税收入趋于零。

Renes 和 Zoutman（2016a）也提供了一个夫妻共同纳税的最佳例子。研究表明，主要（次要）收入者的劳动收入的最优税制安排强烈依赖于次要（主要）收入者的收入。模拟表明，一个配偶收入几乎为零的高收入的主要收入者面临着约 25% 的边际税率。然而，如果夫妻双方都是高收入者，他们的边际税率约为 65%。因此，最优的税制安排在主要和次要收入者的收入中具有正联合性。

数字化可以使税务部门更容易地执行和管理更复杂的、基于个人和家庭收入的税制安排，这相当于将税制安排设定在主要收入者和次要收入者的收入上。通过对个人和家庭（或者等价的伴侣）收入征收联合税，政府可以以较低的效率成本实现其分配目标。与纯粹以个人为基础或以家庭为基础的税收制度相比，这种税收制度产生的扭曲更少、更公平，或两者兼而有之。

非线性税制安排中的标记

一般而言，非线性税制安排应以不变的家庭特征为条件，这些特征可以被核查，并与盈利能力、年龄、性别、失业、疾病或与分配目标（儿童、非工作家属、残疾人、健康人）需求相关。这是 Akerlof（1978）关

---

① 这类似于这样的概念，即累进税制意味着在相同的平均收入水平下波动较大的收入的平均税负更高。

于"标记"的旧观点。实际上，世界上几乎所有税收国家都通过税收抵免和减免在其税收转移制度中加上标签，并为被认为更值得或需求更大的特定群体提供福利。

然而，现有的税制安排还有很大的改进空间。政府可以改进的最明显领域是对收入实行基于年龄和性别的非线性税收。此外，税制安排可以更多地取决于家庭成员的数量。数字化可以帮助管理和实施这种基于个人或家庭特征、除劳动力或资本收入或财富以外的与能力或需求相关的"标签依赖型税制安排"。从直观上看，与单一的非线性所得税制相比，采用特定于标签的非线性所得税制能更好地将以各种收入或需求为基础的项目作为补充。通过引入基于个人或家庭特征的单独税制安排，政府可以再次以较低的效率成本实现再分配目标。事实上，Weinzierl（2011），Bastani、Blomquist 和 Micheletto（2013）以及 Fahri 和 Werning（2013）认为基于年龄的税收显著改善了公平与效率的权衡。同样，Boskin 和 Sheshinski（1983），Cremer、Gahvari 和 Lozachmeur（2010）证明，基于性别的税制安排可以大幅促进公平、提高效率，或两者兼而有之。

税制复杂性与税收执行成本的相互作用

数字化可能允许政府实施更复杂的税收制度，以改善公平与效率的权衡。正如各种政策建议所指出的那样，如果税收制度变得更加复杂和先进，执行税收和遵守税收规定的成本就会增加。一个相关的担忧是，税收制度将变得不那么透明，对纳税人来说也更难理解。

数字化也可能有助于使税收制度更加透明和易于理解。例如，数字化可以帮助纳税人直接获得他们的纳税申报单。此外，政府可以提供复杂的在线税收收益计算器，帮助个人纳税人进行财务规划。如上所述，数字化还可能降低税收执行和遵从的成本。因此，数字化使更复杂的税收制度成为可能。

然而，数字化并不能保证更为复杂的税收制度是符合社会需求的。增强复杂性的代价总是需要与税收制度带来的福利收益进行权衡，以改善公平与效率的权衡。只有在较高复杂性和由此造成的缺乏透明度的成本足够低的情况下，才有可能实施更为复杂和细致的税制安排。

结　论

数字化可以通过收集更多可靠的纳税人的经济成果信息来改进税收执行技术，通过实施更加复杂的税收制度来更好地实现收入再分配，从而改善公平与效率的权衡。当这样做时，数字化可能允许政府降低税率，同时取得相同数量的收入或重新分配相同数量的收入，就像现行税收制度一样。

本章提出了完善政府税收执行技术的五点建议。

1. 数字化可以为政府提供更多关于个人消费的信息，例如越来越多地使用数字支付方式和逐步取消现金支付。

051

2. 数字化可以帮助生成有关财富（交易和非交易资产、住房所有权、养老金）与资本收入（利息、股息、资本收益、财产收入、应计养老金）之间现有联系的信息，并增强现有联系。

3. 国际信息交流可以自动进行，而且可以通过建立资产所有权和资本收入国际登记册予以加强。

4. 数字化使金融机构能够更好地充当政府资本收入和财富的第三方报告者。

5. 数字化使消费者有可能充当增值税或销售税的第三方报告者，例如，使用电子支付信息，如借记卡和信用卡支付。

此外，本章还提出了八项提议，旨在通过设计更有效的税收制度来改善公平与效率之间的权衡关系，即通过降低税率从而降低效率成本来实现再分配目标，并提高效率。

1. 资产所有权和股东的国际登记册允许基于居住地原则而不是基于来源地原则对资本收入征税。企业所得税可以作为股息收入的预扣税，也可以完全免征。

2. 通过结合所有资产和资本收入的信息，可以引入双重收入税制，所有资本收入和财富都可以在一个单一的税率表中进行综合与征税，即征收综合资本所得税。

3. 在发展中国家，生物识别和电子交易系统可以实现累进消费税，从收入再分配出发减少对必需品实行低增值税率的需要。

4. 可以对易腐烂、不可储存和不可运输的货物征收非线性消费税。

5. 可以实施 Vickrey（1947）提出的关于对累计收入征收平均税的建议。或者，边际税率可以取决于整个收入历史。

6. 税制安排可以对劳动力和资本收入或财富联合征税。

7. 税制安排可以对个人和家庭收入联合征税。

8. 可以根据个人或家庭的特点，如性别、年龄、残疾、健康或子女，引入单独的税制安排，即加上标签（Akerlof，1978）。

各国政府是否愿意实施此类税收改革，不仅受到税收执行力度加大或税收制度效率提高带来的经济利益的制约，还受到横向公平、隐私问题和国家权力的制约。事实上，这些担忧可能是许多税收改革迄今尚未实施的原因，例如基于年龄或性别的税制安排。此外，政治经济的约束也阻止了向最优税制分析所确定的次优边界的移动。然而，无论政治上的制约因素是否阻碍了达到这一边界，关于次优边界的信息对于决策者来说都是重要的。

显然，政治扭曲在现实世界的政策制定中很重要，但相关文献并未提供政治约束如何与税收扭曲相互作用的具体观点。政府可以利用数字化提供的信息——无论是好的还是坏的。数字化提出了政府机构质量和公民隐私权保护的问题。数字化可以改善税收制度，提高经济效率，并在制度良好、民主运作良好、实行法治和严格保护公民隐私的国家中促进公平。然而，在有着糟糕的制度、更严重的腐败、更加专制的政权、很少或根本没有法治、没有保护公民隐私的国家，数字化很可能会造成适得其反的结果。事实上，更多地利用信息也可能导致糟糕的政府实现糟糕的政策目标。

052

参考文献

Aiyagari, Rao S. 1995. "Optimal Capital Income Taxation with Incomplete Markets, Borrowing Constraints, and Constant Discounting." *Journal of Political Economy* 103 (6): 1158–1175.

Akerlof, George A. 1978. "The Economics of 'Tagging' as Applied to the Optimal Income Tax, Welfare Programs, and Manpower Planning." *American Economic Review* 68 (1): 8–19.

Albanesi, Stefania, and Christopher Sleet. 2006. "Dynamic Optimal Taxation with Private Information." *Review of Economic Studies* 73 (1): 1–30.

Allingham, Michael G., and Agnar Sandmo. 1972. "Income Tax Evasion: A Theoretical Analysis." *Journal of Public Economics* 1 (1): 323–338.

Aslam, Aqib, and Alpa Shah. 2017. "Taxation and the Peer-to-Peer Economy." IMF Fiscal Forum 2017: Digital Revolutions in Public Finance, International Monetary Fund, Washington, D.C.

Atkinson, Anthony B., and Joseph E. Stiglitz. 1976. "The Design of Tax Structure: Direct versus Indirect Taxation." *Journal of Public Economics* 6 (1–2): 55–75.

Auerbach, Alan J. 1991. "Retrospective Capital Gains Taxation." *American Economic Review* 81 (1): 167–178.

——, and David F. Bradford. 2004. "Generalized Cash-Flow Taxation." *Journal of Public Economics* 88 (5): 957–980.

Banks, James, and Peter A. Diamond. 2010. "The Base for Direct Taxation." In *The Mirrlees Review. Dimensions of Tax Design*, edited by S. Adam, T. Besley, R. Blundell, S. Bond, R. Chote, M. Gammie, P. Johnson, G. Myles, and J. M. Poterba. Oxford: Oxford University Press, pp.548–648.

Bastani, Spencer, Sören Blomquist, and Luca Micheletto. 2013. "The Welfare Gains of Age-Related Optimal Taxation." *International Economic Review* 54 (4): 1219–1249.

Boadway, Robin, Maurice Marchand, and Pierre Pestieau. 1994. "Toward a Theory of the Direct-Indirect Tax Mix." *Journal of Public Economics* 55 (1): 71–78.

Boskin, Michael J., and Eytan Sheshinski. 1983. "Optimal Tax Treatment of the Family: Married Couples." *Journal of Public Economics* 20 (3): 281–297.

Browning, Martin, and Costas Meghir. 1991. "The Effects of Male and Female Labour Supply on Commodity Demands." *Econometrica* 59（4）: 925–951.

Buiter, Willem H., and Ebrahim Rahbari. 2015. "High Time to Get Low: Getting Rid of the Lower Bound on Nominal Interest Rates." Global Economics View, Citi Bank Research. April 9.

Chamley, Christophe. 1986. "Optimal Taxation of Capital Income in General Equilibrium with Infinite Lives." *Econometrica* 54（3）: 607–622.

Chen, Jingnan C., Shaun Grimshaw, and Gareth D. Myles. 2017. "Testing and Implementing Digital Tax Administration." IMF Fiscal Forum 2017: Digital Revolutions in Public Finance, International Monetary Fund, Washington, D.C.

Christiansen, Vidar, and Matti Tuomala. 2008. "On Taxing Capital Income with Income Shifting." *International Tax and Public Finance* 15（4）: 527–545.

Conesa, Juan Carlos, Sagiri Kitao, and Dirk Krueger. 2009. "Taxing Capital? Not a Bad Idea After All." *American Economic Review* 99（1）: 25–48.

Corlett, Wilfred J., and Douglas C. Hague. 1953. "Complementarity and the Excess Burden of Taxation." *Review of Economic Studies* 21（1）: 21–30.

Correia, Isabel H. 1996. "Should Capital Income Be Taxed in the Steady State?" *Journal of Public Economics* 60（1）: 147–151.

Crawford, Ian, Michael Keen, and Stephen Smith. 2010. "Value Added Tax and Excises." In *The Mirrlees Review: Dimensions of Tax Design*, edited by S. Adam, T. Besley, R. Blundell, S. Bond, R. Chote, M. Gammie, P. Johnson, G. Myles, and J. M. Poterba. Oxford: Oxford University Press, pp.275–362.

Cremer, Helmuth, Firouz Gahvari, and Jean-Marie Lozachmeur. 2010. "Tagging and Income Taxation: Theory and an Application." *American Economic Journal: Economic Policy* 2（1）: 31–50.

Cremer, Helmuth, Pierre Pestieau, and Jean Rochet. 2001. "Direct versus Indirect Taxation: The Design of Tax Structure Revisited." *International Economic Review* 42（3）: 781–799.

Deaton, Angus S. 1977. "Equity, Efficiency, and the Structure of Indirect Taxation." *Journal of Public Economics* 8（3）: 299–312.

Devereux, Michael, and Simon Loretz. 2013. "What Do We Know about Corporate Tax Competition?" *National Tax Journal* 66（3）: 745–774.

Devereux, Michael, and John Vella. 2017. "Implications of Digitization for International Corporate Tax Reform." IMF Fiscal Forum 2017: Digital Revolutions in Public Finance, International Monetary Fund, Washington, D.C.

Diamond, Peter A. 1998. "Optimal Income Taxation: An Example with a U-Shaped Pattern of Optimal Marginal Tax Rates." *American Economic Review* 88（1）: 83–95.

Diamond, Peter A., and James A. Mirrlees. 1971a. "Optimal Taxation and Public Production I Production Efficiency." *American Economic Review* 61（1）: 8–27.

——. 1971b. "Optimal Taxation and Public Production II: Tax Rules." *American Economic Review* 61（3）: 261–278.

Diamond, Peter A., and Johannes Spinnewijn. 2011. "Capital Income Taxes with Heterogeneous Discount Rates." *American Economic Journal: Policy* 3（4）: 52–76.

Erosa, Andres, and Martin Gervais. 2002. "Optimal Taxation in Life-Cycle Economies." *Journal of Economic Theory* 105（2）: 338–369.

Fahri, Emmanuel, and Ivàn Werning. 2012. "Capital Taxation: Quantitative Explorations of the Inverse Euler Equation." *Journal of Political Economy* 120（3）: 398–446.

——. 2013. "Insurance and Taxation over the Life Cycle." *Review of Economic Studies* 80（2）: 596–635.

Gerritsen, Aart, Bas Jacobs, Alexandra V. Rusu, and Kevin Spiritus. 2017. "Optimal Taxation of Capital Income when Individuals Have Different Returns." Unpublished, MPI Munich/ Erasmus University Rotterdam/KU Leuven.

Golosov, Mikhail, Narayana Kocherlakota, and Aleh Tsyvinski. 2003. "Optimal Indirect and Capital Taxation." *Review of Economic Studies* 70（3）: 569–587.

Golosov, Mikhail, Maxim Troshkin, and Aleh Tsyvinski. 2016. "Redistribution and Social Insurance." *American Economic Review* 106 (2): 359–386.

Golosov, Mikhail, and Aleh Tsyvinski. 2006. "Designing Optimal Disability Insurance. A Case for Asset Testing." *Journal of Political Economy* 114 (2): 257–279.

Golosov, Mikhail, Aleh Tsyvinski, and Ivàn Werning. 2007. "New Dynamic Public Finance: A User's Guide." *NBER Macroeconomic Annual* 21: 317–363, National Bureau of Economic Research, Cambridge, M.A.

Golosov, Mikhail, Aleh Tsyvinski, and Nicolas Werquin. 2014. "A Variational Approach to the

Analysis of Tax Systems." Unpublished, Princeton/Yale/ Toulouse.

Gordon, Roger H., and Wojciech Kopczuk. 2014. "The Choice of the Personal Income Tax Base." *Journal of Public Economics* 118: 97–110.

Harding, Michelle. 2013. "Taxation of Dividend, Interest, and Capital Gain Income." OECD Taxation Working Paper 19, Organisation for Economic Co-operation and Development, Paris.

International Monetary Fund (IMF). 2016. "Tax Policy, Leverage and Macroeconomic Stability." IMF Policy Paper 16/151, Washington, D.C.

Jacobs, Bas. 2013. "From Optimal Tax Theory to Applied Tax Policy." *FinanzArchiv* 69 (3): 338–389.

Jacobs, Bas, and Robin Boadway. 2014. "Optimal Linear Commodity Taxation under Optimal Non-Linear Income Taxation." *Journal of Public Economics* 117 (1): 201–210.

Jacobs, Bas, and A. Lans Bovenberg. 2010. "Human Capital and Optimal Positive Taxation of Capital Income." *International Tax and Public Finance* 17 (5): 451–478.

Jacobs, Bas, and Alexandra V. Rusu. 2017. "Why Is the Long-Run Tax on Capital Income Zero? Explaining the Chamley-Judd Result." Tinbergen Institute Discussion Paper TI 2017–011/VI, Rotterdam, Netherlands.

Jacobs, Bas, and Dirk Schindler. 2012. "On the Desirability of Taxing Capital Income in Optimal Social Insurance." *Journal of Public Economics* 96 (9–10): 853–868.

Judd, Kenneth L. 1985. "Redistributive Taxation in a Simple Perfect Foresight Model." *Journal of Public Economics* 28 (1): 59–83.

Kanbur, Ravi. 2017. "The Digital Revolution and Targeting Public Expenditure for Poverty Reduction." IMF Fiscal Forum 2017: Digital Revolutions in Public Finance, International Monetary Fund, Washington, D.C.

Keen, Michael, and Kai Konrad. 2013. "The Theory of International Tax Competition." In *Handbook of Public Economics, Volume 5*, edited by A. J. Auerbach, R. Chetty, M. Feldstein and E. Saez, pp.257–328.

Keen, Michael, and Joel Slemrod. 2016. "Optimal Tax Administration." NBER Working Paper 22408, National Bureau of Economic Research, Cambridge, M.A.

Kleven, Henrik J., Claus T. Kreiner, and Emmanuel Saez. 2009. "The Optimal Income Taxation of Couples." *Econometrica* 77 (2): 537–560.

Kocherlakota, Narayana R. 2005. "Zero Expected Wealth Taxes. A Mirrlees Approach to Dynamic

Optimal Taxation." *Econometrica* 73 (5): 1587–1621.

———. 2010. *The New Dynamic Public Finance*. Princeton, NJ: Princeton University Press.

Laroque, Guy R. 2005. "Indirect Taxation Is Superfluous under Separability and Taste Homogeneity: A Simple Proof." *Economics Letters* 87 (1): 141–144.

Liebman, Jeffrey B. 2003. "Should Taxes Be Based on Lifetime Income? Vickrey Taxation Revisited." Unpublished, John F. Kennedy School of Government, Harvard University, Cambridge, M.A.

Mirrlees, James A. 1971. "An Exploration in the Theory of Optimum Income Taxation." *Review of Economic Studies* 38 (2): 175–208.

———. 1976. "Optimal Tax Theory: A Synthesis." *Journal of Public Economics* 6 (4): 327–358.

———. 1999. "The Theory of Moral Hazard and Unobservable Behaviour: Part I." *Review of Economic Studies* 66 (1): 3–21.

Organisation for Economic Co-operation and Development (OECD). 2011. *Going for Growth*. Paris.

———. 2016a. "Automatic Exchange of Financial Account Information." Background Information Brief, Paris.

———. 2016b. *Pension Outlook 2016*. Paris.

Piketty, Thomas, and Emmanuel Saez. 2013. "A Theory of Optimal Inheritance Taxation." *Econometrica* 81 (5): 1851–1886.

Pirttilä, Jukka, and Ilpo Suoniemi. 2014. "Public Provision, Commodity Demand, and Hours of Work: An Empirical Analysis." *Scandinavian Journal of Economics* 116 (4): 1044–1067.

Ramsey, Frank P. 1927. "A Contribution to the Theory of Taxation." *Economic Journal* 37 (145): 47–61.

Reis, Catarina. 2011. "Entrepreneurial Labor and Capital Taxation." *Macroeconomic Dynamics* 15 (3): 326–335.

Renes, Sander, and Floris T. Zoutman. 2016a. "As Easy As ABC? Multi-dimensional Screening in Public Finance." Unpublished, Erasmus University Rotterdam/Norwegian School of Economics.

———. 2016b. "When a Price Is Enough: Implementation in Optimal Tax Design." Unpublished, Erasmus University Rotterdam/Norwegian School of Economics.

Roberts, Kevin. 1984. "The Theoretical Limits of Redistribution." *Review of Economic Studies* 51 (2):

177–195.

Rogoff, Kenneth S. 2016. *The Curse of Cash*. Princeton, NJ: Princeton University Press.

Saez, Emmanuel. 2001. "Using Elasticities to Derive Optimal Income Tax Rates." *Review of Economic Studies* 68 (1): 205–229.

——. 2002. "The Desirability of Commodity Taxation under Non-Linear Income Taxation and Heterogeneous Tastes." *Journal of Public Economics* 83 (2): 217–230.

Scheuer, Florian, and Iván Werning. 2016. "Mirrlees Meets Diamond-Mirrlees: Simplifying Nonlinear Income Taxation." NBER Working Paper 22076, National Bureau of Economic Research, Cambridge, M.A.

Spiritus, Kevin 2017. "Optimal Mixed Taxation with Multidimensional Heterogeneity of Agents." Unpublished, Catholic University Leuven.

Vickrey, William. 1939. "Averaging of Income for Income Tax Purposes." *Journal of Political Economy* 47: 379–397.

——. 1947. *Agenda for Progressive Taxation*. New York: The Ronald Press Company.

Weinzierl, Matthew. 2011. "The Surprising Power of Age-Dependent Taxes." *Review of Economic Studies* 78 (4): 1490–1518.

Werning, Iván. 2007. "Optimal Fiscal Policy with Redistribution." *Quarterly Journal of Economics* 122 (3): 925–967.

Zucman, Gabriel. 2015. *The Hidden Wealth of Nations*. Chicago: University of Chicago Press.

3 税收和点对点经济 *

阿齐布·阿斯拉姆　阿尔帕·沙阿

引　言

随着数字化的点对点（P2P）经济 ① 在全球范围内的蓬勃发展，人们越来越多地对其进行审视和批评，认为其受到的监管和征税远远低于其他类型的企业。一些人认为，这种轻监管的做法扭曲了竞争，使 P2P 经济中的个人和企业相对于同一行业的竞争者拥有不公平的优势。其他人则认为，通过限制性做法施加有益的压力，这是在提高效率。

如果 P2P 经济的用户因为优惠的税率或者仅仅是少报了收入确实要缴纳更低的税，政府的税收收入可能会面临风险，尤其是在其他更富含税收的活动被转移的情况下。与此同时，这种新的经营方式也有可能使某些部门的活动正式化，使监管部门和税务部门能够控制这些活动。

P2P 经济的定义和范围仍有待讨论，这加剧了争议。人们创造了许多

---

* 本章作者要感谢 Beth Adair、Chelsea Barabas、Sonia Carrera、Francois Chadwick、Peter Coles、Ruud De Mooij、Johannes Degn、Peter Gigante、Sanjeev Gupta、Jonathan Hall、Zach Jones、Michael Keen、Patrick Kallerman、Jed Kolko、Pooja Kondabolu、Jonathan Lieber、Idan Netser、Igor Popov、Lucas Puente、Jennifer Rowland、Joshua Sandler、Mick Thackray、Robert Trotter、Geneviève Verdier 和 Travis Woodward，感谢他们有用的评论和讨论，以及 John Damstra 的出色研究协助。
① "P2P 经济"一词包括 P2P 参与者（买方和卖方）和数字平台，涉及所有部门的 P2P 活动。"P2P 企业"和"P2P 卖家"可以互换使用来描述那些在 P2P 平台上提供商品和服务的供应方实体。

术语来描述新的数字 P2P 活动，例如"共享经济"和"零工经济"①。然而，这些名称通常只涉及感兴趣的交易的一个子集，因为 P2P 业务可以存在于任何在线市场，其中的交易可以通过交易双方（通常是个人）之间的交换、出售或出租、共享来描述。

重要的是，P2P 模式——个人买家和卖家之间的商品和服务交易，并不是一种新的交易方式（如易货交易）。近年来，其不同之处在于，技术发展消除了与经营企业相关的各种交易成本，使规模较小的活动得以激增，并对规模较大的现有企业业务构成集体挑战。因此，P2P 交易已成功渗透到越来越多的领域，越来越多的商品和服务行业都提供了 P2P 服务。

某些部门首当其冲受到了批评。例如，酒店和旅游部门 P2P 平台的快速增加引发了一些问题，即这些新进入者是否在某种程度上与传统企业相比具有税收优势，违反了税收中性原则。在价格设定好的拼车行业，司机是雇员还是自营职业者的问题是另一个争议来源。这个问题对于税务遵从负担，以及社会保险和应付福利的水平具有重要影响。

政府已经意识到有必要明确 P2P 经济用户的纳税义务，一些政府已经发布了具体的指导意见。他们还认识到了获取和使用数字平台所持有的大量信息对提高遵从度的潜在好处。该平台作为扣缴义务人的角色也得到了确认，这就提出了一个问题，即这是否适用于 P2P 用户承担的所有税费。因此，随着越来越多的参与者的加入和越来越多的 P2P 商业模式的蓬勃发展，人们对 P2P 经济的规模、范围和税收的兴趣是不可避免的。

本章试图解决几个问题。首先，P2P 经济对税收政策和管理有什么影响？答案的一个重要部分在于，了解 P2P 经济的影响以及 P2P 商业模式本身是否需要特殊的税收待遇。其次，如果这些新企业的基本经济活动与现有行业不同，当前的税收政策是否足以应对？如果不可以，那么当前的税收结构是否允许 P2P 经济中的参与者进行更大程度的避税？如果可以，

---

① 零工经济（Gig Economy）指围绕特定工作或任务开展的活动。虽然这一术语可能意味着市场上规模较小的交互，但重要的是，更大的公司也使用 P2P 基础设施作为补充销售渠道，以实现更广泛的消费者基础。这通常被称为企业对企业的通道。

那么哪些平台积累的信息能够以最小的成本帮助提升遵从度？更根本的问题是，P2P 活动的规模和性质是否暗示了另一种税收制度，甚至是简化现有税收，以确保政府能够共享所创造的价值？本章将强调的是，从税收政策的角度来看，单独或特殊税收待遇的情况并不明显。看起来像是税收管理的问题可能会被误认为是税收政策问题。

本章下一节定义了 P2P 经济，并回顾了理论和经验方面的文献；然后探讨了 P2P 经济与税收政策和管理相关的特征；最后考虑了在 P2P 活动不断增加的世界中这两个领域的设计。

P2P 经济

P2P 经济可以被描述为一个虚拟市场的集合，它将希望通过数字平台进行商品和服务交易的个人连接起来。一方面是想要特定商品或服务的买家，另一方面是拥有要出售（或出租）的商品或控制提供服务所需资产的卖家。表 3.1 列出了不同行业 P2P 平台的例子。

表 3.1　跨行业的 P2P 平台	
行业	P2P 平台举例
快递和运输服务	Deliveroo、Instacart、Postmates
数字货币（金融中介服务）	Bitcoin、Ethereum、Ripple
金融服务（众筹、合作贷款）	Funding Circle、Lending Club、Kickstarter、Prosper、SoFi
零售业（在线销售、分销、拍卖）	Amazon、Craigslist、eBay、Etsy
共享软件、知识和媒体	Apple iTunes、Coursera、Dropbox、Wikipedia
专业服务	Fiverr、Freelancer、Taskrabbit、Thumbtack、Upwork
游客住宿服务	Airbnb、Flipkey、Homeaway
中转和陆地旅客运输	BlaBlaCar、Careem、滴滴出行、Lyft、Ola、Uber

注：作者的分类已涵盖多行业，且本章写作时以上平台已正常运营。

资料来源：作者自己整理分类。

这些平台的一个显著特征是技术，以及它们如何帮助用户进行互动并管理风险。其技术大部分是最近才发展起来的，其余的继承自第一波 P2P

业务，它允许个人访问以前过于昂贵的系统，而且只能访问具有规模和范围经济效益的大型企业。[①] 基于 Web 的平台，例如基于互联网设备的移动应用程序，提供了访问支付中介功能的便捷途径，使用户之间能够以几乎为零的边际成本快速实现价值交换。

在线平台还提供声誉和反馈机制、交易历史、广告和营销机会，所有这些都改善了信息的提供情况。随着信息变得更加对称，不仅逆向选择减少了，而且消费者和销售者之间的信任也增强了，即使他们以前没有见过面。此外，消费者还可以根据自己的品位定制更广泛的商品和服务（通过所有权或租赁方式）。因此，这些技术通过基于用户的审查和评级系统提供质量控制，履行了严格监管职责，甚至履行了自然垄断也可能发挥的作用。

P2P 平台可以对用户施加不同程度的控制。在大多数平台上，卖家可以不受限制地进入市场，并设定自己的价格。这些平台更注重为用户改进搜索、匹配、营销和反馈功能。其他平台则会筛选卖家，为提供的服务定价，确定买家和卖家的情况，并实施严格的行为准则，比如使用半自动算法管理系统的拼车平台（Rosenblatt and Stark，2016）。

Vaughan 和 Daverio（2016）指出，即使是在同一行业，不同公司的创收模式也不同，但大多数平台都采用基于固定或可变佣金的方式，对贷款收取 1%~2% 的佣金，对运输网络公司收取高达 20% 的佣金，超过 85% 的交易价值由卖方获得。

P2P 市场的另一个特点是进入门槛低，买家和卖家可以轻松快速地转换角色。这种灵活性意味着，一些个人可以定期全职从事这一工作，使其成为自己的主要收入来源，或者不定期地以较低的频率兼职从事这一工作，以补充其他收入。这种决定何时提供服务的灵活性可能很有价值，因为它降低了工作的机会成本并提高了效率。劳动力和资本租赁行业的参与者体现了个人改善劳动与休闲之间的权衡的这种自由。例如，通过多工作

[①]　最近的 P2P 企业从现有的社交网络和声誉技术中获益匪浅。随着时间的推移，eBay 等电子商务企业掀起了第一波浪潮，而现在 P2P 平台已经鼓动传统企业采用这些技术来竞争和保持市场份额。

几个小时或者更长时间地出租资产，P2P 经济参与者可以放松预算限制，扩大机会集，增强幸福感。

有一类 P2P 业务受到了广泛关注，对许多人来说，它抓住了更广泛的 P2P 经济的精髓（Schor and Fitzmaurice，2015）。对于这些企业来说，平台通过匹配私人个体，允许一方"分享"或暂时出租未充分利用的资产（如金融、人力资本、劳动力和实物资本）给另一方，从而促进交易。因此，共享只是 P2P 经济中的一种活动，而不是它的同义词。① 本章考虑了所有通过销售或租赁产生应纳税收入的交易（货币或实物）。

061　　接下来的两部分评估了 P2P 市场的规模和影响，总结了现有的数据，并评估了它对竞争、效率、定价和劳动力机会的影响。理解这些元素将有助于以后考虑 P2P 用户的税务处理。

P2P 经济的规模

P2P 经济是一个全球现象，一些较大的 P2P 平台在亚洲运营（阿里巴巴和滴滴出行）。虽然有几个平台在多个国家运营，例如 Airbnb、Amazon、BlaBlaCar、Uber，但某些平台的关键元素已被本地复制，例如巴西的 Casaferias 和 Zazcar、哥伦比亚和墨西哥的 Rappi、印度的 Ola、中东的 Careem。

坊间证据显示，全球一些较大平台上的用户数量可能高达数千万（见表 3.2），这表明大量交易和收入将这些平台作为中介。此外，皮尤研究中心（Pew Research Center）的一项调查结果显示，72% 的美国成年人至少享受过 11 种不同的共享和按需服务中的一种（Smith，2016）。目前已经清楚的是，许多少数人持股的 P2P 平台本身就吸引了大量资金，并迅速获得了很高的估值，按员工人数计算，其估值超过了许多较大的上市公司，包括其他上市 P2P 企业（见图 3.1）。

---

① 在定义 P2P 经济的范围时，本章没有涉及某些 P2P 商业模式。例如，我们不考虑提供基于订阅的"按需"服务的企业，如 Apple Music、HBO、Netflix、Soundcloud、Spotify 等，这些企业的资产不由个人所有者共享。

表 3.2　规模较大的 P2P 平台用户数			
公司	总部	服务类型	用户数（百万人）
Airbnb	美国	住宿	100
阿里巴巴	中国	商业	440
Amason	美国	商业	300
BlaBlaCar	法国	出行	40
滴滴出行	中国	出行	400
eBay	美国	商业	170
Lyft	美国	出行	40
Uber	美国	出行	40

资料来源：《福布斯》、《财富》、国际奥比斯、路透社以及《华尔街日报》。

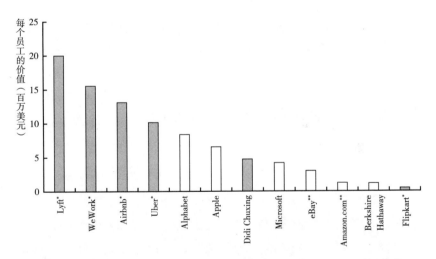

图 3.1　最大上市公司的员工人均价值与风投支持的 P2P 公司员工人均价值

注：* 表示私人持股、风投支持的 P2P 公司；** 表示上市 P2P 企业。白色条形表示上市公司。

资料来源：道琼斯风险资源数据库、国际奥比斯以及《华尔街日报》。

　　然而，这些平台严密保护用户和收入数据。由于缺乏有序的信息披露，许多政府机构正在开发其他方法来估算 P2P 活动对经济的增加值。例如，英国国家统计局正在考虑如何更准确地衡量 P2P 经济对 GDP 的贡献

（Office of National Statistics，2016）。

尽管如此，人们还是多次试图确定 P2P 经济的规模和贡献。此类研究大多依赖二手资料或专有数据。Vaughan 和 Daverio（2016）研究了 P2P 经济在五个关键领域的规模，包括住宿、交通、家庭服务、专业服务和合作金融。通过对 2013~2015 年国家、地区和全球各级市场、部门和公司数据的审查，他们估计，2015 年欧洲 P2P 经济的五个关键领域平台上的交易额接近 40 亿欧元（占欧盟 28 国国内生产总值的 0.03%），促成了约 280 亿欧元（占欧盟 28 国国内生产总值的 0.2%）的交易。

与 2014 年相比，2015 年这五个行业中有三个行业的销售额增长了好几倍。随着自由职业者平台和众包网络的日益普及，家庭服务增长最快，这些平台提供的服务包括速食外卖或 DIY。Goudin（2016）研究了可能阻碍整个欧盟全面实施 P2P 经济的经济和社会障碍以及立法漏洞。他估计，通过 P2P 活动利用未充分利用的产能，其潜在经济效益的年消费量为 5720 亿欧元（占欧盟 28 国国内生产总值的 4%）。

P2P 经济降低交易成本的若干理论与实证

降低交易成本

P2P 经济是一种近乎前工业化的组织活动模式的回归。Coase（1937）引入了交易成本的概念，随后 Williamson（1981）对交易成本进行了改进——作为决定生产组织如何在历史上发展成为治理结构或"公司"的基本分析单元。尽管价格机制有效地分配了市场资源，但由于搜索、营销和合同条款谈判等摩擦，它的成本很高。例如，企业可以通过在"有意识力量的孤岛"上以开放式雇佣合同的形式雇用劳动力，而不是反复到市场上与劳动力供应商谈判短期的、基于任务的合同来节省这些成本。[1]

---

[1] Coase（1937）引用 Robertson（1923）的观点，认为 P2P 经济将在合同成本已经相对较低、短期合同占主导地位的行业迅速扩张。此外，企业基于资源的观点在一定程度上补充了这一方法，它确定了企业相对于纯粹基于市场的相互作用具有的其他竞争优势，如企业文化等无形资产。

快速、高效、保持距离的交易是 P2P 经济的核心，这些平台背后的技术在降低成本方面取得了长足的进步，在以前，这些交易对于小企业来说太难签约和执行。与此同时，技术的发展使得市场双方在任务和服务方面能够进行更加精确、灵活和可信的协调。此外，搜索和匹配成本已降到个人现在可以进行跨境交易的程度，包括共享资产。因此，相对于市场需求而言，最小有效规模（即平均成本最小化并等于边际成本的生产水平）正在缩小，从而鼓励了更多的小型企业进入。[1]

关于双边市场的简短介绍

P2P 市场是"双边市场"的例子，其中一方的决策影响着另一方的结果（Caillaud and Jullien，2003；Ellison and Fudenberg，2003；Evans，2003；Rochet and Tirole，2003；Armstrong，2006；Rysman，2009）。[2] 双方之间的相互作用产生了较强的互补性，尤其是网络和信息外部性。在这种互补性中，交易的价值随着双方数量的增加而增加。虽然双方通常都是由个人组成的，但这并不排除企业参与 P2P 经济，尽管它们通常并不会主导 P2P 经济。

关于双边市场的学术文献最初关注的是平台形式如何为双方设定价格，以确保双方选择互动。Rochet 和 Tirole（2003）得出了一些关键的理论结果，特别是市场双方的价格如何共同依赖需求弹性和双方的边际成本。正如 Rysman（2009）所指出的那样，虽然传统市场的价格通常会随着需求价格弹性的增强而下降，但这种影响在双边市场中可以被放大。例如，考虑买方（A 方）和卖方（B 方）的市场，A 方较低的价格将吸引有需求弹性的消费者，这将吸引更多的供应量或提高 B 方的价格，或两者兼而有之。通过引入 B 方，拥有更多买家的平台价值增加，导致 A 方价格

---

[1] 在一些部门，如自然资源部门，由于固定成本与可变成本的比率很高，最小有效规模很大。在这一情况下，这些部门更加集中，并由少数几个主要参与者主导。

[2] 当文学刚开始发展时，这类市场的典型例子包括试图同时吸引读者和广告商的报纸公司；视频游戏系统，其中的中介是主机生产商，两组代理分别是消费者和视频游戏开发商；支付系统，其中的消费者和商家都重视对方的参与。

降幅更大、数量增加、需求价格弹性增强。

Bolt 和 Tieman（2008）放松了 Rochet 和 Tirole（2003）中的一些假设，以表明倾斜的定价结果可以通过利用市场中弹性较小的一方（C 方）来补贴弹性较大的一方（D 方），从而增加对平台上提供的服务的需求。市场高弹性、低价方（D 方）的每一个代理商都将连接到平台，因此也鼓励低弹性、高价方（C 方）的其他代理商加入，并从中受益。由于 C 方的价格更缺乏弹性，所以该平台可以收取更高的价格，从他们那里榨取更高的租金。双边市场的竞争给定价增加了一个新的维度。对于消费者和销售者来说，有两个相互竞争的定价平台，如果其中一个降低了消费者价格，它将吸引来自竞争平台的消费者。这就降低了第二个平台对用户的价值，从而导致对第一个平台的更大需求，并最终导致更大的供应量。因此，双边市场定价联合互动的影响在竞争性市场中更为明显。

对双边市场税收的研究也正在进行（Kind，Koethenbuerger and Schjelderup，2008，2010；Bourreau，Caillaud and Nijs，2017）。需求的互补性再一次改变了传统单边市场的结果。对于垄断平台来说，Kind、Koethenbuerger 和 Schjelderup（2008）展示了从价税在市场一方的增加如何导致生产过剩（与社会最优相比），同时市场双方的产量都增加。例如，增加 E 方的从价税，可能会导致平台增加 F 方的销售量。要做到这一点，平台需要增加 E 方和 F 方的产量，因为他们是相互依赖的。一项特定的税收不会产生增加边际成本、减少产出的效果。为了防止供应过剩，在双边市场上应采用正的从量税或负的从价税。因此，传统上扭曲程度较低的从价税不再优于从量税，相反，后者可能比前者更可取。[①]

虽然网络外部性仍然是一个基本特征，但最近 P2P 市场的另一个重要特征是，市场的两个方面不再是截然不同的。例如，作为所有者还是承租

[①] Bourreau、Caillaud 和 Nijs（2017）分析了税收对双边平台形式的影响，其中数据收集提高了对用户的服务质量和对广告商的价值。他们的分析表明，对数据收集征税可能会减少销售额，从而降低间接税收入。它还可能导致平台转变业务模式，并开始向用户收取订阅费。相反，对广告收入征收从价税要优于对数据收集征税。

者是平台用户做出的内在决定，前者越多意味着后者越少，反之亦然。因此，向市场一侧倾斜定价和征税可能不再是可取的，因为这会造成对共享资源的供求失衡。Benjaafar 等（2015）建立了一个程式化的模型来理解所有权和租金的决定因素。租金价格水平决定了所有权的程度和使用水平，在租金足够高的情况下，即使所有权成本很高，也有可能拥有更高的所有权和使用水平。

Horton 和 Zeckhauser（2016）还构建了一个简单的框架来理解 P2P 市场如何在给定共享资产的购买价格、所有者和租户的估值、所有者和租户的数量以及将资产推向市场的成本的情况下发展。虽然价格昂贵、使用不频繁但可以计划使用的耐用品是租赁的最佳选择之一，但 P2P 租赁市场只有在价格和估值都符合所有者和租户要求的情况下才能发展。[1] 研究发现，P2P 租赁的引入减少了所有权，但提高了利用率，得到商品的租户获得的剩余收益最大。

相关文献中的一些实证结果

最近关于 P2P 市场的实证研究为 P2P 活动对竞争、价格和劳动力市场的影响提供了宝贵的见解。P2P 业务已经被发现可以通过降低搜索、匹配和管理费用的交易成本来提高效率和增加供应。在需求方面，这已经转化为更低的价格、更方便和更多的品种。Cullen 和 Farronato（2016）使用 TaskRabbit 的数据来研究 P2P 劳动力市场在需要快速匹配和本地匹配时如何平衡高度可变的需求和供应。他们发现劳动力供给具有较高的弹性，需求的增加与每个工人的供给增加相匹配，但对价格几乎没有影响。[2] 竞争

---

① 因此，P2P 租赁活动也会对二级市场的耐用品价格产生影响。例如，Fraiberger 和 Sundararajan（2015）使用美国汽车共享公司 Getaround 的数据来校准 P2P 汽车租赁模型。他们的分析显示，这些影响既有资产所有权的转移（由低于收入中位数的消费者决定），还有二手资产价格的下降。

② 更低的价格也意味着消费者获得了更多的盈余。Cohen 等（2016）使用 Uber 动态定价算法中的大数据来恢复需求的价格弹性，从而绘制了一个短期需求曲线。利用这一点，他们计算出，2015 年，低成本的拼车服务为消费者创造了 68 亿美元的总体消费剩余，消费者剩余估计约为消费者支出的 1.6 倍。

的影响也潜在地体现在服务质量上，Wallsten（2015）提供了来自芝加哥的暗示性证据，表明消费者对传统出租车的投诉在 Uber 推出后有所减少。

P2P 业务是否因此取代并破坏了现有的业务？ Zervas、Proserpio 和 Byers（2017）发现 Airbnb 正在从迎合低端市场的酒店赢得客户。由于现有企业被迫降价，它们的存在使某些行业的收入下降了 8~10 个百分点。此外，由于 P2P 平台可以在需求高峰期灵活地增加供应，淡季和旺季之间的价格差距已经缩小。

Farronato 和 Fradkin（2016）利用短期住宿市场来研究 Airbnb 增长的决定因素及其对行业的影响。他们发现，在美国的主要城市，较大的 Airbnb 的存在与出租空余房间的低机会成本、建造酒店的高投资成本以及高需求波动性相关。此外，Airbnb 规模每扩大 10 个百分点，酒店收入就会减少 0.6 个百分点。Neeser（2015）没有发现同样的收入效应，但他提供的证据表明，Airbnb 可能在 2010 年拉低了北欧五国的房价。在拼车方面，有几个迹象表明，Uber 正在以牺牲现有出租车公司的利益为代价来获得市场份额，比如纽约市出租车许可证价格的下跌，以及近年来引人注目的破产案例，如旧金山的 Yellow Cab。

然而，相对于 P2P 销售商，企业可以保留一些优势。企业在最大限度地降低某些类型的转运成本方面仍然可以享有规模经济和专业知识。例如，Edelman 和 Geradin（2016）指出，传统的酒店可以使用一个前台为数百名客人办理登记手续——这是共享权利时常见的摩擦来源。他们还指出，令人意外的是，P2P 租赁平台正大举投资来复制这些功能。除了这些平台主导的努力之外，一个新兴的行业正在为 P2P 活动提供补充服务。

P2P 经济也对劳动力市场产生了重大影响，尤其是低技能工作。 Hall 和 Krueger（2015）断言，通过允许更灵活的工作安排，Uber 平台正在为更多的人带来更多的赚钱机会。与此同时，这些司机的年龄和受教育程度与普通员工更为接近，而不是更传统的出租车司机的形象。这些新司机是否正在取代现有的出租车司机，以及这些司机是否作为这些拼车平台的一部分重新进入劳动力市场，仍然难以确定。

Manyika 等（2016）利用现有数据和劳动力调查，理解了 P2P 经济中"独立工作"的兴起。他们估计，美国独立收入者的数量为 5400 万 ~6800 万人，欧盟 15 国独立收入者的数量为 6000 万 ~9400 万人。因此，美国和欧盟 20%~30% 的劳动年龄人口被认为从事了这种独立工作。然而，这种独立工作尤其是零工时合同的偶然性，被指责为将个人暴露于过度的工作不安全感和社会保障不足之中（Brinkley，2013）。[①]P2P 经济也可能削弱工人的议价能力，原因是相互作用的分散性，以及在某些情况下平台施加的控制，涉及工资和通货膨胀的压力。Bernhardt（2014）指出，虽然很难找到证据证明在总体数据中工作形式出现了明显的、毫不含糊的、向非标准或偶然形式的转变，尤其是与工资不平等现象形成显著对比，但这并不意味着工作场所没有发生变化。

P2P 经济的关键税收特征

本部分着重介绍了 P2P 经济的一些特征，这些特征对税收政策和征管设计具有特别重要的影响。这些都与 P2P 用户和平台有关。

P2P 活动的增加和分类

上一节指出了 P2P 经济的一个定义特征，即高度分散的用户之间的原子式互动。P2P 经济的易用性和灵活性意味着在过去几年里通过数字平台进行交易的人数大幅增加。

虽然如何在 P2P 经济中运作没有明确的优先选择，但参与的小规模和非正式性意味着大多数个人以个体经营（非法人）企业的形式开展 P2P 活

---

① 充分的社会保护问题越来越受到各国政府的关注。在欧洲，欧洲联盟委员会的《欧洲社会权利支柱》规定，工人以及在类似条件下的自营职业者有权获得充分的社会保护（European Commission，2017）。在英国，2017 年 7 月《泰勒评论》发布的《好工作——泰勒关于现代就业状况的调研报告》回顾了现代就业做法，并提出了英国"良好工作"的七步国家战略，呼吁对通过 P2P 平台工作的人（"附属承包商"）和不通过 P2P 平台工作的人给予平等待遇（Department for Business and Energy & Industrial Strategy，2017）。

动。然而，这些活动也可以很容易地由已成立公司的个人进行，税收政策可以决定这一选择。美国零雇员（非雇主）企业的数据显示，在过去 5 年中，交通运输行业显著增长，而住宿行业的增长幅度较小，这在一定程度上证实了这一点（Hathaway and Muro，2013；见图 3.2）。这一增幅也明显大于拥有员工的公司的增幅。

对于那些更积极地管理用户的平台，尤其是拼车行业而言，业务分类变得越来越有争议。由此引发的法律挑战导致卖方要求获得就业权。从税收的角度来看，就业分类对平台和卖家的合规性和报告义务都有影响。税收立法通常将劳工划分为受薪雇员或独立承包商（个体经营者）。雇主代表雇员代扣代缴工资税和社会保险费，而个体经营者则负责申报和缴纳自己的税款和社会保险费。尽管在某些领域已经存在解决此类分类问题的机制。例如，在建筑业，使用多因素测试来确定合适的工人分类，但 P2P 经济的模糊性仍有待解决。从最近各国法院裁决的结果可以明显看出这一点。[①]

将所有 P2P 卖家转变为员工，将扣缴和报告的重担转移到平台上。在一些国家，如果个体户的有效税率与雇员的不同，适当的分类也可能对直接税收产生影响。对于间接税，当销售收入超过一定门槛时，个体经营者需要缴纳税款，平台负责代扣代缴其中介服务的任何费用或佣金。然而，如果 P2P 卖家被重新定义为员工，这一责任分工也会发生变化，平台将对总销售额承担全部间接税责任。[②] 尽管这一争论仍在继续，但一些劳动密集型平台正试图完全避免这一问题，它们向卖家提供了以兼职员工或独立承包商身份参与的选择。

---

① 2017 年 2 月，巴西法院承认 P2P 拼车平台为雇主，而 2017 年 3 月，巴黎法庭驳回了法国要求 Uber 向司机支付社会保障费用的请求。美国的一些州（加利福尼亚、佛罗里达、马萨诸塞）也支持 Uber，声明司机是独立的承包商，而不是雇员。2016 年底，英国劳资法庭裁定两名 Uber 司机有权获得假日工资、带薪休息、养老金和全国最低工资。然而，这项裁决为 P2P 卖家被指定为介于雇员和自营职业者之间的第三类"工人"敞开了大门。

② 在撰写本章时，英国正在审理一起相关案件，来自"好法律项目"（Good Law Project）的 Jolyon Maugham 要求 Uber 为他提供的出租车服务提供增值税收据。如果法院做出有利于他的裁决，将 Uber 列为服务提供商，而不是个体户司机的第三方中介平台，英国税务部门就可以要求对过去四年里提供的所有 Uber 乘车服务支付增值税，估计数额约为数亿英镑。

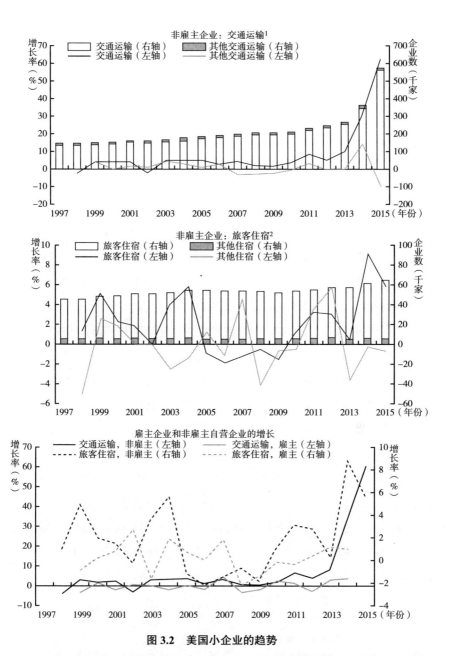

图 3.2 美国小企业的趋势

注：1. 交通运输包括 NAICS 代码 4853（出租车和豪华车服务）和 4859（其他过境和地面客运）；2. 旅客住宿包括 NAICS 代码 7211（旅客住宿）和 7213（客房和公寓）。

资料来源：美国人口普查局。

低收入，低租金

企业或个人参与 P2P 经济的程度也有所不同。卖家可以不定期地、低频率地从事 P2P 活动，以补充他们的收入，例如从低薪工作中获得收入或者把它作为他们的主要收入来源。[①]Farrell 和 Greig（2016a）使用经过匿名处理的摩根大通银行账户数据来研究客户的参与度，这些数据来自美国大约 26 万名客户在 2014~2016 年三年时间里的账户数据。他们发现，某些收入波动最大的群体，即 18~24 岁的年轻人、低收入人群和居住在美国西部的人最有可能利用 P2P 经济来平滑收入。劳动密集型 P2P 活动的收入也有助于抵消平台外收入（非平台收入）的降低，而资本密集型 P2P 活动的收入用于补充非平台收入。提供劳动密集型服务的个人通常处于收入阶层的底端，而提供资本密集型服务的个人平均月收入较高。与此同时，在第一个月之后，劳动密集型活动平台的重复使用率下降了至多 1/3，资本密集型活动平台的重复使用率下降了 2/3，这表明前者的使用率更高。

虽然对收入的估计可能会有所不同，例如，一些人计算出，在美国通过拼车可以获得高达 5 万美元的总收入，但对于许多用户来说，通过 P2P 活动获得的总收入可能很低。平均营业额也可能因地点和当地需求的不同而有很大差异。如果没有具体的数据，就很难评估收入分布集中在什么地方。然而，来自 Airbnb 的三个城市的坊间数据表明，住宿租金的年收入确实很低（见图 3.3）。因此，如果我们假设所得收入分配集中在低端，而大多数 P2P 卖家是个体经营者并且赚取很少的其他非 P2P 经济相关收入，那么大多数个人所得税制度的累进性意味着这些用户的有效平均税率也将很低。[②]

---

① 个体也会演变成"超级卖家"或规模更大的企业。

② Farrell 和 Greig（2016b）发现的证据表明，平均月收入和在线平台的参与度正在下降，可以表明 P2P 经济的某些部分已经饱和，或者更广泛地说，它的使用具有周期性。从 P2P 活动中获得的收入可能不再像过去那样有利可图，特别是随着一些国家的就业增长恢复，以及更好的替代办法、更大的利益和就业保障的实现。

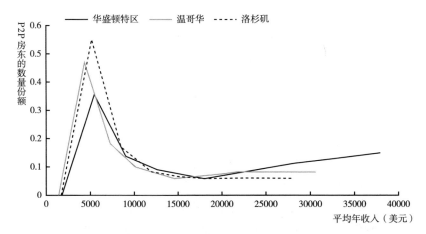

图 3.3　推算的 Airbnb 房东收入分布

注：该图合并了三个城市（洛杉矶、温哥华和华盛顿特区）不同列表的夜间住宿分布，这些数据与每晚平均收入数据结合在一起。此处假设每晚价格和每年的夜晚数之间以及夜晚数与不同列表房东状况之间的相关性为零。

资料来源：Airbnb 公司和作者的计算。

即使 P2P 参与者的总收入没有许多人猜测得那么低，但是在抵消成本之后，P2P 参与者是否产生了大量的租金目前尚不清楚。新进入者必须支付大量固定资本成本后才能参与，而那些租用或使用现有个人资产提供服务的公司则面临着较低的固定成本和进入风险。的确，P2P 经济在供应商将未充分利用的个人资产大量用于商业目的的领域时实现了最为显著的增长。然而，卖家确实会承担可变成本，包括将个人资产用于商业方面的费用。

纠正外部性问题

P2P 经济的成功依赖积极的网络和信息外部性，在技术驱动下，外部性也来自 P2P 活动本身的结果。例如，随着拼车的增加，城市的交通拥堵可能会增加或减少（Martin，Shaheen and Lidicker，2010）。物业共享可以促进旅游业的发展，并向当地经济渗透，P2P 商业模式也可以将以前未登记的活动带入正式经济中（详见专栏 3.1）。

由于存在外部性，可能需要以庇古税或补贴的形式进行更直接的税收政策干预，以阻止或鼓励某些 P2P 活动。[①] 然而，正如前一节所讨论的，考虑到双方之间的反馈，双边市场的性质要求对所使用的税收工具的类型保持谨慎。

作为数据记录器的 P2P 平台

把视线转移到 P2P 平台本身，它们作为中介的角色意味着它们保留了用户创造的所有商业收入的数据痕迹。平台记录的数据使它们能够充当第三方报告者，减少税务部门的信息约束。如果不能直接访问平台持有的信息，人们可以让 P2P 平台代扣 P2P 用户的税款，然后将这些税款汇入国库。

如果个人从 P2P 活动中获得的收入数据可以与其他来源的收入数据相结合，政府就可以设计出更好的税收制度，以改善因无法完美观察个人的工作努力程度和盈利能力而导致的公平与效率的权衡（参见第 2 章；Dabla-Norris et al., 2017）。总体而言，减轻用户和政府遵从负担的潜力似乎相当大，而且如果有可能实现针对收入和消费模式的税收制度，那么现行的起征点制度（用来权衡财政收入和遵从成本）可能会过时。

我们应该如何对 P2P 经济征税

在确定税收政策时，各国政府需要评估其国内 P2P 活动的规模和动态，并评估其税收潜力和经济影响是否足够积极或消极，以确保对税收制

[①] 如果某些部门有新出现的自然垄断或寡头垄断（如搭车），政府甚至可以考虑将平台国有化，以管理价格、控制交通拥堵。电子政府甚至可以优化价格设定，以满足一些社会目标，如降低价格以补贴低收入消费者。

度的特殊结构或现有特征进行修改。[1] 评估的一部分包括了解 P2P 和传统企业在同一领域开展的活动在经济上是否等价。此外，必须考虑与跨境交易和小型企业相关的问题，而不仅仅是 P2P 经济。

一个重要的指导原则是，税收应该对经济主体的行为产生最小的影响。然而，政府可能会选择以 P2P 活动为目标，纠正外部性。政府希望减轻 P2P 用户的遵从和管理负担，这也可能是设计考虑的驱动因素。要做到这一点，可以采用简化的税收政策，或者与平台合作，从它们那里获取有关收入的信息，以便于审计和核查纳税申报，或者让它们充当税收的扣缴义务人。

对 P2P 业务的中立或有针对性的处理

如果政府决定将 P2P 业务作为目标，它需要考虑许多因素。如前所述，关于 P2P 活动的经济影响的证据仍然好坏参半。此外，总体而言，与其他经济领域相比，直接从小企业获得的税收收入仍然不高。虽然各国对小企业部门的定义不同，但调查结果表明，小企业通常在国内税收中所占比例不到 15%，在低收入国家往往要低得多（IMF，2015）。假设大多数 P2P 卖家都是劳动密集型企业、利润率很低，因此不会产生大量的租金，重要的是不要夸大对他们征税的潜在收益，甚至不要夸大当前收入的风险。由于收入活动更加不规则、频率更低，所以也更有可能出现收入虚报。因此，收入潜力将取决于发现小型企业的数量，而不是租金，以及报告的收入对税率和起征点的反应。[2]

随着技术的进步，交易成本不断降低，效率越来越高的小企业可能会更好地与规模更大的企业竞争并取代它们。任何有利的 P2P 税收待遇都会加剧这种效应。因为收入和利润分散在许多较小的企业，而不是集中在大

073

---

[1] 例如，英国税务部门已经委托对 P2P 经济进行调查，以了解 P2P 经济规模和增长的决定因素，以及所得收入的征税处理是否对参与 P2P 经济有重大阻碍。

[2] 此外，低收入 P2P 活动的增加可能导致较低的社会保障性缴款，尤其是如果卖家仍未达到豁免门槛的话。然而，随着时间的推移，这些卖家中的许多人仍有资格获得社会福利，而这些福利的资格要求很低，导致社会保障资金不足。由于技术发展继续威胁就业并使收入分配两极分化，这些问题也可能恶化。

型企业，所以当现有企业被取代，替代 P2P 活动仍低于税收门槛时，政府将失去收入。各国政府试图通过谨慎调整税率和起征点来弥补这一损失。然而，如果 P2P 业务既比现有的提供方式更有效，又能产生积极的溢出效应，那么这样做可能会带来过高的成本，并扼制这一发展。

考虑到买家和卖家的相对弹性以及他们之间的相互依存关系，政府应该高度关注税收的归宿。毕竟，P2P 商业模式的成功取决于维持一个充分的买家和卖家网络，即利用网络外部性。只对 P2P 企业征税可能会转移税收负担，从而阻止需求方或供应方的参与。迄今为止，P2P 平台一直担心向双方征收不同的费用，同时还要求在竞争对手的平台上实行同等的税收待遇。

这些需求的互补性也有可能吸引以前没有合法证件的商人（例如家庭服务部门的商人）进入平台，从而进入正规经济。国家将从中受益，因为较少的收入将不予记录，而更多的收入将被纳入税收网。加重 P2P 销售者的相对税收负担，有可能扭转这种积极的反馈循环，将销售者赶出平台，回到非正规部门。① 在拥有大量非正规经济部门的新兴市场和发展中经济体中，这些动态可能尤其不稳定。

那么，到目前为止，各国政府已经做了哪些尝试呢？如前所述，P2P 商业模式允许替代商品和服务供给，而实际的商品和服务本身保持不变，如住宿、运输。因此，近期税收政策措施的重点是在 P2P 卖家和传统企业之间建立公平的竞争环境，这两者在税收待遇上存在差异（详见专栏 3.2）。这些差异通常源于对地方或特定部门税收的不平等应用。的确，尽管拼车和住宿租赁 P2P 平台最初声称，它们提供的服务与现有出租车和酒店业务不同，但许多政府已经认识到它们在经济上的等价性。

例如，以前只适用于传统酒店的入住税和旅游税现在适用于 P2P 住宿租赁行业的业务。在拼车方面，澳大利亚的一般销售税和加拿大的统一销

---

① 这一效应在对此类服务的需求高且相对缺乏弹性的市场可能不那么明显，即消费者重视使用该平台的便利性和质量，而不是在非正规经济中单独寻找和签订服务合同，因此税收的负担主要落在消费者身上。

售税以前仅适用于传统出租车司机，且被视为一种不利因素。随着拼车业务的发展，这种不平衡已经得到纠正。然而，在大多数国家，出租车行业某些部分的许可证费用目前并不适用于拼车行业的 P2P 司机。

起征点

政府可以选择降低起征点，将更大比例的小企业活动纳入征税范围。如果是这样，政府需要高度关注征税的行为影响和自身的管理成本。图 3.4 显示了 P2P 住房租赁行业的平均年收入有多低，已经低于当前的间接税起征点。

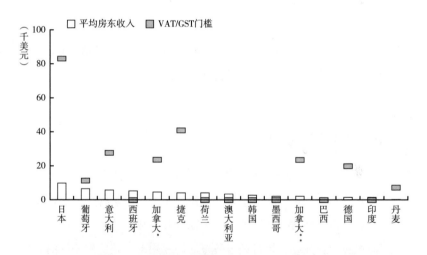

图 3.4　按国家／地区划分的间接税与 Airbnb 公司的平均收入门槛

注：* 表示温哥华；** 表示蒙特利尔。每个国家／地区的数据可以是全国平均值，也可以是主要城市的数据。图中的数据标签使用国际标准化组织（ISO）国家／地区代码。GST＝商品和服务税；VAT＝增值税。

资料来源：Airbnb 公司和国际财政文献局。

起征点的选择在一定程度上取决于小企业的规模分布以及政府面临的相关收入与成本的权衡。规模分布左侧部分的增加甚至会改变这种平衡，导致起征点降低，从而使个体经营企业在税收体系中所占份额增加。然而，降低起征点不仅会增加政府和小企业的管理成本，而且还会增加小企业不遵守规定的风险。

Kanbur 和 Keen（2014）表明，在纳税人有着不同的遵从偏好的世界里，当他们大体上是诚实和顺从的时候，最优起征点的设定对企业规模分布的变化高度敏感。起征点的设定必须确保企业不会选择通过合法地将其收入调整到低于起征点来避税。相反，在税收管理较不发达的经济体中，如果逃税行为占据主导地位，应将起征点设定为高于理论上的最优起征点以规避隐藏收入（非法收入）。

Keen 和 Mintz（2004）专注于增值税起征点的一个特例，在这个特例中，遵从是完美的，没有策略性行为。该假设意味着对以较高的销售增值比率为特征的活动设置较低的起征点。因此，构成 P2P 经济重要组成部分的高利润或劳动密集型活动（服务）将面临相对较低的起征点规定。P2P 经济背后的技术也提供了机会，通过降低遵从成本，可以改善收益和遵从成本之间的权衡。

P2P 服务的跨境税收

075 通常，许多 P2P 交易基于本地非贸易服务，比如拼车和送货服务。然而，一些服务和无形资产现在正越来越多地由不同国家提供，例如通过远程工作平台提供。在跨境环境中，必须提醒各国政府注意双重征税和意外不征税的风险，例如，间接税在服务方面的应用不一致引起的问题。根据目的地原则，对发生在其管辖区内的最终消费征税，不仅有助于减少这些风险，而且有利于国家和地方政府。为达到目的，经济合作与发展组织制定了增值税（VAT）、商品和服务税（GST）国际指引，以尽量减少违规行为。

对资本与劳动收入的处理

当资本和劳动结合起来提供 P2P 服务时，所获得的收入是这两种投入的回报的混合物。政府选择如何对劳动和资本收入征税，将对投资和企业发展产生影响。[①] 然而，在特定的假设条件下，资本收入的最优税收意味着低于劳动收入的税率（Atkinson and Stiglitz，1976；Judd，1985；Chamley，1986）。在实践中，资本的征税方式取决于组织形式（例如公司或非公司）、税收折旧补贴与实际经济折旧之间的现值差异、融资来源（如债务或股权）和公司规模（在一些国家，小公司可以支出或立即注销资本投资，而不是随着时间的推移贬值）。

由于处理方式的不同，P2P 业务的资本所得税是否高于（或低于）竞争性传统业务的资本所得税很难确定。[②] 此外，不同的资产类型面临不同的有效税率，因为税收折旧规则与资产的经济折旧规则并不一致。因此，资本税收在不同类型的资本密集型 P2P 业务之间以及 P2P业务与现有业务之间可能存在差异。这些差异将取决于投资的融资方式和资本品的支出，例如，完全根据现金流量表或随着时间的推移来折旧。

由于 P2P 业务可以是非公司型的，也可以是公司型的，所以通过企业所得税率和个人所得税率之间的相互作用来表达资本与劳动税率之间的关系就变得非常重要。随着个体经营的 P2P 企业越来越多，如果有很大一部分企业选择合并，那么企业和个人所得税制之间任何已经存在的税收差异都将成为更大的收入风险。这种差异对于那些已经缴纳了较高边际个人所得税的 P2P 用户（例如那些全职从事 P2P 经济或利用其补充其他收入来源的用户）尤其重要。[③]

---

① 它触及了税收中一个基本和熟悉的问题：是单一税率表适用于不同收入来源的总和（一种全球综合收入方法），还是不同税率表适用于不同收入来源（一种常规方法）。全球方法的吸引力在于消除任何人为地将一种收入转化为另一种收入的动机，因为纳税人对所有类型的收入都面临相同的边际税率。它还满足横向公平的一种情况，即当税收责任由年度收入而非终生收入决定时，每个具有相同购买力的人支付了相同数额的税。

② 资本收入的相对优势或劣势也将取决于各部门内部和跨部门比较的性质。对于住宿租赁部门，正确的比较方法是将一家酒店与一个房东或一组产生相当于酒店收入的物业进行比较。

③ 在个人所得税制度内，一些国家甚至故意为个体经营企业和雇员制定单独的个人所得税率表。如果后者的税率较低，这可能是因为人们认为自营企业不那么合规。如果前者的税率较低，这可能是为了激励创业活动。

P2P 活动的一个假想税制

我们早些时候已经注意到，分散式 P2P 销售的扩张可能会给税务部门带来执法挑战。与此同时，尽管 P2P 卖家大多以个体经营者的身份经营，收入和利润较低，但他们也面临着与其他个体经营者一样的遵从负担。许多涉及将个人资产用于商业目的的 P2P 活动的性质使跟踪和分配费用方面的复杂性进一步增强。事实上，在履行税收义务方面的困难，似乎已经使以 P2P 经济为目标的税务顾问公司激增。然而，针对涉及的少量应税收入（尽管总量可能很大）提出了这样一个问题：对于纳税人而言，遵守这些规定是否有效；对于政府而言，执行复杂的立法是否有效。

个人所得税的最低税和申报起征点是减轻和简化税务管理负担的一个选择。与增值税起征点一样，起征点的准确水平取决于对 P2P 企业征税的行政成本与收益。英国表示，其新的免税额度将影响 P2P 经济中的 70 万参与者（见专栏 3.2），对于那些不再需要报税或计算开支的个人，每年可以节省 2000 万英镑的行政开支。有了来自行业的更好的数据，政府可以更好地调整门槛，以平衡其行政成本和收入目标。

另一个选择是在一般税收制度中实行一种针对低于一定门槛的小企业的假想制度，许多国家已经实行这种制度。这一制度有助于减轻周转率很低的纳税人的遵从负担和相应的审计行政负担。最简单的方法是，对 P2P 卖家的总收入适用统一的低税率。事实上，在 2016 年，意大利政府提出了一项要求，要求平台对所有 P2P 交易扣缴 10% 的固定比例税收。

为所有 P2P 企业确定合适的统一费率是政府的一个重要选择。政府必须考虑卖家既能从多个 P2P 平台获得收入，也能从平台外获得收入（例如通过定期雇佣），以及卖家对每个行业典型盈利能力的了解有限。此外，单一税率可能是累退的，这可以通过征收非最终预扣税和允许个人在年底根据实际收入和成本提交纳税申报单来抵消。然而，这种和解破坏了所希望的简化和减轻的行政负担。无论是引入一个简单的基本收入豁免，还是设计一个多层的扣缴率，都会给该体系带来一些进步（Thomas，2017）。同样，后者必须由每个平台单独应用，这可能会促使 P2P 卖家有意将其活动分散到多个平台。① 此外，这种针对 P2P 行业的并行系统将给一个国家的税收制度带来复杂性和扭曲。

　　一个假想的制度也可以侧重于简化费用的报告。在 P2P 平台自动分享卖家收入信息的世界里，一种可能性是引入一个总收入中的标准业务扣除选项。英国在对 P2P 经济的交易和财产收入补贴中采取了这种做法（见专栏 3.2）。Thomas（2017）建议，P2P 行业可选择标准化扣除 60% 的员工总收入，以代替实际的业务支出，消除跟踪和报告业务支出的需要。

　　Oei 和 Ring（2016）也建议使用"安全港"来界定允许扣除的范围。这种标准化扣减将大大减轻遵守规定的负担，而且一旦考虑到个人收入的所有来源，仍然可以根据国家的税率结构选择适当的边际税率。在英国，因为有大量的流动个体分包商，建筑业税收计划的目的是尽量减少逃税。它允许从承包商支付给分包商的款项中进行标准化的扣除，这些款项被算作对分包商的税收和社会保障性缴款的预付款。

　　设计一种高效、公平的对 P2P 企业收入征税的方法的难度，重新引发了围绕霍尔－拉布什卡（Hall-Rabushka）统一税等体系的辩论。该方案的工作原理是对所有企业征收税率统一的税，同时允许从税基中扣除工资、养老金、材料成本和资本投资。个人（或家庭）的工资和养老金福利按高于基本收入免征额的相同统一税率计算。对其他收入不征税，也不允许有其他扣除。

　　当然，尽管许多国家已经为某些小型企业制定了特殊制度，但这些措

---

① 　鉴于参与的不规则性，P2P 业务的收入波动性可能更大。另一种替代办法是对固定年限内的平均收入征收统一税率。如果一年之间的收入有所波动，而且税制具有很强的累进性，则这种方法可以提供税收优惠。例如，在美国，附表是用于平均渔业或农业收入的国税局表格。虽然这种方法只适用于一些国家的农业和林业部门，但它也可能是小型 P2P 企业的一种选择。然而，P2P 收入也可以用来减弱波动性，因为它有机会在多种活动中赚取收入。

施也引发了对 P2P 经济是否需要专门税收制度或此类原则是否应更广泛地应用于小型企业的问题。同时，许多人在不同部门内部和跨部门的多个平台上开展业务。因此，鉴于个人可以从不同的 P2P 活动中获得多种收入来源，需要考虑的是，是将特殊制度统一适用于不同部门还是分部门单独制定规则。

利用技术优化税收管理

由于报告收入的责任在于个体经营者，所以税务部门监测越来越多的小规模 P2P 参与者（在 P2P 经济内外流动）的成本将变得极为高昂。[①] 小规模企业的不遵从率通常非常高，IMF（2015）报告指出，即使在发达经济体，小型企业的出错率也超过 40%。如前所述，将个人资产用于商业目的进行 P2P 活动增加了核查费用的难度，这也很容易造成错误报告或操纵。

然而，数字平台在促进和协调 P2P 交易方面的关键作用为税务管理人员提供了一个重要机会，帮助对 P2P 卖家报告的收入进行核查。许多国家正在寻求与平台的合作以获取这些信息。还有一些国家考虑扩大税务部门从平台获取数据的权利，或要求它们自动报告那些收入超过任何免税起征点的 P2P 销售商。例如，英国最近颁布了相关立法，扩大了税务部门从数字平台获取数据的权利。

在美国，所有在一年中向独立承包商支付至少 600 美元的个人或组织都必须向税务部门提交 1099-MISC 表格报告这些付款。对于协作金融平台，任何超过 10 美元的净利息收入都应在 1099-OID 表格上报告。承包商还将收到这些表格的副本，用以提供全年收入的明确记录。P2P 平台原

---

①　许多国家政府已经认识到有必要发布指导意见，以明晰适用的税收制度，澳大利亚、加拿大、英国和美国是最近发布具体指导意见的国家，它们明晰了 P2P 经济使用者的税收义务。一些平台还负责告知纳税人他们的责任和纳税义务，大多数平台在其网站上提供了一些简短的指导。Airbnb 似乎走得更远，它扣缴了未提供纳税人信息的美国用户 28% 的收入。

则上应该满足这些报告要求，因为它们将卖家归类为独立承包商。在这样做时，他们还将向税务部门提供营业额数据，这些数据可与这些人的税务申报进行交叉核对。然而，正如 Oei 和 Ring（2016）指出的那样，许多主要平台选择将自己归类为美国的"支付促进者"，最初分类为金融中介机构。这些平台有义务报告所有年收入超过 2 万美元、每年有 200 笔或更多交易的美国用户的毛收入。绝大多数 P2P 销售商都不能满足这些标准，这强调了适当设定报告门槛的重要性。

P2P 平台以及参与者是否愿意给予这种信息访问权取决于制度和社会政治因素。平台可能不愿意提供此类信息，以保护用户的隐私，或者可能只是为了换取某些让步而这样做。在对政府信任度低或法治薄弱的地方，与政府分享信息甚至可能阻碍人们参与 P2P 市场。

平台在为 P2P 交易进行中介电子支付方面的作用也凸显了其作为税收代理的潜力。这对于交易总额的间接税来说似乎很简单。一些平台已经同意代表用户代收代缴税款。例如，在住宿租赁领域，Airbnb 现在在四个国家扮演着酒店和旅游税的收税和汇款者的角色。

这种方法也在间接税方面进行了测试。[①]2015 年，印度出台了一项法律，要求数字平台对卖家的收入征收和缴纳服务税。该平台作为一个联合代理可以降低间接税管理的成本，增加低门槛或零门槛的可行性。然而，仍有几个技术问题没有解决，包括如果该平台帮助代扣代缴间接税，卖家如何要求申请抵免。统一税率的间接税制度是解决这一缺陷的一种方法。目前，这一计划适用于英国的农民，他们可以申请适用低增值税税率，当商品或服务销售给增值税登记企业时，购买者可就此税率申请抵扣。[②]该系统可由平台管理，平台将代扣代缴

---

① 2017 年 7 月，印度开始全面征收商品和服务税。统一的国税取代了中央和州政府征收的多种多样的层叠式间接税。

② 对于营业额低于 15 万英镑的企业，英国对 54 种不同类型的企业适用不同的从 4%（如零售食品、糖果、烟草、报纸或童装）到 14.5%（如建筑师、土木结构工程师或测量师）的统一增值税税率。

的增值税给政府。

在所得税方面，情况变得更加复杂。为了计算正确的义务，大多数税收制度要求个体经营者在适用适当的免税和边际税率之前，将所有收入汇总并扣除成本。如果个人的全部收入都是在一个平台上获得的，或者如果个人向平台提供了支出记录，那么平台可以在扣除成本后预扣所得税（对于员工来说）。然而，正如坊间证据显示的那样，卖家通过多个 P2P 活动或在多个平台上从事同一活动赚取少量收入，而这些平台没有关于卖家的总收入和成本的完整信息，因此无法进行此类扣缴。对于卖家来说，如果没有完整的收入和成本情况，除了直接扣缴平台上的总收入（无论是最终税款还是预付款）外，平台目前别无其他的管理手段。

结　论

在技术已基本改进的情况下，作为一种组织活动和提供服务的方式，P2P 经济继续增长并在全球范围内获得显著地位。它也证明自己对用户谋生来说是一个越来越有吸引力的选择。随着 P2P 经济的各个方面继续渗透到日常生活中，在许多情况下，P2P 活动会侵占现有业务。此时政府将需要理解并开发机会，从这一领域调动收入。本章试图围绕这一系列活动的税收问题进行整合和阐述，回顾当前的税收制度和 P2P 经济的特点，这可能是未来税收处理的一个决定性因素。

一个明确的方法并不是立竿见影的，这取决于政府是否希望尽量减小传统业务和 P2P 业务之间的差异（如果有的话），或者当一种业务优于另一种业务时是否希望在税收制度上区分它们。然而，本章着重指出，与企业征税有关的一些问题是人们所熟悉的，而平台的存在提供了一些重要的新机会。从这个意义上讲，P2P 活动的出现似乎并没有促使人们彻底重新思考税收制度或其所依据的原则。相反，P2P 经济（如果继续增长的话）正迫使税收政策和行政部门从新的角度重新考虑旧有的权衡。

随着 P2P 卖家的增加，处于总收入分布低端的非注册小企业数量也在增加。这些企业可能取代较大的公司，众所周知，现有的应对大量小企业征税的挑战加大，特别是在正规化增加了小企业流入的情况下。通常情况下，向小企业征税不仅更加困难，而且考虑到小企业在避税和逃税方面表现出的才能，税收可能更具扭曲性。更多小企业的存在，也改变了过去决定税收门槛选择的收入和遵从的权衡：如果地区分配变化表明收益超过了行政负担，政府可以考虑降低门槛。另外，针对小企业的特殊税收规则可能也会有所帮助，但 P2P 活动的性质以及双边市场的动态可能会放大行为影响及增加其可能的收益和成本。目前尚不清楚如何在特殊税收待遇产生扭曲性影响的情况下满足税收需求，而且随着时间的推移，P2P 经济可能发展到某种程度，以至于这些特殊规则可能变得多余，甚至成为常态。

幸运的是，P2P 平台为税收政策和管理提供了一个重要机遇。作为在线中介机构，它们记录着在自身见证的虚拟市场中发生的大量交易的数据。各国政府可以与它们合作获取这些数据，这无疑将减小信息方面的限制，加强执法工作，并能够更好地量化以前被误报或没有记录的活动。未来，获取这些数据可能会帮助建立一个与纳税人有关的数据库，这个数据库可以提供个人活动和收入的完整情况，例如与雇员扣缴制度和其他纳税人登记册挂钩。

虽然在形成这样一个环境之前可能还有一些路要走，但是平台已经可以作为税务管理的代理人代表卖方征收预扣税。对于间接税来说，这种做法似乎比较直接。这种安排可以帮助简化税收遵从和管理，同时增加收入，特别是在征管能力较低的国家，并再次使税务部门能够重新考虑收入和遵从之间的权衡问题。然而，试图通过这种预扣安排征收直接税则更加困难，因为 P2P 卖家很少只使用一个平台，而且可能混合来自不同活动（平台内外、自主创业和就业）的许多收入。目前，一个简化的预扣固定金额作为所得税预付款的制度可以在一定程度上解决这一困难，但任何事后核查机制都不应给 P2P 业务造成过重的行政负担，特别是当这些活动可能对高税收或高遵从成本敏感时。

　　P2P 经济的税收待遇最终将取决于每个政府的偏好和能力，而且可能因国家而异。一些政府可能希望最小化 P2P 卖家和传统企业之间的税收政策差异。相反，其他政府可能认为 P2P 经济的崛起具有推动作用，并选择提供税收激励措施来鼓励 P2P 经济。显而易见的是，虽然 P2P 经济可能加剧了与小企业税收有关的行政和收入调动方面的挑战，但 P2P 平台背后的技术为最终解决这些问题提供了宝贵的机遇。

专栏 3.1　发展中国家的 P2P 活动

　　经济发展水平可以改变点对点（P2P）活动的演变及其对经济的影响。虽然在更发达的经济体中可能存在一种替代效应，但在新兴市场和发展中国家，由出租车司机、水管工和清洁工等正式提供个人服务的现象普遍存在。在这种背景下，通过数字平台上协调 P2P 活动可能允许更多的获取、产生更好的组织，以及促进以前非正式经济活动正规化。

　　通过国外和当地开发的平台，哥伦比亚、肯尼亚、墨西哥和南非等国家已经广泛使用了这些合作方法。P2P 经济可以快速有效地增加收入来源，振奋创业精神，并鼓励创新，以减小这些经济体面临的约束，比如将拼车作为缓解或替代公共交通压力的手段。

　　P2P 商业模式是一种独特的合作模式，有助于克服新兴市场和发展中国家普遍存在的治理不可靠、产权薄弱、资本约束等问题。这些因素阻碍了市场的有效监管或自然垄断的发展，尤其是在信息严重不对称的服务业。P2P 业务的基础是分散的、基于人群的评级技术，这种技术有助于减少对大规模资本投资或详细监管以及良好监管的需求。它降低了资本和监管方面的门槛，而这正是一个有效的服务业繁荣发展所必需的。这些国家缺乏克服这种信息问题的体制手段，而正是那些缺乏良好运作的监管部门或信誉良好的大型公司部门能够从技术里获益最多，克服了服务中的信息障碍。

然而，尽管 P2P 技术在帮助规模较小的企业克服融资和供应方面的信息约束方面具有独创性，但在许多新兴市场和发展中国家，P2P 企业还面临着其他需求方面的障碍。Biswas、Pahwa 和 Sheth（2015）以及 Inter-American Development Bank（2016）分别发布了关于印度和拉丁美洲 P2P 经济的报告，列出了限制 P2P 借贷的各种因素。这意味着客户对这些新的商业合作模式缺乏认识和普遍不信任，以及金融机制（例如安全支付设施和保险）的不发达，智能手机的渗透率也可能是一个重要的限制因素。

新兴市场和发展中国家的资产所有权低且集中，意味着依赖大量资本组成的 P2P 服务的兴起也可能受到限制。资产集中在一小部分人手中可能会对任何分享活动的利益分配产生影响。当然，在拼车行业中，P2P 经济在克服不平等方面的适应性已经显现。例如，南非的司机可以使用一个平台（DriverSelect）来识别可供出租的汽车，并将其用于出租；而在非洲的其他地区，一些 P2P 企业正在给司机购买汽车提供资金支持。尽管如此，劳动密集型 P2P 企业很可能在拥有大量分散的、以低技能劳动力为主导的国家取得更大的成功，而这些国家对技术密集型城市中产阶级的服务需求较为强劲。

专栏 3.2　现行 P2P 活动的税收处理

直接税

世界各地的点对点（P2P）卖家通常注册为个体经营企业，并负责将自己的收入和纳税义务自行转到税务部门。① 然而，由于许多 P2P 卖家的参与不规范和规模较小，他们可能并不总是被视为在从事商业活动，从而免除了 P2P 卖家向税务部门报告收入的法律义务。例如，在澳大利亚，被视为爱好的活动（通过对活动意图、频率和组织的测试确定）不承担任何税收或报告义务，从而从税

084

---

① 　许多临时的 P2P 参与者可能不认为自己是一家正规企业，从而忽视了监管和税收。当然，这并不意味着他们不受监管或税收约束，只是他们可能理解也可能不理解报告其活动（或将其正式化为业务）的必要性。

收网络中除去了少量的临时收入。此外，在网上市场平台上转售二手个人物品通常也不征税，因为它们通常是亏本出售的。然而，包括美国和加拿大在内的许多国家都采取了更严格的措施，要求向税务部门报告所有 P2P 收入。

收入豁免可能也适用。例如，就租金收入而言，美国税务部门允许房主将房屋出租至多 14 天，而无须为其收入交税。英国为自住业主或将带家具的住房出租给房客的租户提供最高 7500 欧元的"出租房"优惠。2017 年 4 月，针对数字经济和共享经济，英国出台了两项针对财产和交易收入的新税收优惠，这些优惠免除了财产收入或交易收入税前不超过 1000 欧元的纳税申报和支付义务。收入超过这个数额的个人也可以选择扣除免征额，而不是他们的实际业务开支。

在计算他们的纳税义务时，P2P 卖家可以像任何个体经营企业一样从自身的收入中扣除税收。在大多数国家，可扣除项目包括进入市场的成本（清洁费、保险费）、汽油等运营成本，以及融资成本和资本折旧。有些国家根据不同行业提供具体的扣除额。举个例子，在美国如果一辆车用于商业和个人目的，纳税人必须根据实际里程分摊支出，并可以应用标准里程率（每英里 0.54 美元，2016 年）来计算扣除额。对于商业用途的房屋，纳税人可以选择申请减免每平方英尺 5 美元的扣除额，最高减免 300 平方英尺。

间接税

在征收间接税的地方，增值税（VAT）、商品和服务税（GST）将适用于 P2P 经济中提供商品和服务的行为。在一些增值税 / 商品和服务税体系中，P2P 经济可以获得一定的豁免，例如对长期（超过一个月）的住宅租金收入不征税。

从行政管理的角度来看，企业只有达到一定的总收入起征点后才需要注册增值税。正如本章所讨论的，起征点的理论基础通常是行政上的可行性，基于企业规模的分布、管理和遵守增值税缴纳规则的成本以及经验观察，少数大型企业通常占增值税收入的很大比例。P2P 参与者产生的少量收入意味着在当前的起征点下，很少有人需要缴纳增值税 / 商品和服务税。

一些政府部门提出了谁应该缴纳交易税的问题，而且似乎与工人分类的辩论有一定关联，印度已经采取了积极的措施。在 2015 年的《金融法案》中，政府制定法律条款明确了平台的纳税义务，从此免除了对卖家提供的服务征税。然而，问题仍然存在，即卖方如何对这项纳税义务申请抵扣。

其他税种

一些国家对特定行业征税，这将扩展到行业内经营的 P2P 业务。P2P 平台在确定此类税收的支付方面正以不同的速度发展。目前，适用于酒店客人的税收已扩展至 P2P 住宿租赁行业的用户，而美国最大的平台 Airbnb 目前在某些州进行收缴和汇款。

在大多数国家，出租车和私人租用车辆的运行需要定期支付许可费用。然而，在类似于纳税部门的拼车行业，传统出租车的许可费用不适用。在纽约，出租车司机必须买一个许可证来运行一辆出租车，过去五年价格在 55 万美元和 100 万美元之间波动，然而，美国一些州针对拼车行业开征了新税。举个例子，2016 年，马萨诸塞州对每一笔行程订单引入了 0.20 美元的税收，作为传统出租车行业的专款。在华盛顿特区，乘坐拼车往返机场需要缴纳 4 美元的费用，这笔费用将汇给机场管理局。

表 3.3 2015~2017 年与 P2P 业务相关的部分国际法律变更事件

国家或地区	主要内容
澳大利亚	2017 年，澳大利亚取消了拼车公司商品与服务税（GST）的起征点
巴西	2017 年 2 月，巴西米纳斯吉拉斯州的一名劳工法庭法官裁定 Uber 所雇佣的司机为雇员

续表

国家或地区	主要内容
加拿大	2017 年 1 月，加拿大宣布将拼车公司定义为出租车公司。一名司机代表自 2012 年以来安大略省的所有 Uber 司机在安大略省提起诉讼，寻求 2 亿美元的损害赔偿，理由是他们被错误归类为独立承包商而不是员工
加勒比	2017 年 2 月，加勒比旅游组织与 Airbnb 达成协议，根据协议条款，双方将与政策制定者分享有关该地区共享经济的数据和研究
中国	2017 年 3 月，国家发改委披露，政府正在制定共享经济税收政策法规
爱沙尼亚	截至 2016 年，爱沙尼亚将拼车合法化，并通过数字化技术将司机的收入与税收当局联系起来
法国	法国出台了针对使用 Airbnb 的租房者的税收法律。每年超过 23000 欧元（25200 美元）在 P2P 网站上出租房屋的金额被视为行业收入并须缴纳所得税。2016 年的法国《金融法案》对在法国居住、销售产品和提供服务的 P2P 平台用户施加了新的报告义务，2017 年 3 月，法院裁定不应将司机归类为雇员
印度	2015 年，印度的服务平台要求对卖家提供的服务免除服务税
意大利	2016 年，意大利提出了一项法案，要求平台充当扣缴义务人，扣缴所有交易金额的 10% 并移交给州政府
肯尼亚	2016 年，肯尼亚税务局裁定 Uber 司机有纳税义务
英国	2017 年 4 月，英国推出了 1000 英镑的财产和交易收入免税额。2016 年英国《金融法案》扩大了英国税务及海关总署的立法权力，可从数字平台获取数据。2016 年，英国法庭将 Uber 司机视为"工人"，而非独立承包商
美国佐治亚州亚特兰大市	2017 年，佐治亚州亚特兰大市提议增加每辆车 4% 的销售税，每个城市都自行制定税收
加利福尼亚州	2016 年，加利福尼亚州在解决员工错误分类诉讼后，Uber 司机仍被归类为独立承包商
夏威夷	2017 年，夏威夷建议在销售平台对拼车票价征收 4.75% 的消费税
马萨诸塞州	2016 年，马萨诸塞州对通过叫车服务订购的每次出行征收 0.20 美元的税，该税收专用于传统出租车行业
纽约州	2017 年，纽约州提议对所有基于应用程序呼叫的服务征收 4% 的税

资料来源：作者汇编。

参考文献

Armstrong, Mark. 2006. "Competition in Two - Sided Markets." *RAND Journal of Economics* 37(3): 668–691.

Atkinson, Anthony B., and Joseph E. Stiglitz. 1976. "The Design of Tax Structure: Direct versus Indirect Taxation." *Journal of Public Economics* 6 (1–2): 55–75.

Benjaafar, Saif, Guangwen Kong, Xiang Li, and Costas Courcoubetis. 2015. "Peer-to-Peer Product Sharing: Implications for Ownership, Usage and Social Welfare in the Sharing Economy." Unpublished.

Bernhardt, Anne. 2014. "Labor Standards and the Reorganization of Work: Gaps in Data and Research." IRLE Working Paper 100–114, UC Berkeley, Institute for Research on Labor and Employment, Berkeley, C.A.

Biswas, Ranjan, Ankur Pahwa, and Milan Sheth. 2015. "The Rise of the Sharing Economy: The Indian Landscape." Ernst and Young LLP, London.

Bolt, Wilko, and Alexander F. Tieman. 2008. "Heavily Skewed Pricing in Two-Sided Markets." *International Journal of Industrial Organization* 26: 1250–1255.

Bourreau, Marc, Bernard Caillaud, and Romain De Nijs.2017 "Digital Platforms, Advertising and Taxation." *Journal of Public Economic Theory* 20(1).

Brinkley, Ian. 2013. "Flexibility or Insecurity? Exploring the Rise in Zero Hours Contracts." The Work Foundation, Lancaster University, Lancaster, United Kingdom.

Caillaud, Bernard, and Bruno Jullien. 2003. "Chicken & Egg: Competition among Intermediation Service Providers." *RAND Journal of Economics* 34: 309–328.

Chamley, Christophe. 1986. "Optimal Taxation of Capital Income in General Equilibrium with Infinite Lives." *Econometrica* 54 (3): 607–622.

Coase, Ronald H. 1937. "The Nature of the Firm." *Economica*, *New Series* 4 (16): 386–405.

Cohen, Peter, Robert Hahn, Jonathan Hall, Steven Levitt, and Robert Metcalfe. 2016. "Using Big Data to Estimate Consumer Surplus: The Case of Uber." NBER Working Paper 22627, National Bureau of Economic Research, Cambridge, M.A.

Cullen, Zoë B., and Chiara Farronato. 2016. "Outsourcing Tasks Online: Matching Supply and

Demand on Peer-to-Peer Internet Platforms." Unpublished.

Dabla-Norris, Era, Florian Misch, Duncan Cleary, and Munawer Khwaja. 2017. "Tax Administration and Firm Performance: New Data and Evidence for Emerging Market and Developing Economies." IMF Working Paper 17/95, International Monetary Fund, Washington, D.C.

Department for Business, Energy & Industrial Strategy. 2017. "Good Work: The Taylor Review of Modern Working Practices." London.

Edelman, Benjamin G., and Damien Geradin. 2016. "Efficiencies and Regulatory Shortcuts: How Should We Regulate Companies Like Airbnb and Uber?" *Stanford Technology Law Review* 19 (3): 293–328.

Ellison, Glenn, and Drew Fudenberg. 2003. "Knife-Edge or Plateau: When Do Market Models Tip?" *Quarterly Journal of Economics* 118 (4): 1249–1278.

European Commission. 2017. "Establishing a European Pillar of Social Rights." Commission Staff Working Document Accompanying the Communication from the Commission to the European Parliament, The Council, The European and Social Committee, and the Committee of the Regions, Brussels.

Evans, David S. 2003. "The Antitrust Economics of Two-Sided Markets." *Yale Journal of Regulation* 20: 325–381.

Farrell, Diana, and Fiona Greig. 2016a. "Paychecks, Paydays, and the Online Platform Economy: Big Data on Income Volatility." J.P. Morgan Chase Institute, New York.

——. 2016b. "The Online Platform Economy: Has Growth Peaked?" J.P. Morgan Chase Institute, New York.

Farronato, Chiara, and Andrey Fradkin. 2016. "Market Structure with the Entry of Peer-to-Peer Platforms: The Case of Hotels and Airbnb." Unpublished.

Fraiberger, Samuel P., and Arun Sundararajan. 2015. "Peer-to-Peer Rental Markets in the Sharing Economy." Research Paper, New York University Stern School of Business, New York.

Goudin, Pierre. 2016. "The Cost of Non-Europe in the Sharing Economy: Economic, Social and Legal Challenges and Opportunities." Study from the European Added Value Unit, European Parliamentary Research Service, Brussels.

Hall, Jonathan V., and Alan B. Krueger. 2015. "An Analysis of the Labor Market for Uber's Driver-Partners in the United States." NBER Working Paper 22843, National Bureau of Economic Research, Cambridge, M.A.

Hathaway, Ian, and Mark Muro. 2013. "Tracking the Gig Economy: New Numbers." Brookings

Institution, Washington, D.C.

Horton, John J., and Richard J. Zeckhauser. 2016. "Owning, Using and Renting: Some Simple Economics of the 'Sharing Economy'." NBER Working Paper 22029, National Bureau of Economic Research, Cambridge, M.A.

Inter-American Development Bank. 2016. "The Sharing Economy in Latin America." School of Business Enterprise Institute, Madrid.

International Monetary Fund (IMF). 2015. "Current Challenges in Revenue Mobilization: Improving Tax Compliance." IMF Staff Report, Washington, D.C.

Judd, Kenneth L. 1985. "Redistributive Taxation in a Simple Perfect Foresight Model." *Journal of Public Economics* 28 (1): 59–83.

Kanbur, Ravi, and Michael Keen. 2014. "Thresholds, Informality and Partitions of Compliance." *International Tax and Public Finance* 21 (4): 536–559.

Keen, Michael, and Jack Mintz. 2004. "The Optimal Threshold for a Value-Added Tax." *Journal of Public Economics* 88 (3–4): 559–576.

Kind, Hans J., Marko Koethenbuerger, and Guttorm Schjelderup. 2008. "Efficiency Enhancing Taxation in Two-Sided Markets." *Journal of Public Economics* 92 (5–6): 531–539.

——. 2010. "Tax Responses in Platform Industries." *Oxford Economic Papers* 62 (4): 764–783.

Manyika, James, Susan Lund, Jacques Bughin, Kelsey Robinson, Jan Mischke, and Deepa Mahajan. 2016. "Independent Work: Choice, Necessity, and the Gig Economy." McKinsey Global Institute, New York.

Martin, Elliot, Susan A. Shaheen, and Jeffrey Lidicker. 2010. "Impact of Carsharing on Household Vehicle Holdings: Results from North American Shared-Use Vehicle Survey." Transportation Research Record 2143, Transportation Research Board of the National Academies, Washington, D.C.

Neeser, David. 2015. "Does Airbnb Hurt Hotel Business: Evidence from the Nordic Countries." Unpublished.

Oei, Shu-Yei, and Diane M. Ring. 2016. "Can Sharing Be Taxed?" *Washington University Law Review* 93 (4).

Office of National Statistics. 2016. "The Feasibility of Measuring the Sharing Economy." Article from the Office of National Statistics, London.

Robertson, Dennis. H. 1923. *The Control of Industry*. Hitchin, United Kingdom: Nisbet & Co.

Rochet, Jean-Claude, and Jean Tirole. 2003. "Platform Competition in Two-Sided Markets." *Journal of the European Economic Association* 1 (4): 990–1024.

Rosenblatt, Alex, and Luke Stark. 2016. "Algorithmic Labor and Information Asymmetries: A Case Study of Uber's Drivers." *International Journal of Communication* 10 (2016): 3758–3784.

Rysman, Marc. 2009. "The Economics of Two-Sided Markets." *Journal of Economic Perspectives* 23 (3): 125–143.

Schor, Juliet B., and Connor J. Fitzmaurice. 2015. "Collaborating and Connecting: The Emergence of the Sharing Economy." In *Handbook on Research on Sustainable Consumption*, edited by Lucia Reisch and John Thogersen, Cheltenham, United Kingdom: Edward Elgar.

Smith, Aaron. 2016. "Shared, Collaborative and On Demand: The New Digital Economy." Pew Research Center, Washington, D.C.

Thomas, Kathleen D. 2017. "Taxing the Gig Economy." UNC Legal Studies Research Paper 2894394, University of North Carolina, School of Law, Chapel Hill, N.C.

Vaughan, Robert, and Raphael Daverio. 2016. "Assessing the Size and Presence of the Collaborative Economy in Europe." Price Waterhouse Coopers, London.

Wallsten, Scott. 2015. "The Competitive Effects of the Sharing Economy: How Is Uber Changing Taxis?" Technology Policy Institute, Washington, D.C.

Williamson, Oliver E. 1981. "The Economics of Organization: The Transaction Cost Approach." *American Journal of Sociology* 87 (3): 548–577.

Zervas, Georgios, Davide Proserpio, and John W. Byers. 2017. "The Rise of the Sharing Economy: Estimating the Impact of Airbnb on the Hotel Industry." *Journal of Marketing Research* 54 (5): 687–705.

4 数字化对国际企业税制改革的启示 [*]

迈克尔·得弗罗　约翰·维拉

本章关注的是数字化对跨国公司利润征税所带来的挑战和机遇。引用091欧盟委员会数字经济税收专家组的说法（European Commission，2014）：经济正在变得数字化。数字化是传播通用技术的过程。最后一个类似的现象是电气化。产品和服务的数字化缩短了人与物之间的距离。它增强了流动性。它使网络效应具有决定性。它允许使用特定数据，以满足个人客户的需求，无论是消费者还是企业。它为创新、投资以及创造新业务和新工作提供了充足的机会。展望未来，它将是可持续增长的主要推动力之一。

从与经合组织相同的方法（OECD，2015）开始，我们认为，试图"隔离"数字经济并不是一种明智的做法。它与经济的其他部分（例如自然资源）截然不同。所有行业都受到数字化的影响，特别是对我们而言，数字化开放了边界。与20年前相比，个人现在可以直接从其他国家的企业轻松购买商品和服务，并且可以轻松购买其他国家的企业股票。即使是中小型公司现在也可以在国际上运营。因此，尽管数字化在数字领域最为明显，但它却给所有经济部门的税收带来了问题。

显然，这种更大的国际化提出了一些基本问题，即国家政府如何能够而且怎么对企业利润征税，以及它们在这样做时需要相互协调的程度。这些问题出现在公众越来越关注对跨国企业利润征税的背景下，这是因为一092个普遍的观点——许多人总是倾向于相对容易地支付最低税款。

---

* 本章作者感谢 Michael Keen 的宝贵评论。

　　数字业务处于这一担忧的最前沿，因为它似乎特别擅长将利润转移到"避税天堂"。但这些问题并不仅限于这些公司。所有公司都可以使用一系列税收筹划技术将利润转移到"避税天堂"或低税收管辖区。

　　为了应对这种广泛的关注，经合组织和二十国集团在 2013 年启动了一项改革项目——税基侵蚀和利润转移（BEPS）项目。虽然当时被誉为过去 100 年来最雄心勃勃的国际税制改革，但它并未引发根本性的变革。BEPS 项目保留了国际税收制度的基本结构，但提出了一系列行动，旨在消除或减少当时可用的一些主要税收筹划手段。

　　BEPS 项目的行动涉及数字经济（OECD，2015）。[①] 其最终报告确定并讨论了数字经济的主要挑战，并讨论了处理这些挑战的有针对性的措施。但是，它本身并没有提出任何有针对性的措施。相反，它考虑了数字经济在制定其一般建议时提出的具体问题。因此，这些一般性建议旨在基本解决数字经济提出的问题。预计该报告将于 2020 年更新。

　　与此同时，一些国家和地区单方面采取了一些有针对性的措施。印度引入了"均等化税"，澳大利亚和英国都引入了"转移利润税"。这些措施并非专门针对数字公司，但这些公司必然处于其背后思想的前沿。事实上，英国的转移利润税被广泛称为"谷歌税"（Google Tax）。

　　由于本章所讨论的原因，我们认为即使是在 BEPS 项目之后进行了改革，国际税收制度仍不符合目的。因此，我们认为，在现有框架内实施的日益增多的非协调措施，不可能提供令人满意的长期解决方案来面对税收制度数字化带来的挑战。

　　本章理所当然地认为，政府希望继续对商业利润征税，这里的讨论主要集中在这种税收的形式上。从广义上看，本章将这种税收的现有模式与激进的替代方案进行了比较。本章侧重于激进的替代方案，而不是建议在国际税收制度的现有框架内进行变革，原因是本章认为框架本身存在缺陷，无法为手头的问题提供长期解决方案。本章也没有涉及与企业相关的其他

---

　　①　关于批判性评价，请参阅 Olbert 和 Spengel（2017）。

税收，如增值税（VAT），但是可以看出，增值税产生的关键问题也出现在一些改革建议中。

下一节将介绍一个现代跨国公司的简单模型，然后简要描述现有制度如何寻求对其利润征税。之后讨论了两种根本的替代方法，以应对数字化对各国税基分配的影响。最后，本章将考虑更加针对数字业务的其他模型。

数字化和现有的国际公司税收制度

请考虑以下示例。

- 跨国企业的总部和母公司位于 P 国。
- 它在 S 国有股东。
- 它在 M 国设有制造子公司。
- 它拥有位于低税收管辖区 L 的子公司的无形资产。
- 它向 C 国的消费者销售产品，在那里它还有一个营销团队。

需要注意的是，相对于实际操作，此示例显然已大大简化，但说明了主要原则。

现有系统如何对这样的公司征税？从本质上讲，它旨在通过在"居住"和"来源"国家之间分配征税权来避免"双重征税"。从广义上讲，居住国是指有权获得活动利润的自然人或者法人居住的地方，而来源国是经济活动所在地。广泛地说，在 20 世纪 20 年代国际联盟的妥协（Graetz，2001）中，除特例外，来源国被分配了对企业积极收入的主要征税权，而居住国则被分配了对消极收入的主要征税权，例如，股息、特许权使用费和利息。[1] 最重要的是，这些规则适用于跨国企业内的交易，即一个跨国企业的关联公司与位于不同辖区的另一个关联公司进行交易。这是非常重要的，因为跨国企业可以用相对较少的努力在世界任何地方设立子公司和

---

[1]　参见 Warren（1994）和 Avi-Yonah（1996）。

其他附属公司，并且可以决定这些附属公司之间的交易数量和种类。

这种妥协充满了困难。其实施需要对居住国和来源国之间以及不同类型的收入之间的边界进行定义和监管。然而，这种妥协仍然是国际税收制度基本结构不可或缺的一部分，许多困扰该制度的问题最终源于这种结构。

这可以在我们的示例中得到说明，公司可以在部分或全部国家/地区（P国、M国、L管辖区和C国）对其利润纳税，并且股东可以在S国支付额外的税。一般来说，子公司是在其所在国家/地区的法人实体，因此应对其在该国的利润征税。因此，首先，制造子公司将对其在M国产生的利润纳税。但是，假设制造子公司向拥有无形资产的L管辖区的子公司支付了特许权使用费——这可以用于生产的知识产权（IP）。这会将利润从M国转移到L管辖区，因为特许权使用费可以在M国扣除，并在L管辖区纳税。允许跨国企业通过将IP置于后者中而将利润从高税收管辖区转移到低税收管辖区的制度显然是有缺陷的。

利润分配给C国的程度取决于常设机构（PE）的规则。由于C国没有子公司，M国的子公司直接向C国的消费者销售产品。然后问题就变成M国的子公司是否通过PE在C国中运营，而PE又在很大程度上取决于公司在该国的实际存在。在我们的示例中，如果营销团队构成一个PE，那么M国制造子公司的部分利润将被分配给C国用于税收目的。制定复杂的规则可以确定归属于PE的利润。

最后，如果在P国向母公司支付股息，那么母公司可能还必须在收到该股息时缴纳税款，通常是在扣除其他地方支付的税款后。[1]

实际利润的实际分配取决于许多因素。例如，利润可以转移到L国的程度取决于制造子公司支付的特许权使用费的多少。跨国企业可以通过夸大这笔付款来增加从M国到L国的利润。这也取决于公司最初如何安排

---

① 对这种收入征税的国家通常被指定为拥有全球税收制度，没有的则被指定为具有领土制度的国家。

L国无形资产的所有权。例如，知识产权是由位于高税收管辖区的另一家子公司开发，然后转移到L国的子公司。利润还取决于转让定价的高低。为此，国际税法中制定了复杂的"转让定价"规则来解决操纵此类集团内部价格的滥用问题。这些规则基本上要求集团内部价格与非关联方收取的价格保持一致。然而，由于各种原因，这些规则是有问题的，并且最终不能为手头的问题提供令人满意的解决方案。

数字化的影响

数字化是否影响了这一地位

本节所提出的例子可能存在于没有数字化的情况下，它并不是数字领域公司的典范。从广义上讲，数字化并不会影响问题的本质。然而，数字化确实加剧了这个问题，主要是因为它促进了公司业务各个方面的国际化。换句话说，由于数字化，公司的股东、活动和客户更容易遍布全球。

首先，也许最明显的是，许多不同国家的跨国公司的建立极大地受益于更广泛的数字化。在现代通信的世界中，企业相对容易从日益复杂的供应链中的不同位置运行，但在某种程度上，识别特定活动的"位置"变得越来越困难。例如，越来越有可能在不同的国家进行产品的研发（R&D）、生产和营销。实际上，产品的不同组件及其组装的生产都可以在不同的国家进行。数字化是促进这种国际化的主要因素，尽管不是唯一的因素。

在纯数字世界中，这个问题就变得更加尖锐。考虑一个由许多国家/地区的员工协作开发和测试的移动电话应用程序示例。随着商业活动遍布全球，现有的国际税收制度变得更加难以将其应税利润连贯且合理地分配，使所有相关国家满意。

其次，数字化可以更容易地将利润转移到低税收管辖区。数字化使在L国设立子公司并向该公司付款变得更加容易，无论是特许权使用费、利息还是其他支付，这些都可以在高税收管辖区内产生有价值的扣除。在极端情况下，L国公司可能只是一个收款者，没有任何真正的员工。BEPS

项目旨在解决更为严重的过度使用此类战略的问题，下文将进行进一步讨论。

再次，跨国企业更容易将产品销售给特定司法管辖区的消费者，而那里的实体机构极少或根本没有。如上面的例子所示，这在数字产品的跨境销售中很明显，但在更传统的业务中也可能会出现这种情况。通过现代通信，所有形式的广告，包括社交媒体和与消费者的联系，可以由位于消费者所在国 C 之外的工作人员进行管理。如果发生这种情况，C 国不太可能对销售行为产生的任何利润征税，因为缺少满足 PE 判定门槛所需的实体机构。

经合组织评论并阐述了传统 PE 判定门槛的基本原理。它指出，这个判定门槛"历史悠久，反映了国际共识，即作为一般规则，一个国家的企业在另一个国家设立常设机构之前，不应将其视为参与该国的经济生活，应使另一国对其利润享有征税权"（OECD，2012）。因此，PE"有效地作为一个判定门槛，通过客观标准衡量外国企业在特定国家的经济存在水平，确定外国企业可以被认为充分融入经济的环境，从而证明该国对其经济活动具有征税权"（OECD，2015）。例如，在我们的例子中，将营销团队转移到 M 国将剥夺先前分配给 C 国的征税权。可以说，数字化将允许公司在其进行销售的司法管辖区（可以称为"来源"地区）更容易产生价值，但由于公司在那里的运营达不到 PE 判定门槛，所以其不具备征税权。

经合组织 BEPS 项目的最终报告讨论了这种可能性（OECD，2015）。它考虑通过使用基于收入的因素、数字因素和基于用户的功能来扩展 PE 的概念。它还考虑如何为这样的 PE 分配利润。现有的利润分配规则在这种情况下效果不佳。因此，经合组织考虑了替代方案，包括基于部分分摊和改进后的视同利润的方法。但是，该报告中的讨论表明，制定令人满意的此类规则是困难的。

最后，数字化也促使母公司与其股东的地位之间的区别日益显著。传统意义上，个人和共同基金的投资组合决策中存在"本土偏见"。然而数据表明，这种偏见随着时间的推移而大幅减少。此外，免税账户中个人储蓄的份额有所增加。因此，Rosenthal 和 Austin（2016）估计，个人应税账户中持有的美国公司股票份额从 1965 年的 84% 下降到 2015 年的 24%。对于英国更开放的经济来说，由国内个人直接持有的上市公司股票份额从 1963 年的 54% 下降到 2014 年的 12%（ONS，2014）。Rosenthal 和 Austin（2016）报告称，2015 年外国人直接持有美国公司股票的 26%；2014 年英国的该比例为 54%，高于 1963 年的 7%（ONS，2014）。在有国际证券投资的情况下，股东和母公司之间的联系就会破裂，这种联系随着时间的推移变得越来越弱。

这一区别提出了一个更基本的问题，即企业利润税是否是股东所得税收的合理代理。在一个日益增长的国际证券投资的世界中，它是一个合理代理的观点越来越难以捍卫。

经合组织 BEPS 项目

2013 年开始的经合组织 BEPS 项目产生了一系列广泛的报告，建议在 2015 年进行多项改革。改革的主要目的是不改变目前的征税权分配，但改革确实在某种程度上偏离了它（Devereux and Vella，2014）。这是通过在当前容易被滥用的分配规则中添加限定条件来实现的。具体而言，虽然没有明确的统一主题，但许多行动都集中在"经济活动""相关实质""实质性活动""价值创造"上。[①] 一般分析反复提到需要"重新调整税收和相关实质……恢复国际标准的预期效果和收益"（OECD，2013）。经合组织声称"没有税收或低税率本身并不是一个值得关注的问题，但当它与人为地将应税收入与产生税收的活动分开时，就会变成这样"。[②]

因此，在一般情况下，经合组织的 BEPS 提案旨在"向各国提供国内和国际工具，以更好地将征税权与经济活动相结合"（OECD，2013）。这一原则应反映在具体行动中。正如我们在其他地方详细撰写的那样

---

① 这四个术语似乎可以互换使用。
② BEPS 项目主要涉及不同税收规则的相互作用，导致双重不征税或低于单一税收的情况。它还涉及通过将利润转移到创造这些利润的活动所在的司法管辖区来实现无税收或低税收的安排。

（Devereux and Vella，2014），许多问题与这一新原则有关。这里强调了两个核心问题。

首先，这个新原则与20世纪20年代继承的现有原则完全不同。由于基本结构得以维持，新原则被覆盖，后BEPS时代国际税收制度可能更加不连贯，征税权在某些情况下与经济实质一致，但在其他情况下则不然，似乎没有区分这两组案例的原则。

其次，从概念的角度来看，一个旨在使征税权和收入相对应的制度与创造它的"经济活动"相关联是值得怀疑的，因为这种经济活动实际发生的地方并不清楚。许多因素有助于创造收入，包括金融、研发、总部职能、制造、营销和销售。所有这些因素都是跨国企业产生利润的必要组成部分。但它们可能分散在几个国家，甚至在概念上也无法确定每个特定地点对所获得的总利润的贡献。

替代方法

现有系统，很可能是后BEPS系统，有许多故障。许多评论人士都较为关注避税和利润转移的影响。BEPS项目将此作为其关键问题，可能会在限制利润转移行业的滥用方面取得一些成功。但是，该制度的基本缺陷仍将存在。此外，对利润征税缺乏明确的原则，限制了为稳定的税收制度创造良好的基础。利润转移问题不太可能被永久克服，反而会引入更大的复杂性。

此外，已有的详细记载表明，该制度也会影响实际经济活动的地点。[1] 部分原因是，这种脆弱的税收制度因各国之间的竞争而进一步不稳定。各国通过税率和税基来竞争投资和公司总部。为了竞争，它们愿意放弃部分税基或故意让它们被侵蚀，例如提供慷慨的利息抵扣规则。它们也愿意促进其他国家和地区的税基侵蚀。因此，各国之间的税收竞争进一步

---

[1] 参见Voget（2015）的文献调查。

破坏了本已脆弱的国际税收制度，并将继续在后 BEPS 时代这样做。

然而，矛盾的是，BEPS 项目可以增强税收竞争力。如果税收制度在防范利润转移行为上变得更加强大，那么希望降低全球税负的公司可能必须通过将其实际活动重新定位到低税收管辖区来实现这一目标。该项目的结果似乎至少是在某种程度上减弱跨国公司利用传统方法将其利润转移到低税收管辖区的能力。但是，如果公司必须转移它们的实际活动以获得有利的税收结果，那么人们可以期望各国通过税收制度进行更激烈的竞争，因为它吸引了真正的经济活动，或阻止当地公司将真实活动转移到国外，这是因为它与更广泛的经济利益有关而不仅仅是吸引（或阻止）利润外流。

一个简单的例子就可以说明这一点。BEPS 项目的第 5 项行动涉及有害的税务实践，重点关注专利盒制度。这些制度为知识产权产生的回报提供优惠税率。第 5 项行动旨在应对通过在 A 国进行的 R & D 活动产生的知识产权随后转移到提供专利盒制度的 B 国的情况。广泛地说，在符合资格的情况下，它通过将可以从专利盒制度中受益的收入限制为由提供该制度的国家进行的研发所产生的知识产权收益来实现。在 BEPS 术语中，这应该有助于使征税权与经济活动（或至少是研发活动）保持一致。但这种变化可能导致更严重的实际经济扭曲。在后BEPS时代，如果要从中受益，跨国企业将不得不将其研发工作转移到提供专利盒制度的管辖区。鉴于吸引研发活动对经济的作用比仅仅吸引知识产权更有利，因此各国应该对知识产权回报所征收的税率进行更为激烈的竞争。

关于 BEPS 提案对税收竞争的影响的一个相关观点来自各州目前通过税率和税基竞争的观察结果。该观点认为，利润转移机会的削减基本上使各国更难通过税基竞争。例如，BEPS 项目的第 4 项行动建议引入限制感兴趣的可扣除性规则。这削弱了各国提供慷慨的利息减免规则的能力，这些规则会减小这些国家的税基。由于税基的某些方面的竞争受到限制，税率竞争的压力增加。

从经济角度来看，在固定或相对固定活动的所在地对企业利润征税存在强有力的论据。因为通过定义，公司不能轻易地改变这些活动的所在地，这些税收对企业活动的所在地产生的影响可能减小甚至降低到最小。它们也应该更难避免。换句话说，这种税收具有吸引人的经济效率特性。此外，由于公司不能轻易地根据这些税收改变固定活动的所在地，所以各国不会有动力通过其税收制度来吸引这些活动。

可用于对跨国企业征税的选择包括四个广泛的所在地：最终股东的住所、最终母公司的住所、子公司和跨国企业的常设机构的所在地，以及客户的住所。在这些地方进行的每项活动都可能被认为是必要的，但不足以产生利润和创造价值，包括股东的初始投资、母公司的管理、附属公司的所有活动，并最终销售给第三方。

目前对利润征税的国际税收制度基本上基于上面列出的第三个所在地（部分是第二个所在地）。由于公司可以选择在哪里建立，当前的系统会扭曲这些所在地选择，所以效率低下。①

但是，大多数个人都相对不可移动。因此，跨国企业及其客户的最终股东的住所为企业税改提供了有前途的选择。如果企业的纳税义务取决于其母公司、知识产权、销售团队或其生产所在地，则它有能力和动力将这些因素转移到有利住所，以减少其总体纳税义务。但是跨国企业不能轻易地移动其股东或客户的住所（请注意下面提到的警告），因此它应该选择其活动的所在地，而不受税收考虑的扭曲影响。

下面将依次讨论这两个选项。

股东住所

一个激进的改革选择涉及对企业利润征税，使其掌握在最终股东手中。这种方法的一个主要优点是对利润征税的地点被确定为业务所有者的所在地。虽然个人不是固定的，但他们的移动性肯定远低于跨国企业的关键要素。因此，将跨国公司或仅在一个国家的公司的营业利润征税

100

---

① 这家引人注目的"反转"公司出自美国，且为母公司所在地的扭曲提供了一个生动的例子。

定位在所有者居住地，对于利润转移和实际经济活动的位置将具有相当大的优势。它还将与公司税的一般说法理由一致——作为其股东税收的代理。[①]

在接下来的讨论中应该记住，如果股票被广泛持有，跨国企业不太可能将股东转移到低税收管辖区来减少其整体纳税义务。但是，如果股票由少数股东持有，那么这种转变可能会有更大的可能性。在这种情况下，在股东住所征收的公司税提供了进一步的激励，除了个人税收所产生的激励，这些股东还将其住所转移到低税收管辖区。

为了将这些利润包括在股东的应税收入中，将公司的利润分配给股东通常称为转移处理。营业利润分配给为税收目的将利润份额计入个人收入的股东，这在很大程度上是 S 公司在美国征税的方式，在对合伙企业征税上也很常见。

原则上，可以通过多种方式将利润转移给企业所有者。例如，一种用于美国 S 公司的方法是将所有利润分配给股东。公司向股东支付的股息，以及出售股份时的资本收益，也不需要征税。[②] 在这种情况下，原则上，在个人的任何纳税年度，个人需要申报的应纳税额是其在该年度拥有的公司内获得的利润的份额。[③] 请注意，"她的份额"将取决于她在该年度拥有的每家公司的比例。例如，假设她年初开始拥有公司 X 10% 的股份，但是在四个月后她再购买了 50%，然后在 8 个月后她卖出了 20%，这意味着到年底她拥有 40% 的股份。为了向该股东精确分配利润，需要计算每个期间的应计利润，以便在一年中的每个部分分配正确的比例给予股东。[④]

---

① 请注意，这并未提供公司税的全面理由。例如，考虑居住在 B 国的 A 国居民。在这种情况下，A 国对公司征收的税收不能轻易证明是 B 国对股东征收的代理。

② 这种税收制度不同于在公司层面对利润征税的归责原则，但在计算收到的股息时，会向股东提供税收抵免。

③ 这可能存在匹配公司年末和股东纳税年度的问题。最直接的做法是，依靠公司的财政年度，并在此时分配一部分留存收益，以包含在股东的后续纳税申报表中。

④ 如果持股变动更频繁，那么原则上利润需要按日计算，或按小时计算，或按分钟计算，甚至每秒计算一次。

在实践中，作为近似值，股东可以根据其在该年度的平均持股比例（在这种情况下为 36.7%），分配当年年度总利润的份额。①

第二种选择是仅对股东收到的股息和资本利得征税，这在原则上可能意味着可以完全取消公司层面的税收。近年来，有人提出了这种方法的不同版本。在美国的背景下，Toder 和 Viard（2014）提出，非上市公司在如上所述的转移基础上征税。上市公司的股东将按照市场价格对股息以及应计资本再次按其股票价值征税。Grubert 和 Altshuler（2016）在美国的背景下也提出了类似的建议，将股息和资本利得作为个人收入征税。两者主要区别在于资本利得的确定。Grubert 和 Altshuler 建议在实现时对资本利得征税，但要引入利息费用以抵消延迟征收应计收入的收益。在这种情况下，不需要观察当前的市场价格，因此该系统可以应用于所有业务。这两个提案存在的一个问题是，至少在美国境内，它们会比目前在现有系统下筹集的税收收入更少。因此，Grubert 和 Altshuler 建议保留公司税，但税率要低得多。Toder 和 Viard（2016）后来的论文也提出了相同的建议。

到目前为止，在这次讨论中忽略的一个复杂因素是如何通过共同基金等金融中介来对待股票的所有权。这里的原则是税收应分配给最终股东。但这使人质疑中介机构的征税。例如，通常情况下假设养老基金不会对其收益的累积征税。那么我们应该将养老基金视为股东，还是应该通过养老基金来确定受益人？他们可能在未来几十年内无法领取养老金。如果存在为养老金提供税收优惠的政策，那么通过养老基金对受益人征税将会取消这一优势。这表明将养老基金视为股东当然是一种更简单的方法。这意味着如果对养老基金的收入不征税，那么就不会对利润征税。

然而，我们分析的一个关键问题是，如何利用这两种将企业利润税转嫁

---

① 对于年中出售股票的 S 公司，默认规则是出售股东按年度比例分配利润。因此，如果一个股东在该年度的六个月内出售了 50% 的业务份额，那么他将被分配该公司年度利润的 25%。但股东也可以同意选择在出售日不参与分配，并在该日期之前进行利润分配。

给企业所有者的广泛方式中的任何一种来处理困扰国际税收制度的问题，特别是对跨国公司利润征税的问题，而这一问题因数字化而加剧。因此，每个选择都应被逐一考虑。

第一种选择是计算业务利润并将其分配给股东。这根本没有解决跨国企业的税收问题，因为这种方法没有提到如何识别和定位利润。因此，识别利润的选项是更普遍可用的选项，它可以基于母公司的居住地、多国企业的附属公司或其客户的位置。例如，美国 S 公司的外国收入与 C 公司的外国收入的征税方式大致相同，这些公司可以征收公司税：只有在被退回时才包括在税基中。

根据母公司的住所，考虑将此选项应用于企业的全球利润可能是很自然的，因为这是最终所有者直接拥有股份的公司。如果股东与母公司居住在同一个国家，这将是对股东全球收入征税的有效方式。但这并不容易处理国际证券投资问题，例如 B 国的股东拥有 A 国公司股份的情况。原则上，A 国的应计利润应分配给 B 国的股东，并且由 B 国政府征税。①

跨境实施这一选择会产生一个非常重要的问题——执法。股东居住国的税务部门需要国内居民感兴趣的所有公司的信息。这可能是从居民股东那里获得的，但随后信息收集的责任被传递给股东，这引发了如何审计信息的问题。否则，税务部门可以直接从公司处收集信息，也可以从公司所在国家的税务部门处收集信息。

这可能是数字化带来优势的地方。在数字化之前的时代，一个国家的税务部门可以获得必要的信息来支持另一个国家的股东的转移处理，这是不可想象的。然而，至少在原则上，数字化使这种信息流成为可能。② 当然，创建允许这种情况的系统和流程将是一个巨大的工程。此外，甚至可

102

---

① 美国股东不会这样做，他们只接受美国 S 公司的转移处理，而不接受美国境外公司的转移处理。

② 这种可能性也在第 2 章中进行了讨论。

能更有问题的是，必须有必要的政治意愿、承诺和投资来允许这种信息流动。然而，即使在这里，最近发生的事件也可能证明该情况相对乐观。美国实施的《外国账户税收合规法》、由二十国集团和经合组织领导的信息交流项目都导致了几年前无法想象的信息交流。另外，即使有这样的系统，问题也肯定会存在。例如，对机密性的担忧可能导致许多低收入国家被拒绝提供这种信息。尽管如此，可以想象的是，虽然数字化有助于在国际证券投资存在的情况下产生转移处理问题，但最终它也可能提供技术解决方案。

上述第二种选择绕过了第一个问题。如果我们采取纯粹形式的方法取消企业层面的利润税，并完全依赖于对所有者的股息和资本利得征税，那么我们就不再有确定跨国公司相关利润的问题了。实际上在任何特定的管辖区，我们会对个人直接拥有或部分拥有的任何业务的全球利润征税。这是因为，最终它是所有者通过股息和资本利得收集的全球利润的一部分。然而，即使有了这个选项，当 B 国的股东直接拥有 A 国公司的股份时，问题仍然是处理国际证券投资。

在美国的背景下，依靠对股息和资本利得征税的建议也许并非巧合，因为美国拥有复杂的税收制度和税务部门。虽然可以想象，美国可能能够从美国公民的全球持股中识别所有股息和已实现的资本利得，并对其征税，但这对许多其他国家来说似乎不太可能。特别是低收入国家倾向于更多地依赖企业税，这是出于行政原因，即企业更有可能拥有财务记录并在税务部门注册。在税务管理部门缺乏资源的情况下，从对业务征税到对业务所有者征税将会产生问题。

最后请注意，转向该系统将导致各国税基根本性的重新分配。虽然需要做更多的工作来确定赢家和输家，但鉴于跨国企业中很少有股东居住在低收入国家，这些国家可能属于后者。

客户住所

另一项激进的改革是确定跨国公司活动范围的另一端的位置：它向第

三方销售。借鉴有关增值税的文献，我们称之为"目的地"。①

　　使用目的地国家的一个主要优势类似于使用股东的居住国，即消费者相对不动。② 至少在大多数情况下，我们不希望消费者改变其位置以减少其购买产品的跨国公司的税费（如果消费者也获益，这是可能的）。因此，在这样的系统下，与基于跨国企业的附属公司所在地或母公司所在地的典型税收不同，跨国公司很难影响其税费所在的地区。

104

　　原则上，这对于经济效率和对避免竞争压力的稳健性具有显著优势。如上所述，现有系统对经济活动的所在地以及跨国公司内资产的所有权造成重大扭曲，因为这些因素决定了税基的所在地。但是，跨国公司将其产品出售给第三方的地方取决于第三方的所在地。因此，原则上，基于销售目的地的税收可以避免这种地点扭曲。类似的论点也适用于利润转移：如果收入在目的地征税，那么跨国公司很难操纵来源，从而操纵该收入的征税地点。由于这两个因素，也应避免各国之间竞争的可能性。如果国家 A 降低其税率，它不应该吸引来自 B 国的活动或税收，因为应税收入仅取决于 A 国的销售额。

　　虽然这些是基于目的地探索税收的有力理由，但可以说，仅仅根据销售目的地征税是相当随意的。在经合组织 BEPS 项目改进的现有制度下，有人认为，活动的回报应在活动地点征税。因此，承担研发费用的回报应在进行研发的地方征税。仅基于销售目的地的体系将无法实现这一目标。因此，可以说各国之间税基分配的公平性可能存在问题。

　　但是，可以在为目的地原则辩护上提出几个观点。

　　首先，研发的回报应该归于其所在的地方并不明显。进行研发可能是必要的，但不足以产生回报。最终，研发必须用于生产第三方想要购买的商品或服务。这需要产业链中的其他几个必要部分，包括生产、管理、财

---

①　US House Ways and Means Committee（2016）最近提出了一项税收改革，该措施将使美国按照基于目的地的现金流量税的方式转向基于目的地的税收（Auerbach et al., 2017）。

②　当不是该国居民的消费者购买商品或服务时，可能会出现问题。经合组织就增值税"供应地"规则制定了指导方案，以解决这个问题。

务、营销和销售以及业务的所有权。没有这些组件，跨国公司将无法盈利。确实，现有系统试图识别可归因于该产业链的不同元素的那部分利润，但现有系统可以完全忽略产业链的某些部分。例如，如果没有 PE，则为销售国。另外，从概念上来说，如果每个部分都是必要不充分条件的话，应该将多少价值归于产业链的每个部分还不清楚。对不同部分的分配不可避免地具有某种随意性。最后，这种有些随意的分配在现有系统下进一步受到破坏，因为它的应用不一致。

其次，即使在现行规则下，目的地原则上也可以成为重要的利润来源。正如评估专家所述，市场的管辖范围是"基于客户的无形资产"所在地。这些无形资产是许多成功的跨国企业价值的重要组成部分。例如，在许多技术企业中，一旦客户安装了特定公司的硬件、软件或两者都有，公司就可以为后续的产品和服务提供竞争优势，而不依赖其他业务的任何技术优势。这种优势的价值相当于公司基于客户的无形资产。同样，在许多企业中，一个成功的产品，无论是基于技术、消费者品位的识别，还是两者的某种融合都可以为公司树立良好的形象，这有助于未来销售其他产品。反映这些有价值元素的无形资产通常被描述为"已安装的客户群"或"客户关系"，甚至是"商誉"。一旦开发出来，它们的价值远远超过任何推动其最初创造的特定技术。可以说，这些无形资产本质上位于产品或服务的最终购买者管辖区，这是市场的管辖范围，因为这是客户所在地。

当然，并非所有利润都归功于这种基于客户的无形资产。通常来说，受专利、商标或版权保护的新产品和服务的开发，显然是产生此类回报的重要因素。然而，还有一个理由将这些回报的很大一部分转移到市场管辖区：这些产品的价值在很大程度上取决于通过专利、商标、版权和市场所在地范围内其他法律提供的法律保护。受专利保护的药物不能在市场上产生剩余回报，这种市场允许销售仿制药而不考虑专利权。同样，如果可以随时获得仿冒品，手袋制造商也不能轻易获得剩余回报。此时，主要是由市场管辖权法来保护这些价值要素。

因此，基于目的地的利润税可以部分地视为与消费者国家相关的若干利润来源的回报。这可能会基于对公开提供的服务的收费来证明某些税收，这些服务包括专利、商标和版权保护。但应该承认，跨国公司也可能从其他地方公开提供的商品和服务中受益，例如生产地点或研发地点。因此，仅仅在目的地的基础上征税，不能作为对公共提供的商品和服务成本产生贡献的一种方式。

在目的地基础上对企业利润征税的第三个更有说服力的论点是，它可能是长期唯一可行的选择。随着竞争因素导致公司税和以居住为基础的公司税率持续降低，各国可能会发现它们无法在现有制度下达到公司税的收入目标。从这个意义上说，转向基于目的地的公司税收制度的决定，反映了对税收竞争推动国家平衡，以及有意识地试图摆脱这一过程的接受。一旦决定在目的地基础上对企业利润征税，各国就有能力根据自己的偏好设定公司税率，并且不会造成税收竞争。

基于目的地的税收解决了影响现有税收制度的许多问题，并且这些问题因数字化而恶化。但它也引入了新的问题，这取决于所使用的系统。[①] 一种选择是基于增值税的方法，其中不征收出口税，但征收进口税，这被称为基于目的地的现金流量税。[②] 这意味着销售将在购买者所在的位置征税，而费用将在发生时获得减免。实际上，一个国家将有效地对国内销售征税以减少国内费用。

根据这一选择，产生的一个问题是企业对消费者交易的进口征税。对于企业之间的交易，这应该不成问题。企业的进口可能会被征税，但它们也会得到减免。这两种税收影响将完全抵消，或者企业的进口可以简单地被忽略。因此，在基于目的地的现金流量税下收取收入的挑战主要涉及跨

106

[①] 关于基于目的地的现金流量税对拥有自然资源或其他特定地点租金的国家的影响的担忧，可以通过保留或引入特定地点租金税，以及基于目的地的现金流量税来解决。

[②] 根据现金流量税，可以立即减免所有支出，包括资本支出，并根据收入的积累来征税。基于目的地的现金流量税在经济方面与具有工资补贴的基础广泛的统一税率相当。关于目的地税，请参阅 Auerbach 等（2017）。

境企业对消费者的交易，尽管有必要确定交易是企业对企业还是企业对消费者的交易。

基于目的地的现金流量税将对个人消费者和非应税实体购买的进口征税。如果客户直接从另一个国家／地区的企业购买商品或服务，则应按目的地国家／地区的税率征税。对目的地国家开放的两个选择是从出口公司或消费者那里征税。前者似乎是更现实的选择，虽然并非没有自身的困难，特别是在没有财政边界或数字产品的情况下。从增值税的运作中可以清楚地看出，这些是增值税已经出现的困难。原则上，出口公司有必要在其出口商品或服务的国家／地区注册税收；对于相对较小的出口商来说，这很难管理，特别是在商品或服务可以通过电子方式下载或者在边境没有海关业务的情况下。无论客户是企业还是消费者，出口商还必须确定其客户的所在地，并且取决于业务进口的处理方式。税务部门必须识别出口到其国家的世界各地的公司，并防止任何欺诈行为，例如，如果最终消费者假装他们是企业的话，这同样取决于对商业进口的处理方式。

然而，数字化可能会有助于税务人员。例如，从信用卡和其他支付公司等中介机构收集信息，可能是基于目的地的现金流量税和增值税的重要执法工具。[①]

正如 Devereux 和 Feria（2014）以及 European Commission（2014）所提出的那样，可以在合作国家中应用的欧盟的一项创新是"一站式服务"。在这样的系统下，销往几个不同国家的公司只需要注册一个。在许多情况下，这可能是公司出口的原产国。基于目的地的现金流量税，该国的税务部门将按照出口商品或服务的国家／地区的比率进行管理。在税务部门之间，为确认适当的税收接受者，应在总体水平上进行清算安排。与出口商需要在其出口的每个国家进行登记和纳税相比，这种合作显然会产生一种重要的行政简易性。同样，这种系统在纳税申报数字化方面得到了很大帮助。

---

① 参见 Lamensch（2015）。

数字公司的具体问题

到目前为止，我们已经考虑了数字化对所有企业征税的影响，理由是数字化增加了跨国公司所有要素的流动性。这为现有的国际税收制度带来了越来越困难的问题。但现在让我们考虑两个可能被认为特别容易出现数字化问题的案例。

双边市场

当一家公司提供了一个可以将两个想要互相交流的经济代理人聚集在一起的平台时，它就有了一个双边市场。这不一定是数字公司所特有的，但数字化使这一点变得相当容易。① 关于这一点有很多例子。例如，eBay、Amazon 和 Airbnb 等交易平台将想要购买商品或服务的消费者与出售商品或服务的代理商会聚集在一起。这种平台的一个共同要素是，在平台一侧操作的人数越多，平台对另一方的参与者就越有吸引力。例如，如果平台有许多潜在的买家，那么寻求出售商品或服务的个人会发现它是有益的。同样，如果有很多卖家，买家会发现平台更有利。

这种优势可以由在国际上运营的公司开发和利用。但请注意，这可以在公司本身没有成为跨国公司的情况下实现，因为它直接在许多国家运营。原则上，我们所需要的只是一个网站，作为全球个人想要参与的平台。这可以在一个国家建立和实施。然而，一个成功的公司当然可以利用数字化来定位其在不同国家的活动和资源的各个部分：程序员和研究人员可以位于一个地点，在另一个位置进行营销，以及服务器客户在另一个位置进行交互。

在这种情况下提出的大多数问题对于我们已经讨论过的更一般的业务是常见的。但是，当税收是基于目的地征收的，在识别目的地时，就

---

① 有关进一步的讨论，请参阅第 3 章。

会出现一个问题。如果市场双方都支付平台提供的服务，似乎有理由认为双方都是该平台的客户；两者都代表对第三方的销售，因此每一方的所在地都可以被视为目的地。但如果只需要市场的一方支付费用呢？例如，假设该平台试图鼓励更多供应商进行注册，没有明确向供应商收费，而只是向买家收费。这是否意味着由于只有买家的销售，只有买家的所在地代表一个目的地？一方面，这似乎并不合理。经济理论认为，在大多数情况下，平台支付的成本可能会被买方和卖方有效共享，即使明确的收费仅适用于买方。在这种情况下，即使供应商没有明确付款，将供应商的所在地视为目的地也是合理的。另一方面，确定卖方支付的有效价格（通过收取较低的价格）将是非常困难的。出于实际目的，很难想象在卖方所在地征收税款。这个问题是第二个案例的主题——免费使用。

免费使用

数字世界中的一些著名公司，例如 Google 和 Facebook 为一组客户提供"免费"的服务。它们通过广告服务产生收入，并利用用户的数据来增加这些广告收入。同样，这种商业模式并非数字公司独有，例如，由广告资助的免费报纸也很常见。但这些数字公司的国际范围显然是巨大的。此外，收集的数据为定向和定制广告提供了前所未有的机会，从而提高了服务的价值。那么问题就是如何将这些公司的利润分配给它们经营所在的不同国家？

如下所示，运营搜索引擎的跨国企业就是一个例子。

这里的关键问题是存在易货交易的形式。个人不需支付费用在跨国企业的搜索引擎上进行搜索，但在搜索时，他会向跨国企业展示有价值的信息，以便销售随后出现在他屏幕上的广告。广告的购买者可能位于另一个国家。

在这种情况下，适当分配征税权取决于所采用的原则。在现有制度下，分配将主要取决于销售广告的员工的位置。根据现有的 PE 规则，如果跨国企业在该国家／地区拥有 PE，则将企业利润纳税权分配给广告客户所在的国家／地区。鉴于销售过程本质上是数字化的，定义 PE 的界限有些模糊。[①] 但这里的根本问题是缺乏原则。现有制度应该以什么原则运行并不完全清楚。如果收入的"来源"是广告商所在地，那么这自然地与广告商的居住地相关联。但这不是经合组织模式目前的运作方式。如果利润分配给股东并在这些股东的所在地征税，那么商业模式与税收基础无关。

在基于目的地的制度下，我们首先要确定什么是目的地国家。一个明显的答案是，它是广告商的居住地，即进行购买的人的居住地。然而，可以想象，虽然收入来自广告商，但广告服务是在用户的国家进行的，因此用户的国家应该被认为是目的地国家。这个问题测试了"目的地"的概念。为了解决这个问题，我们必须回到关于税收目标是什么的第一原则。如果基本目标是将税收权利分配给一个不动的地点，那么将服务定位于目的地有一些优点，因为这通常与相对固定的用户的居住地一致。相比之下，如果广告商本身就是一家跨国公司，那么它可能有动力将其购买活动定位在低税收管辖区，以减少对卖方的税收，从而也降低其自身的净成本。但请注意，虽然这可能是某些基于目的地的公司税制（例如基于销售的公司税分配）的优势，但在基于目的地的现金流量税下则不是一个优势，因为广告客户最终在其希望搜索引擎用户居住的地方进行销售时会被征税（Auerbach et al.，2017）。

我们还需要考虑与用户的易货交易，这可能被认为是双边市场的不同形式。假设搜索引擎提供商是一家跨国企业，它收取使用其搜索引擎的费用，并且还向使用搜索引擎的用户支付与他们提供的信息相同的金额，那么跨国企业的全球利润将不受影响（除了更高的交易成本）。在用户所在国家，它会有收入和成本，但没有净利润。

根据现有的 PE 规则，如果跨国企业在那里没有常设机构，这将不会

---

① 英国的转移利得税至少部分是为了解决这个问题。

在服务提供商的国家产生任何应税行为。但是，根据目的地税收和实际收入，跨国企业的销售额将部分归因于用户所在国家，部分归因于广告客户所在国家。但是，基于目的地的税收还可以降低跨国企业从用户处购买的相关信息的成本。因此，只要收入和成本相等，基于目的地的税收下的净税基将继续为零。因此，征税权的分配在很大程度上取决于分配给搜索和信息的价值。因此，确定这两个价值至关重要。

另一种可能性是，搜索引擎收集的信息的价值超过了提供搜索引擎的成本。在这种情况下，易货贸易有利于跨国企业，因为它不支付信息成本。实际上，由多国企业产生的利润或经济租金是位置特定的，因为它只能在搜索引擎用户的居住地生成。这使该国有机会对易货交易征税，原则上可以设定为不会对基础活动产生任何影响的税率，但允许该国获得由此获得的跨国企业经济租金的一部分。这对该国来说是一个有吸引力的选择。

然而，仍然存在确定所产生利润的困难，因此需要确定有效的税收水平。由于没有实际交易，也没有任何可比较的交易，所以困难变得更加严重。如果税负太重，那么服务提供商可能不愿意继续提供服务。然而，对于各国来说，这似乎是一个有趣的机会，从而可以对数字跨国企业的经济租金征收有效税收。如何在实践中建立和征收这种税，还需要进一步开展工作。

另一种可能性是，跨国企业没有从用户那里收集任何信息。相反，假设它更像一份免费报纸，它的收入来自愿意支付此类广告的广告商，尽管没有关于用户的任何详细信息。这会对位置产生什么影响，目前尚不清楚。如果原则是将征税权分配给目的地国家，那么仍然可以认为提供给用户的服务价值应该是应纳税的。然而，这可以被认为有效地推翻了商业模式，即提供由广告资助的免费服务。

最后，易货交易的问题也涉及其他税收。用户的国家可能会认为用户购买了导入的服务，在这种情况下，原则上它应该缴纳增值税。与此同时，出售信息的理念收入将是个人所得税的实物收益。如果从个人那里征收任何一项税款，所涉及的金额可能会很小，以至于收取的费用占主导地位。然而，大型数字公司的规模如此之大，也就是说，它有如此多的个人参与者，因此从公司收取收入更加可行。

结 论

我们已经考虑了一些方法，通过这些方法，更大的数字化促进了业务的国际化。例如，股东和客户可能位于不同的国家，公司本身可以在覆盖许多国家的复杂供应链中组织起来。这些因素对这些国际企业的国家税收造成了重大问题。这些问题反映在公众和政治上越来越多地关注跨国公司利用现有国际税收制度来减轻税收负担的策略。

我们认为，现有制度并不能为税收提供良好的基础。它是基于许多区别的，即国家之间（居住地与来源地）和收入类型之间（积极与消极）的区别。堵塞漏洞通常会增加复杂性，并且不太可能产生更合理和稳定的制度。相反，需要进行根本性改革，税基应基于相对不流动的因素，无论是股东所在地还是消费者所在地。这两种类型的改革都具有显著的优势，因为该系统的概念基础是明确的。但它们也都提出了实际困难。对股东征税需要将一个国家的公司利润与另一个国家的股东联系起来。销售地点的税收需要对进口产品征税，可能由另一个国家的小公司出口。但是，这两个问题原则上可能会得到数字化的帮助。如果税务记录被数字化，并可能与其他数据（例如银行数据）相结合，那么这些系统的信息问题最终可能会被克服。

此时其他问题也出现了，特别是在数字公司中。例如，在一个国家向广告商进行现金销售，而在另一个国家的用户屏幕上显示广告。这可以与这些用户自由提供的信息相结合。目前，很少尝试在用户所在国征税，通常是因为这些地方没有钱转手。原则上要在用户所在的国家征税，但这样做会带来重大的实际和概念上的困难。

111

参考文献

Auerbach, A.J., Michael Devereux, Michael Keen, and John Vella. 2017. "Destination Based Cash Flow Taxation." Centre for Business Taxation Working Paper 17/01, Oxford University, Oxford.

Avi-Yonah, S. Reuven. 1995. "The Rise and Fall of Arm's Length: A Study in the Evolution of U.S. International Taxation." *Virginia Tax Review* 15 (1): 85–159.

——. 1996. "The Structure of International Taxation: A Proposal for Simplification." *Texas Law Review* 74: 1301–1359.

——, and Ilan Benshalom. 2011. "Formulary Apportionment: Myths and Prospects— Promoting Better International Policy and Utilizing the Misunderstood and Under-Theorized Formulary Alternative." *World Tax Journal* 3 (3): 371–398.

Devereux, Michael, and R. de la Feria. 2014. "Defining and Implementing a Destination-Based Corporate Tax." Centre for Business Taxation Working Paper 14/07 Oxford University, Oxford.

Devereux, Michael P., and John Vella. 2014. "Are We Heading for a Corporation Tax Fit for the 21st Century?" *Fiscal Studies* 35 (4): 449–475.

European Commission. 2014. "Expert Group on Taxation of the Digital Economy." Report of the Commission High Level Expert Group on Taxation of the Digital Economy, Brussels.

Graetz, Michael J. 2001. "Taxing International Income: Inadequate Principles, Outdated Concepts, and Unsatisfactory Policies." *Tax Law Review* 54: 261–336.

Grubert, Harry, and Rutgers Altshuler. 2016. "Shifting the Burden of Taxation from the Corporate to the Personal Level and Getting the Corporate Tax Rate Down to 15 Percent." *National Tax Journal* 69 (3): 643–676.

Lamensch, Marie. 2015. *European Value Added Tax in the Digital Era*. Amsterdam: IBFD.

Office for National Statistics (ONS). 2014. *Ownership of UK Shares, 2014 Dataset*. London.

Olbert, Marcel, and Christoph Spengel. 2017. "International Taxation in the Digital Economy: Challenge Accepted?." *World Tax Journal* 9 (1): 3–46.

Organisation for Economic Co-operation and Development (OECD). 2012. *Model Tax Convention on Income and Capital 2010*. Paris: OECD Publishing.

——. 2013. *Base Erosion and Profit Shifting Action Plan*. Paris: OECD Publishing.

——. 2015. *Addressing the Tax Challenges of the Digital Economy, Action 1—2015 Final Report*. Paris: OECD Publishing.

Rosenthal, Steven, and Lydia S. Austin. 2016. "The Dwindling Taxable Share of U.S. Corporate Stock." *Tax Notes* 151 (6).

Toder, Eric, and Alan D. Viard. 2014. "Major Surgery Needed: A Call for Structural Reform of the US Corporate Income Tax." Peter G. Peterson Foundation, New York.

——. 2016. "A Proposal to Reform the Taxation of Corporate Income." Report of the Tax Policy Center, Washington, D.C.

US House Ways and Means Committee. 2016. "A Better Way Forward on Tax Reform." Washington, D.C.

Voget, Johannes. 2015. "The Effect of Taxes on Foreign Direct Investment: A Survey of the Empirical Evidence." ETPF Policy Paper 3, European Tax Policy Forum, London.

Warren, Alvin C. 1994. "Alternatives for International Corporate Tax Reform." *Tax Law Review* 49: 599–614.

5 测试和实施数字税务管理 *

陈静楠　肖恩·格里姆肖　加雷斯·迈尔斯

　　数字技术的好处已有详细记录，毫无疑问，它还可以降低税收遵从成本、降低征收成本并提高管理效率。[①] 然而，详细的结果分析对于这些工作至关重要。

　　行为经济学已经表明，即使很小的变化或"轻推"，也会对行动产生重大影响。[②] 税收尤其如此，其中遵从成本由金融、社会、道德和心理因素的复杂混合决定。任何数字技术实施对税务管理的行为影响都需要仔细审查，以避免意外后果。最初看似无害和有益的创新可能会出现问题。

　　纳税申报的预先填写是一项领先的数字创新，由丹麦税务局于 1988 年开始实施，并在一些国家开展。[③] 预先填写普遍被认为是显著降低纳税交易成本的一种方式，但从心理上讲将错误的"所有权"从纳税人转移到税收征收机构，也是一个重要的推动。税务管理部门也鼓励在线提交纳税申报表。有证据显示屏幕提示的结果，但与税收环境直接相关的研究很少。[④] 税收很复

＊　　本章作者感谢英国国家审计署的 Andy Morrison、Floria Hau、Andrea Scott 和 Tim Bryant 提供的帮助，特别是他们在相关税务问题上的指导和专业知识，以及为制作本章所用资料的努力。感谢 Michael Keen 对早期文本的广泛评论。

①　　在"纳税人指南：弹出窗口或纸张？"部分中审查的实验是由与英国国家审计署的合同提供资金。本章对结果的描述是作者自己的，不一定反映审计署的结果。

②　　参见 Sunstein 和 Thaler（2009）。

③　　当税务管理部门在将数据发送给纳税人之前将数据输入退税中时，会预先填写纳税申报表。现在，在 10 多个欧盟国家以及澳大利亚和加利福尼亚州，税收回报率都有不同程度的预先填写（OECD，2008）。

④　　Shu 等（2012）报告了旨在减少考试作弊的实验结果。

杂，在线提交的个人可能会出错。服务的设计必须尽量减少错误。与大多数
在线活动的参与者不同，那些纳税人不愿意这样做，并且令人信服的证据表
明，如果他们认为有益，那么会有很大一部分人准备作弊。数字技术的开发
必须确保在线活动不会为作弊提供额外的激励或动机。

税务管理中的数字技术不仅可以降低交易成本，还可以实现税收政
策的创新。如果税收制度中被强加了管理层无法满足的要求，税收制度将
无法有效运作。例如，如果行政系统仅记录个人收入，那么所得税的边际
税率就不能由家庭收入确定。如果系统不记录购买者身份，那么消费税也
不能取决于消费量。数字化技术应用的政策含义与其他领域科学技术的进
步密切相关。我们可以用数字技术来做什么取决于我们对其造成个体差异
的理解程度。随着这些知识的发展，我们对税收政策基础的看法也必须改
变。这可能导致的后果目前尚不清楚，但在下面的讨论中展示了推测性的
想法。

英国提供了推进数字化的一个例子。在英国 2015 年 3 月的预算中，政府
概述了数字化和在线税收制度的愿景，被英国税务及海关总署（HMRC）称
为"电子化税务申报"（MTD）。它期待简化个人和公司的纳税，其中包含
来自第三方的信息，用于预先填写回报，并最终设想实时税收，无须每年纳
税申报。

HMRC 使用信息技术在相当长的一段时间内存储和处理税务数据，并
且在线提交纳税申报正逐渐成为常态。但是，在线提交系统只是纸质申报
表的数字化版本，几乎没有添加功能。它产生了自动税收计算，但与纳税
人没有互动。剩下的步骤是充分利用交互式在线系统集成报告、记录、建
议、提交和支付。

鉴于错误的潜在成本，许多税收征收机构不愿意推进数字化，这显然
是可以理解的。其中最重要的是收入风险、信誉受损以及税收道德可能降
低。鉴于系统必须容纳的活动量以及安全性和无错的重要性，税务管理的
数字化在技术上是复杂的。只有通过广泛的技术和功能测试才能达到所要
求的质量标准。任何未经充分测试的系统都会迅速声名狼藉，可能会产生

巨大的财务和信誉成本。[①]

115   技术测试的必要性似乎是不言而喻的。本章的论点是，系统需要一个伴随的、同样密集的行为测试程序。这是因为任何系统都带有行为影响，而设计将决定纳税人的反应。这些反应包括系统是否直观易用或具有吸引力，以及纳税人遵守税法的程度及对税收的态度。

     显而易见，税收遵从受到一系列复杂的经济、心理和社会因素的影响，行为经济学已经证明了小推动可以导致大的行为变化。[②]从传统的纸质提交到在线系统，预先填写和实时活动不仅仅是一个小小的推动，可能会严重影响遵从度。这就是数字化系统需要行为测试的原因，这是基于小细节可能很重要的观点。专栏5.1中描述的实验经济学方法是完美的。[③]

专栏 5.1 经济实验

116   就在几年前，经济学在没有异议风险的情况下被标记为非实验科学。一本领先的教科书指出"如果有可能，很少可以对经济进行控制实验。因此，经济学必须是非实验科学"。

     这种情况已经完全改变，现在已接受实验作为经济学调查标准方法的一部分（Starmer，1999）。

     实验允许通过多种同时的环境变化来研究可能隐藏在经济数据中的复杂行为现象。可以有意设计实验，以便在实验室或现场实施。其他人称之为自然实验，是缘于政策或情境中的外生变化，这些变化创造了行为可以对比的处理组

[①] https://es.xcv.wiki/wiki/List_of_failed_and_overbudget_custom_software_projects 提供了失败、超出预算或尚未交付项目的系统列表。

[②] 本章主要关注行政系统如何直接影响合规性，有许多因素可能会影响合规性（IMF，2015）。

[③] 税收合规性实验已经考察了几项政策的影响：免税收（Alm，McKee and Beck，1990）、审计计划（Collins and Plumlee，1991；Alm，Cronshaw and McKee，1993；Alm and McKee，2004；Tan and Yim，2014）、公布有关审计和被审计人员的信息（Coricelli et al.，2010；Fortin，Lacroix and Villeval，2007；Alm，Bloomquist and McKee，2015），以及鼓励纳税申报和合规的积极诱因（Alm et al.，2012；Bazart and Pickhardt，2011）。

和对照组。精确控制环境的能力是设计实验的关键优势。复制也是可能的，以比较跨时间和文化的结果，例如 Ledyard（1995）讨论的公益游戏。自然实验不允许控制或复制，但具有自然行为和大样本量的优点。

实验经济学家普遍同意一套管理实验行为的原则：对实验主体的显著财政激励，以鼓励在考虑后参与；在设计和实施中没有欺骗；随机分配受试者的处理组条件，以提供统计有效性。

一个典型的实验持续30分钟到2小时，并且涉及完成一个或多个任务，有时是重复相同的任务。它还可能涉及测试前和测试后的态度和意见。根据任务和处理组数量，样本量通常为60~300人。处理组是实验参数的一组特定值，实验者感兴趣的是参数的变化如何影响行为。受试者的数量必须足够大，以确保充分参与每种处理组以获得统计显著性。受试者支付水平设置为反映受试者在实验课程中花费的时间的机会成本。实验中的所有货币金额均以实验货币单位表示，其与美元的汇率根据持续时间和重复次数或轮数设定。

实验室实验允许对不同处理的后果进行比较，但实验室对于实验对象来说总是一个不自然的环境，简化的设置总是人为的。外部有效性要求结果适用于在自然环境中面临真实决策问题的一般人群。这使得大学生作为税务实验的主体受到质疑（Choo，Fonseca and Myles，2016；Alm，Bloomquist and McKee，2015）。使用适当的主题库，例如纳税人进行税收合规性实验，并使用在线移动实验可提高外部效度。通过将实验室带入现场（框架现场实验）可以进一步改进实验，但实验者的控制力较差，实验难度将非常大。

税收合规的实验调查具有共同特征（Alm，2012）。每个实验主体都会获得或赚取收入，然后决定向税务部门申报的金额，税务部门需要按给定税率纳税。同时，有一个被审计的可能性。经审计并缴纳未缴税款的主体将按未缴税款的标准被罚款。迄今为止对税收合规性的实验调查结果表明，没有最适合所有目的的单一设计，设计应根据调查中的研究问题进行构建。

在英国税务管理研究中心^①进行的两项实验的结果构成了本章的主要内容，这两项实验调查了税务电子形式的不同方面。第一项实验旨在探讨纳税人对不正确或不完整的预先填写的反应。该实验的结果与其他预先填写的研究放在一起描述。

第二项实验考虑了在完成纳税申报表时在线援助相对于传统纸张或电话援助的影响。以书面形式向纳税人提供指导是长期以来的标准，目前尚不清楚将纸质指导转移到在线指导时行为会如何改变，或提供援助的在线"弹出"框会产生什么影响。作为副产品，该实验还提供了对纳税申报表错误性质的深入分析。除此之外，在线环境允许在申报完成期间与纳税人进行更多的互动，这可以允许在纳税申报中包含微调和提示。实验方法可用于最大化这些方法的有效性。

在税务管理的数字化变革开始时，引入预先填写和综合在线税务服务是一小步，许多国家已经比英国走得更远。这些创新对税收政策有何影响？特别是，它们是否可以改进现有税务工具或引入新工具？

税收的经济理论是在数字时代以前税务管理的基础上发展起来的。本章以实验的含义为出发点，从中探索在新技术的基础上现有理论必须更新的程度。基于对可能开发的技术的推测，这一结论消除了税收理论最基本的原则之一。

下一节将回顾经济学实验的关键原则和方法，然后回顾有关纳税申报预先填写结果的实验。最后，本章将考虑如何通过客户服务影响纳税申报的完成，反映经济学家如何概念化税收理论，并推测数字化和技术的后果。

预先填写

数字创新的一个重要组成部分是使用第三方数据预先填写纳税申报表。这是消除年度纳税申报需求的第一步。根据英国制度以及许多其他国

---

① 该中心与埃克塞特大学和财政研究所合作。有关更多信息，请访问 https://tarc.exeter.ac.uk/。

家的制度，纳税人必须将从第三方获得的数据输入纳税申报表。此类数据的示例包括就业收入、财产收入以及私人养老金缴款等合格费用。

HMRC 直接从第三方收到大部分信息，因此纳税人提供的信息是 HMRC 已经掌握的。作为潜在违规的指标，这可能会使税务部门具有一些战略优势，但它不必要地加重了纳税人的负担，纳税人需要存储信息甚至可能需要寻求信息来完成回报。HMRC 的目的是利用它已经掌握的信息预先填写纳税申报表，以便纳税人在提交申请时无须重新输入数据。

预先填写的吸引力很大，因为它降低了纳税人的合规成本，并有可能减少错误和遗漏。它节省了税务代理时间，因为预先填写的数据不需要与第三方的记录核对。转移到预先填写系统是一个相对于实时迁移的小任务，这样做的好处是显而易见的。但实验也揭示了潜在的成本：如果预先填写的数据不正确，纳税人应如何应对？

预先填写的根本问题是税收征收机构可能包含不正确或不完整的信息。例如，当纳税人有多个收入来源且税收征收机构没有收到所有第三方的报告时，可能会出现信息不完整情况。纳税人如何回应信息不完全正确的预先填写表格，已经成为行为经济学中的一个问题。从税务部门的角度来看，最积极的结果是纳税人只会纠正这些信息。如果税务部门夸大了真实的收入水平，可以认为这肯定会产生影响。

但是，如下所述，实验中有时会出现不同的行为。对于不正确或不完整的预先填写，也存在两种潜在的负面反应。纳税人可以接受预先填写的个人收入而无须评论，也许其对收入来源比对自己的记录更有信心，因此预先填写的个人收入可确定为事实。在行为方面，这是一种现状偏见或行为惯性。无论预先填写的值是高于还是低于真实值，都可能出现这种情况。另一种负面反应更具战略性。纳税申报表的预先填写可以被解释为税务部门持有的信息的信号，并且相应地，被解释为税务部门不知道的信息。预先填写的数值低于真实水平表明税收征收机构的信息有限，并且可能鼓励故意逃避（通过故意接受不正确的个人收入），因为这表明逃避被接受的可能性降低。

税收遵从的经济分析侧重于解释纳税人如何应对审计率、惩罚水平

118

和税率的变化。大量的理论文献对决策过程进行了建模（Hashimzade，Myles and Tran-Nam，2013），实验文献对这些模型进行了测试。然而，纳税申报表预先填写的有效性并不是一个重要的主题。这可能是因为预先填写直到最近才对管理变得重要。现在正在审查有限的证据。

Bruner 等（2015）研究了以美国两所大学的本科学生作为实验对象预先填写纳税申报表的效果。该实验涉及收入和报告的受试者。每个受试者的收入水平是通过在实验开始时执行的任务来确定的，然后在整个实验过程中保持不变。纳税义务取决于收入和申报减免额。税收征收机构可以对纳税申报表进行审计，并对违规行为进行处罚。

受试者必须在纳税申报表中填写三个条目。收入被分为"记录"和"未记录"两部分。通过第三方的报告，税收征收机构知道记录的收入。未记录收入不受第三方报告的影响，因此税收征收机构不知道（这是主体所知的）。受试者还可以进行标准的税收减免（例如配偶或子女减免）或逐项列出。在一些处理组方法中，纳税申报表上的某行已预先填写，但未在其他处理中使用。

受试者按顺序提交多个纳税申报表，每个纳税申报表对应不同的可扣除费用。在某些情况下，提交逐项扣除是有利的，而在其他情况下则不是。实验还使用了一些审计率，并由每一个处理组确定，因此没有对报告的收入做出反应。基准处理组没有预先填写、确定扣除，受试者没有收到未记录的收入。将其与预先填写、确定扣除和未记录收入的处理组进行比较。进一步的处理组方法引入了未记录的收入、不确定扣除以及某些科目的未记录收入水平。

结果显示，匹配收入的合规性极高。出现的大部分违规行为来自报告的未记录收入（仅有81％的收入被报告了）和夸大的扣除额（声称的扣除额是允许金额的112％）。由于预先计入的扣除额超过允许的金额，预先填写导致未记录收入的报告增加，这种效应最强。此外，如果预先填写的金额错误地低估了纳税义务，那么漏报就会增加。最终结果说明了税收征收机构在使用预先填写时所面临的风险，并且它可以表明该机构的有限信息。

Kotakorpi 和 Laamanen（2016）在 20 世纪 90 年代中期在芬兰使用了"自然实验"的数据。在实验中，一部分纳税人的税表部分预先填写了来自第三方的数据。如果预先填写的信息不正确或不完整，这些纳税人只需要提交申报表。如果他们希望申请合格的减免额，他们可以选择提交申请。所有其他纳税人必须完成未预先填写的标准纳税申报表。该分析探讨了预先填写如何影响五类收入的备案：预先填写的收入（来自第一和第二职业）、非预先填写的收入（其他所得收入和资本收入）、预先扣除的金额（1997 年的抵押贷款利息扣除额）、非预先计算的扣除额，以及报告的财富。

对于未预先填写的扣除，观察到的预先填写的最显著影响为：与对照组相比，部分预先填写的回报导致扣除额减少。总体而言，约 25％ 的纳税人没有预先计算扣除额。相比之下，申请预先计算扣除额的纳税人增加了。报告的非预先填写收入和财富水平也有所下降。预先填写的项目的报告没有受到影响，总的应税收入也没有受到影响。Kotakorpi 和 Laamanen（2016）观察到，收到部分预先填写的纳税申报表会导致报告的未预先填写的项目较少。

Fonseca 和 Grimshaw（2017）使用以英国纳税人为主体的一次性决策准实验测试了预先填写的影响，因为在实验中学生的行为方式与纳税人是否一样值得怀疑。[①] 也就是说，有关学生样本的结果可以推广到更广泛的人群的证据不一，表明学生在实验环境中比经验丰富的纳税人更不合规（Alm，Bloomquist and McKee，2015；Choo，Fonseca and Myles，2016）。实验对象扮演虚拟纳税人的角色，有两个收入来源（不受扣缴）和免税费用。使用两个收入流可以使用有限信息对收入服务进行建模，在这种情况下，仅预先填写了两个收入流中的一个。

在没有预先填写的情况下，针对基准处理组评估了各种形式的预先填

---

① 准实验在实验室或在线实验中使相关人群（在这种情况下为纳税人）参与其中。

写。预先填写也与屏幕上的提示相结合，旨在制造不合规的障碍。这些提示包括需要单击复选框以解锁有关审核概率的条目和警告消息。该实验还包括由实验对象掷骰子确定的费用项目。实验者没有观察到的价值，给实验带来了无法验证的成分。这些受试者被告知他们可以接受审计，但没有被告知审计规则。①

该实验使用了以下七种不同的处理组。

• BASE：税表未预先填写。

• CORR：两个收入流正确预填，税表显示税收征收机构持有正确的信息。

• OVER：税收征收机构显示有三个收入流的信息（表格预先填写了一个重复计算的实际流量）。

• UNDER：预先填写两个收入流中只有一个的数据，这是税收征收机构知道的唯一收入流。

其中包括 UNDER 的三种变体。

• UNDERGENERIC：选中一个复选框，必须单击该复选框以解锁预先填写的收入字段，然后再次单击以确认输入的任何新值。

• UNDERALWAYS：提出这样的信息"在您的情况下，大多数人的收入超过 40000 ECU。低于此金额的值更有可能被审核。单击复选框以确认您要继续"。

• UNDERTRIGGER：如果参与者输入的自营职业收入总额低于 40000 ECU，则与 UNDERALWAYS 相同。

图 5.1 说明了结果，它显示了实验处理的可验证遵从度。部分总是无法核查的，因为没有观察到掷骰子。BASE 处理组的遵从度非常高，但只有 70% 的受试者完全报告了收入。

CORR 处理组的平均遵从度较高，完全遵从的受试者的比例高于

---

① 关于审计概率（表示为 p）与申报负债（表示为 X）的精确规则为：当 p=10%，$X \leqslant 22600$ ECU；当 p=6.6%，22600 ECU$<X<$42500 ECU；当 p=3.3%，$X \geqslant 42500$ ECU。

BASE 处理组，但差异无统计学意义。在两个维度上，OVER 处理组该值略低于 BASE 处理组。UNDER 处理组出现明显差异，导致平均遵从度显著下降、完全符合要求的受试者显著减少。UNDERGENERIC 处理组平均遵从度进一步下降。后两种处理组表明，受试者愿意接受错误的低报告，但不愿意参与一个过程（检查框）进行纠正。UNDERALWAYS 和 UNDERTRIGGER 处理组中使用的方法恢复了一些合规性。

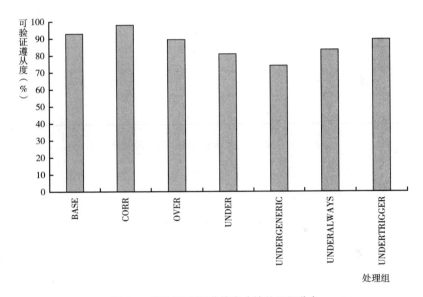

图 5.1 平均可验证遵从度（按处理组分）

资料来源：Fonseca 和 Grimshaw（2017）。

图 5.2 通过显示每类收入的单独遵从度来详细说明结果。当自营收入正确预先填写时，遵从度很高。这表明如果税收征收机构拥有正确的信息，那么预先填写就会成功。

在 OVER 处理组中出乎意料的发现是，它符合对不正确的预先填写的反应的费用。令人兴奋的是，受试者意识到收入过高，但不愿意改变预先填写的值。相反，他们通过过度索取费用来参与补偿行为。UNDER 处理组中自营收入的遵从度显著下降。结果强调了受试者愿意接受错误的低预

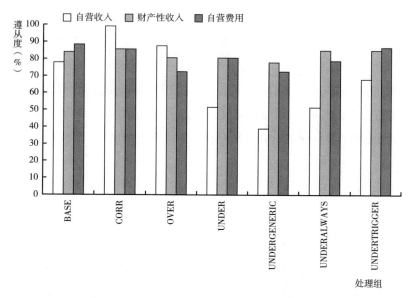

图 5.2 可验证遵从度的证明（按处理组分）

资料来源：Fonseca 和 Grimshaw（2017）。

先填写的价值以及推动恢复某种程度的遵从性的好处。触发式推动最有效也许并不奇怪，因为从心理学角度来看，这会产生一种监控行动的印象。

　　该实验的一个令人惊讶的发现是，收入水平高估的预先填写对行为影响不大。在某些情况下，这些数值得到了纠正，但在其他情况下，受试者接受了不正确的数值，即使这会导致超额纳税。这种行为反映了对税收征收机构的权威的接受，其思维过程为"如果他们认为这是正确的，那么我必须相信它"。

　　相比之下，低估正确收入的预先填写的价值会产生重大影响。这是因为受试者乐于接受错误的低值。如前所述，这可以解释为低价值被视为税收征收机构无知的标志，受试者愿意利用这些无知。如果预先填写的值不正确，则编辑预填写字段的障碍可能会使遵从度下降。最后，行为提示只有在他们对提交过程中的行为做出响应时才有助于克服不正确的预先填写。因响应低于预期的收入报告而出现的弹出框传达了系统正在注意并鼓励提高遵从度的印象。

Fonseca 和 Grimshaw（2017）的关注点与 Bruner 等（2015）略有不同，因此这两项研究是互补的。Fonseca 和 Grimshaw 用一组参数研究了一次性决策，其中只有一个条目中的预先填写的值是变化的，而 Bruner 等则考虑了更广泛的参数集和更复杂的归档决策。Bruner 等考虑了几种审计率，这些审计率对不同行为来说是不变的并且确定无疑，而 Fonseca 和 Grimshaw 认为审计率是未知的，这取决于归档行为。Bruner 等考虑了一个更复杂的环境，包括逐项和非逐项扣除，以及记录和未记录收入。两项研究都发现，用低估纳税人责任的价值预先填写纳税申报表导致更高的不遵从度，从而使两组结果更具稳健性。

这些对预先填写的调查可以了解税务流程进一步数字化的后果。我们知道有些纳税人在现行制度下不遵从。预先填写可能有助于减少因错误而导致的一些不遵从情况。但即便如此也不能保证，因为实验表明他们不愿意改变不正确的预先填写。

只有在税收征收机构正确的情况下，才能确保减少错误。OECD（2008）报告显示，预先填写纳税申报表的准确性很高（丹麦和瑞典约为70%，不需要调整）。但是，关键的是它还观察到"这些报告安排不包括自营职业和出租房产收入的细节"（OECD，2008）。这很重要，因为这些收入来源容易出现违规，而且最难预先填写。一些故意的违规行为可能会被预先填写的价值阻止，这种价值作为不遵从的纳税人不希望向下纠正的最低值，因为他们害怕发出不遵从的信号。但是，具有不遵从倾向的纳税人会将预先填写的信息作为信号，并用它来改进其不合规策略。具有不正确价值的预先填写充当了不合规纳税人希望利用的税收征收机构的有限信息的信号。实验一致同意，税收征收机构因少报的条目而面临严重的合规风险。

另外，实验结果为税收征收机构的战略行为提供了明确的鼓励。以下评论应该以这样的方式开头，即预计任何税收征收机构都不应该采用这些策略。但是，预先填写的战略意义不容忽视。由于低估会导致违规行为的增加，而且一些纳税人不愿意减少夸大的条目，所以政府有过度夸大的战略动机。显然，这将违反所有的良好治理规则，如果发现税收征收机构以这种方式行事，则会降低信任度。

更加险恶的是，税收征收机构必须故意低估的动机的本质。税务部门可能会低估一个项目——该项目肯定会测试出纳税人是否愿意进行所需的更正。如果无法纠正，则可以用作需要审计的指标。更令人不安的是，对预先填写的价值观中的轻描淡写可以被用来引诱纳税人陷入违规行为，随之而来的是惩罚。

这些实验为纳税人如何应对预先填写的错误提供了有价值的信息。税务部门可以采取战略性行动，但如果它只是尽量直接向前推进，那么应该使用所有可用信息尽最大努力进行预先填写。必须接受潜在的不合规影响，这是为减轻合规纳税人的税务事务而付出的代价。行为提示可以起作用，但必须仔细设计和测试。实施还应考虑到纳税人明显不愿意纠正预先填写的条目中的错误。

124 尚不清楚的是，拥有不完全信息的预先填写是否会最终增加或减少所收到的税收。没有一个实验足够精确地回答了这个问题。一个公平的期望是，通过增加系统集成来逐步完善系统、提高准确性，并最终消除不合规效应。

纳税人指南：弹出窗口或纸张

National Audit Office（2016）审查了 HMRC 客户服务对个人纳税人的影响。[①] 该办公室估计，2015 年有 1750 万纳税人享受了 HMRC 的信息和咨询服务。报告发现，纳税人的服务质量可能会影响税务合规性。转向在线税务账户将把服务的重点从传统纸张转移到在线指导。该实验

① 本节描述了 2016 年 1 月至 4 月在埃克塞特金融与经济实验实验室进行的税务合规行为实验。审计署根据合同资助了研究。

调查了 HMRC 税务指导是否会影响税务合规，如果影响税务合规，在多大程度上影响税务合规性；还探讨了税务顾问处理的支持税对税务合规的影响。此外，作为副产品，实验可以深入了解完成返回时出错的可能性。

税收服务指导通常是纳税人纳税的起点。内容以及内容的传递形式在很大程度上决定了理解的难易程度，从而需要额外的帮助。因此，税务指导的质量（例如易于理解）可能会影响与税务部门进一步联系的需求，并最终影响整体税务合规水平。如果寻求帮助的成本超过完成完全合规的纳税申报表的收益[①]，纳税人可能只是尽其所能地完成合规的纳税申报表，或者甚至可能以故意不合规的方式行事（Graetz and Wilde，1985；Clotfelter，1983）。税务管理的许多改革都力求提高服务质量，以实现更强的合规性。

传统上，执法工作、审计以及罚款和处罚是税务部门促进自愿纳税合规的主要工具。近年来，由于滞后于税务部门的行动，学术研究已开始关注提供税务信息和援助服务对整体税收道德和合规性的影响。Alm 等（2010）证明，纳税人在实验环境中对服务项目做出了积极回应。具体而言，客户友好型税务管理将平均合规性提高了 27%。[②]

可以用两个主要原因来解释这些结果。首先，通过减轻遵守税收法规的负担，税务部门可以影响"软"税务合规因素，例如公平和信任的观念。其次，税务部门能够减少"硬"税务合规因素，例如纳税人的实际合规成本。McKee、Siladke 和 Vossler（2011）的另一项实验通过证明有用的信息服务大大减少了逃税，找到了支持上述论点的其他证据。Vossler 和McKee（2013）进行的另一项实验研究了纳税人服务计划在加强税务报告

125

[①]　这里的成本和收益不仅指纳税人在向 HMRC 寻求帮助时可能产生的货币成本和收益，还指心理成本和收益。

[②]　实验设计让受试者不确定税收减免和税收抵免的正确价值。在基本的处理组中，必须在这种不确定性尚未解决的情况下做出决定。通过"客户友好型"收入服务进行的处理引入了解决这种不确定性的信息服务。

方面的有效性，重点是税务申报的准确性。他们发现即使是不完善的服务也有助于提高提交和归档的准确性。

找到适当的纳税申报信息并应用它会花费纳税人的时间和精力。受试者愿意为寻找合适的规则而承担的成本程度可能存在障碍，因此，降低搜索成本可能会导致更强的合规性。

基于这种推理，我们预测，在税收指导简洁准确而不是长期和详细的情况下，保持交付形式不变，人们不太可能犯错误。另外，保持指导内容不变，当指导内容以在线弹出窗口形式提供时，人们不太可能犯错误。此时，相关信息立即就绪，无须再翻阅纸质材料。

结合这些观察结果，在线弹出窗口提供的精确指导可能更有利于客户，并且可能比纸上印刷的详细指导鼓励更强的税务合规性。我们报告的实验旨在测试这些观察结果，以增强在线提交体验。

实验设计

该实验以一次性纳税申报为特色。该研究的焦点是调查各种处理对中等复杂纳税人的纳税申报表中报告的价值的影响。通常，实验设计具有重复动作的益处，因为它允许受试者学习。然而，当决策时间很短时，这些好处通常很大。这里提出的设计没有这样的优势，因为要求决策是复杂的，迫使受试者检查他们所提供的税务材料，以便能够提交合规的回报。这与许多其他实验室的税务实验不同，其中的申请决定非常简单。

在实验中，受试者被给予特定纳税人的收支概况。实验侧重于这些支出是否允许抵扣业务费用。不确定因素包括概况中的项目是否允许、特定支出的可抵扣比例是多少，以及纳税申报表中的哪个领域应该输入一个被认为是可抵扣的值。提供信息服务是为了希望合规的受试者消除这些不确定性。

由于与自我评估人口的整体相关程度，自营职业被选为实验税收概况的基础。① 鉴于需要完成的纳税申报表的复杂性（SA100），可以假设许多

① 英国约有15%的劳动力是自雇职业者。

自营职业者需要一定程度的支持。提供援助的会计师和税务顾问的数量表明，许多自营职业者会寻求专业帮助。

表 5.1 详述了整个实验中使用的配置文件，配置文件本身见附件 5.1。数值以实验货币单位（ECU）给出，这是实验经济学的典型特征。这主要是为了保留不同主题库的框架效应，因为 ECU 与实际现金的汇率可以变化以允许不同的补偿水平，但也可以用实际值来构建实验。

类别	明细	金额（ECU）	合规水平（ECU）
收入	健身班	25200	不适用
费用	汽车购买	1500	0
	往 / 来自工作地点的跑车（10000 英里总里程中的 8000 英里）	2500	0
	教堂大厅租用	5760	5760
	广告传单	175	175
	健身房会员	1200	0
	年度家庭账单（每月一天在家工作）	7500	246.58
	手机（总使用量的 15% 用于商业目的）	420	63
总计	支出	19055	6244.58

表 5.1　税务简介的详细信息和合规水平

资料来源：作者计算。

从表 5.1 可以看出，净收入（收入减去总支出）为 6145 ECU（受试者作为系统的一部分被告知该数字）。扣除的合规水平为 6244.58 ECU，应税收入为 18955.42 ECU。受试者参与实验的支付是基于其税后余额（净收入减去纳税）。该实验使用 20% 的税率，因此符合标准的纳税额为 3791.08 ECU，税后余额为 2353.92 ECU。税后余额对应于完成合规申报表后收益为 7.06 英镑的主体，包括展示费用后，总计 12.06 英镑。通过过度申报费用以使应税负债为零而获得的任务可能获得的最高收益为 18.43

英镑，包括展示费用后，总计 23.43 英镑。过度申报导致巨额罚款的最低收入水平为 0 英镑，包括展示费用后，总计 5 英镑。

　　该实验的重点是检查指导对那些为自己申请的人的影响。实验处理改变了指导的内容以及指导的交付形式以检查合规行为。所有指导内容均直接来自 HMRC。在实验中，长篇指南（LONG）是指英国政府网站上提供的可下载和可打印的 PDF 帮助表。[①] 简短指南（SHORT）是指弹出框中包含的关于 HMRC 在线纳税申报表的信息。两种形式的指导所涵盖的项目大多相同。但是，纸质指南与在线指南在提供的信息和交付形式上存在显著差异。首先，对于同一项目，长篇指南通常比短形式的更详细。其次，信息的传递方式也不同。简短指南显示在税表中项目旁边的弹出信息框中。通过实验中实现的外生变化，我们能够将指导内容和交付形式的差异效应与自愿税务合规性区分开来。

　　实验软件的第一个组成部分是一组解释任务的指令。这些说明包括计算应纳税额的详细信息，即纳税义务的 20％，定义为申报收入和支出之间的差额，以及随机审计机会（设定为 50％）和未付税款的罚款、基于未付税款的支付加上额外 100％的未付税款。基于简单的概况而不是向受试者提供实际概况，呈现了针对不同归档决策的多个示例的数字细节。这些指示详细说明了参与者的激励计划，特别是支付了固定的 5 英镑的展示费用以及实验结束时实验系统中任何余额的转换，即 1000ECU 兑 3 英镑的转换率。指示还详细说明了基于处理的税务申报决定是否存在协助。

　　纳税申报由三个屏幕组成。第一个屏幕允许主体输入一些费用字段的值。如个人资料所示，受试者收入的价值是预先填写的、不可编辑的。第二个屏幕是纳税申报屏幕，参与者根据他们输入的费用值和默认收入水平计算税额。受试者被邀请更改其纳税申报表，并返回到先前提交的屏幕，或提交纳税申报表。提交纳税申报表后，相关情况显示在系统的纳税申报部分的第三页和最后一页。在这个页面上，受试者被告知他们的纳税，他

---

　　① 　参见 https：//www.gov.uk/self-assessment-forms-and-helpsheets。

们是否被选中接受审计，并且在接受审计的情况下，审计的结果是什么，以及要支付的额外的税收或罚款。第三个屏幕是指导受试者完成在线调查问卷，作为软件的一部分，向受试者询问他们在实验中选择的动机以及收集人口统计细节。 ¹²⁸

实验性处理组

原始处理组

最初的一组实验侧重于三种处理组，即在不使用电话或在线帮助的情况下对辅助材料合规性的影响。这些处理组分解为两部分。第一部分论述了材料的内容，就指导形式而言，LONG 使用 HMRC 印刷材料，而 SHORT 使用自我评估纳税申报网站的 HMRC 指导。第二部分涉及援助的交付形式。援助要么提供给印刷主体，称为 PAPER，要么通过弹出信息框提供，称为 ONLINE。表 5.2 中详述的三种处理组在第一阶段进行。

从表 5.2 可以看出，没有进行过 SHORT_PAPER 处理。虽然有人认为这种处理组可能增加了一些见解，但本来可以获得的结果可能不值得运行处理组的费用。在研究结果之后，我们提出了对这一遗漏的进一步评论。

表 5.2　第一阶段处理组	
处理组	描述
LONG_PAPER	HMRC 长篇指南在纸上发布
LONG_ONLINE	HMRC 长篇指南由在线弹出框提供
SHORT_ONLINE	HMRC 简短指南由在线弹出框提供

资料来源：作者计算。

使用支持线的额外处理组

本文还进行了两项额外的处理，通过支持线为受试者提供了获得额外指导的机会。在所有情况下，我们都使用了 SHORT_ONLINE 指南。在一组处理中，实验室计算机预先安装了 Skype，并带有一个呼叫税务顾问的链接。如果受试者需要帮助，他们可以在说明书和纳税表中获得，并通过 Skype 拨打电话。在另一组会话中，在实验室中安装具有固定号码的电话以进行拨号。受试者被告知他们可以使用电话获得有关说明和税表的额外指导。如果他们不熟悉直接呼叫机制，他们也会收到一个带有直接呼叫号码的通知。

在第一轮实验中进行过实验的学生被问及是否希望在实验中担任有偿顾问。实验招募了 10 名顾问并参加了一个培训课程，在那里他们获得了一份文件，详细说明了如何处理来自某个主题的电话的过程。在完成整个过程后，顾问们相互进行了一系列练习，以完成测试。然后为每个会话招聘顾问，要求顾问随时准备回应指导要求。顾问们按照脚本提供标准答案。

实验会话

会话在埃克塞特大学的实验室进行。对于大多数实验，参与者是大学的本科学生。与顾问的最后一次会话是由从大学招聘的专业服务人员进行的。在典型的会话中，每次会话平均有 20 个（对于原始处理组）或 10 个（对于其他处理组）对象，共有 266 名受试者参加。

结果

表 5.3 总结了第一阶段不同处理组的总体税务申报错误率。此处的错误率计算为未能申报正确的可抵扣费用的人口百分比，每个项目的正确可抵扣费用数额列于表 5.1 中。我们在计算总体错误率时包括少付税款（多申报费用或产生正向错误）和多付税款（少申报费用或产生负向错误）。在所有处理组中，大约 98% 的人口在纳税申报中出错。大多数人在积极的方面犯了错误，也就是说，他们过多申报费用和少付税款。但是，仍有约 9% 的少申报费用和多付税款。表 5.4 和表 5.5 详细说明了这些错误的严重程度。

表 5.4 显示，欠支付的平均金额约占总支付税额的 27%。相比之下，

平均多付税额（见表 5.5）约占总税额的 17%。虽然一些受试者（样本的 9.5%）低估了他们有权可抵扣的费用（从而多付了应缴税款），但大多数受试者过度申报，导致平均少付税款。

表 5.3 处理组总体错误率

处理组	观察值	总体错误率（%）	多付税额（%）
LONG_PAPER	79	97	10
LONG_ONLINE	78	100	12
SHORT_ONLINE	79	97	6

资料来源：作者计算。

表 5.4 平均少付税额对照情况

处理组	观察值	平均少付税额（ECU）	占比（%）
LONG_PAPER	69	937.9	24.7
LONG_ONLINE	69	1113.9	29.4
SHORT_ONLINE	72	1138.6	30.0

资料来源：作者计算。

表 5.5 平均多付税额对照情况

处理组	观察值	平均多付税额（ECU）	占比（%）
LONG_PAPER	8	554.5	14.6
LONG_ONLINE	9	795.1	21.0
SHORT_ONLINE	5	560.6	14.8

资料来源：作者计算。

130　　　接着，我们比较三种处理组中的平均少付税款。如图 5.3 所示，人们倾向于在 SHORT_ONLINE 中支付的金额最少，而在 LONG_ONLINE 中支付的金额最高。这两个值之间的差异在统计上是显著的。这表明，短期指导的内容导致更高水平的合规性，因为我们持有的交付形式不变。虽然 LONG_PAPER 的平均税率低于 LONG_ONLINE 处理组，但差异无统计学意义。这意味着一个令人惊讶的结论，即使用弹出信息框或打印纸传递指导信息似乎不会导致遵从行为发生重大变化。普通最小二乘回归分析也证实了上述发现。

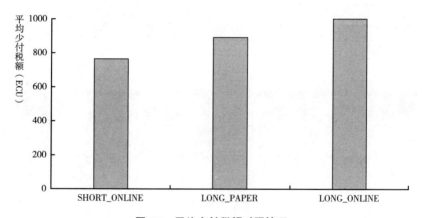

图 5.3　平均少付税额对照情况

资料来源：作者计算。

131　　　表 5.6 报告了回归结果。因变量是税务申报错误，即受试者正确的补贴和声称的补贴之间的差异，可以是正数或负数。回归的控制组是 LONG_ONLINE。回归量 SHORT_ONLINE 是一个虚拟变量，如果是 SHORT_ONLINE 为处理组则等于 1，否则为 0。同样，LONG_PAPER 也是一个虚拟变量，如果是 LONG_PAPER 为处理组则等于 1，否则为 0。从表 5.6 第（1）列我们可以看到，SHORT_ONLINE 处理组中的人声称的补贴比 LONG_ONLINE 处理组中的人少 239ECU（或 6%）。这是一个相当大的影响，特别是考虑到处理组中的人数。相比之下，信息的传递方式也对税收遵从产生了积极影响，但效果相当小且微不足道。从第（2）

列来看，SHORT_ONLINE 处理组效果持续存在，同时控制受试者的性别和年龄，我们观察到性别或年龄对提交错误没有影响。

表 5.6 税收归档错误的普通最小二乘法与处理组效果		
	（1）	（2）
SHORT_ONLINE	239.177* （140.63）	283.604** （140.96）
LONG_PAPER	108.613 （155.07）	96.203 （159.47）
性别（男性 =1）		−48.739 （121.963）
年龄		44.485 （30.35）
常数项	−1002.215*** （103.10）	−1819.429*** （624.25）
样本量	236	229

注：括号中报告了稳健标准误。* 表示显著性水平为 10%，** 表示显著性水平为 5%，*** 表示显著性水平为 1%。

资料来源：作者计算。

我们对 Skype 或电话支持的其他处理组方法的数据进行了类似的分析。我们发现，有支持的 SHORT_ONLINE 处理组中的人的行为类似于原始的 SHORT_ONLINE 处理组。主要解释是，只有 10%（30 个中的 3 个）的受试者使用支持线。根据实验后的调查，超过 65% 的受试者认为他们没有打电话是因为已经能够获取足够的信息。

我们的研究结果，即适当的指导可以提高税收遵从度，这与之前关于税收协助对遵从行为的影响的研究是一致的。如上所述，许多研究都是以学生为对象进行的，因此受试者通常对税收制度缺乏经验。这就引发了关于普遍性的问题。因此，本实验中使用的学生样本的结果最好被视为适用于一组新加入自我评估系统的纳税人，尽管只有 34% 的样本对一个询问他们认为他们有多大可能性将来成为个体经营者的问题做出了积极回应。

132　　　我们的研究不同于其他关于客户服务对税收遵从影响的调查，因为以前的研究是基于抽象的设置，侧重于简单信息的影响，揭示单个正确的值或适用于特定字段的正确的值。在此处介绍的实验中，其目标是使用真实世界的归档复杂性示例和相关的实际税务指导来调查客户服务的影响。这种设计使我们能够在真实材料的背景下更好地检验我们的决策，但代价是失去一定程度的环境控制。

基于 SHORT_ONLINE 和 LONG_ONLINE 处理组的比较，其主要结果可能忽略了实验设计产生的重要影响。SHORT_ONLINE 处理组反映了一个运营现实：我们使用了 HMRC 在线系统的文本，因此为在线纳税申报表中的每个字段量身定制了信息。这种设计可能会导致税务申报人在简单问题上的搜索成本降低，特别是积极包容的问题，例如是否应该在该特定领域提交费用。然而，LONG_ONLINE 处理组是人为的，因为长篇指南只是粘贴到在线弹出窗口。因此，没有这样的设计，税务申报人只能留下来搜索完整的信息。

另外，这种搜索可能导致税务申报人发现负面包容的问题。例如，要查看是否应将费用包含在特定字段中，可能会导致发现应将其存放在另一个字段中。尽管如此，结果仍然是一致的，通过积极包容的指导项目降低搜索成本。

关于章节材料的简短指南的第四种处理方法可以通过进一步比较来阐明这些问题。但是这样的设计将是人为的，因为没有这样的操作现实。目前尚不清楚如何最好地将章节格式的短篇指南与税务表格联系起来，以匹配 SHORT_ONLINE 处理组中固有的内容。

实验后调查提供了关于无意逃税的主观证据。在受试者中，有人询问他们为何进行这个实验，58% 的人表示"我想让我的回报正确"，另有30% 的人表示"我不介意小错误"，只有12% 的人表示"我不介意错误，如果它在经济上给我带来了好处"。仔细观察错误模式，大多数受试者都努力确定正确的声明值（附件 5.2 提供了对错误模式的详细分析）。然而，尽管他们付出了努力，但他们未能提交正确的纳税申报表。

同时，超过 65% 的样本表明，该指南为他们完成任务提供了足够的信息（来自其他处理组）。进一步研究高错误率与纳税人过度自信水平之间的差距可能会很有趣。此外，对于作为行为改变驱动力的内容的特征仍然存在疑问，应该在考虑这些问题的情况下进行更详细的研究。

数字化与税收政策

这里讨论的重点是数字化在不久的将来对税收管理的影响。这是对政策分析的必要前奏，因为政府决定了什么是可能的，而且在构建一个行政上不可行的政策时，实际价值是有限的。[①] 此外，如果行政限制导致政策的扭曲，那么其结果可能比使用不太理想但可实施的政策更糟糕。关键的观察结果是，技术不仅会影响行政管理，还会改变税收政策的可能性，最终甚至可能会改变税收理论的概念化方法。

本节的第一部分考虑了在不久的将来税收转向线上后可能出现的政策创新。第二部分对税收政策和技术采取了更为基本的观点，并对最终可能发生的事情进行了推测。[②]

政策创新

HMRC 认为个人税收数字化的重点是个人税收账户，该账户提供有关收入、可扣除费用、纳税额和税收抵免的实时数据。最简单的含义是，它将税收计算的负担从个人或按收入付费（PAYE）的雇主转移到税收征收机构。它还消除了对当前 PAYE 系统的需求，因为个人税收账户可以直接与个人的银行账户挂钩，以便定期缴纳税款。这样可以减轻雇主的行政负担，但可能对税收征收机构不利。[③] 在税收征收机构自动化计算方面的一

---

①　在 Slemrod 和 Gillitzer（2013）的研究中可以找到关于税收基于系统观点的详细发展。

②　另请参阅第 2 章对这些问题的讨论。

③　根据现在的英国支付制度，雇主提供无偿的税收和执法服务。

个更大的进步是，允许边际税率结构更加复杂。目前在税收理论中没有任何理由使用有限数量的波段和边际税率的系统，它只反映了计算的方便性。它们无法提供许多税务分析师认为的有针对性的激励措施（Mirrlees et al.，2011），当与税收和福利制度的其他特征相结合时，也可能产生不正当奖励措施。

如果该系统接近使用实时数据收集，则可以将类似 PAYE 的系统扩展到所有纳税人，包括自营职业者。这是可以实现的，只要自营职业者的收据可以与来自第三方的付款相匹配，以确认他们的纳税身份。这样就无须事后支付大笔税款，减轻了支付负担，并使个人的现金流更加平稳，违约的可能性较小，这将降低税收征收机构参与追捕违约者和追债的必要性。

此外，跟踪收入和支出的系统将确保正确处理可抵免的费用，从而减少错误。正如前一节报告的实验所揭示的那样，这些错误在纳税申报完成时很常见。对于英国而言，2014~2015 年的最新数据显示，错误（32 亿英镑）和未能合理谨慎（55 亿英镑）构成了 360 亿英镑税收差距的近 1/4（HMRC，2016）。这说明了智能系统的潜在好处，它可以消除错误或不注意的可能性。一个真正先进的制度可以根据收入的流量和时间调整税收，以确认许多自营职业者收入的不确定性。

对实验证据的讨论经常提到预先填写和客户服务的合规影响。对于所有税务部门而言，不遵从是一个重要问题，因此，重要的是要考虑数字化在这方面是否有益。对于所得税，不遵守规定的人群（类似评论适用于其他税收）可以大致分为报告虚假收入水平的故意作弊者、合法报告一个或多个工作收入但有其他收入未报告的兼职者，以及根本没有出现在系统中的"幽灵"。[①] 我们的讨论主要集中在预先填写和客户服务对前两组的影响。如果数字化增加了税收征收机构从第三方收到的信息，那么它必然会导致不合规行为的最终减少。我们之所以说"最终"是因为实验已经表明，不完整或不正确的预先填写可以作为信息有限的信号，并鼓励不合规。

———————————

① 本讨论不涉及从事犯罪欺诈的团体。

"幽灵"是税务部门最难监控的群体。HMRC 不太可能是唯一一个认为关于"幽灵"问题的数据非常有限的税务部门。根据定义，由于他们在官方系统之外，所以甚至没有税务记录构成调查的基础。正是在这一群体中，数字化最有希望提高遵从度。数字记录的增长加上记录的链接将确保避免在系统中的某处留下数字指纹变得越来越困难。他们可能没有税务记录，但很难避免出生、学校、医疗或福利记录，或在某些情况下的犯罪记录。如果所有系统都已关联，则系统可以轻松标记个人缺少的税务记录，并作为调查的标记。这可能不会直接影响成为"幽灵"背后的动机，但它降低了"幽灵"可以继续被观察的可能性。

到目前为止的讨论已经确定了对英国体系运作的一些小修改。我们现在探索数字化的潜力是为了允许对个人征税的方式进行基本改变。

在继续讨论之前，值得注意的是，成功数字化的第一个影响可能是按照预期实施当前系统。不合规与审计和惩罚相结合导致有效的税收制度与预期的制度明显不同。Hashimzade 等（2015）的研究表明，不合规的影响是创建一组支付非常低的有效税率的纳税人（未被发现的不合规的纳税人）、一组支付正确税率的纳税人（合规的纳税人），以及一组支付高有效税率的纳税人（被抓住并最终缴纳正确的税和罚款的不合规纳税人）。很难想象这可能是税收政策设计的预期结果。因此，减少不合规纳税人的数字化可以确保更接近实现预期的系统。

现在已解决了数字化是否能够支持税收政策的任何重大变化以及是否可以通过根本性改变来改善政策的重大问题。除了已经提到的更好的管理之外，链接当前独立的数据系统还可以实现政策创新。根据目前的安排，税务部门会收到关于纳税人收入的数据流，这些数据只统计到编制年度纳税申报表之前。税务部门可能包含其他数据，例如住宅地址或性别，但这对于税收设计的价值来说可能是有限的。我们在这里想到的是根据个人特征区分个人所得税的潜在有效理由，从而提出论点：65 岁以上人口的较低边际税率将鼓励他们在劳动供给中保持劳动参与，而较低的平均税率有助于克服对有小孩或其他面临高固定工作成本的女性劳动力参与的不利因素。[①] 标准税率表的两种变化都可以在没有数字化的情况下实现，但如果通过个人税务账户使用已经存储在可与税务数据相关联的行政数据库中的数据，则在行政上更容易。第 2 章探讨了数字化对资本税、公司税和增值税的好处。

链接数据集的另一个好处是可以实现税收和福利的无缝集成。许多例子说明了税收制度和福利制度之间的相互作用如何导致不正当奖励措施的产生。这在英国等系统中尤其是一个问题，即在个人层面征税，但在家庭层面分配福利。数字化和数据集链接的好处在于，系统可以近乎实时地通过在线环境进行管理，从而简化了更新信息的输入。[②] 这不能消除由个人 / 家庭差异引起的所有冲突，但可以得到一些缓解。进一步推进这一点，目前的税收抵免制度可以发展成一个完全成熟的负所得税制度，所有的福利都会变成负的所得税，完全自动地响应环境的变化。例如，将税收数据与教育数据联系起来可以在孩子上高中之前的一个月内减免税收，以帮助一个家庭获得相关的学校支出，而与健康数据相关联则可以自动调整税收水平而无须进一步的资格测试。简而言之，数据集链接可以在不需要测试资格的情况下自动实施一系列有针对性的援助。

消费税优于所得税是因为它不会扭曲储蓄决定，这一观点在公共财政方面有着悠久的历史。Meade（1978）是这个想法的有力支持者，并且 Mirrlees 等（2012）加强了论证。单一消费税可以通过统一和全面的增值税来实施。[③] 如果商品的预算份额与个人特征相关，则非单一增值税允许消费税的累进性。但是，如果相关性较弱，则进展将很难。Meade（1978）证明，如果记录了符合条件的储蓄工具的收入和缴款，那么就可以实施累进消费税。然后可以对收入和符合条件的储蓄之间的差异征收消费税，并

---

①　参见 Mirrlees 等（2012）。

②　2003 年 4 月推出的英国儿童税收抵免和工作税收抵免是基于年度的评估。一年中家庭情况的变化，可能导致超额支付，以及随之而来的 HMRC 要求偿还。在运作的第一年，大约 1/3 的索赔人总共多付了 19 亿英镑。

③　这里的统一意味着所有消费的边际税率相同，没有豁免。

可能对任何选择的累进程度征税。这种方法的缺点是需要进行年度评估才能确定税基，因此遇到了支付困难和违约问题，而英国 PAYE 等预扣税计划旨在避免这种问题。

在考虑实施消费税时，应满足数字化可以实现的限制。对于就业人员而言，收入流动相当平稳且可预测，因此可以基于记录资产的实际储蓄（接受这可能导致的纳税负担）或假定储蓄水平（这将平稳纳税），使用预扣税来实施消费税。除非实际储蓄足够顺利（或者如果使用这种方法，则等于假定储蓄），否则将需要进行年度调整，因此仍然需要与税务部门进行年度互动。

即使有关购买的综合数据与收入数据相关，进一步的进展也会遇到根本性的困难。这个难点在于，很多家庭的大额支出是不稳定的（如购房或购车），即使最终的消费量是平稳的。根据观察到的购买量征收消费税将是税收支出，而不是消费支出。这就是为什么第 2 章中提出的论点仅适用于易腐消费品。对后者征税将需要估算消费支出，因为没有直接观察到的数据。Mirrlees 等（2011）提出的住房服务税建议使用住房租金来衡量消费支出，类似的方法可以用于其他商品，因此问题并非不可克服。重点是数字化本身对这一实际困难没有什么帮助。

税收政策的基础

税收政策的根本问题是我们为什么要征税？如果对系统的设计没有限制，该答案将决定我们要征税的内容。这决定了理想税制的性质。我们如何纳税取决于税务管理的可用技术。最优税收设计的理论研究了税收制度的性质，它是理想税收制度的最佳近似。[1] 税收政策经济理论的基本前提是个人具有不可改变的特征，其中一些是不可观察的，但做出了可观察的市场交易。用于公平目的的理想税收制度将基于不可改变的个人特征，这

137

---

[1] 以下讨论不考虑机会均等。这也可能是税收转移计划的动机，但直接解决方案总是更可取的。

些特征会产生人与人之间经济潜力的差异。值得注意的是，使用这些特征作为税基也是最有效的税收方式：行为没有变化则可以减轻税负，因此没有无谓的损失。

根据定义，不可观察的个人特征不能直接用作税基。实施的不完善的税收制度取决于可观察到的个人特征，其中一些可能与确定经济潜力和可观察的市场交易无关。使用税基的交易会导致两个偏离理想的来源。首先，观察到的交易可能与不可操作的个人特征不完全相关。其次，可以创建一种激励措施来改变交易以减少税务责任，从而产生无谓损失。Mirrlees（1971）在其关于所得税的开创性研究中首次明确表达了这些观点，这些观点成为税收理论的基础。税收理论模型侧重于禀赋和偏好的差异，并探讨由此产生的最优税收制度的性质。该理论的一个普遍结论是，我们应该补偿禀赋的差异而不是选择的差异。[①] 表达这一点的另一种方式是，税收制度的作用是实现经济潜力的均等化。无论人们选择如何处理其经济潜力都不应影响税收制度的设计。例如，如果两个人具有相同水平的劳动力市场技能，但是一个人选择工作而另一个人没有，那么就没有理由在两者之间重新分配收入。因此，有人认为，重要的是经济潜力，而不是选择。

当这种世界观被推到实际解释中时，一些困难开始出现。该模型假设经济潜力是一个基本且不可改变的特征。但事实并非如此，因为潜力反映了能力和训练，所以寻找能够决定能力的更深层次的东西似乎很自然。[②] 在这里，我们遇到了困难，因为我们不完全了解是什么使一个人成为一个有才华的音乐家，使另一人成为才华横溢的游泳选手。从表面上看，可以指出各种物理特征，但真正的问题是决定这些特征的因素。目前，我们将不可观察的个人特征概念化为"能力"的禀赋反映了我们的无知。只有当

138

---

① Banks 和 Diamond（2010）探讨了这一论点。
② 广泛的文献争论"天才"是源于自然能力还是努力工作。人们似乎很自然地认为同时需要两者。

我们到达理解真正的潜在差异来源的位置时，我们才能继续实施理想的税收。

未来展望

当前的税收设计模型建立在假设存在决定经济潜力的不可改变的个人特征的基础上。当这些特征中的一些或全部都不可观察时，税收系统必须对观察到的市场交易征税。问题是技术进步是否会使目前不可观察的特征变得可观察，从而允许实施新税。

为了实现理想的税收制度，我们需要确定相关特征是什么，以及这些特征如何决定经济潜力。这两个要求同样重要，仅靠第一个要求是不够的。例如，假设我们得出结论，对经济潜力至关重要的是个人的遗传密码。目前的技术使我们能够以合理的适度成本阅读遗传密码。为了达到税收目的，我们还必须拥有的能力就是了解遗传密码与经济潜力之间的联系。可能除了一些弱相关性，这种知识目前几乎完全不存在。没有它，我们就无法利用我们目前对遗传密码的了解来进一步深入了解税收理论。

抛开目前对知识和技术的限制，对有关技术潜在后果的猜测很有意思。为了论证，假设个体经济潜力仅由遗传学决定。[①] 研究有可能最终解开遗传密码，并确定从遗传到经济潜力的映射。在上面讨论税收理论的背景下，理想税收制度应该基于的个人特征是基因构成。对这种推理的解释是，在无知的面纱背后，所有人都是遗传的空白画布。我们知道每组遗传因素将导致什么样的结果，这决定了我们应该如何重新分配。掀开无知的面纱后分配每个人的遗传结构，然后实施税收政策。正如 Logue 和 Slemrod（2008）所观察到的那样，税收制度将把那些与经济成功相关的遗传因素，重新分配给那些遗传因素不太成功的人，其程度取

139

---

① 关于天才的大量文献讨论了解释特殊表演者的能力和训练的相对重要性。通过关注潜力，有可能回避这场辩论。

决于社会对公平的看法。① 这可能是极端的，但这正是我们遵循最优税收问题的结果。

但是，我们还没有到达故事的结尾。应用税收理论的困难在于，即使使用当前的技术，遗传学也可以改变。CRISPR 和其他基因剪接技术的发展已经允许替换部分遗传密码。毫无疑问，这些技术将在未来发展并变得更加准确，甚至可以达到完全可以选择遗传密码的程度。尽管美国和许多其他国家的法律体系目前不允许修改人类基因组，但这一立场将难以维持。这似乎是一个极端主张，但如果人类基因组可以被修改，那么它就不再是一个不可改变的特征。我们可以设想父母根据一系列因素来选择儿童的基因，其中不能排除税收影响。在可以修改基因的情况下，基于遗传学的税收制度创造了一个新的、令人不安的方向，税收政策可能会对行为产生扭曲的影响。我们会失去任何理想和非扭曲的税收制度的概念，并且必须面对税收的后果，这可能会影响人口的基因组合。

本次讨论的结论是，技术进步可能从根本上影响我们对税收政策如何制定的概念。可能会出现这样一个状态，不存在一个不变特征可以决定经济潜力。相反，经济潜力可能是通过遗传设计来实现的选择问题。如果这一立场得以实现，最优税收理论的现有基础将不再适用。没有不可改变的特征，因此没有理想和非扭曲的税收制度。技术的成就可能只是将税收扭曲的边际推向另一个层面。

结　论

税收管理数字技术的实施在各国之间以不同的速度进行。一些国家已迅速采用新技术，其他国家包括英国和美国则更为谨慎。因此，在这些国

---

①　很明显，很多实际问题都被掩盖了。但应该指出的是，我们不一定要讨论需要了解替代遗传学未来价值的一次性终生转移。相反，税收可以是年度的，并且每年与当前的遗传价值相匹配。

家，除了为数据挖掘开辟改善管理信息的可能性之外，数字技术对税收政
策几乎没有影响。考虑到不可预见的后果可能对税收遵从和收入产生的影
响，这种不情愿是可以理解的。

本章描述了如何使用经济实验来测试新数字平台的影响。实验结果并
不总是如预期的那样，但在使用行为经济学解释时是可以理解的。税务部
门是权威的体现，这解释了实验对象不愿意改变预先填写的价值观。但是，
一个公平的概念将导致那些相同的主体通过夸大支出获得补偿。当然，在
实施之前，数字系统应该在技术功能方面进行详尽的测试。我们相信实验
结果为倡导对数字系统进行全面的行为影响测试提供了强有力的依据。

本章还展望了数字化如何影响税收政策。数字化具有相当广阔的前
景，且允许税收执行，没有它税收制度是不可能实现的。当管理数据集可
以链接到充分利用所持有的信息的潜力时尤其如此。当我们探索未来技术
的发展可以实现什么时，很明显必须解决有关税收政策的一些基本问题。
我们目前的理论是基于当前对政策的限制。特别是，现有的税收理论根据
潜在税收体系相对于在没有观察经济政策限制的情况下使用的理想系统的
表现来判断潜在的税收制度。如果技术可以放松这些限制，我们可能想要
征税，这需要对理论进行重大的重新设想。

参考文献

Alm, J. 2012. "Measuring, Explaining, and Controlling Tax Evasion: Lessons from Theory, Experiments, and Field Studies." *International Tax and Public Finance* 19 (1): 54–77.

Alm, J., K. M. Bloomquist, and M. McKee. 2015. "On the External Validity of Laboratory Tax Compliance Experiments." *Economic Inquiry* 53 (2): 1170–1186.

Alm, J., T. L. Cherry, M. Jones, and M. McKee. 2010. "Taxpayer Information Assistance Services and Tax Compliance Behaviour." *Journal of Economic Psychology* 31 (4): 577–586.

——. 2012. "Social Programs as Positive Inducements for Tax Participation." *Journal of Economic Behaviour and Organization* 84 (1): 85–96.

Alm, J., M. B. Cronshaw, and M. McKee. 1993. "Tax Compliance with Endogenous Audit Selection

Rules." *KYKLOS* 46 (1): 27–45.

Alm, J., B. R. Jackson, and M. McKee. 1993. "Fiscal Exchange, Collective Decision Institutions, and Tax Compliance." *Journal of Economic Behaviour and Organization* 22 (3): 285–303.

Alm, J., and M. McKee. 2004. "Tax Compliance as a Coordination Game." *Journal of Economic Behaviour and Organization* 54: 297–312.

Alm, J., M. McKee, and W. Beck. 1990. "Amazing Grace: Tax Amnesties and Compliance." *National Tax Journal* 43 (1): 23–37.

Banks, J., and P. A. Diamond. 2010. "The Base for Direct Taxation." In *Dimensions of Tax Design.* Oxford: University Press.

Bazart, C., and M. Pickhardt. 2011. "Fighting Income Tax Evasion with Positive Rewards." *Public Finance Review* 39 (1): 124–149.

Bruner, D., M. Jones, M. McKee, and C. A. Vossler. 2015. "Tax Reporting Behavior: Underreporting Opportunities and Prepopulated Tax Returns." Working Paper 15–11, Department of Economics, Appalachian State University, Boone, NC.

Choo, C. Y. L., M. A. Fonseca, and G. D. Myles. 2016. "Do Students Behave Like Real Taxpayers in the Lab? Evidence from a Real Effort Tax Compliance Experiment." *Journal of Economic Behaviour and Organisation* 124: 102–114.

Clotfelter, C. T. 1983. "Tax Evasion and Tax Rates: An Analysis of Individual Returns." *The Review of Economics and Statistics* 65 (3): 363–373.

Collins, J. H., and D. R. Plumlee. 1991. "The Taxpayer's Labor and Reporting Decision: The Effect of Audit Schemes." *The Accounting Review* 66 (3): 559–576.

Coricelli, G., M. Joffily, C. Montmarquette, and M.C. Villeval. 2010. "Cheating, Emotions, and Rationality: An Experiment on Tax Evasion." *Experimental Economics* 13 (2): 226–247.

Fonseca, M. A., and S. B. Grimshaw. 2017. "Do Behavioral Nudges in Pre-Populated Tax Forms Affect Compliance? Experimental Evidence with Real Taxpayers." *Journal of Public Policy and Marketing* 36（2）.

Fortin, B., G. Lacroix, and M. C. Villeval. 2007. "Tax Evasion and Social Interactions." *Journal of Public Economics* 91 (8): 2089–2112.

Graetz, M. J., and L. L. Wilde. 1985. "The Economics of Tax Compliance: Fact and Fantasy." *National Tax Journal* 38: 355–363.

Hashimzade, N., G. D. Myles, F. H. Page, and M. Rablen. 2015. "The Use of Agent-Based

Modelling to Investigate Tax Compliance." *Economics of Governance* 16 (2): 143–164.

Hashimzade, N., G. D. Myles, and B. Tran-Nam. 2013. "Applications of Behavioural Economics to Tax Evasion." *Journal of Economic Surveys* 27 (5): 941–977.

HM Revenue Commission (HMRC). 2016. "Measuring Tax Gaps 2016 Edition: Tax Gap Estimates." London.

International Monetary Fund (IMF). 2015. "Current Challenges in Revenue Mobilization: Improving Tax Compliance." IMF Staff Report, Washington, D.C.

Kotakorpi, K., and J. P. Laamanen. 2016. "Prefilled Income Tax Returns and Tax Compliance: Evidence from a Natural Experiment." Tampere Economic Working Paper, School of Management, University of Tampere, Finland.

Ledyard, J. O. 1995. "Public Goods: A Survey of Experimental Research." In *Handbook of Experimental Economics*, edited by J. Kagel and A. Roth. Princeton, NJ: Princeton University Press.

Lipsey, R. G. 1979. *An Introduction to Positive Economics*. London: Weidenfeld and Nicholson.

Logue, K., and J. Slemrod. 2008. "Genes as Tags: The Tax Implications of Widely Available Genetic Information." *National Tax Journal* 61 (4): 843–863.

McKee, M., C. Siladke, and C. A. Vossler. 2011. "Behavioural Dynamics of Tax Compliance Under an Information Services Initiative." MPRA Working Paper 38865, University Library of Munich, Munich.

Meade, J. E. 1978. *The Structure and Reform of Direct Taxation*. London: George Allen & Unwin.

Mirrlees, J. A. 1971. "An Exploration in the Theory of Optimum Income Taxation." *Review of Economic Studies* 38 (2): 175–208.

Mirrlees, J., S. Adam, T. Besley, R. Blundell, S. Bond, R. Chote, M. Gammie, P. Johnson, G. Myles, and J. Poterba. 2011. *Tax by Design*. Oxford: Oxford University Press for the Institute for Fiscal Studies.

———. 2012. "The Mirrlees Review: A Proposal for Systematic Tax Reform." *National Tax Journal* 65 (3): 655–684.

National Audit Office. 2016. *The Quality of Service for Personal Taxpayers*. London: National Audit Office.

Organisation for Economic Co-operation and Development (OECD). 2008. "Third Party Reporting Arrangements and Pre-Filled Tax Returns: The Danish and Swedish Approaches." Paris.

Shu, L. L., N. Mazar, F. Gino, D. Ariely, and M. H. Bazerman. 2012. "Signing at the Beginning

Makes Ethics Salient and Decreases Dishonest Self-Reports in Comparison to Signing at the End." *Proceedings of the National Academy of Sciences* 109 (38): 15197–15200.

Slemrod, J., and C. Gillitzer. 2013. *Tax Systems*. Cambridge, M.A: MIT Press.

Starmer, C. 1999. "Experiments in Economics: Should We Trust the Dismal Scientists in White Coats?" *Journal of Economic Methodology* 6 (1): 1–30.

Sunstein, C. R., and R. H. Thaler. 2009. *Nudge: Improving Decisions about Health, Wealth and Happiness*. New York: Penguin.

Tan, F., and A. Yim. 2014. "Can Strategic Uncertainty Help Deter Tax Evasion? An Experiment on Auditing Rules." *Journal of Economic Psychology* 40: 161–174.

Vossler, C. A., and M. McKee. 2013. "Efficient Tax Reporting: The Effects of Taxpayer Information Services." Working Paper 13–24, Department of Economics, Appalachian State University, Boone, N.C.

附件 5.1

实验的税务概况

在这个实验中，您将扮演汤姆，一个自雇的健身教练。在这个纳税年度，您通过健身课程获得了 25200 ECU 的收入。您正在填写纳税申报表，并需要决定申请免税额的费用。

您的文件显示了此纳税年度的以下内容（见表 5.1.1）。

表 5.1.1　二手车销售收据				
2014 年 4 月 6 日		2014~2015 年		
XXX	xxx	个人旅程		2000 ECU
XXX	xxx			
XXX	xxx	在家和学校之间旅程		8000 ECU
CO_2 排放	165g/km			
总计	1500 ECU			

1. 您买了一辆二手车来帮助您上下班。

2. 这是购买汽车的收据以及里程、燃料、服务费用和保险费用的摘要。

3. 您每天晚上都在当地教堂开健身课程，您需要支付 5760 ECU 的佣金。

4. 您支付 175 ECU 印刷传单来宣传您的健身课程。

5. 您为健身房会员支付了 1200 ECU 以保持健康。

6. 您的年度家庭账单总额为 7500 ECU，用于支付年租金、燃气费、电费、水费和议会税。您每个月在家（工作室公寓）工作一天（每年 12 天），大约花一天时间设计有关课程的海报和传单，呼吁新成员并处理财务和管理问题。

7. 您的手机账单是 420 ECU，只有 15％ 的总使用量用于商业目的。

附件 5.2

错误分析

对特定领域的分析产生了有趣的结果。受试者似乎需要时间来了解在个人资料和税务指南中提供给他们的信息，但不能完全提交正确的税务报告。在第一个例子中，输入电话成本的正确值是 238 ECU，因为 175 ECU 的传单成本适用于此类别，以及 420 ECU 的手机账单的 15%（63 ECU）。图 5.2.1 显示输入的大多数值以某种方式反映了这些数字。

在第二个例子中，更多的受试者在基于 LONG 指导的处理组中使用 63 ECU 作为基于 SHORT 指导的处理组的价值，其中 238 ECU 更受欢迎，表明在 SHORT 指南中更准确地输入了传单费用的正确字段。在为其他费用提交的文件中可以清楚地看到传单的抵消值为 175 ECU，如图 5.2.2 所示。

对于在租金下提交的价值可以作为第三个例子。该类别的正确值为 6007 ECU，包括用于租用教堂的 5760 ECU 和将房屋用于商业用途的适当价值 247 ECU（12/365 × 7500）。图 5.2.3 显示了通过处理组提交特定租金价值的受试者比例。

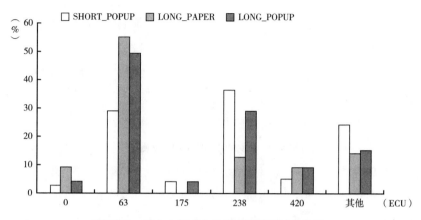

图 5.2.1　输入电话成本的特定值的受试者比例

注：POPUP 指弹出窗口，下同。

资料来源：作者计算。

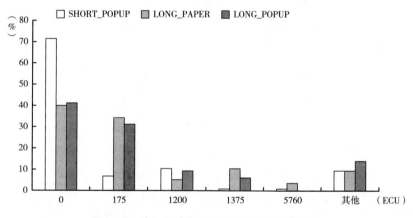

图 5.2.2　输入其他费用的特定值的受试者比例

资料来源：作者计算。

图 5.2.3 中租金的模式与图 5.2.1 中的电话成本类似，因为输入的大多数值反映了原始值和计算的组合，尽管有些是非常错误的，例如 13260 ECU，它简单地将教堂租金与家庭租金相加。在基于 SHORT 指导的处理组中提交正确值 6007 ECU 的比例高于 LONG 处理组，这表明

在 SHORT 指南中处理家庭租金的机制更为明显。6385 ECU 数字的出现是由于受试者不正确地将家庭租金（7500 ECU）除以12，并将其加到教堂租金5760 ECU中。

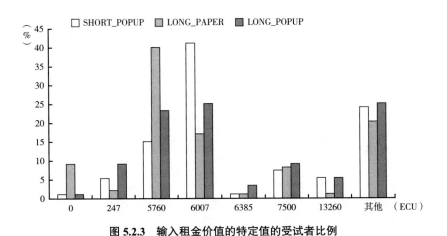

图 5.2.3　输入租金价值的特定值的受试者比例

资料来源：作者计算。

　　最后一个例子为旅行费用（见图 5.2.4）。旅行费用的实际正确值为零，因为使用汽车往返于同一工作地点并不符合应纳税费用。但是，该字段中报告的值提供了受试者行为的信息。受试者被告知购买 1500 ECU 的汽车，运行成本为 2500 ECU，其中 80% 用于商业目的。提交的价值范围包括 2000 ECU（运行成本的 80%）、2500 ECU（全部运行费用）、3500 ECU（运营成本的 80% 加上购买成本）、简单的申请费用 3600 ECU、4000 ECU（汽车总成本）和简化成本加运行成本 6100 ECU。

　　该例子再一次表明受试者正在使用个人资料和税务指南，却无法完全获得正确的结果。值得注意的是，在所有情况下，所使用的值通常倾向于过度索取费用，如前面的结果所反映的那样。还应注意的是，这是设计在配置文件中的，因为有些项目需要排除受试者，所以我们不能根据这里的结果认为这种过度索取会更普遍地适用。

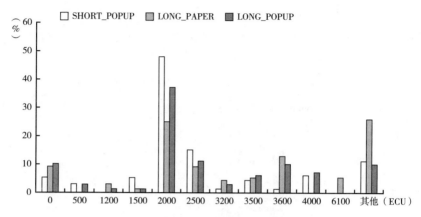

图 5.2.4　输入旅行费用的特定值的受试者比例

资料来源：作者计算。

第二部分

财政管理创新

6 即时预测：使用每日财政数据进行实时宏观经济分析 *

弗洛里安·米施　布莱恩·奥尔登　马科斯·波普劳斯基－里贝罗
拉米娅·克吉

拥有各级收入的国家越来越多地整合其政府银行业务安排，旨在实施为公共财政管理自动化而设计的信息技术（IT）系统。这些系统记录了数千甚至数百万的政府交易信息，允许在一系列财政总量和指标中构建日常数据。本章介绍了这些数据如何补充政府和研究人员的传统数据和统计数据，特别是通过实现实时宏观经济分析，这是使用传统财政统计数据无法实现的。

财政数据包括收入总额信息，例如按税收类型收取的收入（如所得税、间接税和消费税），以及公共支出总量（如政府工资账单、商品和服务以及资本支出）和融资项目（如债务发行和金融资产的使用）。传统上，基于财政数据的分析通常使用官方财政统计——每月、每季度甚至每年，这取决于国家的实际需求。这些经常以明显滞后的形式发布。即使在那些产生月度财政报告的经济体中，发布延迟也可能足够长，以至于限制了发出即将发生的财政事件或其他宏观经济冲击的信号。

相比之下，使用来自政府财政管理 IT 系统处理的交易的信息，财政数据可以每天生成，甚至可能更频繁地生成。此外，这些高频数据的可靠

---

* 本章作者感谢 Aqib Aslam, Samya Beidas-Strom, Cibelle Cesar Brasil, Oya Celasun, Alfredo Cuevas, Era Dabla-Norris, Leodelma de Marilac Félix, Vitor Gaspar, Sanjeev Gupta, Leandro Santos Gonçalves, Richard Hughes, Roberto Kodama, Otavio de Castro Neves, Eduardo Soares de Paiva, Andrea Pescatori, Mario Pessoa, Ruth Goodwin-Groen, Barbara Viana, Giovanni Bogea Viana 和 Geneviève Verdier 的宝贵评论。

性和准确性通常以事后估计修正（至少以现金计算时往往很小）来衡量时非常高。

迄今为止，这一数据来源在很大程度上未得到充分利用且开发不足，尽管它可以为包括政府和多边组织在内的各种利益相关方提供看似显而易见的价值。例如，每日财政数据的趋势可以实时反映大量宏观经济发展状况。然而，由于每日财政数据不可避免地受到重大噪声和复杂的季节性模式的影响，所以其使用取决于数据可用性，以及是否可以提取和汇总有用的信息，并且有时会采用高度分解的格式。

本章对公共财政和相关宏观经济文献做出了两点贡献。首先，由于公共财政的数字化，每日财政数据可供各个国家使用，而且相对容易获得。对于一些国家，每日现金流量数据甚至是公开的，例如美国和巴西。其次，本章提供的证据表明，从日常财政数据中去除噪声和季节性的程序相对容易实施。正如通过案例研究所证明的那样，这些程序使这些数据可用于各种目的，包括财政监督和管理；预测当前、近期的经济活动，通常称为即时预测（Nowcasting）[①]；关键分析宏观财政工作，如研究估算财政乘数的大小。

总而言之，过去 20 年 IT 系统使用的革命为利用高频和可靠的财政数据创造了机会。随着公共财政数字化的发展以及越来越多的国家自动记录和报告其财政活动，财政数据的可用性在未来只会增强。技术升级、会计和报告标准的持续改进也将提高高频财政数据的质量。最后，对提高政府运营透明度的需求不断增加，正在推动更多的日常数据的使用。

本章首先提供有关信息技术生成日常财政数据的背景信息和数据的广泛特征，其次检查数据集的特征，最后着眼于未来的案例研究。

---

①   正如 Banbura 等（2013）所讨论的那样，即时预测依赖经济序列的实时更新，提供预测收益，特别是在非常短的时间范围内。相比之下，Nowcashing 指的是使用日常财政数据，这些数据主要是基于现金的，用于各种类型的实时宏观经济分析，包括即时预测。

生成每日财政数据

过去 20 年，公共财政管理方面的两项重大创新改变了高频财政数据的
可用性。首先，财政管理信息系统（FMIS）的引入极大地推动了政府财政
管理的自动化。FMIS 用于管理预算过程每个阶段的公共财政，包括编制、
执行政府支付系统以及会计和财政报告。其次，加强政府银行业务整合也
取得了一些进展。通过建立国库单一账户（TSA）系统集中政府现金余额
和账户，用于汇集所有可用的现金资源，也是公共财政管理改革计划的重
要组成部分。如果没有政府银行业务安排的这种整合，引入 IT 系统（如
FMIS）和流程的能力无疑会更加复杂，并且在许多情况下可能会失败。

财务管理信息系统

大多数 FMIS 的支柱是总分类账，它记录了所有政府财务交易的详细
信息，用于编制有关运营的财务和财政报告。FMIS 解决方案通常允许将
通过 FMIS 记录的所有收入、支出和融资交易自动发布到总账，从而使数
据质量可靠（至少对于基于现金的交易来说）和频率极高。对于大多数
FMIS，日常报告可能是可行的。根据流经 FMIS 的交易覆盖水平，可以实
现产生财政状况数据的能力。

虽然尚未普及，但许多国家现在已经引入了 FMIS。世界银行的一项调
查（Dener and Min，2013）显示，全球有 176 个 FMIS 平台，这表明此类系
统的使用现已广泛开展。这些系统全面运作的程度、覆盖范围的广度不太
清楚。然而，截至 2017 年 1 月，世界银行 FMIS 数据库表明，自 1984 年以
来有 1333 个项目至少部分由世界银行资助，其中包括将 FMIS 作为一个组
成部分的项目，97 个已完成，29 个仍在积极推进，还有 7 个待定。这意味着，

至少有 97 个经济体可以或多或少地获得每日财政数据。[①]

这些系统的投资水平也很高。在此期间，仅世界银行资助的项目的成本就超过 22 亿美元（Dener, Watkins and Dorotinsky, 2011），不包括由其他捐助者和国家政府自己资助的项目。

FMIS 对政府的覆盖程度可能是一个制约因素，特别是在新兴市场和发展中经济体。最初，许多 FMIS 的覆盖范围仅限于国家预算，有时仅限于部分中央部委和机构。然而，覆盖范围正在扩展到整个中央政府，在某些情况下甚至超出了该范围。除国家预算外，中央政府还可以包括预算外资金，如社会保障基金和职能部委的下属机构（如教育机构或卫生机构）。在一些有限的情况下，系统的覆盖范围已扩展到广义政府，包括地方政府的交易（如法国或科索沃）。[②]

FMIS 收入和支出数据的另一个限制因素是，在许多国家，它们都是以现金为基础的，很少考虑基于非现金交易，特别是如果公共会计标准是以现金计算的而不是非现金。[③] 这可能是一个需要全面了解政府运作情况的问题。这些遗漏可能包括应付账款和应收账款的详细信息、金融和非金融资产和负债的存量，以及可能影响政府财务总体情况的其他存量和流量调整。

然而，尽管没有资产负债表信息（在使用现金基础进行公共会计的国家的正式财政报告中也经常缺少这些信息），但获得即时可靠的现金数据也可带来许多好处，包括获得主要财政总量实时信息。此外，许多政府正在从基于现金向基于权责发生制的会计标准过渡，这得益于

[①]　这个数字可能更高，因为它不包括那些没有在世界银行援助的情况下开发的系统，包括大多数发达经济体。

[②]　但是，由于过于复杂，大多数国家并没有将广义政府纳入其 FMIS 覆盖范围，包括地方政府，并且在许多情况下，难以包括在中央控制的财务管理信息系统的范围内，包括经常自治的实体。

[③]　有关公共会计系统的不同类型和范围的定义及其优缺点，请参阅 Irwin（2015）。

FMIS 具有完整的基于权责发生制的会计体系。[1] 因此，随着时间的推移，以及这种转变的持续，实时跟踪所有存量和流量的能力将会稳步提高。[2]

合并政府银行账户

TSA 是政府银行账户的统一结构，政府通过该账户交易所有收据和付款，允许实时或至少每天对其现金状况进行综合概述。这使政府能够有效地管理现金，并确保其拥有为政府正在进行的管理提供资金的资源（Gardner and Olden，2013）。它还提供了脱离现金管理业务支出控制的机会。在大多数发达经济体中，TSA 越来越多地出现在新兴市场和发展中经济体中，几乎所有收入每天都在 TSA 中合并。通常，TSA 的主要国库账户由中央银行持有，用于接收所有政府收入并支付政府费用。[3]

收入和支出可以由国库集中管理，也可以分散到各个机构和职能部门。但是，在这两种情况下，所有政府财政资源都通过单一账户进行管理。大多数发达经济体拥有 TSA 覆盖范围内的所有或大部分中央政府账户，其他国家的趋势是继续扩大覆盖范围。将政府控制的信托基金和预算外资金纳入 TSA，已成为国际良好做法（Pattanayak and Fainboim，2010）。

153

---

[1] 虽然采用权责发生制标准的国家数量正在增加，但大多数国家继续使用现金会计或某些修改版本来报告而不是使用全额权责发生制。根据 IMF（2016a），2015 年有 41 个政府完成了向权责发生制会计的转变，16 个政府按权责发生制进行了核算，28 个政府以改进的现金方式运作，114 个政府仍使用纯现金核算。

[2] 拖欠支出的意外累积也可能扭曲使用现金数据的政府活动信息（Flynn and Pessoa，2014）。但是，正如后面所讨论的，每日财政数据实际上可以帮助确定拖欠支出积累的模式，甚至可以帮助政府改进其财政活动的映射。

[3] 虽然尚未对国家 TSA 覆盖范围进行全面调查，但区域研究表明 TSA 的实施很普遍。例如，IADB（2015）表明，17 个拉丁美洲国家中有 13 个已经为 TSA 立法。欧洲也存在类似的情况，大多数发达经济体和新兴经济体现在都在运行各种覆盖水平的 TSA。在非洲，除尼日利亚和南非外，虽然 TSA 名义上已到位，但在 TSA 覆盖范围之外存在多个银行账户的情况很普遍。然而，情况在不断改善。

每日财政数据的特征

本章所定义的每日财政数据包括各种总量的交易数据和收入指标、政府支出、融资流量（如借款和债务偿还）以及每个工作日的政府现金余额。

优势

相对于每月、每季度甚至每年公布的官方财政统计数据，每日财政数据有几个优点。

• 访问成本相对较低：在开发 FMIS 和整合政府银行业务安排方面已经进行的重大投资意味着提供高频财政数据的基础设施已经到位。大多数 FMIS 可以轻松地将数据转换为通用数据格式或传输到数据库和门户中，这些数据库和门户可以基于分析目的进行很少或免费配置。如上所述，许多国家已经在其网站上发布了大量关于其财政活动的数据，其中一些国家提供了日常数据，如美国。

• 及时性：目前，大多数正式财政统计数据的公布都存在显著的滞后性，这限制了月度财政报告在经济分析中的实用性，特别是在经济快速变化和即将发生财政事件的期间。获得及时准确的数据，可以更好地为需要快速应对突发事件的政策决策提供信息（见专栏 6.1）。

154

• 准确性：由于数据是基于交易的，并且是从会计系统生成的，所以可以将它们作为政府实时活动的准确图像。一旦 FMIS 完全覆盖，就不会对数据的准确性存在任何模糊的认识（至少以现金形式）。

• 财政透明度：每日财政数据还可提高财政透明度，从而提高公共财政的可信度（IMF，2007；Félix，2011；Poplawski-Ribeiro and Ruelke，2011；Wang，Irwin and Murara，2015）。公开提供每日财政数据在技术上并不具有挑战性，政府正受到越来越严格的监督，并面临持续提高透明度的要求（Stiglitz，2001；Darbishire，2009），这反过来导致在线发布高频财政数据的国家数量的增加。

数据获取和数据收集

表 6.1 显示了本章收集的每日财政数据，这些数据来自巴西、科索沃、斯洛文尼亚和美国四个国家。它们都具有不同的特征。除巴西和美国外，其余两个国家数据仅涵盖相对较短且最近的时间序列，这可能至少部分地反映了政府获得相关技术能力（如相关的 IT 系统）的时间。虽然现在许多政府都有 IT 系统来收集高质量的交易数据，但大多数国家都没有公开数据。巴西和美国是例外，它们提供了在线和不受限制的日常财政数据。

表 6.1　数据源概述					
国家	时间覆盖范围	访问权限	分解程度	项目分类	政府范围
巴西	自 2013 年起	公开	高度分解，需要计算相关总量	经济的	中央政府
科索沃	自 2011 年起	非公开	汇总（数据中包含的最相关的财政汇总）	经济的	广义政府
斯洛文尼亚	自 2013 年起	非公开	汇总（数据中包含的最相关的财政汇总）	经济的	中央政府
美国	自 1989 年起	公开	汇总，但有些汇总是基于机构分类	一些是经济的，一些是机构的	中央政府

资料来源：巴西联邦政府透明、监督与审计部，科索沃共和国财政部，斯洛文尼亚财政部，美国财政部，以及作者的汇编。

专栏 6.1　每日财政数据及时性的优势：增值税收入案例

通过观察增值税（VAT）收入数据的频率差异可能导致的不同结论，可以说明每日财政数据收入的优势。

考虑一个假设情景，即增值税收入在给定季度的表现低于预期。假设所有增值税收入都在每个月的 15 号到期，并且月度和季度财务数据在报告期结束后一个月公布。在每日、每月和每季度财政报告中首次出现财政压力迹象所需的时间，可能非常惊人。

图 6.1.1 说明了根据可用收入数据的频率模拟的财政压力的感知水平。根据每日数据，第一个警告标志会在第一个月的 15 号之后立即出现，这表明可能需要采取抵消措施。相反，使用月度数据，第一个预警标志需要 6 周才能实现，也就是说，完成一个月度预警需要两周时间，而且发布延迟大约需要 4 周。在 10 周之后，即在本季度完成之前，检查每日数据已经充分确定了该特定季度内的增值税收入表现不好，并且需要抵消措施。月度和季度数据相同的洞察力和相同的确定性水平仅在 16 周后可实现。

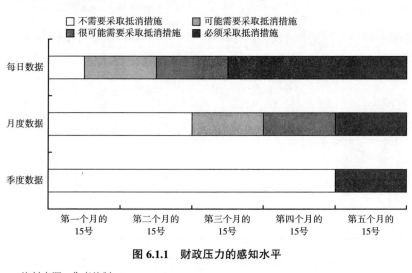

图 6.1.1   财政压力的感知水平

资料来源：作者编制。

在大多数情况下，每日财政数据采用合理的汇总格式，因为它们包含的项目数量相当有限，且已经汇总了来自不同政府机构和职能部门的个别交易。巴西是一个例外，其数据通过透明门户在线公布。这些数据是高度分解的，包含每个政府机构收集或支出公共资金的项目或按收入和支出分类的项目（见专栏 6.2）。但是，汇总形式的数据的可用性并不意味着它们不能进一步分解。数据大部分来自 FMIS，其中包含基于事务的数据，理论上可以单独报告。原则上，加总水平是用户在确定他们希望发布的详细程度时的选择。

项目条款的分类因国家或地区而异。对于科索沃和斯洛文尼亚，数据中包含的财政总量遵循经济分类，这些分类大体上符合国际标准，例如国际货币基金组织的《2014 年政府财政统计手册》，允许进行国际比较。对于美国而言，数据中包含的一些总量遵循机构分类，这使国际比较变得复杂。就巴西而言，对于更多总收入和支出类别，格式也符合国际标准。

在大多数情况下，地方政府不提供每日财政数据，或者至少不是中央政府提供的，这意味着这里的覆盖面仅限于中央政府。在这方面，科索沃是一个值得关注的例外，因为科索沃中央政府拥有 IT 系统，同时也为广义政府（包括中央和地方政府）提供每日财政数据。

专栏 6.2　每日财政数据和财政透明度：巴西

巴西政府通过互联网透明度门户网站[1]公开提供每日财政数据，该网站由巴西联邦政府透明、监督与审计部管理，并于 2004 年启动，以提高巴西公共财政管理的透明度[2]。它发布了无数有关巴西中央政府公共财政、联邦公务员（包括组织）和为联邦政府工作的合同公司等信息。特别是该门户网站提供了以下日常财政数据。

- 收入：通过以下方式提供预算、授权和每日名义收入数据。（1）收集单

---

[1]　http://www.transparencia.gov.br/。

[2]　有关巴西财政透明度的更多信息，请参阅 Félix（2011）。有关巴西公共财政管理和财政框架的信息，请参阅 Celasun 等（2015）。

位，分为三个不同的等级，即办公室层面，如税务管理、政府基础、公立联邦大学等，直到部长级别的收款处；（2）收入类别，分为六个不同的级别，即从特定收入项目，如不同的特许权使用费、税收、费用以及当前和资本收入一致的广泛经济类别。

• 直接支出：通过以下方式提供日常支出数据。（1）支出单位，分为三个不同的等级，即从实体层面来说，包括公立联邦大学和联邦办公室，直到部长级别的收款处；（2）支出类别，按六个不同的级别分类，即从具体行动项目到金融投资、公共投资和其他当前支出一致的广泛经济分类。数据还应提供接收付款的公司和个人的姓名。

• 转移支付：公共转移州和市政当局以及其他未经联邦政府管理的计划。它同样提供了公共机构、私人公司和接受联邦资金转移的个人的姓名。

收入数据系列可从 2004 年开始进行咨询，并从 2013 年开始下载；而支出数据系列可从 2009 年开始咨询，并从 2011 年开始下载。它们能够以通用数据格式下载。每个工作日创建一个单独的文件，详细说明收集的收入（非累积）。信息上传到网站的时间滞后一天，并且高度分解。例如，2016 年 6 月 20 日的文件包含 3718 个条目（行）。对于支出，创建单个月度文件，其中包括每日非累积数据，并再次高度分解。例如，2015 年 12 月的文件包含 1563737 个条目（行）。网站上保留了之前几个月的数据。

最后，该网站包括几个用户友好的数据库快照，按不同的类别、主题和计划进行公众咨询，例如与"家庭津贴"计划（Bolsa Familia）相关的公共支出或 2014 年世界杯支出的详细信息和 2016 年里约热内卢奥运会。

波动性和噪声

与任何高频数据一样，每日财政数据不可避免地受到大量噪声和复杂的季节性模式的影响。数据中的噪声源于各种因素。在收入方面，大型一次性项目如国有企业的股息、特别大的纳税人如巴西石油公司 Petrobras 的纳税申报表，以及支付给纳税人退税的特殊时间模式往往会使收集的日常收入数据显著波动。在支出方面，噪声通常来自大型资本项目的公共支出（例如，一笔付款可能占资本支出的很大一部分）或大量购买商品和服务。

　　季节性模式反映了财政政策的制度特征，如纳税申报的到期日、社会转移支付到期日（包括失业救济金和养老金）、公务员工资。此外，预算管理的共同特征可能会加剧季节性波动。例如，资本支出往往严重偏向财政年度的最后一个月甚至最后几天。对于下一财政年度预算拨款结转受到限制的经济体尤其如此，因为它们急于花钱以免没有分配完预算资源。

　　主要预算余额代表总收入与所有支出总和之间的差额（利息支出除外），反映了这种季节性和噪声。例如，图 6.1 绘制了 2015 年科索沃每个工作日的累计主要平衡占年度国内生产总值的比重（累计收入减去当天累计支出之间的差额）。根据年度数据，2015 年科索沃面临主要赤字，即 2015 年 12 月 31 日存在主要赤字，该数字显示，在那一年的许多个月里，科索沃实际上是盈余的。预算余额的这种季节性模式是相当标准的，并且由于收入在某种程度上集中在财政年度的前几个月收缩（当年度纳税申报表到期时）和相对均等地分布在全年，大多数类型的当前支出都集中在财政年度结束时，如资本支出。

158

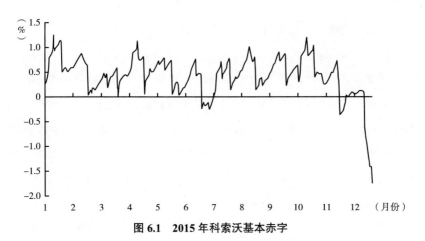

图 6.1　2015 年科索沃基本赤字

资料来源：科索沃共和国财政部和作者的计算。

处理和平滑

在本章中，我们采用一种相当简单的方法来消除主要收入和支出项目中的噪声和季节性（参见"每日财政数据的应用"一节和其他统计方法）。在这里，我们只考虑较长时期内特定系列的价值，例如当地货币总支出的累计总和的同比变化，即增长率，例如过去几个月的滚动金额，或从年初开始的总和。

如果期限足够长，累计和滚动金额受到政府收入或收入金额的特殊日常差异的影响较小（Lachowska，2016），使用移动平均来平滑不同类型的日常数据也是一种类似的方法。尽管是相当基本的方式，计算逐年变化是从宏观经济数据中去除季节性的一种常见的方法（FED-Dallas，2014；IMF，2014a）。在这里，重要的是来自特定日期的数据与前一年的同一天相关。编制年同比增长率的报告需注意的是，如果前一年的同一天不是一个工作日，那么在某些日子里不可避免地会缺少观察结果，这意味着当天的前一年没有每日财政数据可用。本章采用的这种平滑技术适用于不同案例，并得出了以下结果。

其一，科索沃自本财政年度开始以来累计中央政府税收收入同比变化。

其二，巴西在三个月的滚动窗口内累计公共投资同比变化。

其三，美国60个工作日和180个工作日的滚动窗口累计工资税收入同比变化。

在后一种情况下，可使用10天移动平均滤波器来进一步平滑增长率。最后，考虑斯洛文尼亚每日现金余额占年度GDP的比例，但在这种情况下，不需要平滑（解释见后文）。附件6.1中提供了这些系列的描述性统计数据，包括有关数据时间跨度的更多详细信息。图6.2显示了每个系列的分布箱形图。

重要的是，一旦使用了这些技术，每日数据并不比月度频率的同一系列数据噪声更大。

图 6.2 进一步使用月度数据比较了上述同一系列的标准偏差（另见附件 6.1）。这些系列仅包含该月最后一天的观察值。比较显示，月度和每日数据的标准偏差和分布具有相似的数量级。这再次表明，本章采用的方法确保了每日数据中的噪声水平不高于月度数据。

每日财政数据的应用

财政监督与管理

本节介绍几个案例，显示了每日财政数据如何加强财政监督和管理。 作为财政监督的一部分，使用每日财政而非低频数据监测关键收入和支出总量的好处，包括但不限于数据的时效性。[①]

税收监测和预测

在第一个案例研究中，以科索沃为例我们证明了，每日财政数据的可用性大大增强了税收趋势和年终预测分析的相关性和即时性。在这种情况下，每日财政数据的明显好处是获得更大的及时性（见专栏 6.1）。

还有一个不太明显的好处是，利用每日财政数据计算的税收趋势的准确性提高。收入通常仅在工作日记录，如果前一年特定月份的最后一天不是工作日（与当前年度相反），这就很重要。在这种情况下，累计收入的同比增长率（这是我们的利息衡量标准，参见"处理和平滑"部分）基于月度数据，基本上比较了整个 t 年的收入与 $t-1$ 年的收入减去一个工作日的收入。这可能会使月度数据的收益绩效指标严重扭曲，特别是如果在 t 年或 $t-1$ 年的最后几天没有数据可用（例如由于假期）。相比之下，对于每日数据，这种影响不会出现，因为我们只计算 t 年和 $t-1$ 年完全相同的

---

① 目前，财政监督机制甚至没有利用季度财政数据。 例如，Onorante 等（2010）以及 Asimakopoulos、Paredes 和 Warmedinger（2013）讨论了欧洲决策者如何使用季度或月度财政指标，但请注意，即使这些指标代表欧盟内部的年度公共财政信息的主要来源之一，但并未正式纳入欧洲多边财政监督程序中。然后作者通过混合频率的状态空间计量经济模型（Onorante et al., 2010）或 通 过 MIDAS（Asimakopoulos, Paredes and Warmedinger, 2013）的使用，正式将欧洲的监督过程纳入其中。

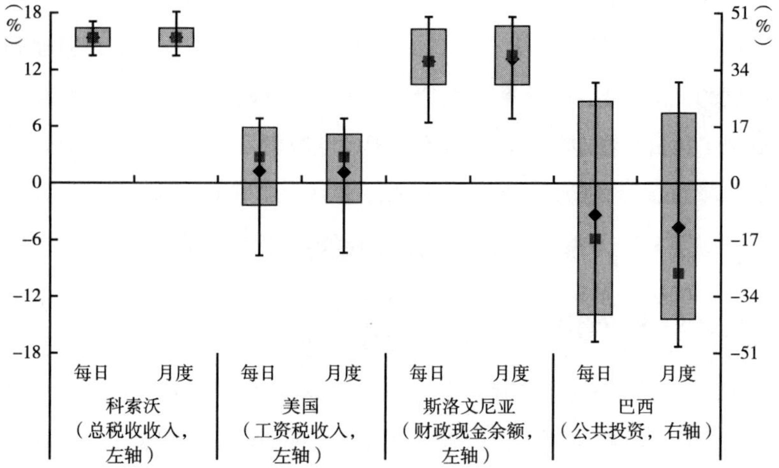

图 6.2　每日和月度频率的财政数据

注：底线表示 10% 分位数；盒子底部表示 25% 分位数，顶部表示 75% 分位数；顶线表示 90% 分位数。◆表示均值，■表示中位数。现金余额以占 GDP 的比重表示。

资料来源：巴西联邦政府透明、监督与审计部，科索沃共和国财政部，斯洛文尼亚财政部，美国财政部，以及作者的计算。

日历日的同比增长率。

图 6.3 比较了使用每日数据构建的同比税收收入与使用官方月度数据的同比变化，假设这些数据可以延迟一个月。[①] 其中重点是一年中的最后三个季度：（1）一年中头几周和几个月的收入趋势通常是不稳定的，因为累计金额仅包含来自相对较少天数的数据；（2）当局未在 2016 年第一季度的每个工作日生成每日数据。由于每日数据基本上是实时可用的，对于月度数据，我们还选择用 x 轴表示月度数据的实时发布日期（而不是数据所指的时期）。换句话说，每月系列的每次观察值代表当时可用的最新数据点。

161

————————————

①　在某些情况下，发布滞后后已经偏离了这一点，但为了保持一致和简化，假设它一直是一个月的滞后。

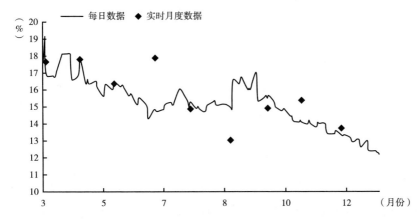

图 6.3　科索沃：监测税收收入同比变化 2016 年 3 月 30 日~2016 年 12 月 31 日

资料来源：科索沃共和国财政部和作者的计算。

在一年中特别关键的几个月，每日和月度系列数据显著不同。例如，在 2016 年 9 月编制预算期间就是这种情况。2016 年 9 月初发布的最新月度观察值涉及的 7 月数据显示，名义收入增长率为 13%。此月度收入增长率仅在一个月后更新，当时 8 月数据可用。另外，每日数据显示，2016 年 9 月的增长率更准确，为 15%，远高于月度估计值。这些差异可以用上面讨论的因素来解释，即每月相对于每日数据的发布滞后，以及月末的工作日差异可能会扭曲月度收入同比增长率的可能性。这些差异可能会导致当局有着明显不同的政策回应，特别是在财政紧张时期。

另一个好处是，财政年度末收入预测的准确性提高。有了这么多的数据点，收入预测可以每天更新和修改。这可以提高预测的质量，且对于像科索沃这样的国家尤其重要，因为使用月度数据计算的收入趋势明显偏离实际结果。此外，通过使用每日数据，预测数量也显著增加。反过来，这有助于预报员评估预测的可靠性，允许更频繁地考虑预测误差的变化或趋势，从而有助于监测财政政策的实施（Ley and Misch，2013；Lledó and Poplawski-Ribeiro，2013）。

在财政调整期间监测政府支出

每日财政数据还增加了监测财政调整期间政府支出结构变化的价值。

162

与传统的财政统计相比，每日财政数据可以更快地监测公共支出的规模和构成的变化。尽管在执行政策措施方面存在长期滞后，但当这些措施转化为实际支出的变化时每日财政数据可用于监测，即调整支出构成的政策决定开始产生影响，从而形成实际支出趋势转折点。虽然基于削减当前支出（如工资或社会福利）的财政调整措施能够更快地生效，并显示出更即时的结果，但削减经常支出往往也是政治上最难实施的措施，这意味着当前的支出通常在财政危机时期更加严峻。

因此，在经济困难寻求综合措施时，政府通常会将资本支出作为第一个"停靠港"（Baldacci，Gupta and Mulas-Granados，2012；IMF，2014b）。但是，降低公共投资水平的政策决策与这些政策的有效实施对财政状况的影响在时间上可能存在显著滞后。这些滞后期可能比当前的支出更长，这主要是因为合同承诺的存在，只能随着时间的推移而减短。虽然这表明，每日财政数据在监测围绕资本支出的财政政策变化的直接影响方面不太有用，但使用这些数据，可以分析这些政策变化何时开始出现，以及实施整合措施的有效时间。

例如，图 6.4 报告了"数据获取和数据收集"一节和专栏 6.2 中描述的巴西公开数据的公共投资和整体经济活动的演变。2014 年和 2015 年是巴西经济衰退期。这促使政府着手实施财政整顿计划，其中包括减少资本支出的政策。通过公共投资的每日数据和巴西一般价格指数的月度系列数据，并使用三个月的滚动窗口累计数据[1]，这个新系列可以表示为：

$$\sum_{d-90}^{d} i$$

其中，d 是特定的工作日；i 是当天的公共投资总额。然后通过使用 90

---

[1]   来自巴西著名智库热图利奥·瓦加斯基金会（Fundação GetulioVargas，FGV）的巴西综合价格指数（Índice Geralde Preçosdo Mercado，IGP-M）也被用作平减指数。这是一个混合指数，由生产者物价指数（IPA，占 IGP-M 总量的 60%）、消费者物价指数（IPC，占 IGP-M 总量的30%）和民用建筑成本指数（INCC，占 IGP-M 总量的 10%）组成。如果我们通过 CPI 系列（Índicede Preçosao Consumidor Amplo，IPCA）对公共投资进行平减，那么结果是相似的。

天内的移动平均值来计算和平滑该系列的年度变化，以消除数据中的季节
性和噪声，如"处理和平滑"一节中所述。为了衡量经济活动，我们使用
巴西中央银行月度经济活动指数的年度变化，这是经济活动的领先指标。[1]

图 6.4 绘制了 2014 年 4 月至 2015 年 12 月的两个系列，其中右轴包含经济
活动同比变化的规模。[2]2015 年，当经济活动骤减时，公共投资也显著下降，
表明政府在收入减少后削减资本支出（见图 6.4 阴影区），这是资本支出趋势
的转折点。然而，尽管经济活动已在下降，但 2014 年公共投资仍在增加，且
这种下降伴随滞后。这再次表明，巴西的公共投资增长似乎跟随经济活动而有
所滞后，其他研究也表明了这一点（Celasun et al., 2015；IMF，2016b）。

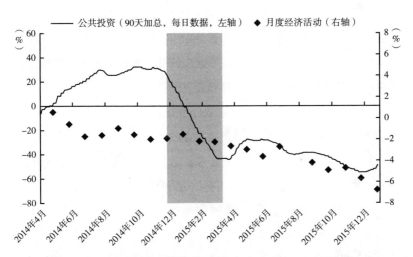

图 6.4　巴西：公共投资和经济活动同比变化 2014 年 4 月 4 日~2015 年 12 月 31 日
资料来源：巴西联邦政府透明、监督与审计部和作者的计算。

监测政府现金余额

监测政府每日现金余额总体数据，可以深入了解政府的可用流动性

---

[1]　月度和季节性调整的指数创建于 2010 年，但自 2003 年以来就具有追溯信息。它包括农业、
工业和服务部门的活动估计以及间接产品税收的估算。巴西还使用了其他经济活动指标，
但没有产生定性不同的结果。
[2]　我们排除了 2014 年前三个月，因为即使在应用上述平滑技术后，这些月的公共投资系列仍
然存在高波动性。

水平，以及其持续履行义务的能力。更一般地说，可以了解个别经济体面临的潜在财政脆弱性。大多数政府都努力平衡 TSA 的余额，以确保有足够的资源来履行持续的义务，这意味着现金余额的变化也可以提供信号信息。流动性缓冲的大幅度减小，也可能表明政府开始出现财政压力迹象并需要进一步分析（Baldacci et al., 2011；IMF，2016a）。目前来看，访问每日数据可以比依赖月度或季度报告更快地做出响应。

同样，存款现金水平的逐步提高意味着政府开始囤积现金。这可能表明政策制定者预计未来可能出现财政压力，并试图建立缓冲区。许多发达经济体在大衰退期间的现金水平急剧上升，许多国家都见证了这一点。近年来，斯洛文尼亚等国家的现金余额随着时间的推移而逐渐增加（见图6.5）。这可能预示着，财政压力的预期至少在经济方向上存在很大程度的不确定性。[1] 每天访问这些信息，可以更好地为决策者和多边机构（如国际货币基金组织）在其持续的监督讨论中提供信息。

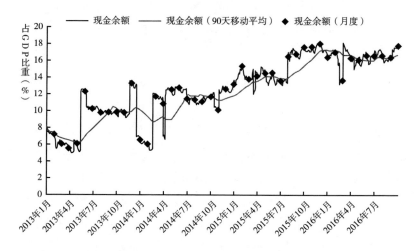

图 6.5　斯洛文尼亚：现金余额 2013 年 1 月 1 日~2016 年 9 月 30 日

资料来源：斯洛文尼亚财政部和作者的计算。

---

[1]　然而，这并不一定是对自 2013 年以来斯洛文尼亚案例中出现的现金余额向上漂移的解释。向上漂移应仅被视为值得进一步分析的指标。

改善现金计划

获取有关政府现金余额的日常数据，还可以帮助各国发展现金管理、提高分析能力。如上所述，许多国家倾向于平滑现金流，并减少 TSA 闲置的现金数量。它们这样做是为了提高资产和负债管理的效率，帮助降低债务和偿债水平，并最大限度地提高流动资产管理的效率。需要的现金越少，需要的借款就越少。

能够访问历史现金余额的高频数据有两个方面的帮助。首先，每日数据可用于评估现金余额的真实波动性，这是衡量现金管理复杂程度的指标，而月度数据可能隐藏大部分波动性。其次，关于现金余额的历史日常数据，是制定准确现金预测的重要依据。预测越准确，确保政府能够履行持续承诺所需的现金就越少。

虽然许多发达经济体现在已经开发出复杂的现金计划系统，但在一些新兴市场经济体和大多数低收入发展中国家并非如此。先进经济体，例如欧元区的经济体，可以获得有关其日常现金余额的信息，并可以用这些信息来高度准确地确定每天需要多少现金。这使它们能够维持相对较低的现金水平，大衰退是一个例外，许多发达经济体对银行系统的威胁以及对缺乏市场准入的担忧导致许多国家囤积现金，尤其是爱尔兰和法国。然而，在一些新兴市场经济体和许多低收入发展中国家过度借贷以及对政府流动性的真实水平缺乏了解，仍然很常见。

正在进行的 TSA 和 FMIS 改革，正在逐步解决这些问题，并且在持续的能力建设的帮助下，综合数据可能会变得可用，并有助于加强低收入发展中国家的现金管理。

监测和预测实际经济活动

背景

本节说明了每日税收收入数据可以加强对近期经济活动的预测。正如 Banbura 等（2013）所讨论的那样，即时预测（或实时更新）可以定义为当前、不久的将来或近期的产出预测。这种技术在气象学中已经使用了很长时间，并且在经济学中变得越来越普遍（Giannone，Reichlin and Small，2008）。它依赖实时更新，提供预测收益，特别是在非常短的时间范围内，并随着预测期限终点的临近和相关信息的积累而变得更加准确（Banbura et al.，2013）。混合频率数据是另一种实时预测和监视工具，它依赖不同的技术，如卡尔曼滤波器或 MIDAS 混合数据样本回归。

使用税收收入进行即时预测

假设主要税收的税基变化广泛反映了经济活动变化并引发了税收收入的变化，而这反过来又可以观察到。显然，税收收入的变化也可能反映税收政策的变化，如果它们在即时预测的背景下对收入产生重大影响，可能需要予以纠正。

增值税（VAT）和工资税特别适合这类活动，因为它们通常以较高的频率提交，这意味着税收趋势变化和税基变化之间存在较小的滞后。它们还可以更广泛地反映私人消费（增值税）和经济活动（工资税）。因此，这在有每日财政数据，但国民账户统计数据较差的国家尤其有用。这些国家的季度 GDP 数据不可用、不可靠或显著延迟，以及其他月度经济活动指标（如工业生产）同样不是当局提供的。

为了说明如何使用每日财政数据进行即时预测，我们使用来自美国的每日数据构建了累计工资税收入的同比增长率。在这里，美国的工资税具有可取的特征，因为其支付频率非常高（一些雇主必须每隔两周提交一次），并且工资税的到期日在各公司之间存在显著差异（在某个月的许多天，即使大多数纳税人在到期日付款，也会收取大量的收入）。

图 6.6 显示了 3 个关于工资税收入的平滑日常数据，不同于用于构建累计金额（60 天和 180 天）的滚动窗口的长度。该系列还对应用的移动平均滤波器（5 天或 10 天）进行了区别，以进一步平滑该系列。考虑到更宽

的滚动窗口可以产生更平滑但也更落后的系列，从而可以获得更长时间滞后的经济条件变化。[①]

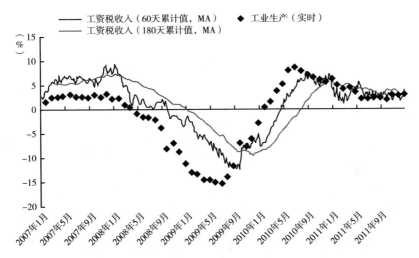

图 6.6　美国：经济活动预测 2007 年 1 月 1 日~2011 年 12 月 31 日

注：MA= 移动平均线。

资料来源：美国财政部和作者的计算。

　　这个例子表明，在全球金融危机之前，其间和之后每日财政数据相对准确地反映了美国商业周期的关键特征。图 6.6 包括经季节性调整的工业生产指标，为美国的商业周期提供了代理指标。重要的是，2009 年经济衰退的高峰期被 60 天工资税指标识别，因此其相对于工业生产基准线仅滞后几周。[②]

[①]　法定个人所得税税率在 2003~2012 年保持不变，根据《2008 年经济刺激法案》向个人发放的退税（Broda and Parker, 2014）并未影响此处使用的工资税收入。相比之下，《2009 美国复苏与再投资法案》增加了税收抵免和减税，这对 2009 年和随后几年的工资税收入产生了影响，这意味着税收收入的同比变化不仅仅是由经济条件导致的。然而，2009 年和 2010 年基于工资收入指标的变化幅度，以及大多数收入损失预计在 2010 年出现的事实，当时该指标显示出显著的同比增长，这意味着这项税制改革不太可能扭曲我们的分析（有关事前估计收入影响的详情，请参阅 https: //www.jct.gov，出版物号 JCX-19-09）。

[②]　请注意，工业生产的实时表示未显示，工业生产指标的发布时间通常至少有一个月的滞后期。

宏观财政分析工作的其他应用

最近，为了进一步支持高频财政数据发挥的重要作用，经济学文献已经开始使用每日财政数据来研究与财政政策相关的不同问题。例如，Auerbach 和 Gorodnichenko（2015）构建了两个每日财政支出系列，以分析其对汇率的影响。每日财政支出系列之一，涉及在上面讨论的美国每日财政数据报告中给国防承包商的付款。另一个系列包含了美国国防部每天公布的合同数量。他们认为有关未来支出的公告会导致美元大幅升值。他们声称，与以前的文献形成鲜明对比的结果是，由于使用了每日数据，财政冲击时间和其他经济变量的响应时间更精确。[①]

Hebous 和 Zimmermann（2016）研究了美国联邦支出对公司投资的影响，并使用了美国联邦采购合同的每日财政数据，结合了关键的金融公司层面的信息，包括若干限制措施以确保公司不会预期财政需求受到冲击，他们发现美国联邦支出中的每 1 美元使公司的资本投资增加了 7~11 美分，但在平均值附近存在显著差异。[②] 对于面临融资约束的公司，该效果非常强烈；对于不受约束的公司，影响接近于零。根据金融加速器模型，他们的研究结果表明，政府采购的效果是通过放宽企业获得外部借款的条件来实现的（IMF，2015；Correa-Caro et al.，2018）。此外，行业层面的分析表明，公司层面的投资增加将转化为整个行业的影响，同时不会挤占同一行业中其他公司的资本投资。

反过来，Rahal（2016）分析了来自英国的每日公共支付数据，构建了近 2500 万本地政府支付的数据库。通过这些数据，他研究了几种类型的公共支

---

① 正如 Auerbach 和 Gorodnichenko（2015）所说的那样，汇率对决策支出的这种反应对政策制定者和研究人员来说很重要，因为它影响到规模乘数的大小（Ilzetzki，Mendoza and Végh，2013；Mineshima，Poplawski-Ribeiro and Weber，2014）、财政溢出程度（Beetsma，Giuliodori and Klaassen，2006），以及财政政策协调的潜在好处（Beetsma，Debrun and Klaassen，2001）。

② Hebous 和 Zimmermann（2016）对所调查的合同进行了限制，使它们能够过滤掉潜在的预期效应，只关注公司未来现金流量的变化。

出，例如，英国获得地方政府资助的第三部门组织、获得大部分公共资金的学校、获得各种资助的公共机构，以及由英国资助的业余水平的体育项目。

最后，Hoopes 等（2016）利用美国应纳税个人投资者群体中股票和共同基金份额的独特日常数据集，研究投资者在国际金融危机期间出售股票所获利润的异质性。这些数据是从向美国国税局提交的匿名纳税申报表中提取的，允许他们将报告的资本利得税与每个纳税人的一些人口统计信息相匹配。虽然他们没有观察到这些税务记录中的资产购买，但这些记录提供了股息收入和补充经纪账户数据集的间接证据，表明总销售额高的个人在很大程度上也是股票的净卖家。①

结 论

本章做了两点贡献。首先，它解决了一个共同的偏见，即与涉及货币或金融市场数据的分析相比，基于财政数据的分析本质上是缓慢变化和严重落后的，因为更高频率的数据不可用。鉴于近几年的技术进步，每日财政数据现在确实可以广泛获取并且很容易获得，即使数据未在大多数国家发布，并且需要一些适度的前期投资才能将其转换为可用格式。其次，它表明日常财政数据中固有存在的噪声和季节性可以相对容易地消除，以使数据有用。本章认为，在财政监督和管理、预测近期经济活动以及宏观财政分析工作方面，每日财政数据相对于传统的月度或季度财政统计数据具有显著优势。

尽管有这些好处，但许多国家没有充分利用每日财政数据分析相关政

169

---

① 本节仅说明了可以使用每日财政数据的一些领域。但是，也存在很多应用领域。例如，每日财政数据可以促进各国持有的现金储备水平的比较。有关现金储备的信息也将使政府的现金和债务管理活动得以基准化，这一领域最近在国际货币基金组织之外获得了很多关注（Faraglia, Marcet and Scott, 2010; Greenwood et al., 2015）。最近其他几篇论文开始使用其他类型的日常数据（非财政）来分析经济问题。例如，Lachowska（2016）利用每日数据来了解消费者信心和支出的动态信息，发现消费者信心与日常支出之间的估计关系较弱。这表明消费者在日常生活中不够理性，并且不会对消费者信心的小幅度和暂时性波动做出反应。

策，这意味着这些数据仍未得到充分利用。解决这一未充分利用的问题，可能对财政当局和多边组织的监督和咨询都有好处。到目前为止，只有有限的证据表明，当局开始通过更多地利用这一丰富的数据源看到了其所带来的好处和机会（Félix，2011），部分原因是在运用每日财政数据时需要考虑潜在的注意事项。

首先，需要注意完全理解这种高频率和大部分未经审计的数据，并采取措施确保数据中的噪声和季节性得到充分解决和考虑，包括确保误报的安全措施不会通过误解数据中的短期数据故障或波动来触发。可以通过包括国际货币基金组织在内的双边和多边机构的技术援助进行能力建设来解决这一问题。反过来，这将有助于各国建立其数据分析能力，以确保可以正确解释高频数据，从而使它们获得切实和显著的好处。

其次，每日财政数据在很大程度上只反映了基于现金的交易，因此可能无法捕获所有政府业务，特别是为了实现现金目标而累积的支付或拖欠的收入。在政府被鼓励采用更丰富、更具信息量的财政政策制定方法时，每日财政数据的使用增加，也可能导致重新强调基于现金的分析。正如"每日财政数据的特征"一节中所述，随着各国政府开始实施以权责发生制会计准则为重点的改革，这些问题应该会减少，但在大多数国家，这仍然需要一段时间。

总的来说，政府和多边机构对每日财政数据的广泛使用和利用有着强有力的商业理由。这很可能会破坏监督行动的执行方式，但这并不是放慢这一脚步的理由。相反，政府和多边机构需要考虑，如何最好地利用这个机会更好地为其公民和成员国服务。这可以通过对财政冲击和其他突发事件采取越来越灵活的应对措施来实现，并更好地为与利益相关方的讨论提供信息。

参考文献

Asimakopoulos, Stylianos, Joan Paredes, and Thomas Warmedinger. 2013. "Forecasting Fiscal Time Series Using Mixed Frequency Data." ECB Working Paper 1550, European Central Bank, Frankfurt.

Auerbach, Alan J., and Yuriy Gorodnichenko. 2015. "Effects of Fiscal Shocks in a Globalized World." NBER Working Paper 21100, National Bureau of Economic Research, Cambridge, M.A.

Baldacci, Emanuele, Sanjeev Gupta, and Carlos Mulas-Granados. 2012. "How to Cut Debt." Economic Policy 27（71）: 365–406.

Baldacci, Emanuele, Iva Petrova, Nazim Belhocine, Gabriela Dobrescu, and Samah Mazraani. 2011. "Assessing Fiscal Stress." IMF Working Paper 11/100, International Monetary Fund, Washington, D.C.

Banbura, Marta, Domenico Giannone, Michele Modugno, and Lucrezia Reichlin. 2013. "Now-Casting and the Real-Time Data Flow." In Handbook of Economic Forecasting, edited by Graham Elliott, Clive Granger, and Allan Timmermann. Amsterdam: Elsevier.

Beetsma, Roel, Xavier Debrun, and Frank Klaassen. 2001. "Is Fiscal Policy Coordination in EMU Desirable？" CESifo Working Paper Series 599, CESifo Group, Munich.

Beetsma, Roel, Massimo Giuliodori, and Franc Klaassen. 2006. "Trade Spill-Overs of Fiscal Policy in the European Union: A Panel Analysis." Economic Policy 21（48）: 639–687.

Broda, Christian, and Jonathan A. Parker. 2014. "The Economic Stimulus Payments of 2008 and the Aggregate Demand for Consumption." Journal of Monetary Economics 68: S20–S36.

Celasun, Oya, Francesco Grigoli, Keiko Honjo, Javier Kapsoli, Alexander Klemm, Bogdan Lissovolik, Jan Luksic, Marialuz Moreno-Badia, Joana Pereira, Marcos Poplawski-Ribeiro, Baoping Shang, and Yulia Ustyugova. 2015. "Fiscal Policy in Latin America: Lessons and Legacies of the Global Financial Crisis." IMF Staff Discussion Note 15/06, International Monetary Fund, Washington, D.C.

Correa-Caro, Carolina, Leandro Medina, Marcos Poplawski-Ribeiro, and Bennett Sutton. 2018. "Fiscal Stimulus Impact on Firms' Profitability during the Global Financial Crisis." IMF Working Paper, International Monetary Fund, Washington, D.C.

Darbishire, Helen. 2009. "Proactive Transparency: The Future of the Right to Information?" Governance Working Paper Series, World Bank Institute, Washington, D.C.

Dener, Cem, and Saw Young Min. 2013. "Financial Management Information Systems and Open Budget Data: Do Governments Report on Where the Money Goes?" World Bank, Washington, D.C.

Dener, Cem, Joanna Alexandra Watkins, and William Leslie Dorotinsky. 2011. "Financial Management Information Systems: 25 Years of World Bank Experience on What Works and

What Doesn't." World Bank, Washington, D.C.

Faraglia, Elisa, Albert Marcet, and Andrew Scott. 2010. "In Search of a Theory of Debt Management." *Journal of Monetary Economics* 57 (7): 821–836.

Federal Reserve Bank of Dallas (FED-Dallas). 2014. "Seasonally Adjusting Data." Databasics.

171 Félix, Leodelma de Marilac. 2011. "Proactive Transparency: What Has Been Done in Brazil." Minerva Program, The George Washington University, Washington, D.C.

Flynn, Suzanne, and Mario Pessoa. 2014. "Prevention and Management of Government Expenditure Arrears." IMF Technical Notes and Manual, Fiscal Affairs Department, International Monetary Fund, Washington, D.C.

Gardner, John, and Brian Olden. 2013. "Cash Management and Debt Management: Two Sides of the Same Coin." In *Public Financial Management and Its Emerging Architecture*, edited by Marco Cangiano, Teresa Curristine, and Michel Lazare. Washington, D.C.: International Monetary Fund.

Giannone, Domenico, Lucrezia Reichlin, and David Small. 2008. "Nowcasting: The Real-Time Informational Content of Macroeconomic Data." *Journal of Monetary Economics* 55 (4): 665–676.

Greenwood, Robin, Samuel G. Hanson, Joshua S. Rudolph, and Lawrence H. Summers. 2015. "The Optimal Maturity of Government Debt." In *The $13 Trillion Question. How America Manages its Debt*, edited by David Wessel. Washington, D.C.: Brookings Institution Press.

Hebous, Shafik, and Tom Zimmermann. 2016. "Can Government Demand Stimulate Private Investment? Evidence from U.S. Federal Procurement." IMF Working Paper 16/60, International Monetary Fund, Washington, D.C.

Hoopes, Jeffrey, Patrick Langetieg, Stefan Nagel, Daniel Reck, Joel Slemrod, and Bryan Stuart. 2016. "Who Sold During the Crash of 2008–9? Evidence from Tax-Return Data on Daily Sales of Stock." NBER Working Paper 22209, National Bureau of Economic Research, Cambridge, M.A.

Ilzetzki, Ethan, Enrique Mendoza, and Carlos Végh. 2013. "How Big (Small?) Are Fiscal Multipliers?" *Journal of Monetary Economics* 60 (2): 239–254.

Inter-American Development Bank (IADB). 2015. *The Treasury Single Account in Latin America: An Essential Tool for Efficient Treasury Management*, edited by Mario Pimenta and Carlos Pessoa. Washington, D.C.

International Monetary Fund (IMF). 2007. "Manual on Fiscal Transparency." Fiscal Affairs Department, Washington, D.C.

——. 2014a. "Seasonal Adjustment." In *Update of the Quarterly National Accounts Manual: Concepts, Data Sources, and Compilation.* Washington, D.C.

——. 2014b. "Public Expenditure Reform, Making Difficult Choices." IMF Fiscal Monitor. Washington, D.C.

——. 2015. "Private Investment: What's the Holdup?" World Economic Outlook, Chapter 4. Washington, D.C.

——. 2016a. "Analyzing and Managing Fiscal Risks—Best Practices." IMF Policy Paper, Washington, D.C.

——. 2016b. "Brazil: 2016 Article IV Consultation." IMF Country Report 16/348, Washington, D.C.

Irwin, Timothy C. 2015. "The Whole Elephant: A Proposal for Integrating Cash, Accrual, and Sustainability-Gap Accounts." IMF Working Paper 15/261, International Monetary Fund, Washington, D.C.

Lachowska, Marta. 2016. "Expenditure and Confidence: Using Daily Data to Identify Shocks to Consumer Confidence." *Oxford Economic Papers* 68 (4): 920–944.

Ley, Eduardo, and Florian Misch. 2013. "Real-Time Macro Monitoring and Fiscal Policy." World Bank Policy Research Working Paper 6303, World Bank, Washington, D.C.

Lledó, Victor, and Marcos Poplawski-Ribeiro. 2013. "Fiscal Policy Implementation in Sub-Saharan Africa." *World Development* 46 (C): 79–91.

Mineshima, Aiko, Marcos Poplawski-Ribeiro, and Anke Weber. 2014. "Size of Fiscal Multipliers." In *Post-Crisis Fiscal Policy*, edited by Carlo Cottarelli, Phill Gerson, and Abdelhak Senhadji. Cambridge, M.A: MIT Press.

Onorante, Luca, Diego J. Pedregal, Javier J. Pérez, and Sara Signorini. 2010. "The Usefulness of Infra-Annual Government Cash Budgetary Data for Fiscal Forecasting in the Euro Area." *Journal of Policy Modeling* 32 (1): 98–119.

Pattanayak, Sailendra, and Israel Fainboim. 2010. "Treasury Single Account: Concept, Design and Implementation Issues." IMF Working Paper 10/143, International Monetary Fund, Washington, D.C.

Poplawski-Ribeiro, Marcos, and Jan-Christoph Ruelke. 2011. "Fiscal Expectations under the

Stability and Growth Pact: Evidence from Survey Data." IMF Working Paper 11/48, International Monetary Fund, Washington, D.C.

Rahal, Charles. 2016. "Unlocking Public Payments Data." Unpublished, University of Oxford.

Stiglitz, Joseph. 2001. "On Liberty, the Right to Know and Public Discourse: The Role of Transparency in Public Life." In *The Rebel Within*, edited by Ha-Joon Chang. London: Anthem.

Wang, Rachel F., Timothy C. Irwin, and Lewis K. Murara. 2015. "Trends in Fiscal Transparency: Evidence from a New Database of the Coverage of Fiscal Reporting." IMF Working Paper 15/188, International Monetary Fund, Washington, D.C.

附件6.1   描述性统计

附表6.1 描述性统计 (单位：%)								
国家	系列	时期	频率	10th	90th	中位数	均值	标准差
科索沃	税收收入	2016年3月30日	每日	13.3	16.8	15.1	15.2	2.0
	（自会计年度开始以来累计金额的同比变化）	到	月度	13.2	17.9	15.1	15.3	1.4
		2016年12月31日						
美国	工资税收入	2007年1月1日	每日	−7.8	6.7	2.7	1.1	5.6
	（年度变化60个工作日累计，应用5天移动平均）	到	月度	−7.4	6.7	2.7	1.0	5.5
		2011年12月31日						
巴西	公共投资	2014年4月4日	每日	−47.9	29.7	−16.9	−10.1	30.9
	（90个工作日累计金额同比变化，应用90天移动平均）	到	月度	−48.9	29.6	−27.3	−13.6	31.8
		2015年12月31日						
斯洛文尼亚	现金余额	2013年1月1日	每日	6.4	17.2	12.8	12.7	3.6
	（占GDP比重）	到	月度	6.9	17.2	13.3	12.9	3.7
		2016年9月30日						

注：10th=10%分位数；90th=90%分位数。

资料来源：巴西联邦政府透明、监督与审计部，科索沃共和国财政部，斯洛文尼亚财政部，美国财政部，以及作者的计算。

7 建立数字信任：区块链和政府认知计算*

阿文·克里希纳　马丁·弗莱明　所罗门·阿塞法*

引　言

尽管技术取得了广泛的进步，但某些陈旧做法给现代交易系统带来了沉重的负担，由此造成的"摩擦"减缓了国际商务并抑制了各种服务的提供。例如，银行仍然向进口商签发信用证，这种做法自中世纪意大利起源起 700 年来没有改变。这种做法要求银行中介机构进行许多费时费钱的交易。

此外，跨境监管、海关拖延、欺诈、腐败和贪污这些摩擦给全球贸易和商业流动增加了巨大的成本，导致拖延和复杂性。例如，IBM 公司的一项测试表明，仅仅是文书工作就占从非洲到欧洲的农产品运输成本的15%。

被称为"区块链"和"认知计算"①的新兴数字技术可以帮助减少甚至消除这些摩擦。

摩擦不仅阻碍了贸易和商业流动，也阻碍了人员流动。从银行手续

---

* 作者感谢 Rob Lewis、Michael Donnelly、Alan Thurlow、Ramesh Gopinath 和 Terry Lutes 的贡献、评论和编辑。

① 区块链是一个共享的、不变的用于记录交易历史的数字分类账。当交易发生时即被计入一个区块中，每一区块都与其发生前后的区块相联系。交易间相互联系且每一区块都处于一个不可逆的链条上，并被放入下一个区块中。认知计算利用关键的人工智能技术来增强人类的能力和增加专业知识。

费、文书工作再到贿赂花费，小农场主们在评估海外运输产品的成本后，可能会认为不值得花费时间和金钱在当地市场以外销售。

当然，成功的经济交易是建立在信任的基础上。数字技术和其他创新可能会扰乱经济秩序，从而导致现状被扰乱并引入风险，最终破坏信任。

尽管如此，纵观历史，许多技术进步极大地增强了人们之间的信任。诸如纸币、银行系统、印刷出版物和电子支付系统等创新都是如此。互联网最初在没有大量担保和保障措施的情况下促成了新的购买和销售方式的出现，很快就把安全的电子商务服务带给了消费者。

这些技术进步都是通过建立增强信任的体系来刺激经济活动，从而使各方能够更自由地相互接触。如果看似颠覆性的数字技术能够增强信任，那么它在刺激经济的同时，为那些采用它的人提供了明显的优势。

基于云计算①的数字革命取代了大规模的资本投资，以应对越来越大的工作负荷。它之所以具有颠覆性，是因为它经常能颠覆传统的商业和服务交付模式，同时为消费者提供新的价值。诸如 Amazon、Airbnb 和 Uber 等公司的商业模式为此提供了强有力的例子（参见第 3 章）。通过消费者和商品及服务提供者之间更高效的数字接口，数字革命已革新了零售业、酒店业和运输业。

本章将密切关注区块链和认知计算如何帮助政府活动变得更加透明、准确和高效。事实上，这些技术已经应用于税收征管、提供公共福利、数字化公民身份、土地登记管理和公共事件记录。

政府可能不会认为自己采用了"商业模式"，政府的存在是为了服务其公民。但在这方面，数字革命也可以从根本上改变政府履行这一使命的方式，以及履行这一使命的速度和效率。区块链和认知计算也是数字革命，将有助于政府实现这一目标，同时增强信任、安全性和政府运作的风险管理。

---

①　云计算，通常简称为"云"，是指根据需要、按使用付费的、通过互联网交付计算资源的方式——从应用程序到数据中心的所有内容。

区块链和认知计算如何运作

如前所述，数字技术可以减少摩擦，增强使用者对传输系统的信任。区块链通过将数据放入共享的分布式分类账[①]来实现这一点，允许每个参与者通过许可网络访问交易记录系统，该网络可以区分出谁有权查看什么。只有参与交易的当事人才能看到并对其进行修改，事务一旦执行就不能更改。由于交易记录是分布式的，任何恶意的参与者都不可能在别人不知道的情况下做出有害的改变。

由于当事人可以处理和分析大量的结构化数据和非结构化数据，认知系统可以使用区块链数据从多个数据流中获得有价值的见解和几乎实时的检测模式。[②]

数字技术也可以通过降低成本和简化管理过程来消除经济参与的障碍。例如，区块链可以消除在整个交易不同时间点核实交易信息的成本。由于每一方都可以同时获得相同的信息，所以核查费用可以被降低或消除。这也降低了审计交易信息的费用，从而减小了新参与者进入市场的障碍（Catalini and Gans，2016）。

为了理解区块链和认知计算，首先应结合信息技术长期扮演的辅助政府和金融系统的角色来看待它们。

制表时代（1900~1970 年）

最早的计算机涉及计数的单用途机械系统。这些制表机器推动了商业和社会的进步，帮助政府和企业理解并应对从人口增长到全球资本主义发展等重大挑战。

---

① 分布式分类账是一个数据库，可以通过跨多个站点、机构和地理位置的业务网络实现参与者之间共享和同步的数据库。

② 计算机很容易理解并处理结构化数据，这些数据以列、表、数据库等形式组织。非结构化数据，例如单词或视频中包含的信息，传统上需要人类去理解。认知系统可以同时处理这两种数据。

例如，在 1937 年，IBM 率先开发的打卡系统使美国政府能够为近 3000 万公民实施一项全新的社会保障计划。

可编程时代（1950 年至今）

然而，统计数字不足以应对不断出现的重大社会挑战。遵循详细指令（通常使用 if/then 逻辑）的计算机与迅速发展的电信的结合，创建了跨境支付系统、电子支付系统、国际银行结算系统以及网上银行交易网站等。这个时代的进步也使得使用移动电话的数十亿用户相联系，使知识和服务更为便利和便宜。

认知时代与区块链（2011 年至今）

当今技术的进步，尤其是在应用人工智能技术来增强人类认知能力方面的进步，正开始引入一种更为简单的方式与计算系统进行交互。这种方式使用自然语言来访问图像和音频文件中的信息，并与从人类专业技能中学习并不断增加知识的系统进行协作。目前，全球数据的总量、复杂性和不可预测性是前所未有的。认知计算的最大优势在于它能处理大量复杂数据，从中提取优势并针对新发现提出解决方法。

但如何收集、存储和维护数据对于有效使用数据至关重要，在涉及不同司法管辖区的多方当事人的复杂交易中更是如此。集成一个严格的、可信赖的方法以确保交易数据的准确性，如区块链与认知计算能力，将帮助人们和政府解决实际问题、发现新的机会、提高生产力并推动新发现。区块链和认知系统的结合提供了进一步转变商业以及多种形式金融交易的机会。

区块链如何运作

区块链是一个分布式分类账，可以以防止篡改或修订的方式添加，安全地维护记录（块）。它是作为支撑比特币这种数字货币的核心技术而出现的。然而，它的用途远远超出了支付范围，并且有可能触及实体经济的所有方面。

区块链技术可在不受任何单一实体控制的情况下在业务网络上共享交易的数字分类账，使得建立经济高效的可信关系更为简单。它在不依赖第三方中间人的情况下建立信任和诚信。

在私有的区块链网络中，加密技术确保参与者只能查看他们被授权查看的分类账中的信息。这一点与任何人都可以访问的公共区块链（如比特币）相区别。专用区块链网络的授权特性对于实现隐私保护和数据的完整性至关重要。一旦提交给区块链，交易永远不能改变，因为没有节点可以单方面改变其分类账的副本。实际上，参与者不能重写历史或否认过去的交易。

区块链的业务规则功能（也称为"智能合同"）使某些条件能够自动附加于交易，如两个或两个以上的当事方必须认可该项交易，或必须首先完成另一个交易。举个例子，货物进口商不再需要从银行获得信用证，而是可以利用区块链上的一个智能合同，该合同规定当货物经过一个特定的地点并得到海关当局批准时，资金便从汇入者的银行账户回流到汇出者的银行账户。

区块链分类账可以记录从开始到结束的每一个交易序列，无论它是涉及供应链中的数百个步骤或只是单一在线支付。正如将要解释的那样，由于区块链使交易透明成为可能，政府机构可以更好地了解金融和商业系统内正在发生的情况，并在问题变得严重之前查明潜在的问题。

2015年，IBM和其他16个跨行业领导者组建了超级账本（Hyperledger），这是一个Linux基金会项目，正在使用开源方法来推进跨行业区块链技术。开放源码方法提供了将新兴技术推向主流商业所需的透明度、互操作性和支持。参与者可以自由注册、使用、复制和调整相关软件以适应特定的应用。源代码在成员之间公开共享，以便软件设计能够在一致的、可控的方式下自行得到改进。

这种方法确保区块链开发在统一的标准和应用下进行，这一目标十分重要，因为区块链技术会广泛地应用于各行各业。开源程序、自由许可条款与多个组织的严格治理相结合，将使受监管行业最为广泛地使用区块链技术（US Congress House Subcommittee on Energy and Commerce，2016）。

认知计算如何运作

认知计算描述了一些应用人工智能技术的系统，这些技术可以进行大规模学习、有目的的推理，并与人类自然互动。这些系统所执行的功能类似于人们在获取知识、理解和学习知识、推理和分享已学知识时所做的事情。认知系统提供以证据为基础的决策，并根据新的信息和结果不断完善这些决策，从而使人类能够做出更好的决策并选择更好的行动。

认知计算系统在很大程度上不同于之前的信息系统。它们是概率性的而非确定性的，这意味着它们不用遵循一个冗长但有限的方向集，而是以一个问题的单一解决方案结束。它们使用统计推理（例如，分析两个词组相关的可能性，或者它们出现在一起的频率）对潜在的含义和答案做出假设。它们提出假设、整合合理的论点，通过相关的概率和置信度来提出行动建议。

与传统的计算系统不同，认知系统可以处理和分析全球 80% 被归类为非结构化的数据（Kelly，2015）。考虑到这些数据的指数式增长以及尽快为商业和社会福利开发价值的迫切需要，这正迅速成为一项基本职能。

一般来说，认知系统的特性如下。

适应性：它们随着信息的变化、目标和需求的演变而不断学习。它们有助于解决模糊性和容忍不可预测性。它们可以实时或接近实时地处理动态数据。

互动性：它们可以更自然地与使用者互动。它们还可以与其他处理器、设备和云服务以及人互动，并且可以利用更传统的可编程系统来完成任务。

迭代性：当遇到不完整或模糊的问题时，它们可以提出问题或找到额外的输入来进一步定义问题。它们可以"记住"流程中以前的互动，并反馈适合当时特定应用程序的信息。

情境评估：它们理解、识别和提取情境元素，如意义、语法、时间、位置、适当的领域（相关业务部门）和法规、手头的任务及目标。它们利用多种信息来源，包括结构化和非结构化的数字信息，以及感官信息，如视觉、手势、听觉或传感器提供的信息。

IBM 的沃森（Watson）可能是迄今最广为人知的反映上述特性的认知计算系统的例子。它结合了十几项高级计算机科学的创新，在 2011 年的智力竞赛节目《危险边缘》中，通过比对手更快地理解和回答口语问题，击败了顶尖的人类冠军。

从那时起，沃森就被训练去分析来自特定业务领域的越来越复杂的数据集，并从中推理，得出深刻认识并从中学习，诸如肿瘤学这样的医疗保健领域。

可用于帮助提供癌症治疗信息的研究和数据数量正呈指数式增长。医学专业人员不可能独自跟上所有的研究进度。智能决策系统 Watson for Oncology 帮助护理团队识别病人医疗记录中的关键信息，展示相关文章，并探索可减少不必要的护理变化的治疗方案。该系统由纽约纪念斯隆－凯特琳癌症中心（Memorial Sloan-Kettering）的专家训练了 15000 小时。它从相关期刊和教科书中获取了近 1500 万页材料，并继续扩大其知识面。

沃森结合了对纵向医疗记录的理解及肿瘤学培训的理解，为每个独特的病例迅速向医生推荐治疗方案。这种能力已经提供给世界各地的医疗保健者。例如，在北卡罗来纳大学莱恩伯格综合癌症中心的试验中，有 1/3 的病例沃森建议使用医院肿瘤委员会没有考虑到的潜在治疗方案。印度班加罗尔的 Manipal 医院发现，在 90% 的乳腺癌病例中，沃森同意肿瘤委员会的建议。

沃森的应用潜力不仅限于医疗保健领域。它还被用来协助地方和国家政府开展各种核心活动，如客户服务。

美国人口普查局已经请求 IBM 支持其 2020 年人口普查计划，该计划利用认知技术帮助回答被调查者的问题。任何填写 2020 年人口普查的人都可以拨打 800 电话，沃森系统将回答自然语言的问题。预计在虚拟代理的帮助下增加自助服务，大大降低成本。

类似地，佛罗里达州的迈阿密－戴德县已经通过沃森和 IBM 认知系统来增强供水和下水道部门的客户自助服务。在认知顾问的帮助下，该部门的客户可以与沃森讨论一系列有关供水服务和支付的问题。新系统的目标是提高首次呼叫成功解决率，加强客户支持，提供计费信息和支付选项。该服务有望降低每次联系的成本，并为客户提供全天候的答复和支持。

区块链与认知计算在公共财政中的应用

区块链的潜在好处

尽管区块链的潜在利益几乎触及所有行业，但其参与政府活动的潜力更大，因为它有能力提供更高水平的透明、准确和有效率的政府活动。如前所述，它已经具有税收征管、提供公共福利、数字化公民身份、土地登记管理和公共事件记录等广泛功能。

区块链的业务规则功能可以进行调整以履行监管职能，甚至可能零成本地实现外部各方参与政府的转型行动。政府政策和条款可以数字化地载入支撑区块链的"智能合同"中，确保这些政策在区块链上进行的所有交易中得到忠实执行。

区块链为政府提供了建立永久、不变的身份记录的可能性，对于公民和企业来说，这些记录不会丢失或被盗。这反过来又建立了对所需数据的访问，以加强服务的提供和公共利益的分配。全世界有近 25 亿人缺乏官方身份证明，其中包括 14 岁以下从未登记的儿童，以及非洲和亚洲贫穷农村地区的许多妇女。这是获得福利、教育和扩大普惠金融的主要障碍（Daha and Gelb，2015）。

例如，早期采用数字技术而闻名的爱沙尼亚，是第一个向其公民提供基于区块链的电子身份证的国家。公民可以使用它来获得公共、金融、医疗和急救服务，在线纳税，电子投票，提供数字签名，以及无须护照在欧盟内旅行（Shen，2016）。通过另一个叫作"e-Residence"的程序，爱沙尼亚为非爱沙尼亚人和非居民提供跨国数字身份。它可用于建立一个在爱沙尼亚注册的与地点无关的网上业务，并利用爱沙尼亚公民和设在爱沙尼亚的企业可以获得的数字服务。

最后，区块链结合认知系统可以帮助政府以及各行各业确认所有物的来源及年限，以及资产或对象的位置，正如下面的例子所示。

它记录详细的出处证明了一件物品的真实性。这对从食品安全到挽救生命的药物的完整性，再到消费者的健康和福祉等方方面面都有着巨大的影响。产地来源创建了所有实物产品运输的可审计记录。它可以防止假冒商品的销售，以及目前系统中认证的"双重消费"的问题。

一个相关的行业例子是 IBM 与 Everledger 的合作，后者是一家追踪、保护钻石和其他贵重物品的公司。钻石基本上仍然依赖纸质的真伪证书和原产地证书。因此，这些信息更容易被篡改。这还对试图防止"冲突钻石"流入市场的监管机构构成重大挑战，因为这些钻石一直与资助武装叛乱的资金活动挂钩。

Everledger 利用 IBM 区块链建立了一个数字商业网络来支持其全球认证系统。该平台拥有 100 万颗"钻石"的数字信息，包括行业认证和关键数据点，每颗钻石上都有激光铭文的链接。认知计算系统确保这些钻石是真实的并符合数以千计的规定，包括联合国为防止出售"冲突钻石"而规定的条例。

在这个系统下，首次实现了直接对区块链中的数据进行认知分析。这样就不需要先提取出用于分析的数据，这使得欺诈更为容易。该系统可以交叉核对所有相关条例和记录以及供应链和物联网[①]数据，包括时间和日

---

① 物联网指的是越来越多地通过互联网发送数据的连接设备。"物"是指任何具有嵌入式电子设备的物体，它可以通过网络传输数据而不需要任何人为交互。例如，可穿戴设备、环境传感器、工厂中的机械、家庭和建筑物中的设备或车辆中的零部件。

期戳以及地理空间信息，只需花费人类完成这项工作的一小部分时间。

Everledger 相信这个系统最终可以应用到所有的高价值商品中——从无价的艺术品到稀有的葡萄酒再到汽车。以类似的方式，IBM 相信区块链有利于某些关键的政府活动（见表 7.1）。

表 7.1　区块链如何应用于政府管理		
作用	挑战	区块链如何发挥作用
组织收入	1. 企业和个人的纳税基础不同 2. 遗留流程 3. 复杂的财政责任 4. 审计能力	1. 智能合同使特定法律协议下的交易自动化 2. 不可修改的财务资料和交易记录 3. 增加透明度 4. 外部审计和监管审查变得更加容易
支出问责	1. 审计能力和监督管理 2. 较敏感的个人资料的保密性 3. 财政预算优先事项	1. 通过密码和密码学增强安全性 2. 更改分类账所需的共识可提高数据的完整性 3. 不可变的交易链下可明确出处
反腐败	1. 不透明的治理模式 2. 复杂的财政体系 3. 腐败的财政行为	1. 网络体系架构可以满足预先定义的治理模式 2. 监管机构的参与推动自动合规 3. 所有被许可方的信息只存在单一版本 4. 增强网络中各方的可见性 5. 支持数据加密以及参与者和第三方的复杂权限设置的管理

资料来源：IBM 研究报告。

区块链和认知计算在政府组织收入中的应用

181　　　政府组织收入也提供了一个有用的视角，通过它可以看到区块链和认知计算的潜在影响。

组织收入目前独立于它所基于的商业交易行为。它定期发生，并取决于交易各方是否正确记录交易行为。当供应商用票据结算时政府就会收税。例如，这可能每季度发生一次，并需要填写纳税申报表。若使用区块链，公司将不需要提交纳税申报表，因为它们的税务账户可以持续更新和自动结算。

目前商业交易与税务部门相分离也助长了故意漏报和意外漏报。认知系统可以通过观察商业交易及其相关的税收来发现这种漏报。

认知计算与区块链的整合可以有效地降低商业交易税收方面的错误风险。区块链的安全性和固定性有助于确保交易的来源，减少欺诈和误报的可能性。区块链中商业交易可自动生成税务交易。智能合同可用于实施现行税收政策，使税务部门能够快速有效地进行任何修改。认知系统可以不断地搜索区块链数据，以寻找异常行为和其他可能存在不合规或欺诈的例外。

通过区块链上的税收交易和商业交易的关键要素，政府可以在无须向商业实体支付额外费用的情况下持续开展合规活动。每个纳税人所欠的税款可以作为数字货币（美元）储存在区块链上，并由中央银行所有。这种数字货币可用于支付应付税款和净免税额，例如在处理增值税时。这样，纳税人将不再需要提交申报，因为区块链将持续维护税务账户。

实施数字技术：政府主要的考虑因素

成本与挑战

任何形式的技术收购都需要财政投资，这些投资将因每个潜在使用者现有的基础设施和需求而有所不同。因此，难以概括诸如认知计算和区块链等数字技术的应用成本。这必须根据具体情况来确定。随着这些技术的成熟和应用范围的扩大，成本也会降低。

尽管存在这些未知因素，我们仍然可以对基于区块链和认知计算的解决方案的相对可承受性和总体价值做出某些核心假设。

如前所述，现在可以通过云计算提供解决方案。虽然初始访问可能需要对现有计算机的硬件和软件进行某些升级，但云服务在很大程度上减少了对大规模资本密集型技术投资的需要。根据 IBM 目前参与的私营部门项目，数百万美元的投资足以让数字技术项目在相对较大的规模上启动和运行。从政府支出总额来看，即使在发展中国家，这也不是一个令人望而却步的成本。例如，肯尼亚政府宣布 2017/18 财政年度的政府总支出将超过 220 亿美元（Njini and Changole，2017）。

同样，发展中国家由于缺乏现有的技术基础设施，在采用数字技术方面可能具有明显的优势。它们不必维护许多发达国家共有的旧"遗留"系统。它们可以选择建立以区块链和认知计算为基础的现代化基础设施，而不是改造已有几十年历史的设备。

一个更紧迫的也是政府处于独特地位所应对的挑战在于，应用数字技术所需的过程变革。以区块链为例，该技术被明确设计用于促进多方业务交互。区块链的应用需要私营部门实体的合作和参与，这些实体必须同意建立一套围绕区块链的关于交易和数据共享的新政策。这需要改变政策而不是技术型的解决方案，政府可以促进实现这一点。

尽管认知系统和区块链的组合在本质上是安全的，但安全和技术挑战可能不断发展。随着这些新技术用户数量的增加，计算机黑客和网络犯罪分子试图发现和利用新的漏洞。大量可信任的信息可以在区块链上共享，也可能会增加参与者损害系统某些部分的风险。

安全性本身所面临的主要挑战不是技术本身而是使用系统的一部分人。区块链技术并不能阻止数据从源头被人类破坏，例如一个官员被贿赂后提交一个虚假的交易。目前，在接入网络的"边缘"处，即接近数据的来源处安装了多种多样的安全防范创新措施，补充区块链技术的不足以应对这一挑战。其中包括加密、防篡改锚点和微型计算机等研究前景十分广阔的工作，这些工作可以安全地将实物产品与区块链系统中的数字联系起来，并有助于消除全球供应链中复杂的欺诈行为。

尽管存在潜在的挑战，但由于以下三个核心功能的存在，恶意行为者很难在区块链中进行欺诈交易。

（1）每个交易都经过数字签名，使其不可否认。

（2）每个交易都由双方或多方当事人通过共识机制审查，不能单方面输入信息到区块链的系统上。

（3）区块链上的数据是不可修改的，因为它的多个副本是由独立的各方管理。它也被分组成块且交易被加密，这使得任何人一旦输入信息就几乎不可能被篡改。

　　最后，鉴于区块链只是所有交易的附加日志，关于如何管理一个区块链数据的无限增长还有一个较长期的挑战。虽然它不是不可克服的，但这是一项重要的技术考虑事项，目前正在努力了解如何最好地解决这个问题。

法律架构

　　IBM 的经验是，无须改变现有的法律和监管框架即可实现应用数字技术的大量优势。多年来，帮助数以千计的公共和私营部门客户应用数字技术的事实清楚地表明，大多数优势是可以在现行法律下实现的。这在金融服务、供应链和物流、医疗保健和其他行业中已经得到证明。考虑到这些产业与政府服务和监管紧密相连，这一点可能也适用于政府部门应用数字技术。

　　然而，根据定义，创新先于监管。鉴于像区块链和认知计算这样的数字技术刺激了许多业务流程的重新构思，可能法律和监管会出现新的修改，以最大限度地发挥其潜力并指导其使用。例如，某些司法管辖区不承认某些数字文件（如运输中的数字提单）在法律上是可接受的。在这种情况下，在修改此类法律之前，以区块链为基础管理安全文件审批工作流程的系统可能不可行。

隐私

　　区块链的核心承诺是通过启用数据权限和选择性可见，向用户交付可信的数据和业务流程。为符合现有的隐私法可以对其安全特性进行配置（如欧洲联盟的《通用数据保护条例》和其他条例），且其隐私保护是政策功能，而不是技术限制。从这个角度来看，区块链可以用来反映法律自身的力量。该技术还可生成支持文档，例如，为增加审计过程的可信度而自动生成审计合规性报告。

　　私有的区块链网络的授权功能可防止匿名方参与交易，从而最大限度地减少潜在的犯罪。这与涉嫌犯罪的比特币公共区块链分类账形成鲜明对比。

顺序性

成功的政府技术项目必须以最佳的步骤或"顺序"进行。这些顺序步骤应包括法律评估、影响评估和能力发展。

从 IBM 在肯尼亚改善该国营商环境以吸引更多外商直接投资和增强国内公司实力中可以吸取某些教训。最重要的是，这项工作需要提高政府服务的效率和构建基本的监管框架。根据 IBM 的经验，这些都是成功采用技术的基本前提。

IBM 在肯尼亚的"营商便利化"项目的关键顺序步骤包括以下六步。

（1）从各机构收集数据，以确定效率低下的根本原因。

（2）进行数据分析以提出改革建议（流程、法律和技术）。

（3）制订行动计划以协助执行。

（4）实施转变治理的技术。

（5）监督执行情况。

（6）向利益相关方通报已实施的改革。

表 7.2 列出了肯尼亚根据这一方法已经实施的改革和技术建议。

表 7.2　肯尼亚营商便利化改革研究		
肯尼亚已经实施的改革		数字化涉及领域
创办企业	• 合并程序由 11 项减少至 3 项 • 标准化收费 • 公司章程范本	• 在线注册公司 • 创办企业 • 土地登记制度 • 电子施工许可证 • 单一窗口 • 自动化法院
用电	• 引入 GIS 系统 • 减少一半程序 • 缩短一半连接时间	
纳税	• 在线申报纳税	
法律顾问	• 与信贷机构共享信用信息 • 通过《破产法》 • 以法律形式保护少数股东权益	区块链、物联网、认知计算

资料来源：IBM 研究报告。

作为成功实施这一方法的案例，肯尼亚大大提高了其在世界银行营商便利化的年度排名，发展中国家用这一排名来衡量改革的成功与否。在过去的两年中，肯尼亚的排名上升了 44 位，在世界上改革最多的国家中排名第三。IBM 研究中心正在通过开发认知技术来扩大这个项目的重点范围，以帮助政府官员在政策制定、收入和支出方面做出更明智的决定。

其他政府应用及行业应用

世界各地的政府和行业都在积极尝试区块链和认知计算，应用范围包括福利分配、政府客户服务和呼叫中心、数字货币、电子记录、土地所有权、公民身份、防欺诈、全球供应链安全等。下面将讨论具体的项目。

货币及支付

非洲国家拥有先进的与许多西方国家相竞争甚至超越西方国家的支付系统，包括肯尼亚的 M-Pesa（参见第 10 章），它是一种基于移动电话的汇款、融资和小额信贷服务；在突尼斯和塞内加尔诞生了世界上第一个基于区块链的数字货币。

在突尼斯，超过 300 万公民没有银行业务关系（DCE, 2015）。突尼斯政府的目标是使用数字货币，通过区块链技术来改善这一点。通过使用突尼斯国家邮政局（它提供银行账户，并拥有全国银行市场 45% 的份额）所提供的智能手机应用程序，客户可以在全国范围内随时进行安全且可负担的商业支付和汇款交易。他们可以使用名为 eDinar 的数字货币进行即时移动汇款，亲自在线支付商品和服务、支付账单，以及管理政府身份证明文件（Parker, 2015）。

塞内加尔宣布计划在 2017 年使用以区块链为基础的数字货币 eCFA。该货币将是法定货币，具有与现行货币非洲金融共同体（CFA）法郎相同的地位。与其他形式的数字货币不同，eCFA 的供应将以与实物货币相同的方式由塞内加尔中央银行控制（Douglas, 2017）。

186

福利支出

在英国，该国最大的公共服务部门——工作和养老金部，正在开展一个试点项目，采用区块链的分布式分类账技术来改善福利津贴的支付。其部分目的是减少英国每年多支付的31亿英镑的福利（National Audit Office，2016）。索赔人使用移动电话应用程序接收和使用其福利金。经他们的同意，他们的交易记录在一个分布式分类账上，以支持他们进行财务管理。

债券发行

美国在线零售商Overstock正在使用区块链技术在全球发行、结算和交易公司债券。Overstock以这种方式发行的私人债券可以提供当日结算，而不是通常需要的两三天时间。2016年，Overstock成为第一家通过互联网发行股票的上市公司，基于区块链技术发行了超过12.6万股公司股票（Metz，2016）。

全球融资

IBM全球融资部是全球最大的技术融资方。该部门每年为全球4000多家供应商和合作伙伴提供信贷支持，并处理近300万张发票和25000起纠纷。该部门创建了一个区块链平台，将纠纷时间从40天以上减少到10天以下，从而释放出大约1亿美元的资本（Krishna，2016）。使用区块链技术，交易参与者共享同一个具有许可和安全访问权限的平台。他们可以获得完整的交易流程图，并且可以很容易地跟踪从购买订单到产品交付的交易过程。他们还能够看到交易流程的每一个步骤，并确定延迟或发生错误的确切时刻。这使交易各方能够更容易地解决问题，而不会引起纠纷。

全球供应链

全球最大的航运公司Maersk已经与IBM合作建立了第一个基于区块

链的全行业跨境供应链解决方案。该解决方案通过将供应链流程数字化，帮助管理和跟踪全球数千万个海运集装箱的文字记录。通过提高透明度和安全共享信息，该平台可以减少目前运输货物所需的文书工作量，从而降低交易成本。区块链不可变和透明的审计跟踪也将开始解决每年约6000亿美元的海事欺诈损失，因为在交易过程中货物被非法从船上转移（WIRED，2017）。

迪拜海关正在与 IBM 合作，探索区块链在迪拜货物进出口过程中的应用。区块链通过云计算交付系统传输货运数据，使主要利益攸关方能够获得关于货物状况和货运状况的即时信息。以一批水果的运输为例，当水果从印度经海路出口到迪拜，在迪拜制成果汁，再从迪拜空运到西班牙，交易各方将及时得到更新的信息。该解决方案旨在用智能合同取代纸质合同。它使用来自传感器设备的数据来更新或验证智能合同。它整合了从订购阶段（进口商从其银行获得信用证）经过货运和运输的中间阶段最后到海关和付款结束的所有主要贸易流程的利益相关方。

一项政府从区块链运用中受益的情景模拟

在大多数情况下，数字技术的新兴特性及其早期发展阶段使得影响国家经济的现有数据较为稀缺。因此，在牛津全球经济模型的帮助下，我们研究了区块链应用对三个发展中国家的潜在影响。[①]

本节重点关注三个国家，即南非、肯尼亚和尼日利亚。由于南非提

188

---

① 牛津经济研究院开发了一个完全一体化的全球视角的宏观经济模型。FTE 模型是凯恩斯主义的短期需求模型，结合了货币主义的长期需求模型。由于经济学家对货币和财政政策做出反应，FTE 组合允许需求可以波动，从而导致经济衰退。然而，长期的产出是由供给方因素决定的，如投资、人口、劳动参与和生产率。FTE 季度模型涵盖 80 个国家，其余较小的国家则汇入 6 个区域集团和欧元区。所有涵盖的国家通过贸易流动、世界价格、利率、汇率和其他因素相互联系。各国的覆盖范围有所不同，美国和英国的覆盖范围最广，有 850 多个变量；伊拉克的覆盖范围最小，只覆盖了 170 多个变量。更多信息参见牛津经济研究院 http://www.oxfordeconomics.com/about-us。

供了一套更为健全的基线统计，所以在此将其作为介绍方法和结果的主要
例子。

为了探究区块链的好处，我们设想南非政府决定采取不同的政策路径
来加速经济的数字化。[①]也许更重要的是，政府承诺建立国家强制性标准，
使企业能够利用区块链技术无缝参与到新的和简化的交易中。

如前所述，区块链旨在消除全球商业的摩擦，即许多额外的交易使
商品和服务的流动复杂化并增加了整体成本。这些因素包括过多的处理时
间、中间商收取的大量费用、边境检查站对货物的多次检查、行政文书、
腐败和其他阻碍因素。IBM 估计，通过认知计算和区块链等数字技术，可
以减少全球商务的基础成本高达 3000 亿美元（Krishna，2016）。

运输及装卸费用的基线经济假设

在介绍宏观经济模型的结果之前，重要的是理解典型交易中收入如何
分配的关键基础假设。一般来说，收入被分为几个类别：劳动力成本、运
营成本、运输和装卸费用（TE）和利润。

劳动力成本包括工资、薪水、福利、培训、招聘、雇佣和所有其他相
关成本。运营成本包括材料成本、工厂和设备运营成本、税收成本以及生
产商品的所有其他成本。TE 包括所有运输和通过其供应链向买方运送货
物所需的费用。利润包括收益、折旧、利息和所有其他资本回报。其比率
各不相同，但通用等式如下：

收入 = 利润（10%）+ 劳动力成本（70%）+ 运营成本（15%）+ 运
输和装卸费用（5%）

---

① 这里的重点是衡量收益，当然还有成本，包括购置和部署成本以及过渡和转换成本。前者
只占总成本的一小部分，而后者反映了需要改变组织流程和程序、重新培训工人和管理人
员，以及以新的和不同的方式与第三方接触所需的成本。众所周知，各组织经常抵制这
种变化，使过渡和转换成本很高。这些成本是通过将新技术的实施推广四年，在实施过程
中放弃全部利益来实现的。

我们的方案侧重于通过使用区块链来减少 TE。我们假设收入中 5%
的运输和装卸费用是合理的。

在全球范围内，运输和仓储业占工业总产值的 4.1%，不包括零售和
批发业的任何产出。[①] 在贸易和运输业，TE 比率上升至 15.9%。

运输成本通常占产品总收入的 10%（Rodrigue and Notteboom，2017）。
美国采矿业的运输成本通常占总收入的 4%~5%（Eurostat，2008）。

我们假设在我们的方案中，由于成本的降低，TE 会下降 20% 或者总
收入下降 1%。这是基于以下三个例子。

（1）在航空业中，旅客服务、票务、机场以及行政管理费用合计占总
费用的 23%（Leinbach，2005）。

（2）在集装箱运输方面，超过 40% 的物流成本是由延误间接造成的，
其中包括额外的库存滞期费和在各种各样的安全检查站和称重站的贿赂金。
非洲陆路航运的特点是在监管延误方面损失惨重。例如，从蒙巴萨运输货
物到内罗毕平均需要 30 个小时，其中 10 个小时在安全检查站，6 个小时在
称重站（Rodrigue and Notteboom，2017），额外增加的时间包括 11 个小时
的司机休息和吃饭时间。相比之下，在北美自由贸易区内的同样距离只需
6 个小时。过多的运输时间不仅会增加成本，还会使易变质的货物变得毫无
价值。此外，沿途的每一站都会打开供应链进行嫁接。往好了说，消费者
承担了额外的成本；往坏了说，这种摩擦限制了潜在合作伙伴之间的贸易。

（3）在从蒙巴萨到鹿特丹运输牛油果的测试案例中，IBM 计算了将集
装箱本身运至鹿特丹的成本大约为 2000 美元。与此相关的文书工作成本
为 300 美元，占总成本的 15%（Allison，2017）。通过使用区块链的数字
化技术解决了许多文书处理时间和其他效率低下的问题，节省了大量的成
本和时间。

在这种假设下，我们的方案将消费者物价指数（CPI）的增长率降低

190

---

① 欧洲统计局定义了运输和仓储业（Eurostat，2008）。根据国家统计局的数据，可以在牛津
经济研究院网站（http://www.oxfordeconomics.com/）中找到 4.1% 的估算值。

了 20%。考虑到以下内容：

CPI（t）=CPI（$t-1$）×［1+ 通货膨胀率（t）］×［1-（TE 百分比 ×TE 变动百分比）］

如果 CPI（$t-1$）为 100，通货膨胀率为 5%，那么 TE 成本降低 20%（假设 TE 成本为收入的 5%）会导致 CPI（t）为 104，通货膨胀率将降低到 4%。一系列因素包括中央银行的决策决定了通货膨胀率，而引进新技术会带来 TE 成本的降低。

对非洲三个经济体成本降低假设的情景模拟

采用牛津经济模型进行模拟，模拟中引入了可视为一次性供应冲击的新技术的影响。由于过渡和转换成本的存在，需要四年时间才能实现新技术的全部效益。虽然降低成本是永久性的，但这只是一次性的事件。未来的好处将需要引入更多的技术改进或其他积极的供应冲击。

为了取得一致的结果，应用于肯尼亚、尼日利亚和南非的区块链模型中采用了同样的模拟方法。然而，肯尼亚和尼日利亚模型采用年度数据，南非模型采用季度数据，这对不同情景的运用有一定的影响。对于南非来说，价格变化发生在一年的过程中，而在年度模型中，结果立即产生。在这种情况下，价格在年度模型中的变化非常显著，在季度模型中的变化相当缓慢。

广义而言，较低的通货膨胀率影响所有价格指标，包括消费者物价指数、生产者物价指数、进出口价格、工资成本和 GDP 平减指数。[1] 这些变化对所有名义数据都有直接影响。图 7.1 显示了与基线相比的变化，而不是绝对增长率。例如，2018 年肯尼亚 GDP 平减指数、通货膨胀率在基线上升了 5.4%，在 IBM 的测算下上升了 5.1%，由此产生的通货膨胀率下降了 0.3 个百分点。

191

---

[1]　增加 1% 的成本导致工资—价格螺旋式变动，降低工资价格预期，导致南非物价水平四年下降 2.1%，尼日利亚物价水平四年下降 2.7%，肯尼亚物价水平四年下降 3.0%。

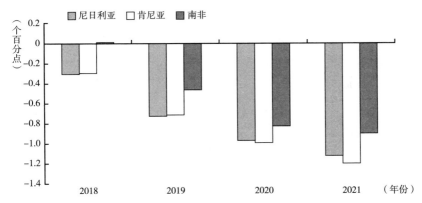

图 7.1　2018~2021 年各经济体 GDP 平减指数的变化（较基线减少的百分点）

资料来源：作者根据牛津经济模型计算而得。

　　一般来说，在三种模拟情况中较低的通货膨胀率是非常积极的。实际 GDP 在这种情况下做出反应。例如，2018 年肯尼亚的实际 GDP 较基线增长了 6.4%，在 IBM 测算下增长了 6.9%，或者说增长了 0.5 个百分点。

　　在图 7.2 所示的两种情况中，尼日利亚和肯尼亚经济体都面临供应限制，因为它们无法以如此快的速度维持扩张。该技术无法消除这些国家面临的所有增长限制。对这些经济体而言，2018 年和 2019 年的强劲增长导致 2020 年和 2021 年的基线增长放缓。然而，总的来说，四年的实际 GDP 比没有技术的情况下要高。所有的好处都不太可能消失。

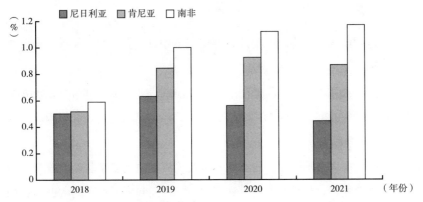

图 7.2　2018~2021 年各经济体实际 GDP 的变化（较基线增长的百分比）

资料来源：作者根据牛津经济模型计算而得。

与基线相比，2020 年，肯尼亚经济实现了 0.9% 的实际 GDP 增长。到 2021 年，肯尼亚的实际 GDP 将比没有技术的情况下高出近 1 个百分点。尼日利亚的实际 GDP 增长预计为 0.4%。

经济改善降低了政府支出，提高了经济效益，减少了政府财政赤字。图 7.3 显示了经济改善占 GDP 的百分比。例如，目前对 2021 年南非的基线预测是 1940 亿兰特（149 亿美元）的赤字。在采用数字化模拟的情况下，赤字为 1580 亿兰特，减少了 360 亿兰特，结果南非赤字占 GDP 的比例从 3.1% 降至 2.6%，降低了 0.5 个百分点。

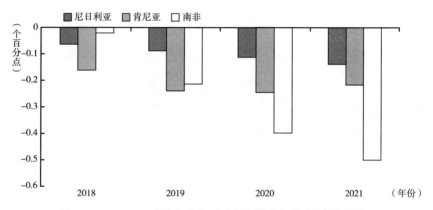

图 7.3 2018~2021 年各经济体财政赤字的减少（减少的百分点，占 GDP 的百分比与基线相比）

资料来源：作者根据牛津经济模型计算而得。

在这种情况下，南非的财政状况出现了相对较大的改善。这个结果有两个原因。

首先，如图 7.4 所示，相较于基线，2021 年尼日利亚的实际 GDP 增长了 0.4%，南非的实际 GDP 增长了 1.2%，后者是前者的 3 倍。因此，赤字对南非的影响将大得多。

其次，尽管并不明显，南非的计量经济模型更为复杂。南非政府支出数据更为细致，尤其是利息支付和利率。肯尼亚和尼日利亚的数据没有相应的详细程度。

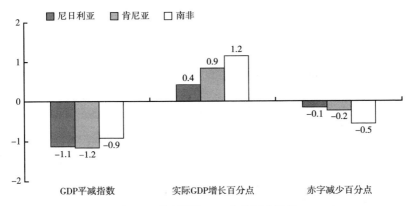

图 7.4　突出模拟 2021 年的影响效果

资料来源：作者根据牛津经济模型计算而得。

对南非而言，随着通货膨胀和所需支付利息的下降，该模型模拟了财政平衡。在名义利率较低的情况下，政府可以将更多支出用于偿还本金，减少未来支付的利息。由此产生的良性循环可迅速产生长期和可持续的收益。不会突然减税或增加支出的假设对于提高财政收益至关重要。鉴于财政状况有所改善，这些选择都具有吸引力。

在过去四年里，成本节约缓慢地渗透到肯尼亚、尼日利亚和南非的经济中。平均而言，相对于基线，消除在运输、操作和存储中涉及的交易摩擦可使通货膨胀降低 1 个百分点。在这种情况下，实际 GDP 增长率提高了 0.85 个百分点。实体经济的改善有助于增加政府收入、减少政府支出，从而导致财政赤字占 GDP 的比例下降 0.3 个百分点。

虽然这种使用正式建模的模拟不能保证实际结果，但它确实展示了使用政府规划者可以访问的工具来采用区块链技术所产生的潜在力量。

对政府的建议

正如本章所讨论的，区块链和认知计算对于政府运作的许多方面都是

193

具有变革性的。但是为了充分挖掘其潜力，各国政府必须确保某些先决条件到位。

标准化全国和全球的数据模型

为了使认知系统不断学习并提供决策支持，它必须能够访问大规模、高质量的数据集。因此，各国政府必须建立标准化的数据模型，从国家层面开始，并尽可能扩大国际范围。标准化通过最小化"噪声"（无关数据或误导数据）和促进不同部门与国家之间的信息共享，提高拟使用的数据质量。采用标准化模型将使快速、高容量、高质量的数据收集成为可能，这是认知系统和区块链的核心要求。

标准化流程模型

虽然各国的税法不尽相同，但财政运行的基本程序却非常相似，包括工作流程、文档管理、身份验证和认证、案例管理以及其他已经成熟的方面。在标准化流程模型的帮助下，这些过程可以变得更加有效。该模型可以简化数据，并大大减少对资源（硬件、软件和人力）的投资。此外，该模型可提高认知系统从政府数据中提取关键因素的能力。

投资人力技能发展

人力资源是有限的，支持人力资源的预算也是有限的。成功采用颠覆性技术的关键是快速更新人类技能，以利用新技术的潜力。需要人类判断力、领域专长、目标设定、关系建立和创造力的高价值工作是支持认知系统的完美伙伴。它将推动人与系统在反欺诈、合规、公民与客户参与等领域的协作取得成功。一种方法是通过提高数据的质量和数量，为认知计算和区块链等数字技术提供动力。高技能人才是克服数据共享和收集障碍的关键。随着人员技能的更新，价值较低的重复性任务可以标准化和自动化，从而更有效地利用资源。

参与数字实验

政府要利用数字技术转变核心职能，就必须发展一种灵活、迭代的实验方法。例如，组织收入和发行国债需要开发"沙箱"（Sandboxes），且应独立于现有系统之外，尝试认知计算和区块链等新兴技术的具体应用。这将使政府能够评估这些应用程序的价值，并在全面实施之前，根据对数据结果的分析不断改进这些应用程序。它还将使各国政府有机会制定正确的政策框架，以配合正在推出的任何新应用程序。

这种做法可以提供一个宝贵的机会，通过将政府工作人员置于包括初创企业和私营公司在内的创新生态系统中，提高他们的技能。

结　论

本章认为，像区块链和认知计算这样的颠覆性数字技术的发展和广泛采用既是不可避免的，也是必不可少的，因为它们为用户提供了强大的优势。它们将改变现在正积极尝试它们的许多行业的业务流程，它们还可用于改革关键的政府公共财政活动。

事实上，据说区块链已经为交易做好了准备，就像互联网为信息所做的一样。区块链的分布式分类账可在每笔交易中建立信任，并消除在全球开展业务的障碍。

对于政府来说，采用这些技术也是一项责任。世界各地的国家都在努力为其公民提供可持续的经济增长、充足的社会福利和高效的公共服务。由于突发事件的出现和社会脆弱性，使用传统计算机系统进行规划极其困难，政府面临着巨大的预算压力。这些因素包括经济衰退、收入下降、对金融系统的潜在冲击，以及影响福利支出的人口结构变化。为了更有效地应对挑战，政府可以利用区块链和认知计算来帮助自身驾驭操作环境的复杂性，并加强与选民的互动。

一种方法是使用这些技术来理解和解释数据的快速增长和复杂性。

鉴于数据的丰富性以及对社会的价值，IBM 首席执行官罗睿兰（Ginni Rometty）将数据称为"下一个自然资源"（Rometty，2013）。

但是，这些数据对于传统的计算系统来说是杂乱的、非结构化的和不可读的。相比之下，认知计算系统被设计用于摄取和解释大量非结构化和结构化的数据，并从中辨别出有价值的模式，得到有价值的见解。在全球经济中，时间对于管理危机至关重要，价值越来越多地来自信息，在这种情况下，政府和行业必须重视数据。

同样，区块链提供的可信信息可以作为全球市场扩张的基础，允许新进入者参与进来，否则他们可能会被排除在外，包括小农户、小企业主。区块链可以在很大程度上通过对交易数据的无成本验证来实现这一目标。区块链消除了贸易伙伴在与较小的、鲜为人知的一方的交易出错时必须进行昂贵且耗时的审计的情况。通过分布式分类账中单一模板的交易数据，解决争端所需的所有信息对有权在区块链上查看的人来说都是可见的，无须交由高收费的中介机构去审计。

政府还可以通过互联网和云计算实施区块链和认知计算解决方案，从而获得相对较低的成本保证。此外，目前这些技术的优势已经显现，且几乎不需要对法律和监管框架进行任何改动。然而，通过改变关键的数据收集和共享程序，可以大大提高其效力，而政府必须具备实施这些程序的手段和意愿。

与所有技术一样，认知计算和区块链将改变人们的工作方式。随着时间的推移，绝大多数新技术使人类受益匪浅。它们极大地提高了工业产出，减少了艰苦的工作。但是，这种颠覆性的改进总是伴随一段时间的训练和调整。

不可避免地，人们通过在新技能中发现更高的价值来获得最佳适应。最易于整合的技术将是那些提高人类生产力和易于互动的技术。但它们不能取代人类的判断力。区块链和认知计算从一开始就与人类专业知识协同工作。各国政府可以帮助引领新技术时代的专门知识，并释放这些新兴技术对人类社会的全部潜力。

参考文献

Allison, Ian. 2017. "Maersk and IBM Want 10 Million Shipping Containers on the Global Supply Blockchain by Year-End." *International Business Times*, March 8.

Catalini, Christian, and Joshua S. Gans. 2016. "Some Simple Economics of the Blockchain." NBER Working Paper 22952, National Bureau of Economic Research, Cambridge, M.A.

Daha, Mariana, and Alan Gelb. 2015. "The Identity Target in the Post-2015 Development Agenda." Note 19, World Bank Transport and ICT Global Practice Connections Series. World Bank, Washington, D.C.

Digital Currency Executive (DCE) . 2015. "Tunisia Becomes First Nation to Put Nation's Currency on a Blockchain." DCE Brief, December 28.

Douglas, Kate. 2017. "What Makes Senegal's Digital Currency Different ? How We Made It in Africa." January 25.

Eurostat. 2008. "NACE Rev. 2: Statistical Classification of Economic Activities in the European Community." Methodologies and Working Papers, Office for Official Publications of the European Communities, Luxembourg.

Kelly, John. 2015. *Computing, Cognition and the Future of Knowing: How Humans and Machines Are Forging a New Age of Understanding.* New York: Somers.

Krishna, Arvind. 2016. "IBM Investor Briefing 2016: Blockchain." Presentation at IBM Investor Day, IBM, New York.

Leinbach, Thomas R. 2005. "Transport Costs, Factors and Issues." Power Point Presentation, University of Kentucky, Lexington, K.Y.

Metz, Cade. 2016. "Overstock Begins Trading Its Shares via the Bitcoin Blockchain." *WIRED*, December 15.

National Audit Office. 2016. "Fraud and Error in Benefit Expenditure." Report by the Comptroller and Auditor General, London.

Njini, Felix, and Adelaide Changole. 2017. "Kenya Budgets Increased Spending Ahead of General Elections." *Bloomberg Markets*, March 30.

Parker, Luke. 2015. "Tunisian Post Tests African Digital Currency Market." *Brave New Coin*,

December 29.

197 Rodrigue, Jean Paul, and Theo Notteboom. 2017. "Transport Costs and Rates." In *The Geography of Transport Systems*. New York: Routledge.

Rometty, Virginia. 2013. "A Conversation with Ginny Rometty." Interview by James Owens. Council on Foreign Relations Corporate Program. New York, March 7.

Shen, Joyce. 2016. "E-Estonia: The Power and Potential of Digital Identity." Thomson Reuters, December 20.

US Congress House Subcommittee on Energy and Commerce. 2016. Hearing on How to Capitalize on Blockchain, 114th Congregation 2nd Session. Statement by Gennaro Cuomo, Government Publishing Office, Washington, D.C.

US Department of Transportation. 2015. "Industry Snapshots, Uses of Transportation 2015." Bureau of Transportation Statistics, Washington, D.C.

WIRED. 2017. "The Blockchain will Save Healthcare and Shipping Billions of Pounds." May 18.

第三部分

实现公共服务提供
和支出的现代化

利用数字技术促进发展中国家的公共服务提供：潜力和陷阱 ▬▬▬▬▬

珍妮·阿克

公共服务[①]对一个国家的生产力、经济增长和发展至关重要。然而，公共服务的数量和质量却参差不齐，部分原因在于信息不对称、交易成本高和制度薄弱。

因此，过去20年来，数字技术的覆盖面一直在扩大，使用量一直在增长，特别是信息和通信技术，尤其是在偏远的农村地区（Aker and Mbiti，2010；Aker，2011；Nakasone，Torero and Minten，2014；Aker and Blumenstock，2014；Aker，Ghosh and Burrell，2016）。

特别是，移动电话技术的普及为农村家庭实现各种更广泛的发展目标提供了新的机会。在提供公共服务方面，数字技术有可能增加公民获得公共信息和私人信息的机会，加强公民之间的沟通，促进数据收集以更好地分配公共物品，以及增加公民获得金融服务的机会，特别是通过移动支付。此外，通过使用数字技术来改善税收设计和执行，这可能会增加用于公共服务的公共资金（参见第2章和第13章）。

在过去10年中，公共和私营部门制定和发布了许多数字公共服务倡议，截至2017年，在全球范围内部署了400项倡议。[②]虽然这些倡议涉及多个国家、部门和多项数字技术，但发展中国家和新兴国家的大多数倡议

---

① 公共服务的提供被定义为提供服务以促进经济、社会和环境的可持续性。

② 有关数字农业服务的经济学评论，请参阅 Nakasone、Torero 和 Minten（2014），Aker（2011），Aker、Ghosh 和 Burrell（2016）；计算机科学方面的评论，请参阅 Parikh、Patel 和 Schwartzman（2007）。

都集中在农业、教育和卫生部门（Nakasone，Torero and Minten，2014；Aker，2011），以及社会保障和公民教育领域。

对这些倡议进行的为数不多但数量越来越多的经济研究表明，其影响好坏参半。研究表明，这些倡议成功地提高了提供公共服务的效率，换言之，以较低的成本提供特定质量和数量的公共服务，特别是在社会保障领域。然而，这样的系统往往需要大量的固定投入来建立必要的数字基础设施，向公民提供技术，并开发必要的平台。

在教育和公民教育等其他部门，数字公共服务的提供似乎提高了这些干预措施的效力，即确保这些方案实现其既定目标，如改善教育成果和加强选民参与。然而，在农业和卫生方面的结果更为复杂，尽管在这些领域有相当多的倡议。此外，许多研究似乎没有集中在数字公共服务的提供是否扩大了这些服务的覆盖面，或者公共资金是否得到了最佳利用。如果这些举措能够解决关键信息不对称问题以及市场和部门的高交易成本问题，那么这些举措将更为成功。

在这些项目的经济学研究中，较少考虑的是数字技术可访问性和可用性的基本问题。数字技术传递不同类型的基础设施、技术和平台，每种设施、技术和平台都有其独特的特点，以及不同的访问率和使用率，特别是在发展中国家的偏远地区。虽然计算机科学领域的研究主要集中在贫穷和低文化水平的人群如何使用和操纵技术（Medhi，Ratan and Toyama，2009；Patel et al.，2010；Wyche and Steinfield，2015；Aker，Ghosh and Burrell，2016），但这些因素在该领域的经济学研究中却较少被考虑。然而，对数字公共服务倡议的接受或使用率较低，在某种程度上可以解释经济学研究中观察到的对其影响无效的结果。

本章首先回顾了公共服务提供面临的挑战，重点分析了不同类型的市场失灵；然后探讨了数字技术如何克服这些市场失灵，并讨论了过去10年中掩藏的数字公共服务的类型，更新了这一领域的近期经济评论（Aker，2011；Aker and Blumenstock，2014；Nakasone，Torero and Minten，2014；Aker，Ghosh and Burrell，2016）；随后回顾了关于数字公共服务对这类服务的效力和效率的影响的现有研究，主要侧重于农业、公民参与、教育、医疗和社会保障部门；最后审视了这些举措在设计和执行方面的差距，为今后的研究和政策提出建议。

　　本章主要侧重于中低收入国家，不包括高收入国家提供的数字公共服务。值得注意的是，它还不包括所谓的"数字五国"（Digital Five）[①]——这是一个由领先的数字政府组成的网络，旨在加强数字经济、政府与数字技术的联系。同样被排除在外的还有关键的数字服务，如税收设计、征收和执行，以及国家识别计划。这些在本书的其他章节中都有所涉及。此外，虽然本章涵盖了数字技术在社会保障计划和工资支付中的应用，但它只关注那些经过严格的经济研究评估其影响的计划。使用数字支付的其他例子载于第13章。

公共服务提供与经济发展

提供公共服务面临的挑战

　　广义的公共服务提供被定义为提供商品和服务以促进经济、社会和环境的可持续性（World Bank，2005）。这些商品和服务包括电力、教育、应急服务、环境保护、金融服务、医疗保健、邮政服务、公共安全、交通、社会福利和供水。[②]公共服务提供通常与社会共识有关，即无论收入如何，所有人都应获得某些服务。这些服务要么由公共部门直接提供，要么由公共部门提供资金，并外包给其他服务提供者（World Bank，2005）。[③]即使不是由政府部门提供或拨款，他们也要受到统一管制。

[①]　数字五国包括新西兰、爱沙尼亚、英国、以色列和韩国。
[②]　尽管获得金融服务是经济和社会发展所必需的，往往不是由公共部门直接提供的，但获得和使用通常是由公共部门管制或促成的。
[③]　提供公共服务可以采用多种模式。这些模式包括但不限于"政府提供；通过拨款和购买服务来管理、资助和监管外部提供者，包括建立公共服务市场或准市场的地方（即购买者）；补贴用户从外部提供者外购买服务；对公共和私营提供者规定社区服务义务；鼓励个人和社区对其提供的公共服务负责，并利用互助和慈善资源补充政府资金"（World Bank，2005）。

一些重要的经济文献测算了公共服务和经济发展之间的关系，显示出两者存在明显的正相关关系（Bartik，1991；Wasylenko，1991；Munnell，1992；Fox and Murray，1993）。这些研究重点关注某些公共服务的影响，例如基础设施、教育和公共安全，并表明"某些公共服务……在某些情况下对某些经济发展措施产生积极影响"（Fisher，1997）。在所涉及的公共服务中，交通和基础设施服务与经济增长具有较强的正相关关系（Fisher，1997；Donaldson，2018；Dinkelman，2011；Michaels，2008；Duflo and Pande，2007；Jensen，2007；Aker，2010）。与此同时，许多这样的研究都集中在单一的局部均衡结果上。

尽管公共服务对经济增长、稳定和发展十分重要，但全世界公共服务的数量和质量仍然有限，特别是在资源有限和设施薄弱的国家（Batley，McCourt and Mcloughlin，2012；World Bank，2005）。

在基础设施方面，道路网的密度，即商品和服务流动的关键公共产品在国家之间和国家内部差别很大。例如，世界上铺砌道路密度最小的地区是撒哈拉以南非洲，在 200 万公里的道路中，只有 29% 是铺砌的道路（Aker and Mbiti，2010）。据估计，全世界 85% 的人口都能用上电，但这掩盖了各国之间和各国内部的巨大差距，差异范围从 20% 到 80% 不等。[1] 在撒哈拉以南非洲和东南亚，估计分别有 48% 和 32% 的人用不上电（Mckinsey & Company，2015）。

在教育方面，作为人力资源能力的一个共同指标——生师比，在某些地区保持稳定或大幅度增加。西南亚和撒哈拉以南非洲的生师比分别达到 41∶1 和 44∶1，而其他地区的平均比例低于 25∶1（UNESCO Institute for Statistics，2014）。然而，即使在那些教师较多的地区，教师缺勤仍然是一个问题。Transparency International（2013）估计，在 21 个发展中国家中，教师缺勤率为 11%~30%。教师缺勤不仅导致较差的教学成果（Duflo，

---

[1]　世界银行人人享有可持续能源数据库（SE4ALL 数据库）来自由世界银行、国际能源署（IEA）和能源部门管理援助规划（ESMAP）共同领导的人人享有可持续能源全球跟踪框架。

Hanna and Ryan，2012；Muralidharan et al.，2017），而且还导致一些国家的小学教育支出损失了 1/4。这一损失在厄瓜多尔每年达 1600 万美元，在印度每年达 20 亿美元，占这些国家经常性小学教育开支的 10%~24%（Transparency International，2013）。

在世界各地的社会保障项目中，执行瓶颈降低了它们的有效性，但是发展中国家面临着特别高的成本（Banerjee and Duflo et al.，2016；Finan，Olken and Pande，2015）。[①] 根据世界银行 ASPIRE 数据库，社会保障项目往往占政府开支的很大一部分，平均占国内生产总值的 1%~2%。然而，尽管这些项目在政府开支中占有重要地位，但它们在目标设定方面往往面临挑战，即如何惠及预定受益者（World Bank，2005；Pritchett，2005）。例如，在印度，尽管该国将国内生产总值的 2% 用于社会保障项目，但是只有 15% 的支出实际上到达了预定受益者手中（IPA，2016）。Olken（2006）专注于印度尼西亚的大米分销项目（Operasi Pasar Khusus），发现 18% 的大米消失了。在另一项关于印度尼西亚大米补贴计划（Raskin 或 "Rice for the Poor"）的研究中，受益者只得到了 1/3 的预期补贴（Banerjee and Hanna et al.，2016）。

除了实物转移可能因腐败和漏出而效率低下之外，现金转移也可能效率低下。在印度，圣雄甘地国家农村就业保障计划（Mahatma Gandhi National Rural Employment Guarantee Scheme）是世界上最大的社会保障计划之一，2013 年覆盖了近 5000 万个家庭（Banerjee and Duflo et al.，2016；Muralidharan，Niehaus and Sukhtankar，2016）。该计划保证家庭每年工作 100 天，通常从事基础设施项目的非技术手工劳动（Banerjee and Hanna et al.，2016）。然而，最近的一项研究估计，至少 20% 的官方就业

---

① 虽然各国对社会保障项目的定义差异很大，但世界银行的《2011 年社会保护地图册：韧性和公平指标》（ASPIRE）将其定义为旨在改善特定人口特别是穷人福祉的公共资助方案。其中包括但不限于有条件和无条件的现金补贴、社会养老金、学校供餐、实物转移、食品和燃料补贴、费用减免和公共工程。

没有在此家庭调查中得到考虑（Banerjee and Duflo et al.，2016）。[①]

与获得公共服务和提供公共服务的质量有关的制约因素似乎不成比例地影响到穷人。例如，Chaudhury 等（2006）研究发现，在 6 个发展中国家，19% 的公立小学教师和 35% 的公共卫生医疗工作者有缺勤情况，在较贫穷国家这些指标会稍低一些。此外，Olken（2006）发现，种族多样化和人口稀少的地区似乎不成比例地缺少大米。

公共服务提供方面的市场失灵

治理不善和制度薄弱已经成为解释发展中国家公共服务提供不足和质量低下的主要原因（Batley，McCourt and Mcloughlin，2012）。虽然大部分关于公共服务提供的经济学文献都集中在优秀的政府管理和强有力的制度的重要性上（Batley，McCourt and Mcloughlin，2012；Finan，Olken and Pande，2015），但历史上学者们很少关注国家的内部运作和提供公共服务的个人（Finan，Olken and Pande，2015）。尽管制度经济学和人事管理经济学对于理解公共服务提供至关重要，但它们也是在其他市场失灵的背景下确定的。

由于一些公共服务是纯公共产品，市场将无法以最佳数量提供这些产品。这在一定程度上是由于这些商品的非竞争性和非排他性，从而产生了"搭便车"问题。在制度薄弱的情况下，政府很难确定公民的偏好和支付意愿，也很难监督提供或通过征税为这些商品筹集资金，这反过来削弱了它们的有效配置。

即使公共服务不是纯公共产品，一些公共服务可能具有公共产品属性，如卫生、教育和一些基础设施，从而产生正外部性和网络外部性（Besley and Ghatak，2006）。[②] 如果这些外部性没有被市场内部化，那么

---

① 此外，就业的需求往往大于供给：在比哈尔邦，估计有 77% 的家庭在 2009~2010 年希望得到但找不到圣雄甘地国家农村就业保障计划的工作。

② 医疗、教育和基础设施部门中只有某些部分为实质性的公共产品。例如，电力的分配可能具有重要的网络外部性，而电不一定是公共产品。与某些治疗方法相比，清洁水和疫苗接种等干预措施具有更多的公共产品成分（Besley and Ghatak，2006）。

类似于公共产品提供问题，这些服务将不会以最佳数量提供。

理论上，公共服务可以由公共或私营部门提供，只要不存在交易成本并且满足强有力的信息假设（Coase，1960）。然而，公共服务的提供往往受到信息不完善的干扰。例如，由于距偏远农村地区较远、预算有限、基础设施落后，政府往往难以监督公共部门的雇员，这可能导致腐败、旷工和业绩不佳。事实上，这些问题可能由于公共部门雇佣合同的性质而进一步加剧，这可能使得难以向一直表现不佳的雇员提供激励或实施制裁（Finan，Olken and Pande，2015）。

这些信息制约因素还影响到公民对公共服务位置及其质量的了解，在哪里可以找到这些服务？他们是否有资格获得这些服务以及如何最好地使用这些服务？这可能进一步影响公共服务的有效提供，以及公民就其分配和质量提供反馈的能力（World Bank，2016）。

然而，信息不完善也会影响政府为提供公共服务筹措资金的能力。如上所述，如果政府无法确定消费者的偏好和支付此类服务的意愿，就难以确定其最优供给。这反过来又使设计税收计划为公共产品提供资金变得更加困难。即使能够揭示消费者的偏好，但另一个问题是税收计划是否能够得到有效执行，这进一步降低了为公共产品提供可行筹资机制的可能性。

最后，一些公共服务可能很少有服务提供者，无论是公共部门还是私营部门。虽然这在具有规模经济或高进入成本的市场中可能是最佳选择，但在缺乏适当管制的情况下，也可能导致价格上涨、数量减少和服务质量下降。

下一节概述了数字技术如何解决其中的一些市场失灵问题，以及数字技术如何改善公共服务的提供。

数字化在公共服务提供中的潜力

数字覆盖及应用

尽管全球范围内公共服务的提供受到限制，数字基础设施包括互联网、移动电话和其他可用于数字化收集、存储、分析和共享信息的工具在过去 15 年中大幅增加（World Bank，2016）。1999~2014 年，有机会使用移动电话的人的占比从 10% 增加到 90%（ITU，2014；GSMA，2013）。在非洲、亚洲和拉丁美洲，移动电话覆盖范围迅速扩大，从 21 世纪初基本上不存在网络，发展到移动网络覆盖了撒哈拉以南非洲人口的 70% 以上（GSMA，2013；Aker and Blumenstock，2014）。[①]

移动网络覆盖范围的扩大与移动电话采用量和使用量的增加是相对应的（Aker and Mbiti，2010；Aker and Blumenstock，2014）。根据世界银行发布的《2016 年世界发展报告：数字红利》，某些地区拥有移动电话的家庭数量超过了获得电力和清洁水的家庭数量，发展中国家的最贫困人口中大约 70% 拥有移动电话（World Bank，2016）。[②]2011 年，在撒哈拉以南的非洲，大约 1/3 的人口进行了移动电话订阅（GSMA，2013）。此外，全世界超过一半的移动宽带用户位于发展中国家，2014 年非洲的宽带覆盖率接近 20%（ITU，2014；Aker and Blumenstock，2014）。

除了移动电话覆盖外，互联网用户的数量也大幅增加，从 2005 年的 10 亿用户增加到 2015 年底的约 32 亿用户（World Bank，2016）。然而，尽管互联网接入和智能手机普及率在许多发展中国家大幅增长，但各国之间和各国内部的差距仍然很大。在这些国家，智能手机的使用主体仍然主要集中在城市人口、富裕人口和受过高等教育的人口。

[①] 由于移动电话的增加在很大程度上是由私营部门推动的，这种增加并不是所有社会阶层都能一致接受的，而是最初倾向于富裕的、受过教育的、城镇化的、以男性为主的人口（Aker and Mbiti，2010；Aker and Blumenstock，2014）。

[②] 全球用户基础在发展中国家增长最快，"4/5 的新连接是在发展中国家建立的，到 2020 年估计有 8.8 亿独特的发展中市场用户注册新账户"（GSMA，2013）。截至 2009 年，亚洲和拉丁美洲的手机覆盖率分别约为 2/3 和 3/4（Aker and Blumenstock，2014）。全世界 23 亿移动宽带用户中，大约 55% 位于发展中国家，2014 年非洲的宽带覆盖率接近 20%，而 2010 年仅为 2%（ITU，2014；Aker and Blumenstock，2014）。

数字化在公共服务提供中的潜力

在偏远农村地区，数字技术，主要是移动电话网络通常代表了首次使 208
用数字基础设施（Aker and Mbiti，2010；Aker and Blumenstock，2014）。
虽然每种类型的数字技术都有其独特的特点，但本节着重介绍一种类型的
数字技术，即简单移动电话。因为从覆盖面和采用情况来看，简单移动电
话仍然是最普遍的数字技术，特别是在发展中国家的农村地区，这些地区
获得其他公共服务的机会往往最少。[①]

一般来说，简单的移动电话技术有两个主要功能：通信（语音、短
信）和转账。作为一种通信设备，移动电话技术降低了通信成本，促进
了个人社交网络中的信息流通（"私人"信息）（Aker and Mbiti，2010；
Aker and Blumenstock，2014；Aker，Ghosh and Burrell，2016）。它还
有助于传播"公众"信息，即政府、非政府组织和公司提供的信息。随
着移动货币和其他数字金融服务的引入，移动电话还可以让消费者和企
业更容易地获得金融服务，如汇款、输入凭证、承诺储蓄和信贷（Aker
and Mbiti，2010；Aker and Blumenstock，2014；Aker，Ghosh and
Burrell，2016）。

作为通信设备，简单的移动电话大大降低了长距离通信的成本，使
个人之间的通信更加频繁（Aker and Mbiti，2010）。相对于私人旅行，使
用移动电话的交通和机会成本要低得多（Aker，2010；Aker and Mbiti，
2010；Aker and Blumenstock，2014；Aker，Ghosh and Burrell，2016）。
从政府的角度来看，移动电话技术可以降低传播关键信息的成本。[②] 例如，
在尼日尔，用数字化交流（即短信或电话）取代推广代理人的实地访问，
通信成本可降低一半（Aker，2010）。

[①] 从理论上讲，更先进的数字技术，如可以接入互联网和其他功能的台式电脑、笔记本电脑
和智能手机，将为解决市场失灵问题提供更多的可能性。

[②] 如果信息由公共或私营部门的"信息交换所"共享，这反过来又可以使政府更广泛、更迅
速地共享信息。

此外，简单的数字技术可以降低收集、处理和传播信息的成本，特别是与政府机构使用的传统调查方法相比（Aker，2010；Aker and Blumenstock，2014；Aker, Ghosh and Burrell，2016）。它可以采取简单的电话或短信调查的形式，以及语音、短信和移动货币交易的"大数据"（Blumenstock，2016）。

与其他手段相比，移动支付服务的推出允许个人在手机上转账，明显降低了转账成本（Aker and Mbiti，2010；Aker and Blumenstock，2014）。这种成本降低反过来可以使个人更容易地转移资金，有可能增加转账的频率和数额，使家庭能够顺利应对临时性消费（Jack and Suri，2014；Aker and Blumenstock，2014；Blumenstock, Eagle and Fafchamps，2016）。正如本书其他章节所讨论的，移动货币可以降低与实施公共转移方案或工资有关的成本，并鼓励新型金融服务提供者进入公共服务提供领域，特别是因为提供这些服务的成本可以更低。

移动支付也有可能成为一个安全的储蓄场所（Mas and Mayer，2012；Aker and Wilson，2013；Aker and Blumenstock，2014）。由于移动货币账户受到用户密码的保护，移动货币可能比家庭储蓄机制更为安全，可以增加应急储蓄，或鼓励个人为特定目标储蓄（Aker and Blumenstock，2014）。

数字技术甚至是简单移动电话的这些特征如何解决公共服务提供方面的市场失灵？

在信息方面，这些成本的削减可以改善公民对公共和私人信息的获取（Aker and Blumenstock，2014；Aker, Ghosh and Burrell，2016），可以使市场更有效率，并带来净福利收益。从理论上讲，这种搜索成本的降低应该使市场参与者能够在更广泛的地理区域内更快速地搜索各种领域如教育、医疗和农产品的价格（Aker and Blumenstock，2014）。这些成本的降低还有利于增加并更及时地与社交网络成员联系，更好地获取公共和私人信息（Aker，2010；Aker and Blumenstock，2014；Aker, Ghosh and Burrell，2016）。

移动电话还为公共或准公共信息的分类提供了一种前景较广、可实现成本效益的方法，例如公共或私营部门的"信息交换所"，这反过来又可以允许政府分享公共产品信息（Aker，2010；Aker and Blumenstock，2014；Aker，Ghosh and Burrell，2016）。这也有助于解决与公共部门代理人有关的道德风险问题，使政府能够更容易地与雇员联系或收集缺勤数据。此外，数字技术可以为公共部门雇员和公民提供比传统项目更低的成本和更广泛的教育服务（Aker and Blumenstock，2014）。

在提供公共产品方面，数据收集可以让政府更好地了解公民对公共产品的偏好，例如通过数字调查，可以实现日常活动的自动化（World Bank，2016，2017）。与此同时，它还可以提高公民对这些公共产品的参与度，从而可能增强供应商的责任感（Aker and Blumenstock，2014；World Bank，2017）。

增加获得数字服务和信息共享的机会也可以增加公民从同龄人那里学到的社会知识，这可以加快其他公共服务的采用进程。

最后，通过公私合作伙伴关系，以及私营部门对公共服务提供的参与，数字技术可以鼓励新的服务提供商进入这一领域，潜在地解决不完全竞争问题。 210

因此，即使是简单的数字技术也可以改善公共服务的提供（World Bank，2016）：

（1）使各国政府能够通过日常活动的自动化取代用于提供服务的一些因素，特别是容易受寻租影响的自由裁量任务，如社会保障方案（World Bank，2016）；

（2）克服信息障碍，这可以改善监管（公民通过定期反馈服务质量，政府通过更好地管理政府工作人员）和公民协调（World Bank，2016）。

特别是数字技术通过使公共服务方案能够更好地实现其既定目标，并确保以最低成本提供既定数量和质量的服务，从而提高这类服务的效率。它还可以通过扩大这些服务的范围，在政府内外建立适当的伙伴关系或合同关系；通过帮助评估公共资金是否得到最佳利用，确保这些服务"物有所值"。当然，这些潜在影响受到与公共服务提供有关的现有市场失灵和特定情况下机构实力的影响。

数字公共服务提供：实践与证据

总体而言，据估计，全世界有400多个数字公共服务项目，涉及不同的背景、数字技术形式和部门（GSMAm-Agri 部署跟踪器；GSMAm-Health 部署跟踪器）（Aker，Ghosh and Burrell，2016）。[①] 这些项目由政府、非政府组织、私营部门和公私伙伴关系实施，涵盖农业、公民教育、教育、环境、卫生、金融服务、社会保障和公用事业等部门的公共服务。此外，他们还使用了各种数字技术，从电脑、手机、无线电到智能手机（Aker，Ghosh and Burrell，2016）。[②]

尽管数字公共服务项目不断增加，但只有一小部分正在研究中。本节我们关注了17个国家的43项研究，侧重于发展中国家或新兴市场的研究以及那些使用较为严格的影响评估方法的研究。[③] 大多数研究在亚洲和非洲进行，亚洲的研究主要集中在印度。在所有不同类型的公共服务中，研究主要集中在某些部门，如农业、教育、社会保障与支付、医疗等（见图8.1）。

虽然这些举措的影响取决于行业、技术和特定环境，但总体而言，数字服务似乎对某些公共服务提供的效力产生了积极影响，例如教育、社会保障和公民教育。在社会保障方面，研究表明，数字系统往往效率更高，因为尽管初始固定成本较高，但实施成本较低。很少有研究去衡量数字技

---

① 这些估算是基于 GSMA 的移动农业、移动医疗和移动货币部署数据库，以及作者自己对这一领域的具体数字创新和经济的研究。

② 在更广泛的意义上，"数字政府"被定义为利用电子通信和参与渠道，提高市民对服务的满意程度、加强经济竞争力、建立新的参与和信任，以及提高公共服务市场的生产力。数字政府包括从核心公共服务数字化到数字基础设施、治理和流程的全面数字化，包括提供新的服务范式所需的前后转换（Accenture，2014）。

③ 包括使用实验性和非实验性方法的影响评价研究。本节讨论的 43 项研究可能不能代表本领域所有的学术或其他研究。本章评论不包括其他领域的主要研究，如本书其他章节所涉及的税收和国家身份识别计划。

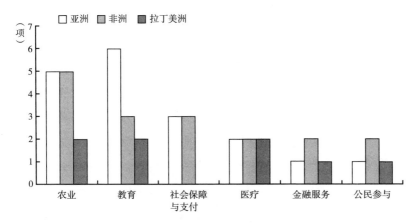

图8.1　按地区及部门划分的数字公共服务研究数目

资料来源：作者计算。

术对这些公共服务的覆盖面或成本价值的影响，即公共开支是否应该用在另一个部门或领域。

教育 ①

在教育方面，数字技术主要用于以下两个目的之一：作为课堂上的教学工具或作为监测教师出勤的工具。总的来说，大多数关于数字技术作为教学工具的影响的研究表明，数字技术在短期内可改善学生的学习，但这些影响在中期会减弱。数字监管的研究表明，这些项目可以提高教师出勤率，改善学习效果，这些都是可以衡量的。

大量文献评估了数字技术对教学成果的影响，其中大多数研究侧重于中学的计算机以及笔记本电脑。虽然这些研究大多数发现计算机对学生的学习成果有积极的影响（Banerjee et al.，2007；Linden，2008；Lai et al.，2015；Yang et al.，2013；Lai，Khaddage and Knezek，2013；Mo et al.，2014），但有些学者发现没有影响（Barrera-Osorio and Linden，2009；Beuermann et al.，

212

---

① 本部分不包括 Escueta 等（2017）发表的论文中所包含的许多研究，该论文于2017年8月发表，侧重于发达国家在教育中使用的数字技术。

2015）或负面影响（Linden，2008；Malamud and Pop-Eleches，2011）。然而，除了 Banerjee 等（2007）的研究，这些研究中很少有人衡量对学习结果的长期影响。[1]

以手机作为成人教学工具，Aker、Ksoll 和 Lybbert（2012）在尼日尔进行了一项随机对照试验（RCT），基于手机的组件被加入一个标准的成人教育项目中。总的来说，他们发现手机技术在短期和中期内极大地提高了成年人的写作能力和数学成绩，并促进了家庭幸福感的提高（Aker，Ksoll and Lybbert，2012；Aker and Ksoll，2017）。虽然数字方法并不比传统项目更高效，但它更具成本效益。Aker 等（2014）在洛杉矶的一个由手机管理的成人教育项目中发现了类似的结果。

在数字监管中，Duflo、Hanna 和 Ryan（2012）发现使用摄像机和经济激励的干预措施可以降低教师缺勤率，提高孩子们的考试成绩。Cilliers 等（2016）发现，乌干达的手机监控和财政激励措施提高了教师的出勤率。然而，他们并未评估这些措施对教学成果的影响。另外，使用手机监控尼日尔的成人教育教师（没有经济激励），Aker 和 Ksoll（2017）发现，监控措施提高了学生的学习成果，但主要是在短期内。

社会保障

一般而言，数字技术以两种方式之一用于社会保障：作为实施此类方案的机制，或者通过国家身份识别计划或电子收入支付；或者主要通过大数据作为针对此类方案潜在受益者的替代手段。虽然在这一领域已有许多措施，但现有研究表明，数字化可以降低与实施这些方案有关的成本，使公共部门能够以较低的成本提供转移支付。

在首批数字社会保障项目的研究中，Aker 等（2016）使用随机对照

---

[1]　这些人包括 Linden（2008），Barrera-Osorio 和 Linden（2009），Malamud 和 Pop-Eleches（2011），Lai、Khaddage 和 Knezek（2013），Beuermann、Mckelvey 和 Sotelo-Lopez（2012），Fairlie 和 Robinson（2013），Carrillo、Onofa 和 Ponce（2010）。

试验来衡量移动货币对尼日尔分配转移支付的影响。他们发现，与人工分配转移支付方案相比，移动货币减少了执行机构支付转移款的费用和方案接受者获得这些转移款的费用。此外，通过移动货币接受转移支付款项的人会使用此笔款项来购买更多样化的食品。然而，建立数字传输分配系统的成本是固定的，且对资金流出没有影响，这是实施此类方案的主要理由。

Muralidharan、Niehaus 和 Sukhtankar（2016）使用一种不同的数字技术——生物特征认证支付设施（"智能卡"），测量了这种数字基础设施对印度两项社会保障项目的影响。通过进行随机对照试验，他们发现新系统支付更快、腐败成分更少，且不会对程序的访问造成不利影响（Muralidharan，Niehaus and Sukhtankar，2016）；投资也具有成本效益，因为受益人的时间等于干预的成本；资金流出也显著减少。

最后，Banerjee 和 Duflo 等（2016）评估了在印度的社会保障计划中资金流与支出相联系的数字计划的影响。他们发现，新系统减少了项目支出但没有同时减少就业或工资，这表明提高项目透明度可以减少资金流出（JPAL，2016）。该政策没有对受益人的就业或工资产生影响（JPAL，2016）。

除了使用数字技术实施社会保障项目之外，数字数据（如移动电话记录）被用作针对穷人的替代选择（Blumenstock，Cadamuro and On，2015；Blumenstock et al.，2017）。虽然这些研究还没有被用于现有的社会保障计划，但有些（Blumenstock et al.，2015；Blumenstock，2016）研究表明，个人的手机使用数据可以用来推断其社会经济地位，也可以用来重建一个国家内部的财富分配。

然而，除了使用大数据进行目标定位之外，移动电话还可用于为社会保障或其他开发项目收集远程和更频繁的数据（Dillon，2012；Aker，2011）。例如，移动电话可以用于从家庭中收集更频繁的数据，可作为实地调查的补充或替代，因为实地调查通常每年进行一次（Dillon，2012）。

公民教育

在公民教育方面，数字技术主要用于以下三种方式：（1）在公民和国家之间提供更频繁的信息传输，通常是在选举期间；（2）在选举期间以数字方式整合民意调查结果；（3）数字化选举投票。总的来说，这些研究发现，数字化有效地提高了选举期间选民的参与度，并减少了舞弊行为。

尽管许多研究评估了提供公民信息对选民参与和选举结果的影响（Gine and Mansuri，2011；Chong et al.，2015；Humphreys and Weinstein，2012），但关于以数字方式提供公民信息的研究，尤其在发展中国家是较新的研究（Dale and Strauss，2009）。在 2009 年莫桑比克选举期间，Aker、Collier 和 Vicente（2017）使用随机对照试验发现，通过短信进行公民教育，以及通过移动电话热线举报选举舞弊，增加了选民投票率并减少了舞弊行为。

在选举监督方面，一项随机对照试验引入了一种简单的基于手机摄像的干预措施，拍摄了阿富汗投票中心的选举申报表，大大减少了欺诈行为（Callen and Long，2015；World Bank，2016）。在乌干达 2012 年选举期间进行的一次类似试验减少了现任总统的选票份额，因为现任总统是最有可能从选民欺诈中受益的候选人，并减少了其他欺诈行为（Callen et al.，2016；World Bank，2016）。20 世纪 90 年代，巴西数字投票的引入提高了选民参与，尤其是文化水平较低的人口，并减少了选民舞弊行为（Fujiwara，2015；World Bank，2016）。

农业 [①]

农业部门的数字技术主要用于三个方面：（1）向农民提供有关农业技

---

① 这部分大量使用了 Aker、Ghosh 和 Burrell（2016）的研究。它不包括信息技术对私人提供信息的影响的研究，也就是说，农场主、贸易商和其他行为者私下通过数字技术而不是外部平台分享信息。总体而言，这些证据表明，移动电话的覆盖和使用可以改善农民和贸易商获得信息和市场交易的机会。一些研究发现，移动电话覆盖与农产品市场效率提高有关，这种效率被定义为缩小市场价格差距（Jensen，2007；Aker，2010；Aker and Fafchamps，2015），但对农场交货价格的影响有好有坏（Aker and Fafchamps，2015；Mitra et al.，2015；Futch and McIntosh，2009）。

术、农产品价格或天气的信息；（2）提供农业推广建议；（3）监管农业文化推广机构（Aker，Ghosh and Burrell，2016）。总体而言，对数字农业倡议的研究表明，这些服务增加了农民在特定领域的知识，例如农产品价格和种植制度，但对农业实践、生产或农场交货价格几乎没有影响。

在数字农业信息方面，针对撒哈拉以南非洲、印度和拉丁美洲有大量的研究。在乌干达，一项随机对照试验评估了通过广播提供市场价格的影响，发现干预提高了农民的交易价格和玉米的销售量（Svensson and Yanagizawa，2009；Aker，Ghosh and Burrell，2016）。然而，其他关于数字市场价格信息和天气系统影响的研究则更为复杂。虽然有两项研究发现数字信息系统提高了价格，但其他研究发现没有此影响（Aker，Ghosh and Burrell，2016；Courtois and Subervie，2015；Hildebrandt et al.，2014；Nakasone，2013；Mitra et al.，2015；Camacho and Conover，2011；Fafchamps and Minten，2012）。然而，印度引进的提供价格信息和质量检测的互联网亭对大豆价格和产量产生了积极的影响（Goyal，2010）。

在数字农业推广建议中，利用一项在印度进行的随机对照试验，Cole 和 Fernando（2016）发现基于手机的农业推广信息鼓励农民更多投资推荐的农业，提高孜然和棉花产量（Aker，Ghosh and Burrell，2016）。在肯尼亚，一个基于手机短信的信息推广系统的随机对照试验发现，该系统提高了甘蔗产量，但这一结果并未持续一年（Casaburi et al.，2014）。

在数字监管中，Jones 和 Kondylis（2014）使用随机对照试验来测试不同反馈机制对农业推广提供者的影响（Aker，Ghosh and Burrell，2016）。虽然面对面监管和数字监管干预措施同样有效，但数字监管的成本要低得多，这表明数字监管是获得此类反馈的更具成本效益的方式。

健康

虽然，数字技术在医疗领域已被广泛用于医疗设备、记录保存以及提供信息和提醒等各方面，但发展中国家的大多数研究还集中在后一个领域。类似于数字农业干预，这些研究发现数字技术与知识的进步有关，与行为改变和其他健康结果的关系是复杂的。

在过去 10 年中，利用短信提供健康相关信息的情况大幅增加（Akerlof，1991；O'Donoghue and Rabin，1999，2001；Frederick，Loewenstein and O'Donoghue，2002；Banerjee and Mullainathan，2008，2010；Bandiera，Barankay and Rasul，2005；Duflo，2012）。虽然一些研究发现给母亲发短信可以改善母乳喂养（Jiang et al.，2014；Flax et al.，2014），但是一项对使用短信来鼓励药物依赖性的干预措施的系统性回顾发现，结果不一（Nglazi et al.，2013）。在性和生殖健康方面，一些研究发现，在公立学校提供生殖健康信息会导致行为改变、性疾病患病率和自我报告的怀孕率降低（Chong et al.，2013；Rokicki et al.，2017）。

整合

虽然上述研究只包括数字公共服务倡议的一个子集，特别是那些在发展中国家和新兴市场的研究，但其中有几个关键的发现。在所有部门和国家，数字服务的提供似乎提高了这些干预措施的有效性，这被定义为特定干预措施有助于实现既定目标的可能性。在教育、社会保障和公民教育部门尤其如此。例如，在教育方面，数字技术帮助提高了教学成果，至少在短期内是这样；在社会保障方面，数字技术增加了项目接受者及时收到转移支付补贴的可能性；在公民教育方面，数字技术提高了选民参与度，减少了选举中的舞弊行为。然而，在卫生和农业部门，虽然数字技术通常增加了受益者获得信息的机会，但对其他结果（无论是行为改变还是福利）的影响不一。

在效率领域（本章将其定义为以比当前更低的成本提供公共服务），数字技术的影响也更为复杂。虽然在农业、医疗和公民教育部门提供数字信息的平均费用低于过去提供这种信息的传统手段，但这些举措并不一定总是更具成本效益的，公民教育部门除外。在教育方面，数字技术往往比传统的提供教育服务的方式更加昂贵。但它也更具成本效益，因为它能以相同的成本取得更好的结果。对于社会保障项目来说，效率有很大提高：在研究的三个数字社会保障项目中，提供此类项目的可变成本低于替代方案，尽管这通常意味着建立系统的固定成本很高。

另外两个经常用来评估公共服务提供情况的指标是覆盖面和资金效率。换句话说，公共服务是否向更广泛的人口提供，甚至在偏远的农村地区，以及公共资金是否得到最佳利用。对于这两个标准，信息量较少，因为本章所包含的大多数研究没有明确评估这两个指标。

公共服务数字化提供的潜在陷阱

尽管数字技术有可能提高发展中国家数字服务的有效性和效率、扩大覆盖面，但在利用数字技术提供公共服务方面存在潜在的缺陷。

首先要考虑的是可以使用的数字技术的类型，即基础设施、设备（即计算机、智能手机、移动电话）、平台（SMS、Voice、USSD）和接口（Aker，Ghosh and Burrell，2016）。尽管智能手机为许多国家提供了新的机遇，但它也带来了新的挑战和成本，而且在大多数农村地区尚未被广泛采用（Aker，Ghosh and Burrell，2016）。简单的移动电话被广泛采用，但是短信只能容纳有限的信息，并且需要一定的阅读能力，而且语音平台的成本可能很高。虽然数字化公共服务的提供可以依赖高科技，但了解与建设此类基础设施相关的成本以及目标人群使用这些设施的限制因素也很重要。

使用数字技术提供公共服务的一个关键假设是，它将有助于克服贫困农村人口面临的主要市场失灵问题，即信息不完善和高昂的交易成本（Aker，Ghosh and Burrell，2016；Aker and Blumenstock，2014）。虽然这些都是大多数情况下与公共服务有关的相关假设，但只有在一些必要条件存在的情况下，数字技术才能成功地增加知识、降低交易成本、改变行为和改善结果。

对于信息不对称问题，为了使数字技术对知识、行为和其他福利结果

217

产生影响，信息必须在特定的市场环境中成为一个约束条件。对于数字农业和医疗行动效果不佳且好坏参半的一个潜在解释可能是，这些行动没有为预期用户提供相关的高质量和及时的信息（Aker，Ghosh and Burrell，2016）。

即使数字技术能够解决信息不完善和交易成本过高等主要市场失灵问题，公民仍然需要获得其他公共物品、金融服务和机构，以便将这些成本降低转化为现实。例如，在农业领域，一些研究报告指出，农民的议价能力有限，这限制了其提供信息的潜在有效性（Nakasone，Torero and Minten，2014）。同样，如果农民无法进入信贷市场，这可能会限制他们有效使用数字信息的能力（Srinivasan and Burrell，2013；Casaburi and Reed，2014；Aker，Ghosh and Burrell，2016）。最后，如果数字技术被用来监管公共服务机构，但是这种监管没有奖励或制裁，这会抑制监管的有效性。

显然，世界各地存在着大量的数字化部署，然而对这些举措的经济研究仍然相对有限，而且集中在特定地区。虽然这些方案可能导致净福利的改善，但并不清楚它们是否会持续改善目标人口的福利。需要对这些举措进行额外的研究，使用实验和非实验技术相结合的方法，将数字干预与标准方法进行比较（Aker，2011；Aker，Ghosh and Burrell，2016）。将其作为本研究的一部分，同时从制度（政府）和受益人的角度来思考这些干预措施的成本效益和效率也是重要的。这对低收入用户来说尤为重要。虽然使用信息技术提供服务的成本可能较低，但也可能导致额外的开支。

未来发展之路

总的来说，数字技术提供了增加获取信息、降低传输成本和自动执行某些任务的机会，其中多个项目正在世界范围内试点。虽然现有证据表明，数字技术可以提高效率和效益，特别是在特定部门，但这只是我们需要知道的一小部分，这些结果往往是局部均衡的。此外，虽然数字技术可以提高公共服务提供的效率和效益，但这不一定会转化为宏观经济增长或成为更强有力的机构。最后，随着这些技术的使用，了解现有的市场失灵，以及数字基础设施和使用情况，是思考其潜在影响和陷阱的关键。

参考文献

Abdul Latif Jameel Poverty Action Lab（JPAL）. 2016. *Evaluation Summary*.

Abdul Latif Jameel Poverty Action Lab（JPAL）. 2011. "The Price Is Wrong：Charging Small Fees Dramatically Reduces Access to Important Products for the Poor." *J-PAL Bulletin*（April）, Poverty Action Lab，Cambridge，M.A.

Accenture. 2014. "Digital Government：Pathways to Delivering Public Services for the Future." OECD Comparative Study.

Aker，Jenny. 2010. "Information from Markets Near and Far：Mobile Phones and Agricultural Markets in Niger." *American Economic Journal：Applied Economics* 2（3）：46–59.

Aker，Jenny C. 2011. "Dial 'A' for Agriculture：A Review of ICTs for Agricultural Extension in Developing Countries." *Agricultural Economics* 42（6）：631–647.

Aker，Jenny C.，and Joshua Blumenstock. 2014. "The Economics of New Technologies in Africa." In *Handbook of Africa and Economics*. New York：Oxford University Press.

Aker，Jenny，Rachid Boumnijel，Amanda McClelland，and Niall Tierney. 2016. "Payment Mechanisms and Anti-Poverty Programs：Evidence from a Mobile Money Cash Transfer Experiment in Niger." *Economic Development and Cultural Change* 65（1）：1–37.

Aker，Jenny C.，Paul Collier，and Pedro C. Vicente. 2017. "Is Information Power？Using Mobile Phones and Free Newspapers during an Election in Mozambique." *Review of Economics and Statistics* XCIX（2）.

Aker，J. C.，and M. Fafchamps. 2015. "Mobile Phone Coverage and Producer Markets：Evidence from West Africa." *The World Bank Economic Review* 29（2）：262–292.

Aker，Jenny C.，Ishida Ghosh，and Jenna Burrell. 2016. "The Promise（and Pitfalls）of ICT for Agriculture Initiatives." *Agricultural Economics* 47（S1）.

Aker，Jenny C.，and Christopher Ksoll. 2016. "Can Mobile Phones Improve Agricultural Outcomes？Evidence from a Randomized Experiment in Niger." *Food Policy* 60（C）：

44–51.

——. 2017. "Call Me Educated: Evidence from a Mobile Monitoring Experiment in Niger." Center for Global Development Working Paper 406, Washington, D.C.

——, and Travis J. Lybbert. 2012. "Can Mobile Phones Improve Learning？ Evidence from a Field Experiment in Niger." *American Economic Journal: Applied Economics* 4（4）: 94–120.

Aker, Jenny C., Christopher Ksoll, Karla Perez, Danielle Miller, and Susan Smalley. 2014. "Learning without Teachers？ Evidence from a Randomized Evaluation of a Mobile Phone-Based Adult Education Program in Los Angeles." CGD Working Paper 368, Center for Global Development, Washington, D.C.

Aker, Jenny C., and Isaac M. Mbiti. 2010. "Mobile Phones and Economic Development in Africa." *Journal of Economic Perspectives* 24（3）: 207–32.

Aker, Jenny, and Kim Wilson. 2013. "Can Mobile Money Be Used to Promote Savings？ Evidence from Northern Ghana." SWIFT Institute Working Paper 2012–003, London, SWIFT Institute.

Akerlof, George A. 1991. "Procrastination and Obedience." *American Economic Review Papers and Proceedings* 81（2）: 1–19.

Bandiera, Oriana, Iwan Barankay, and Imran Rasul. 2005. "Social Preferences and the Response to Incentives: Evidence from Personnel Data." *Quarterly Journal of Economics* 120（3）: 917–962.

Banerjee, Abhijit V., Shawn Cole, Esther Duflo, and Leigh Linden. 2007. "Remedying Education: Evidence from Two Randomized Experiments in India." *The Quarterly Journal of Economics* 122（3）: 1235–1264.

Banerjee, Abhijit V., Esther Duflo, Clement Imbert, Santhosh Mathew, and Rohini Pande. 2016. "E-Governance, Accountability, and Leakage in Public Programs: Experimental Evidence from a Financial Management Reform in India." NBER Working Paper 22803, National Bureau of Economic Research, Cambridge, M.A.

Banerjee, Abhijit V., Rachel Glennerster, and Esther Duflo. 2008. "Putting a Band-Aid on a Corpse: Incentives for Nurses in the Indian Public Health Care System." *Journal of the European Economic Association* 6（2–3）: 487–500.

Banerjee, Abhijit V., Rema Hanna, Jordan Kyle, Benjamin A. Olken, and Sudarno Sumarto. 2016. "Tangible Information and Citizen Empowerment: Identification Cards and Food

Subsidy Programs in Indonesia." Working Paper, Massachusetts Institute of Technology, Cambridge, M.A.

Banerjee, Abhijit V., and Sendhil Mullainathan. 2008. "Limited Attention and Income Distribution." *American Economic Review* 98 （2）: 489–493.

——. 2010. "The Shape of Temptation: Implications for the Economic Lives of the Poor." MIT Working Paper 10–9, National Bureau of Economic Research, Cambridge, M.A.

Barrera-Osorio, Felipe, and Leigh Linden. 2009. "The Use and Misuse of Computers in Education: Evidence from a Randomized Experiment in Colombia." Policy Research Working Paper 4836, Impact Evaluation Series 29, World Bank, Washington, D.C.

Bartik, Timothy J. 1991. *Who Benefits from State and Local Economic Development Policies* ? W.E. Upjohn Institute for Employment Research, Kalamazoo, MI.

Batley, R., W. McCourt, and C. Mcloughlin. 2012. "The Politics and Governance of Public Services in Developing Countries." *Public Management Review* 14 （2）: 131–145.

Besley, Timothy, and Maitreesh Ghatak. 2006. "Public Goods and Economic Development." In *Understanding Poverty*, edited by Abhijit Vinayak Banerjee, Roland Bénabou, and Dilip Mookherjee. Oxford Scholarship Online.

Beuermann, Diether, Christopher McKelvey, and Carlos Sotelo-Lopez. 2012. "The Effects of Mobile Phone Infrastructure: Evidence from Rural Peru." Working Paper, Banco Central de Reserva Perú, Lima.

Beuermann, Diether, Julian Cristia, Santiago Cueto, Ofer Malamud, and Yyannu Cruz-Aguayo. 2015. "One Laptop per Child at Home: Short-Term Impacts from a Randomized Experiment in Peru." *American Economic Journal: Applied Econometrics* 7 （2）: 53–80.

Blumenstock, Joshua E. 2016. "Fighting Poverty with Data." *Science* 353 （6301）: 753–754.

Blumenstock, Joshua E., Gabriel Cadamuro, and Robert On. 2015. "Predicting Poverty and Wealth from Mobile Phone Metadata." *Science* 350 （6264）: 1073–1076.

Blumenstock, Joshua E., Michael C. Callen, Tarek Ghani, and Lucas Koepke. 2015. "Promises and Pitfalls of Mobile Money in Afghanistan: Evidence from a Randomized Control Trial." Paper in *Proceedings of the 7th IEEE/ACM International Conference on Information and Communication Technologies and Development* （ICTD 2015）.

Blumenstock, J. E., N. Eagle, and M. Fafchamps. 2016. "Airtime Transfers and Mobile Communications: Evidence in the Aftermath of Natural Disasters." *Journal of Development

Economics 120: 157–81.

Blumenstock, Joshua, Jessica E. Steele, Pal Roe Sundsøy, Carla Pezzulo, Victor A. Alegana, Tomas J. Bird, Johannes Bjelland, Kenth Engø-Monsen, Yves-Alexandre de Montjoye, Asif M. Iqbal, Khandakar N. Hadiuzzaman, Xin Lu, Erik Wetter, Andrew J. Tatem, and Linus Bengtsson. 2017. "Mapping Poverty Using Mobile Phone and Satellite Data." *Journal of the Royal Society Interface.*

Brown, Alan W., Jerry Fishenden, and Mark Thompson. 2014. "Revolutionising Digital Public Service Delivery: A UK Government Perspective." Working Paper.

Cadena, Ximena, and Antoinette Schoar. 2011. "Remembering to Pay? Reminders vs. Financial Incentives for Loan Payments." NBER Working Paper 17020, National Bureau of Economic Research, Cambridge, M.A.

Callen, Michael, Clark C. Gibson, Danielle F. Jung, and James D. Long. 2016. "Improving Electoral Integrity with Information and Communications Technology." *Journal of Experimental Political Science* 3 (1): 4–17.

Callen, Michael, and James D. Long. 2015. "Institutional Corruption and Election Fraud: Evidence from a Field Experiment in Afghanistan." *American Economic Review* 105 (1): 354–381.

Camacho, Adriana, and Emily Conover. 2011. "The Impact of Receiving Price and Climate Information in the Agricultural Sector." Working Paper, Centro de Estudios sobre Desarrollo Economico Universidad de los Andes, Bogota, Colombia.

Carrillo, P., M. Onofa, and J. Ponce. 2010. "Information Technology and Student Achievement: Evidence from a Randomized Experiment in Ecuador." Working Paper, Inter-American Development Bank, Washington, D.C.

Casaburi, L., and M. Kremer. 2016. "Management Information Systems and Firm Performance: Experimental Evidence from a Large Agribusiness Company in Kenya." PEDL Research Note.

Casaburi, Lorenzo, Michael Kremer, and Sendhil Mullainathan. 2016. "Contract Farming and Agricultural Productivity in Western Kenya." In *NBER African Successes.* Cambridge, M.A: National Bureau of Economic Research.

Casaburi, L., M. Kremer, S. Mullainathan, and R. Ramrattan. 2014. "Harnessing ICT to Increase Agricultural Production: Evidence from Kenya," Harvard University, Cambridge, M.A.

Casaburi, L., and T. Reed 2014. "Interlinked Transactions and Pass-Through: Experimental Evidence from Sierra Leone," Harvard University, Cambridge, M.A.

Castellano, Antonio, Adam Kendall, Mikhail Nikomarov, and Tarryn Swemmer. 2015. "Brighter Africa: The Growth Potential of the Sub-Saharan Electricity Sector." McKinsey Report, McKinsey & Company, New York.

Chaudhury, Nazmul, Jeffrey Hammer, Michael Kremer, Karthik Muralidharan, and F. Halsey Rogers. 2006. "Missing in Action: Teacher and Health Worker Absence in Developing Countries." *Journal of Economic Perspectives* 20 (1): 91–116.

Chong, Alberto, Marco Gonzalez-Navarro, Dean Karlan, and Martin Valdivia. 2013. "Effectiveness and Spillovers of Online Sex Education: Evidence from a Randomized Evaluation in Colombian Public Schools." NBER Working Paper 18776, National Bureau of Economic Research, Cambridge, M.A.

Chong, Alberto, Ana L. De La O, Dean Karlan, and Leonard Wantchekon. 2015. "Does Corruption Information Inspire the Fight or Quash the Hope? A Field Experiment in Mexico on Voter Turnout, Choice, and Party Identification." *The Journal of Politics* 77 (1): 55–71.

Cilliers, Jacobus, Ibrahim Kasirye, Clare Leaver, Pieter Serneels, and Andrew Zeitlin. 2016. "Pay for Locally Monitored Performance? A Welfare Analysis for Teacher Attendance in Ugandan Primary Schools." Occasional Paper 244098, Economic Policy Research Centre, Kampala, Uganda.

Coase, Ronald H. 1960. "The Problem of Social Cost." *The Journal of Law and Economics* 3: 1–44.

Cole, S. A., and N. A. Fernando. 2016. "The Value of Advice: Evidence from the Adoption of Agricultural Practices." HBS Working Group Paper, Harvard University, Cambridge, M.A.

Courtois, P., and J. Subervie. 2015. "Farmer Bargaining Power and Market Information Services." *American Journal of Agricultural Economics* 1–25.

Dale, Allison, and Aaron Strauss. 2009. "Don't Forget to Vote: Text Message Reminders as a Mobilization Tool." *American Journal of Political Science* 53 (4): 787–804.

Dillon, Brian. 2012. "Using Mobile Phones to Collect Panel Data in Developing Countries." *Journal of International Development* 24 (4): 518–527.

Dinkelman, Taryn. 2011. "The Effects of Rural Electrification on Employment: New Evidence from South Africa." *American Economic Review* 101 (7): 3078–3108.

Donaldson, Dave. 2018. "Railroads of the Raj: Estimating the Impact of Transportation

221

Infrastructure." *American Economic Review* 108(4-5):899-934.

——, and Richard Hornbeck. 2016. "Railroads and American Economic Growth: A 'Market Access' Approach." *The Quarterly Journal of Economics* 131（2）：799–858.

Duflo, Esther. 2012. "Human Values and the Design of the Fight Against Poverty." Tanner Lectures, Harvard University, Cambridge, M.A., May 4.

Duflo, Esther, Rema Hanna, and Stephen P. Ryan. 2012. "Incentives Work: Getting Teachers to Come to School." *American Economic Review* 102（4）：1241–1278.

Duflo, Esther, and Rohini Pande. 2007. "Dams." *Quarterly Journal of Economics* 122（2）：601–646.

Escueta, Maya, Vincent Quan, Andre Joshua Nickow, and Philip Oreopoulos. 2017. "Education Technology: An Evidence-Based Review." NBER Working Paper 23744, National Bureau of Economic Research, Cambridge, M.A.

Fafchamps, Marcel, and Bart Minten. 2012. "Impact of SMS-Based Agricultural Information on Indian Farmers." *World Bank Economic Review* 26（3）：1–32.

Fairlie, Robert W., and Jonathan Robinson. 2013. "Experimental Evidence on the Effects of Home Computers on Academic Achievement among Schoolchildre." *American Economic Journal: Applied Economics, American Economic Association* 5（3）：211–240.

Farrell, Diana, and Andrew Goodman. 2013. "Government by Design: Four Principles for a Better Public Sector." McKinsey & Company.

Finan, Frederico, Benjamin A. Olken, and Rohini Pande. 2015. "The Personnel Economics of the State." NBER Working Paper 21825, National Bureau of Economic Research, Cambridge, M.A.

Fisher, Ronald C. 1997. "The Effects of State and Local Public Services on Economic Development." *New England Economic Review*（Mar/Apr）：53–82.

Flax, Valerie, Mekebob Negerie, Alawiyatu Usman Ibrahim, Sheila Letherman, Erica J. Daza, and Margaret E. Bentley. 2014. "Integrating Group Counselling, Cell Phone Messaging, and Participant-Generating Songs and Dramas into a Microcredit Program Increases Nigerian Women's Adherence to International Breastfeeding Recommendations." *The Journal of Nutrition* 144（7）：1120–1124.

Food and Agriculture Organization（FAO）. 2015. *FAO Statistical Pocketbook: World Food and Agriculture* .FAO, Rome.

Fox, William F., and Matthew N. Murray. 1993. "State and Local Government Policies." In *Economic Adaptation: Alternatives for Rural America*, edited by David Barkley. Boulder, CO: Westview Press, Inc.

Frederick, Shane, George Loewenstein, and Ted O'Donoghue. 2002. "Time Discounting and Time Preference: A Critical Review." *Journal of Economic Literature* 40 (2): 351–401.

Futch, M. D., and C. T. McIntosh. 2009. "Tracking the Introduction of the Village Phone Product in Rwanda." *Information Technologies & International Development* 5 (3): 54.

Fujiwara, Thomas. 2015. "Voting Technology, Political Responsiveness, and Infant Health: Evidence from Brazil." *Econometrica* 83 (2): 423–464.

Gine, Xavier, and Ghazala Mansuri. 2011. "Together We Will: Experimental Evidence on Female Voting Behavior in Pakistan." Policy Research Working Paper 5692, The World Bank.

GSMA. 2013. "The Mobile Economy 2013."

Goyal, Aparajita. 2010. "Information, Direct Access to Farmers, and Rural Market Performance in Central India." *American Economic Journal: Applied Economics* 2 (3): 22–45.

Hildebrandt, N., Y. Nyarko, G. Romagnoli, and E. Soldani. 2014. *Information Is Power? Impact of an SMS-based Market Information System on Farmers in Ghana.*

Humphreys, Macartan, and Jeremy M. Weinstein. 2012. "Policing Politicians: Citizen Empowerment and Political Accountability in Uganda-Preliminary Analysis." Working Paper of the International Growth Center.

Innovations for Poverty Action (IPA). 2016. "The Impact of Smartcard Electronic Transfers on Public Distribution." Study Summary, New Haven, CT.

International Telecommunications Union (ITU). 2014. "Measuring the Information Society Report."

Jack, William, and Tavneet Suri. 2014. "Risk Sharing and Transaction Costs: Evidence from Kenya's Mobile Money Revolution." *The American Economic Review* 104 (1): 183–223.

Jensen, Robert. 2007. "The Digital Provide: Information (Technology) Market Performance, and Welfare in the Southern Indian Fisheries Sector." *The Quarterly Journal of Economics* 122 (3): 879–924.

Jiang, Hong, Mu Li, Li Ming Wen, Qiaozhen Hu, Dongling Yang, Gengsheng He, Louise A. Baur, Michael J. Dibley, and Xu Qian. 2014. "Effect of Short Message Service on Infant Feeding Practice Findings from a Community-Based Study in Shanghai, China." *JAMA*

Pediatric 168（5）：471–478.

Jones，Maria，and Florence Kondylis. 2014. *Your Feedback Matters，To You：Evidence from Extension Services.*

Karlan，Dean，Alberto Chong，Jeremy Shapiro，and Jonathan Zinman. 2015. "（Ineffective） Messages to Encourage Recycling Evidence from a Randomized Evaluation in Peru." *The World Bank Economic Review* 29（1）：180–206.

Karlan，Dean，Margaret McConnell，Sendhil Mullainathan，and Jonathan Zinman. 2016. "Getting to the Top of Mind：How Reminders Increase Saving." *Management Science* 62（12）：3393– 3411.

Karlan，Dean，Melanie Morten，and Jonathan Zinman. 2012. "A Personal Touch：Text Messaging for Loan Repayment." NBER Working Paper 17952，National Bureau of Economic Research，Cambridge，M.A.

Kearney，Melissa S.，and Phillip B. Levine. 2015. "Media Influences on Social Outcomes：The Impact of MTV's 16 and Pregnant on Teen Childbearing." *The American Economic Review* 105 （12）：3597–3632.

La Ferrera，Eliana，Alberto Chong，and Suzanne Duryea. 2012. "Soap Operas and Fertility： Evidence from Brazil." *American Economic Journal：Applied Economics* 4（4）：1–31.

Lai，K. W. 2011. "Digital Technology and the Culture of Teaching and Learning in Higher Education." *Australasian Journal of Educational Technology* 27（8）：1263–1275.

Lai，K. W.，F. Khaddage，and G. Knezek. 2013. "Blending Student Technology Experiences in Formal and Informal Learning." *Journal of Computer Assisted Learning* 29（5）：414–425.

Lai，Fang，Renfu Luo，Linxiu Zhang，Xinzhe Huang，and Scott Rozelle. 2015. "Does Computer-Assisted Learning Improve Learning Outcomes？ Evidence from a Randomized Experiment in Migrant Schools in Beijing." *Economics of Education Review* 47：34–48.

Linden，Leigh L. 2008. "Complement or Substitute？ The Effect of Technology on Student Achievement in India." InfoDev Working Paper 17，World Bank，Washington，D.C.

Liu，Xiaoqiu，James J. Lewis，Hui Zhang，Wei Lu，Shun Zhang，Guilan Zheng，Liqiong Bai，Jun Li，Xue Li，Hongguang Chen，Mingming Liu，Rong Chen，Junying Chi，Jian Lu，Shitong Huan，Shiming Cheng，Lixia Wang，Shiwen Jiang，Daniel P. Chin，and Katherine L. Fielding. 2015. "Effectiveness of Electronic Reminders to Improve Medicaiton Adherencein Tuberculosis Patients：A Cluster-Randomised Trial，" *PLOS Medicine.*

Malamud, Ofer, and Cristian Pop-Eleches. 2011. "Home Computer Use and the Development of Human Capital." *Quarterly Journal of Economics* 126（2）：987–1027. 223

Mas, Ignacio, and Colin Mayer. 2012. "Savings as Forward Payments：Innovations on Mobile Money Platforms." GSMA.

Mbiti, Isaac, and David N. Weil. 2011. "Mobile Banking：The Impact of M-Pesa in Kenya." NBER Working Paper 17129, National Bureau of Economic Research, Cambridge, M.A.

McKinsey & Company. 2015. *Brighter Africa：The Growth Potential of the Sub-Saharan Electricity Sector.*

Medhi, Idrani, Aiswarya Ratan, and Kentaro Toyama. 2009. "Mobile-Banking Adoption and Usage by Low-Literate, Low-Income Users in the Developing World." In *Internationalization, Design and Global Development*, edited by N. Aykin. Berlin, Springer.

Michaels, Guy. 2008. "The Effect of Trade on the Demand for Skill：Evidence from the Interstate Highway System." *The Review of Economics and Statistics* 90（4）：683–701.

Mitra, S., D. Mookherjee, M. Torero, and S. Visaria. 2015. *Asymmetric Information and Middleman Margins：An Experiment with West Bengal Potato Farmers.*

Mo, Di, Linxiu Zhang, Renfu Luo, Qinghe Qu, Weiming Huang, and Jiafu Wang. 2014. "Integrating Computer-Assisted Learning into a Regular Curriculum：Evidence from a Randomized Experiment in Rural Schools in Shaanxi." *Journal of Development Effectiveness* 6（3）：300–323.

Munnell, Alicia H. 1992. "Infrastructure Investment and Economic Growth." *Journal of Economic Perspectives* 6：189–198.

Muralidharan, Karthik, Jishnu Das, Alaka Holla, and Aakash Mohpal. 2017. "The Fiscal Costs of Weak Governance：Evidence from Teacher Absence in India." *Journal of Public Economics* 145：116–135.

Muralidharan, Karthik, Paul Niehaus, and Sandip Sukhtankar. 2016. "Building State Capacity：Evidence from Biometric Smartcards in India." *American Economic Review* 106（10）：2895–2929.

Nakasone, Eduardo. 2013. "The Role of Price Information in Agricultural Markets：Experimental Evidence from Rural Peru." Agricultural and Applied Economics Association. 2013 Annual Meeting No. 150418.

Nakasone, Eduardo, Maximo Torero, and Bart Minten. 2014. "The Power of Information：The ICT Revolution in Agricultural Development." *Annual Review of Resource Economics* 6：533–550.

Nglazi, Mweere, Linda-Gail Bekker, Robin Wood, Gregory D. Huddey, and Charles S. Wiysonge. 2013. "Mobile Phone Text Messaging for Promoting Adherence to Anti-Tuberculosis Treatment: A Systematic Review." *BMC Infectious Diseases* 13（566）.

O'Donoghue, Ted, and Matthew Rabin. 1999. "Doing It Now or Later." *American Economic Review* 89（1）: 103–124.

——. 2001. "Choice and Procrastination." *Quarterly Journal of Economics* 116（1）: 121–160.

Olken, Benjamin A. 2006 "Corruption and the Costs of Redistribution: Micro Evidence from Indonesia." *Journal of Public Economics* 90: 853–870.

Parikh, Tapan S., Neil Patel, and Yael Schwartzman. 2007. "A Survey of Information Systems Reaching Small Producers in Global Agricultural Value Chains." Proceedings of the International Conference on Information and Communication Technologies and Development 2007 ICTD.

Patel, Neil, Deepti Chittamuru, Anupam Jain, Paresh Dave, and Tapan S. Parikh. 2010. "Avaaj Otalo—A Field Study of an Interactive Voice Forum for Small Farmers in Rural India." Proceedings of ACM Conference on Human Factors in Computing Systems.

Pop-Eleches, Cristian, Harsha Thirumurthy, James P. Habyarimana, Joshua G. Zivin, Markus Goldstein, P. Damien de Walque, Leslie MacKeen, Jessica Haberer, Sylvester Kimaiyo, John Sidlek, Duncan Ngarem, and David R. Bangsbergn. 2011. "Mobile Phone Technologies Improve Adherence to Antiretroviral Treatment in a Resource Limited Setting: A Randomized Controlled Trial of Text Message Reminders." *AIDS* 25（6）: 825–834.

Pritchett, Lant. 2005. "The Political Economy of Targeted Safety Nets." World Bank Social Protection Unit Discussion Paper Series, World Bank, Washington, D.C.

Rokicki, Slawa, Jessica Cohen, Joshua A. Salomon, and Gunther Fink. 2017. "Impact of a Text Messaging Program on Adolescent Reproductive Health: A Cluster-Randomized Trial in Ghana." *American Journal of Public Health*, American Public Health Association（February）.

Shah, Anwar. 2005. *Public Services Delivery. Public Sector Governance and Accountability.*Washington, D.C: World Bank.

Srinivasan, J., and Jenna Burrell. 2013. "Revisiting the Fishers of Kerala, India." Proceedings of the International Conference on Information and Communication Technologies and Development, 56–66.

Svensson, Jakob, and David Yanagizawa. 2009. "Getting Prices Right: The Impact of the

Market Information Service in Uganda." *Journal of the European Economic Association* 7（2–3）： 435–445.

Transparency International. 2013. *Global Corruption Report*： *Education*. Routledge： New York.

UNESCO Institute for Statistics.2006. *Teachers and Education Quality*： *Monitoring Global Needs for 2015*. Montreal.

UNESCO Institute for Statistics. 2014. Data on Pupil-Teacher Ratios. World Bank Indicators.

Wasylenko, Michael J. 1991. "Empirical Evidence on Interregional Business Location Decisions and the Role of Fiscal Incentives in Economic Development." In *Industry Location and Public Policy*, edited by Henry Herzog and Alan Schlottman. Knoxville, TN： University of Tennessee Press.

World Bank. 2005. *Public Sector Governance and Accountability Series*： *Public Services Delivery*. Washington, D.C.

——. 2015. *World Development Report 2015*： *Mind, Society, and Behavior*. Washington, D.C.

——. 2016. *World Development Report 2016*： *Digital Dividends*. Washington, D.C.

——. 2017. *World Development Report 2017*： *Governance and the Law*. Washington, D.C.

——. n.d. Database. ASPIRE： The Atlas of Social Protection—Indicators of Resilience and Equity.

Wyche, Susan, and Charles Steinfield. 2015. "Why Don't Farmers Use Cell Phones to Access Market Prices ？ Technology Affordances and Barriers to Market Information Services Adoption in Rural Kenya." *Information Technology for Development* 22（2）： 320–333.

Yang, Yihua, Linxiu Zhang, Junxia Zeng, Xiaopeng Pang, Fang Lai, and Scott Rozelle. 2013. "Computers and the Academic Performance of Elementary School-Aged Girls in China's Poorest Communities." *Computers & Education*： *An International Journal* 6（1）： 335–346.

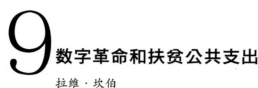

9 数字革命和扶贫公共支出

拉维·坎伯

印度前总理拉吉夫·甘地有一句著名的评论：用于公共食品分配系统的卢比只有15%到达穷人手中。事实上，人们普遍认为，反贫困项目针对性很差，资源大量"漏"到了非贫困人手中，这种情况并不仅仅在印度存在。近年来，随着数字技术的迅速应用，印度和其他国家纷纷推出现金转移计划，并将其视为解决这一问题的方案。理由是，逻辑上说，生物识别等新的数字技术将实现精准识别穷人身份，而电子银行业务将促进资源向穷人的转移。

尽管存在根深蒂固的所谓"漏出"问题，但有关数字革命优势的讨论往往容易被炒作，或许在政策制定方面更是如此。在这方面，新的信息技术旨在为一度被视为棘手的问题提供创新解决方案。

本章采用反向而不是勒德分子的立场去认识技术的益处。尽管如此，报告还是敦促人们谨慎行事，对减贫的基本利弊进行更深层次的权衡，以及"精准定位"① 利弊。这些权衡可分为三大类：信息成本、高边际税率和政治经济。需要审视数字化对权衡取舍的影响，并适当参照构成社会的制度和社会规范。

本章首先阐述了有针对性的转移以尽量减少贫困的基本原则，将精准定位的成本与其毋庸置疑的好处相对比。② 接着指出了数字化和新技术对

---

① 精准定位是指针对穷人，而且只针对穷人。

② 虽然本章以减贫为目标，但应当明确的是，所提出的问题也同样适用于更为一般的目标。

这些成本和收益的潜在影响。本章认为，在某些方面，权衡是完全独立于新技术的使用或其他方面的。在某些情况下，好处是显而易见的，而在其他情况下，技术的使用可能会恶化这种权衡。

锁定目标的基本原理

我们首先详细说明贫困的衡量标准。考虑一个收入分配问题，收入 y_i 从最低到最高，如 $i=1, 2, \cdots, n$：

$$y_1 \leqslant y_2 \leqslant \cdots \leqslant y_q < z < y_{q+1} \leqslant \cdots \leqslant y_n \tag{1}$$

另外还显示了贫困线 z，其中 q 人生活在贫困线以下。因此，生活在贫困线以下的人口比例为 q/n。Foster-Greer-Thorbecke 贫困指数（Foster, Greer and Thorbecke, 1984）P_α 可表示为：

$$P_\alpha = \frac{1}{n} \sum_{i=1}^{q} \left(\frac{z-y_i}{z} \right)^{\alpha} \tag{2}$$

因此，每个人的贫困差距比例（$z-y_i$）/z 被提高到一个幂，并且在 q 个贫困个体之间相加。参数 α 衡量了贫困程度，当 $\alpha = 0$ 时，我们得到了衡量贫困的标准人数比率，也称为贫困发生率：

$$P_0 = q/n \tag{3}$$

当 $\alpha = 1$ 时，我们得到了贫富差距的衡量标准为：

$$P_1 = \frac{1}{n} \sum_{i=1}^{q} \left(\frac{z-y_i}{z} \right) \tag{4}$$

当 $\alpha = 2$ 时，贫困差距的平方更严重地扩大了差距。

假设现在政策制定者的减贫预算为 B。从一个转移支付对个人赚取收入的动机不会产生影响的模型开始。此外，假设进行转移没有信息或管理成本，那么最有效的方法是什么呢？答案取决于 α（Bourguignon and Fields, 1990）。如果 $\alpha = 0$，那么最有效的转移规则是从最接近贫困线的个人开始，给予足够的转移支付以使此人越过贫困线，然后转向下一个最贫穷的个人，以此类推，直到预算用尽。如果 $\alpha = 1$，那么转移到贫困线以下的任何个人，只要转移的规模不足以使该人越过贫困线，对缓解贫困同样也有效。但是，如果 $\alpha=2$，那么有效的战略如下：从最贫穷的个人开始，向这个人转账，使收入提高到下一个最贫穷个人的收入水平，然后同时向这两个人转账，直到他们提高到再下一个最贫穷个人的收入水平，以此类推，直到预算用尽。

上述做法突出了"完美定位"的关键特征，即每个人收到的转移支付只够使其达到贫困线，且不多不少。那些生活在贫困线以上的人从一开始就没有受到任何影响，那些生活在贫困线以下的人得到的帮助也没有超过必要的程度。在这种情况下，如果可用的预算为：

$$B=nzP_1 \tag{5}$$

那么贫穷就会消失。由于目标选择不精准、预算不足，贫困只能得到部分缓解。对于 P_1 的测量可以表明（Fiszbein，Kanbur and Yemtsov，2014），转移导致的贫困减少为：

$$\Delta P_1/P_1 = \left[\frac{T_p}{B}\right]\frac{B}{nzP_1} \tag{6}$$

其中，ΔP_1 表示缓解的贫穷，T_p 表示向穷人提供的转移支付的总和。因此，该方案对贫困的影响包括两个方面。一方面是定位效率，即向穷人转移资金的比例；另一方面是预算充足度，即预算与贫困程度的比例。这两者共同产生了我们所观察到的减贫效果。有了精准定位，第一项可赋值为 1。相反，无针对性的全民福利将给予每个人同等数额，使得第一项与贫困发生率相等，小于 1，因为此时穷人和富人均得到转移支付。Fiszbein、Kanbur 和 Yemtsov（2014）介绍了近 50 个国家的精准定位程度和预算充足度。

当人们批评一个项目在减贫方面效果不佳时，他们脑海中浮现的是一种精准定位，甚至完美定位的场景，并将其作为一个基准。他们认为，处于贫困线以上甚至有时远远高于贫困线的人接受转移支付，而对穷人的支付却不足。他们认为，如果预算相同，可以减少更多的贫困，如果定位指标再好一点，更少的预算也可以减少同样的贫困。事实上，这是许多国际金融机构和财政部之间关于食品和燃料补贴计划讨论的开始。

如果目标是以固定的资源预算最大限度地缓解贫穷，精准定位（如果无成本）显然比弱精准定位或非精准定位要好。但是精准定位并不是没有代价的。如前所述，对减贫利弊的权衡主要有三类：信息成本、高边际税率和政治经济。[1]

精准定位需要关于个人收入的准确信息。原则上，经济中的每一笔收入都需要被加以评估和核实，因为某些高收入者仍然可以声称收入低于贫困线。运行这些项目的管理成本，以及非常详细的参与标准，已经在文献中得到了充分讨论（Coady, Grosh and Hoddinott, 2004; Grosh et al., 2008）。因此，使用与收入相关的容易观察到的指标来降低这些信息成本的效果显著。其理念是，不能区分这些类别中的收入，但可以利用这些群体中分配情况的统计特性来制定转移支付战略，这种战略在减贫方面比完全不以贫穷为目标更有效。因此，在早期的实践中，Kanbur（1987）表明，如果目标是最小化国家 P_α，那么转移应该与每个国家 $P_{\alpha-1}(\alpha \geqslant 1)$ 成比例。Besley 和 Kanbur（1988）提出了食品补贴申请，Chao 和 Ravallion（1989）提出了基于土地持有的目标定位申请。现在，文献已经非常广泛，基本的分析问题已经相当好理解。[2]

解决信息问题的一种重要的目标定位方式被称为"自我定位"。它不依赖外部评估和验证来确定穷人和非穷人。相反，它建立了一个激励制度，只有那些收入足够低的人才会站出来领取福利。这方面最著名的例子是视公共工程工地就业情况而定的转移。所有到场的人都有就业保障，但显然只有那些机会成本低于公共工程工地工资的人才会到场。如果公共工程工地的每小时工资是 100 元，那么为什么其他地方的每小时工资为 200 元的人要在公共工地工作呢？如果机会成本与贫困状况反过来（负相关），

---

① Besley 和 Kanbur（1993）提出了 3 个范畴。

② 最近的理论探索见 Kanbur、Keen 和 Tuomala（2016），基于政策的应用见 Nazara 和 Rahayu（2013）。

定位目标就实现了。对这一论点的早期评估和验证来自 Ravallion（1991）的研究。Kanbur（2010）提供了在全球金融危机背景下该论点的最新应用。类似的推理导致在食品补贴中补贴粗粮而不是细粮的情况（非穷人更倾向于后者）。

就业保障计划是一种附有条件的现金转移，该转移以某种行为反应为条件，在本例中是以在公共工程工地雇佣为条件的。然而，并非所有的附有条件的转移都是在同一个累进方向上的自我定位（Rodriguez-Castelan，2017）。考虑到一种较为普遍的政策干预，现金转移的条件是让孩子们继续上学。但是，如果教育是一种常见的商品，富裕家庭无论如何都会让他们的孩子继续上学，对他们来说，这种转移将是纯粹的超边际转移。对于较贫穷的家庭来说，他们被激励去改变他们的行为，转移的价值将低于现金价值。实际上，对于最贫穷的家庭来说，参与这个项目可能根本就不值得。正如 Rodriguez-Castelan（2017）所表明的那样，更有效地利用特定预算来缓解贫穷，实际上可能是提供无条件而不是有条件的现金转移。毫无疑问，关于有条件现金转移者的争论将继续下去，同时也将触及现金与实物转移的问题（Fiszbein et al.，2009）。

229　精准定位的信息成本以及处理方法由此在文献中得到了很好的研究和评估。然而，精准定位的含义还远没有得到很好的理解。再次回想一下"完美定位"的描述——每个人都刚好达到目标线。因此，收入较高的贫困个人得到的转移支付较少。事实上，完美定位下缓解贫困的目标是一对一的：转移前个人收入每增加一个单位，政府转移就减少一个单位（转移前收入和转移的总和等于贫困线）。实际上，我们所描述的是在 100% 边际税率情况下的有效税收和转移计划。在任何正常情况下，这种做法的激励效应都会得到讨论，但似乎不会在反贫困计划的背景下讨论。

在任何一种标准劳动力供给模型中，在一个扩展范围内 100% 的边际税率都可能导致劳动力供给为零。如果这种情况发生，并且贫困线以下的转移前收入下降到零，转移成本将大幅提升，则：

$$qz > \sum_{i=1}^{q} (z - y_i) \qquad (7)$$

因此，在此情况下，赚取收入的激励很重要，定位目标所隐含的高边际税率的激励效应必须与目标收益相平衡。Kanbur 和 Keen（1989），Kanbur、Keen 和 Tuomala（1994）早期对该问题进行了分析，结果明确了在激励情况下，应在多大程度上减少精准定位。最近，Banerjee 等在 2015 年对劳动力转移项目的劳动力供给效应进行了最新的量化。

关于激励措施的讨论涉及先前对于信息成本和使用容易观察到的指标的讨论。如果我们允许使用容易观察到的特征为不同的群体设计不同的转移计划表，那么精准目标税率和高边际税率之间的差距可以得到缩小。正如 Immonen 等（1998）所表明的那样，"明确"目标的额外工具允许更好地利用资源。

精准定位成本的第三个方面——政治经济也许是最模糊的。按照定义，精准定位意味着仅限于穷人，但这意味着将穷人的利益与中等收入群体的利益分开。随着政治经济的发展，这种分离可能意味着减贫转移支付总预算的减少。用 Gelbach 和 Pritchett（2002）的话来说，"穷人拥有的更多，则穷人得到的更少"。Anand 和 Kanbur（1991）在早期提到20 世纪 70 年代后期对斯里兰卡大米补贴进行的改革，这项改革从普遍补贴转向向贫困线以下的人提供补贴。但随后几年，补贴的实际价值出现下降，几乎没有产生任何政治影响。Kanbur（2010）在讨论将雇佣担保计划作为快速应对宏观冲击的工具的有效性时也提到了这一影响——虽然它们的目标性质是有益的，但地方一级的政策支持出于这个原因可能是有问题的，Gelbach 和 Pritchett（2002）提出了一个发挥作用的正式模型。

数字化的影响

精准定位如果可以实现无成本显然是一件好事，但实际上并不是无成本的。如前所述，权衡存在于信息、激励和政治经济之中。本节评估了数字化变革是否可以在降低成本的同时提高目标定位。

数字化与反贫困

在针对反贫困转移方案的具体背景下，相对于对国家能力的一般影响，数字化意味着什么？数字化被认为至少在三个方面有帮助。第一个是现金支付的便利性。Radcliff（2016）提供了一个具体的例子。

伊朗在2010~2011年的改革强有力地阐述了支付方式和燃料补贴改革之间的联系。当时，伊朗政府每年在燃料补贴上花费700亿美元，这显然是一个不可持续的补贴账单。但是政府不能在不给居民提供某种形式返还的情况下提高燃油价格，以免面临政治反弹。因此，伊朗政府决定用现金转移取代燃料补贴，预留300亿美元，每月向每个公民发放40美元。为了使改革成为可能，伊朗政府不得不按月向每个伊朗家庭支付这笔钱。如今，67%的伊朗成年人接受政府支付，比世界上任何国家都高，其中92%的支付是通过电子方式进入账户的。

第二个是生物识别，正如Gelb和Diofasi（2015）所讨论的南非的情况。

自20世纪90年代中期以来，南非各省政府一直使用基于指纹识别的自动取款机和智能卡来发放抚恤金和社会补助金，包括在网络有限的地方。2013年，南非社会保障局完成了对2000多万社会补助金领取者的生物识别重新登记，以精简最近的中央系统。尽管该系统能够使用种族隔离时期开始的广泛的身份基础设施，但重新登记使南非社会保障局能够取消65万笔向不符合条件的个人提供的社会补助金，每年节省超过6500万美元。新系统还能确保在受益人死亡后停止向其付款，不再需要依靠死亡登记记录：所有领取补助金者每月必须通过扫描指纹或通过语音识别来出示"生命证明"。

第三个是追踪政府系统下一阶段的支付情况。以下是Banerjee等（2016）对印度最近一项研究结果的报告。

通过与印度比哈尔邦政府合作，他们进行了一次大规模实验，以评估财政转移支付制度的透明度是否能够在实施工作福利方案时增加问责制和减少腐败。这些改革引入了电子资金流动，削减了行政层级，并将转移金额的基础从预测转为记录的支出。通过三项措施，该方案有效减少了转移支付的流失，也使支出和工作时间减少了。而一项独立的家庭调查发现，这对实际就业和收到的工资没有影响；一项相对应的实践显示，谎报收入的家庭数量在减少；地方官员自我报告的个人资产的中位数在下降。

因此，数字技术为社会保障项目带来了明显的好处，随着数字化成本的下降，成本收益率将在这些方面继续提高。但请注意，这三个例子都在某种程度上独立于前一节所述的扶贫目标问题，确保转移资金只流向生活在贫困线以下的人。伊朗的例子是一个目标不明确的燃料补贴计划被一个完全无针对性的现金转移计划取代。改革的问题是如何向每个家庭转移现金，而不是如何限制只向贫困家庭转移。南非的问题是如何识别符合养老金资格要求（基本上是年龄和性别）的人，而不是如何将目标流向穷人。在印度的案例中，公共工程计划中的自我定位辅助了其定位穷人身份。数字化所解决的问题是公共部门腐败的基本问题之一。

因此，我们回到了身份识别的基本原理，其问题是：(1)需要有关个人收入或消费的信息以实现精准定位；(2)精准定位的激励效果；(3)精准定位的政治经济学。如果数字化真的能够帮助缓解已经确定的权衡，那么它是如何帮助的呢？

信息成本

显然，最明显的切入点是数字化有可能降低定位中的信息成本。生物识别和个人身份识别技术经常被提出以解决目标信息定位问题。然而，精准定位需要的不仅仅是个人身份的唯一识别，更是利用收入或消费的详细信息来识别贫穷人口。此外，如果该计划是继续精准定位目标，则需要每年更新。在小型、发达和高度正规化的经济体，例如芬兰，这种收入信息已经数字化，并与其他国家数据库相连，使用这种信息不成问

232 题。[1] 但是，在一个拥有大量非正规免税项目的发展中国家，目前尚不清楚数字化如何提供帮助，至少在未来许多年内不会有帮助。在许多发展中国家，这种非正规性似乎并没有急剧减弱，甚至根本没有下降（Kanbur，2015）。

在缺乏个人或家庭详细收入或消费数据的情况下，如上一节所述，可利用家庭调查得出的相关数据进行"经济情况调查"。这为转移方案的基层执行者提供了一个公式，对若干可观察到的特征加权，并提供了这一加权总和的临界值，以确定应向哪些家庭进行转移。但这需要在地方一级获得并更新每个家庭（有时是家庭中的个人）这些显著特征的资料。显然，数字化可以极大地帮助维护和更新这些数据。然而，其中一些信息的验证及确认超出了出生与死亡的统计，数字化只是一个补充输入的范畴，并不是一个简单、直接的技术活动。住房质量通常是经济情况调查的一个要素，例如，房屋是否有铁皮屋顶。但这是一个主观的评估——一个带有洞的铁皮屋顶该如何分类？一个家庭中的男子是否有工作是另一个典型的标准，在农村和农业环境中是一个模糊的标准，这些问题不容易通过数字化解决。

边际税率

现在让我们来看看精准定位与其所带来的高隐性边际税率之间的矛盾。这种矛盾是在努力确保穷人获得达到贫困线所需的资金且不超过必要资金的过程中出现的，而贫困线是精准定位的一个重要因素。这种紧张关系可以通过放弃这一要求、追求普遍利益来解决，但我们处于精准定位的另一个极端——根本没有针对性。

然而，由于普遍获益情况下资金会流出至贫困线以上的人手中，如前

---

[1] 关于这一现象，本章提到了芬兰的超速罚款："罚款是根据犯罪者每日净收入的一半计算的，同时考虑其家庭内儿童数，扣除额被认为足以支付其基本生活费，目前每月为 255 欧元。然后，这个数字根据罪行的严重程度乘以罪犯应该损失的收入天数。在今天的数字时代，警察使用移动设备直接从芬兰税务局获取信息只需要几秒钟。"（Daley，2015）

所述，这种流出可以通过经济情况调查来调节，即通过向不同人群的转移来减少。但是，代理值相同的每个人被同等对待——在同一个可观察的类别中，存在着普遍性。因此，其中一些人得到的比他们达到贫困线所需要的更多。虽然存在漏损，但由于同一类别中的不同收入人口都得到同样的转移，且不以收入为条件，所以不存在隐含的边际税率。因此，只要新的信息技术有助于根据可观察到的特点向若干群体进行差别转移，每个群体的普遍性就可以避免高边际税率问题，而群体信息的扩散和最佳利用则可以更好地确定目标。

政治经济学、规范和制度

现在考虑一下政治经济层面。上一节提出的核心问题是穷人的利益与中等收入群体利益的分离。减少贫困所需要的资源，即使有很好的目标，也必须来自某个地方。那么问题是，净接受者和净贡献者之间的转换发生在什么收入水平？有了精准定位，答案是显而易见的——贫困线。生活在贫困线以上的人必须向生活在贫困线以下的人进行转移。由于没有任何定位，每个人都能得到相同的金额，但这是要付出代价的。转移点取决于税收计划的确切性质和收入分配。但是，如果全面转移支付足以使最低收入达到贫困线，那么转移点将高于贫困线。因此，有了足够高的普遍福利，穷人和中下层阶级就有了统一的目标。

数字化对上述论点有何影响？从表面上看，毫无影响。问题在于净接受者与净贡献者之间的转移点在哪里，目前还不清楚为什么数字化会对此产生影响。然而，现在假设除了转移成本之外，还存在运营成本，并且通过数字化可降低整个转移操作的成本——堵塞漏出的桶效果更好，因此需要从净获益者那里获得更少的支付。然后，转移点将上移，更多的中等收入群体将与穷人团结起来。但是，这种政治经济学分析以及数字化的含义还处于初级阶段，需要在一个完整的模型中进一步探索，该模型将同时解决作为政治经济均衡的一部分的税收转移计划的参数（Gelbach and Pritchett，2002）。

233

假设现在我们处于经济情况调查的情况下，转移不是取决于收入，而是取决于可观察到的特征。基于政治经济学框架，我们可以从由共同可观察特征的人组成的联盟中看到优势，再加上该联盟的鼓动以增加对这些特征人群的转移。在印度，种姓联盟的政治以及对保留政府职位和国家转移的要求就是这种性质。[①]Dasgupta 和 Kanbur（2005）提供了基于社区的理论分析。因此，尽管新的信息技术使更加复杂的代理生活状况调查变得更加容易，但它可能同时通过强化联盟的逻辑，在一个国家的政治经济中引入新的或许是意想不到的元素。这种政治经济学模型也需要进一步的发展和探索。

最后，精准定位的政治经济学的另一个方面也许在分析经济学文献中没有得到很好的理解，例如，Besley 和 Kanbur（1993）没有解决这个问题，虽然它得到了那些具有基层工作经验的人的充分认可。在这方面，即直接链接到目标的信息方面，以及在确定目标时使用代理指标方面，现在已经有了一个成熟的方法学来推导这些代理指标，作为可观察到的指标的加权和，这种方法正在世界许多地得到实施（Nazara and Rahayu，2013）。但是，根据定义，这些代理方法将会包含和排除错误。在推导最优代理的过程中，这些指标在损失函数中适当加权，但是实际结果是另外一回事。

并不容易向普通民众解释由技术官僚衍生出的复杂代理，他们把没有收到或收到跨家庭转移归结为政治和民族关系，从而破坏了地方一级的团结。Adato（2011）在尼加拉瓜有条件现金转移的讨论中指出，纯粹的定量分析如何导致决策者误入歧途。

调查发现，该计划定位明确，覆盖率低于10%。然而，定性研究发现，人们都认为自己"很穷"，并不理解为什么家庭被选入或退出这个项目，导致社区出现几种类型的压力和紧张。

这样的结果在许多定性研究中都可以找到。因此，Reality Check

---

① 关于这个话题的文献很多，请参阅《经济学人》2013 年 6 月 29 日发布的《平权法案：印第安保护区》。

Approach + Project Team（2015）报告了印度尼西亚 Keluarga Harapan 转移计划的一名女性接受者的情况，如下所示。

她最初是通过一次家庭调查被选中的，在那次调查中她被问及她的姓名、房产状况、拥有多少土地以及她的工作。然而，她表示，其他人得到了更多的津贴，有些甚至高达 100 万印尼盾，"因为这是由上一届科帕拉·德萨（Kepala Desa）所做出的不公平的决定——你必须与他联系"。这是她最近一次为家庭成员投票，以确保她将来能够受益。①

因此，如果新技术推动了日益复杂的代理生活状况调查的实施，那么即使从技术角度来看它们满足了"更好的目标"，也可能会加剧地方层面的紧张局势。更一般地说，精准定位程度可能与人们是否认为他们应得到转移支付无关，这就导致了在技术层面，官员认为他们做得很好，而当地的政治经济却受到影响。因此，至少需要进行定性分析，以确定这些精准定位对基层工作的影响。

十年前，作者在印度安得拉邦（Andhra Pradesh）的阿迪拉巴德（Adilabad）地区进行实地考察，发现了一个更广泛的制度问题。在讨论新出台的《全国农村就业保障法》时，我们了解到了新的电子支付系统的优点。在"糟糕的过去"，点名册被用来向公共工程工地上的工人支付薪酬。毫无疑问，这导致了大量腐败，只有一部分款项被移交，其余款项被强大的地方利益集团保留下来——这些地方利益集团的追随者就是发放款项的人。但现在，每个工人都必须在当地金融机构开设一个账户，付款将直接以电子方式进入该账户，从而规避了公共工程工地的腐败。因此，一切似乎都得到了很好的发展。但进一步的调查和与工人的私下谈话显示，事实上，这些追随者现在聚集在邮局或当地银行外收取他们的钱，金融机构的柜台工作人员也在把钱交给工人之前拿走了他们的份额。

这个逸事证据与 Banerjee 等（2016）提供的关于印度比哈尔邦《全国农村就业保障法》的严格实验证据并不矛盾。虽然各种形式的电子政务

---

① 科帕拉·德萨是村长，100 万印尼盾约为 75 美元（当时汇率）。

可以减少公开腐败，例如在发放工资之前从工资单上除名，但没有什么能够阻止在电子眼注视范围外发生的贪污行为。令人欣慰的是，Banerjee 等（2016）发现"当地项目官员自我报告的个人资产中位数有所下降"。但总的来说，数字化只能改变反映社会长期权力关系的根深蒂固的规范和做法。

结　论

本章探讨了数字化是否有助于改善转移支付中的重大权衡，通过精准定位，向穷人并只向穷人转移扶贫资金。许多研究已经明确了几个项目实施过程中的权衡和基层经验，以及传统的经验，证实并强调了这些问题。

显然，新的信息技术可以帮助减少选定目标的一些信息费用和行政费用，这是本章讨论的三项权衡之一，例如，使维护和更新选定目标所依赖的存储个人特征的地方数据库更为便利。但是这个系统的好坏取决于信息的输入情况。在拥有大量非正规经济部门的国家，收入信息是有问题的，新技术无法克服生活状况调查中的实地评估和验证问题，新技术只能记录和处理已经产生的信息。

在某种程度上，数字化能够更好地利用可观察到的和不可改变的个人特征，将人口分成不同的群体，在这些群体之间存在着转移差异，但在每一个群体内部存在着相同转移的统一性，这就有助于缓解目标定位与高隐含边际税率之间的紧张关系，这是本章第二个主要问题。

同时，目标的政治经济学涉及目标性质（好与否）与政治制度为减贫而产生的资源之间的关系。目前尚不清楚新技术是否会对这种权衡产生重大影响。然而，代理方式的目标选择和基于群体的目标选择可能会在当地造成新的紧张局势，并在选择目标群体的基础上形成新的政治经济形式。在数字化变革中，评估任何更容易的基于群体的目标选择时，都必须考虑到这些意料之外的结果。

因此，对数字化变革的大肆宣传，需要通过传统文献提供的有关扶贫转移目标的经验教训得到适度放缓。

参考文献

Adato, Michelle. 2011. "Combining Quantitative and Qualitative Methods for Program Monitoring and Evaluation: Why Are Mixed-Method Designs Best ? " World Bank Other Operational Studies 11063, World Bank, Washington, D.C.

Anand, Sudhir, and Ravi Kanbur. 1991. "Public Policy and Basic Needs Provision in Sri Lanka." In *The Political Economy of Hunger, Volume III: Endemic Hunger*, edited by J. Dreze and A. Sen. Oxford: Clarendon Press.

Banerjee, Abhijit, Esther Duflo, Clement Imbert, Santhosh Mathew, and Rohini Pande. 2016. "E-Governance, Accountability, and Leakage in Public Programs: Experimental Evidence from a Financial Management Reform in India." NBER Working Paper 22803, National Bureau of Economic Research, Cambridge, M.A.

Banerjee, Abhijit, Rema Hanna, Gabriel Kreindler, and Benjamin A. Olken. 2015. "Debunking the Stereotype of the Lazy Welfare Recipient: Evidence from Cash Transfer Programs." MIT Working Paper, Massachusetts Institute of Technology, Cambridge, M.A.

Besley, Timothy, and Ravi Kanbur. 1988. "Food Subsidies and Poverty Alleviation." *Economic Journal* 98 (392): 701–719.

——. 1993. "The Principles of Targeting." In *Including the Poor*, edited by M. Lipton and J. Van der Gaag. Washington, D.C: World Bank.

Bourguignon, Francois, and Gary Fields. 1990. "Poverty Measures and Anti-Poverty Policy." *Recherches Economique de Louvain* 56 (3/4): 409–427.

Chao, Kalvin, and Martin Ravallion. 1989. "Targeted Policies for Poverty Alleviation under Imperfect Information: Algorithms and Applications." *Journal of Policy Modeling* 11: 213–224.

Coady, David, Margaret Grosh, and John Hoddinott. 2004. *Targeting of Transfers in Developing Countries: Review of Lessons and Experience*. Washington, D.C: World Bank and International Food Policy Research Institute.

Daley, Suzanne. 2015. "Speeding in Finland Can Cost a Fortune, If You Already Have One." *New York Times*, April 25.

Dasgupta, Indraneel, and Ravi Kanbur. 2005. "Community and Anti-Poverty Targeting."

Journal of Economic Inequality 3（3）：281–302.

Fiszbein, Ariel, Norbert Schady, Francisco H. G. Ferreira, Margaret Grosh, Niall Keleher, Pedro Olinto, and Emmanuel Skoufias. 2009. "Conditional Cash Transfers: Reducing Present and Future Poverty." World Bank Policy Research Report, World Bank, Washington, D.C.

Fiszbein, Ariel, Ravi Kanbur, and Ruslan Yemtsov. 2014. "Social Protection, Poverty and the Post-2015 Agenda." *World Development* 61: 167–177.

Foster, James, Joel Greer, and Erik Thorbecke. 1984. "A Class of Decomposable Poverty Measures." *Econometrica* 3（52）：761–766.

Gelb, Alan, and Anna Diofasi. 2015. "Preliminary Discussion Paper on the Future of Identification and Development." Discussion Paper, Center for Global Development, Washington, D.C.

Gelbach, Jonah, and Lant Pritchett. 2002. "Is More for the Poor Less for the Poor? The Politics of Means-Tested Targeting." *The B.E. Journal of Economic Analysis & Policy* 2（1）：1–28.

Government of India. 2017. *Economic Survey 2016–17*. New Delhi: Ministry of Finance, Department of Economic Affairs.

Grosh, Margaret, C. Del Ninno, E. Tesliuc, and A. Ouerghi. 2008. *For Protection and Promotion: The Design and Implementation of Effective Safety Nets*. Washington, D.C: World Bank.

Immonen, Ritva, Ravi Kanbur, Michael Keen, and Matti Tuomala. 1998. "Tagging and Taxing: The Optimal Use of Categorical and Income Information in Designing Tax/Transfer Schemes." *Economica* 65（258）：179–192.

Kanbur, Ravi. 1987. "Measurement and Alleviation of Poverty: With an Application to the Impact of Macroeconomic Adjustment." IMF Staff Papers, International Monetary Fund, Washington, D.C.

——. 2010. "Macro Crises and Targeting Transfers to the Poor." In *Globalization and Growth: Implications for a Post-Crisis World*, edited by Michael Spence and Danny Leipziger. Washington, D.C: World Bank.

——. 2015. "Informality: Causes, Consequences and Policy Responses." CEPR Discussion Paper 10509, Centre for Economic Policy Research, London.

Kanbur, Ravi, and Michael Keen. 1989. "Poverty, Incentives and Linear Income Taxation." In *The Economics of Social Security Reform*, edited by A. Dilnot and I. Walker. Oxford: Oxford University Press.

Kanbur, Ravi, Michael Keen, and Matti Tuomala. 1994. "Labor Supply and Targeting in Poverty Alleviation Programs." *World Bank Economic Review* 8（2）：191–211.

Kanbur, Ravi, Michael Keen, and Matti Tuomala. 2016. "Groupings and the Gains from Targeting." *Research in Economics* 70：53–63.

Nazara, Suahasil, and Sri Kusumastuti Rahayu. 2013. "Program Keluarga Harapan（PKH）: Indonesian Conditional Cash Transfer Programme." Policy Research Brief 42, International Policy Centre for Inclusive Growth, Brasilia.

Radcliff, Dan. 2016. "Digital Payments as a Platform for Improving State Capacity." Background Paper, Center for Global Development, Washington, D.C.

Ravallion, Martin. 1989. "Land-Contingent Policies for Rural Poverty Alleviation." *World Development* 17（August）：1223–1233.

——.1991. "Reaching the Rural Poor through Public Employment: Arguments, Evidence, and Lessons from South Asia." *World Bank Research Observer* 6（2）：153–176.

Reality Check Approach + Project Team. 2015. *People's Views and Experience of the National Social Assistance Programmes.* Jakarta: Effective Development Group.

Rodriguez-Castelan, Carlos.2017. "Conditionality as Targeting? Participation and Distributional Effects of Conditional Cash Transfers." World Bank Policy Research Paper 7940, World Bank, Washington, D.C.

第四部分

国家案例研究

10 肯尼亚的数字化：
改革税收设计及税收征管

恩朱古纳·恩东古*

引言

数字化为税收政策设计和税收管理的深刻变革铺平了道路。在一些发展中国家，数字技术已经改变了支付方式，通过虚拟访问银行账户的方式实现普惠金融。

肯尼亚是成功案例之一，它率先建立了一个基于移动电话的金融服务平台，该平台由 M-Pesa 启动，逐步发展成为实时零售支付，并进一步发展成为一个虚拟储蓄和信贷供应平台。这些创新推动了零售支付服务范围的扩大，并使支付更加高效、透明和安全，推动各种收入水平下普惠金融的发展。这一更广泛的平台对于电子商务、纳税和税收管理等非常有用。数字化也开始改变财政政策的运作方式，2017 年 3 月肯尼亚推出了 M-Akiba，可以利用移动电话对政府债券进行微型投资。①

本章探讨了数字化在肯尼亚的发展——从 M-Pesa 到全国零售支付，再到数字化对肯尼亚普惠金融的积极影响以及 M-Pesa 支付平台推出的一系列产品。本章进一步表明，M-Pesa 和体制改革压力是革新税收设计和

---

* 作者感谢内罗毕大学的博士生 Alex Oguso 出色的研究帮助。
① M-Akiba 是一种投资者可以用手机购买的政府零售债券。它的目标客户是中小投资者，为经济发展建设普惠金融，筹集的资金将用于基础设施建设项目。当然，传统意义上，投资和交易政府债券一直是银行和经纪公司的主要业务。小储户将他们的储蓄投资于具有高回报的政府债券的想法展现了该国数字化的成功。

税收管理的催化剂。在采用 M-Pesa 之后，数字化加速推动了不同方向的改革，但数据过于有限，无法将肯尼亚税务局（KRA）机构改革的影响与全国范围内数字化的成功区分开来。

接下来将讨论肯尼亚税收设计和税收管理改革的前提条件、政府的作用以及肯尼亚税务局税收管理改革。本章随后回顾了改革和 iTax 系统、肯尼亚税务局的 M-Service 的影响以及数字化成果。

本章提出，如果没有高效的支付系统，税收设计和税收管理就不能有效运作。在肯尼亚的某些年，人们认为国家支付系统已经足够高效，但基于移动电话的零售支付提供了重要的经验教训，并指明了前进的道路。在像肯尼亚这样的国家，普惠金融的出发点是建立一个金融交易平台，除了支付服务外，还可改善和增强储蓄、投资的可用性。这就是 M-Pesa 提供的创新。

税收设计与税收管理改革的前提条件

技术进步和创新具有改变财政政策制定和执行方面的巨大潜力，但在税收设计和税收管理改革之前存在若干前提条件。

肯尼亚如何发展数字化

2007~2017 年是肯尼亚金融业快速发展的十年，普惠金融推动了这一进程，正如前面提到的，是 M-Pesa（"移动货币"）带头发起的。

2007 年 3 月，M-Pesa 作为银行产品由 Safaricom 通信公司、肯尼亚商业银行、非洲商业银行合作推出。M-Pesa 使用户能够将其移动电话或移动账户上的资产储存为多种用途的电子货币，用于向其他用户转账、支付商品和服务以及兑换现金。

M-Pesa 的结构是基于 Safaricom 的个人转账系统，该系统使数百万肯尼亚人能够使用 M-Pesa 平台进行支付和汇款。Safaricom 负责监管其在全国范围内形成服务点的网络代理商，以及另一类代理商——集成商，这些代理商确保了全国范围内高效、有效和透明的货币流动性分配。

专栏 10.1　M-Pesa 和数字金融系统

M-Pesa 推动了肯尼亚金融市场的发展，形成了现在所说的数字金融体系，其发展可分为以下四个阶段。

• 第一阶段：利用 M-Pesa 技术平台进行转账、支付和结算，推动了交易平台用户间转账、支付和结算交易量的增加，并增加了交易平台的使用者。

• 第二阶段：利用 M-Pesa 平台引入虚拟储蓄账户，辅以虚拟银行服务。也就是说，在手机端实现个人储蓄账户存取，同时虚拟银行服务以零成本从 M-Pesa 转账到储蓄账户，据此建立了一个管理小额储蓄账户的技术新平台，面向以前被排除在外的低收入和非正常收入的小储户。

• 第三阶段：通过 M-Pesa 技术平台自然推进短期信贷的供应和支付。银行和电信公司投资建立了一个更通用的平台，利用交易和储蓄数据生成信用评分来评估储蓄者，并根据个人评分为短期信贷定价，从而改变了大多数阻碍非洲经济体信贷市场发展的昂贵的抵押技术。截至 2016 年 6 月，这个平台拥有 1520 万用户，18~34 岁的肯尼亚人是主要的驱动因素。

• 第四阶段：扩大技术平台，以实现跨境和国际汇款。这一发展的直接影响是将非正规的 Hawala 汇款系统转变为一个由正规汇款公司以及独立支付单位组成的网络。

资金存放在非洲商业银行的一个信托账户中，该账户构成了交易平台。Safaricom 发行电子货币以换取面值现金，并将其存储在 SIM 卡中供客户使用，同时装入非洲商业银行的信托账户。信托账户由受托人保管，其资金与 Safaricom 商业账户资金分离，这意味着 Safaricom 无法访问这些资金。信托账户成为商业银行的支付系统平台，将银行的监管问题与电信公司的监管问题分离开。这让市场相信资金交易是安全的。

M-Pesa 平台迅速发展成为一个商品和服务支付平台，随后又发展成为移动银行的平台。专栏 10.1 解释了普惠金融和零售支付的演变及 M-Pesa 对其的支持。

　　肯尼亚的商业银行和小额信贷银行利用数字金融系统来管理小额账户，吸收存款，并向以前没有银行账户和未接受过服务的人提供金融服务。它们提供的创新性金融产品和服务已经增强了金融普惠性（见图 10.1）。

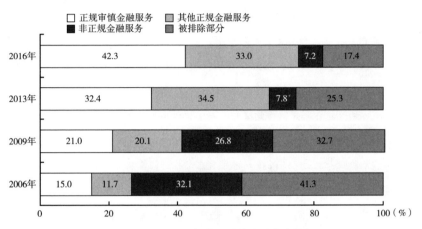

图 10.1　2006~2016 年肯尼亚的金融普惠性概况

资料来源：各种 FinAccess 调查。

　　如图所示，正规金融服务提供者服务的成年人口比例从 2013 年的 66.9% 上升到 2016 年的 75.3%，2009 年为 41.1%，2006 年为 26.7%。2016 年，肯尼亚商业银行和小额信贷银行仅为 7.2% 的成年人提供非正规金融服务，而 2006 年这一比例为 32.1%。经济原因被排除在外的人口虽然仍然很多，但是在 2016 年下降到成年人口的 17.4%，2006 年为 41.3%。

　　此外，来自肯尼亚中央银行的信息和数据表明，商业银行分行网点从 2005 年的 534 个增加到 2015 年的 1443 个；存款账户从 2005 年的 255 万个增加到 2016 年的近 3400 万个，其中超过 90% 是微型账户。自 2009 年 Safaricom 在 M-Pesa 平台上推出付费服务以来，Safaricom 已经与 25 家银行和 700 多家企业合作，为基金存款、银行转账、定期支付水电费、保险费和贷款分期付款提供便利。

　　肯尼亚的金融接入点也继续扩大，银行分支机构、自动取款机、电信代理和银行代理网络数量也在增加。FSD Kenya（2013）的数据显示，大约 76.7% 的肯尼亚人距离金融接入点不到 5 公里，而这一比例对于坦桑尼亚人为 35.1%，乌干达人为 42.7%，尼日利亚人为 47.3%。

政府的作用

数字经济需要强大的模拟基础，包括各种规章制度，使经济主体利用数字技术创造充满活力的环境（World Bank，2016）。肯尼亚金融部门的数字化变革得到了肯尼亚中央银行和肯尼亚通信管理局采用的试验和学习方法的支持。这种方法将支持性政策环境与健全的管理和监督框架相结合，使创新者和企业家能够引进金融创新，并且实现产品多样化（Ndung'u，2017）。专栏 10.2 概述了政府在数字化变革中的作用。

245

专栏 10.2　政府的作用

• 肯尼亚中央银行和肯尼亚通信管理局的合作是必要的，因为数字金融系统中，商业银行是交易平台，电信公司则是该平台交易的发送者。

• 该系统需要一个全国性的支付和结算法律框架以及市场指南，但是议会并没有通过这样的立法。为了克服法律真空，肯尼亚中央银行援引了"信托法"，该法要求将支付平台发展为受托人拥有的信托账户，并就如何运作提供指导。

• 肯尼亚中央银行认为法规的存在可确保 M-Pesa 平台仍然是低风险的汇款系统，从而改善反洗钱、打击资助恐怖主义的行为。来自 M-Pesa 交易的数据路径可以更容易地检测欺诈行为。该路径还有助于税务部门确保税收合规。

• 肯尼亚中央银行对交易以及 SIM 卡上可存储资金设置上限，并向 M-Pesa 和储蓄产品提供了针对账户持有人的分类、了解客户框架的指导方针，包括限制移动交易的规模（价值），在任何时间段限制每笔交易在 3.5 万肯尼亚先令（当时约 500 美元）下，以及任何 SIM 卡可以持有的最高限额为 5 万肯尼亚先令

（约 700 美元）。这些限值后来被修改为每笔交易 7 万肯尼亚先令和每天最多交易 14000 次，并且在 SIM 卡上最高可持有 10 万肯尼亚先令。

肯尼亚税务局税收管理改革

为了改善国内资源配置，实现肯尼亚税收制度现代化，肯尼亚税务局实施了初步的改革措施。2003 年以前，肯尼亚税务局在数字化税务管理方面收效甚微，因为国家支付系统方面缺乏适当的发展。2003 年以后，肯尼亚税务局在税收管理改革和现代化方案下启动了税收设计和税收管理改革，为当前数字化发展奠定了基础。

改革战略基于六个组成部分：海关改革和现代化、国内税收改革和现代化、道路运输改革和现代化、商业自动化、人力资源振兴和基础设施发展（KRA，2010）。专栏 10.3 说明了在 iTax 系统和肯尼亚税务局推出 M-Service 之前的主要数字化举措。

本节所述的改革是技术革命的结果，技术革命也是开发和采用 iTax 系统和 M-Service 的前提。金融部门已变得更具包容性，银行已将数字金融系统整合为管理小额储蓄账户的有效平台，并且出现了不需要银行账户的零售支付系统。

专栏 10.3　在 iTax 系统推出前肯尼亚税务局的改革议程

• 2003 年 10 月，肯尼亚税务局实施了预扣增值税代理制度。它的推出是为了获得信贷、零信贷和未报税者等信息，并减少未收回的债务。2005 年 7 月，肯尼亚推出了电子税务登记系统，以加强对商业交易记录的保存。

• Simba 系统（信息管理和银行系统）于 2005 年推出，通过在线提交清单和条目、电子化处理、自动报告和对账、电子提交海关记录、自动计算关税和税款以及内部会计，实现 90% 的海关业务自动化（KRA，2010）。

- Simba 系统还支持与车辆管理系统相连，实现将机动车的详细信息输入系统，以方便清关、登记和关税支付。

- 肯尼亚税务局引入了电子银行业务，以便通过安全的电子程序加速缴纳关税和税款。当局开发了通过商业银行直接征收税款的通用现金收款系统，该系统与相关的主要业务系统（Simba 系统、综合税务管理系统和车辆管理系统）相连。通用现金收款系统允许纳税人进行单一查看，避免人为干预付款过程，改进对账，在线匹配付款和银行报告，并实时监测税收情况（KRA，2010）。

- 2007 年 9 月，肯尼亚税务局开始实施于 2008 年 12 月推出的综合税务管理系统。通过该系统，个人税务身份号码的登记和识别实现了自动化。此外，该系统允许纳税人以电子方式提交增值税纳税表和 PAYE（按收入支付）纳税表。该系统后来升级为以电子方式提交企业所得税、印花税和流转税申请，并于 2015 年 10 月成为强制性措施。

- 2010 年，肯尼亚税务局通过开发和运用另外 11 个模块改进了综合税务管理系统，这些模块构成了目前的 iTax 系统。

目前已经出现了允许正式交易的零售支付系统，肯尼亚人已经在银行开设了虚拟储蓄账户，提高了国家普惠金融系统的知名度。转向数字支付系统（远离现金和支票支付）是普惠金融的重大推动力，有效、高效、透明和安全的支付和结算为其他创新创造了条件，包括改善财政政策、税收设计和税收管理。这些发展为市场参与者和政府机构开发产品和支付渠道提供了空间，例如，为老年人和残疾人提供有针对性的社会保障、纳税以及支付政府许可证和费用。

数字化税收管理

iTax 系统

247 全球发生的技术革命改变了税务部门和纳税人之间的关系。它使税务部门能够实时或接近实时地获取和交叉引用关键的纳税人信息。2013 年之前，肯尼亚税务局主要依靠综合税务管理系统进行国内税务管理，但随着该系统的进一步发展和 iTax 系统的推出，税收管理和纳税发生了变化。本节介绍了 iTax 系统和 M-Service，以及它们如何通过数字化改革肯尼亚的税收设计和支付以及税收管理。

iTax 系统是一个用户友好的、支持网页使用的安全应用程序，提供了国内所有税收的整合和自动化管理。它允许纳税人在线登记、存档、支付、查询与实时监控账户。系统将确认纳税人成功登记、电子报税和实际缴税。它还支持所有国内税务部门交易的在线后台处理。根据不同的税种设置访问权限。图 10.2 概述了 iTax 系统的 18 个模块。

iTax 系统根据唯一 PIN 码实现纳税人登记。一经登记，便形成了一个纳税人账户，所有纳税人账户及其综合信息便构成了 iTax 系统的核心。商业银行已经与 iTax（肯尼亚税务局支付网关）整合，允许纳税人通过网上银行、现金、支票或实时支付结算等方式进行支付。该系统允许在合作银行进行付款登记以及提交后对分类账进行实时访问和更新。

目前，可通过中央银行的 G-Pay 平台向所有政府机构、部委和县政府缴纳税款。iTax 与肯尼亚中央银行和综合财务管理信息系统合并，以确保该系统能够收集向各级政府缴纳的税款。综合财务管理信息系统已经与中央银行的 G-Pay 平台整合，后者直接从各部委、国家机构和县政府账户汇款。

iTax 系统还通过门户网站启动了若干在线服务 ①，并提供了处理所有

---

① 其中包括 PIN 申请及核对、扣缴税款证书检查、税务合规证书申请、纳税证书核对、电子填报及修改报税表、查阅已提交的报税表、查阅纳税人账户 / 分类账、电子查询、申请退税、转移税收抵免、申请付款计划、申请豁免及注销，以及税务代理人核对 / 服务。

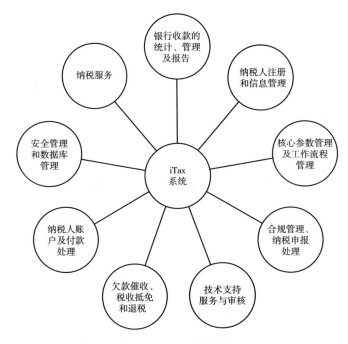

图 10.2　iTax 系统模块

资料来源：作者对 iTax 模块的介绍。

国内的纳税申报和税务修正的工具。它还产生了适用于多种税种的估计核定。

　　该系统使肯尼亚税务局能够轻松地生成周报、月报、季报、年报和审计报告。该系统向纳税人发出通知，记录审计所需的时间和审计结果。该系统还使当局方便核对付款和借款、查明拖欠者、发出催缴通知单和索款通知单、计算逾期和不付款的罚款和利息，并提出附加执行办法。

　　iTax 系统限制了某些模块的可访问性，只允许特定用户查看或编辑不同的数据，以保障系统安全和纳税人信息的保密性。此外，它的中央管理模块可以将合法的税收变更和修正纳入系统，而无须更改程序代码。iTax 系统是安全的且可以进行订制，以涵盖国家和地方政府的所有税费。

　　Seelmann 等（2010）提出，iTax 使税务部门能够从基于特定税种的传

248

249

统税收管理系统（针对不同税种有不同的系统，造成数据重复和不一致）转变为一个综合的"面向未来"系统，在这个系统中，新的技术可以很容易被采用，以提供新的功能和整合新的税种。

肯尼亚税务局 M-Service 平台

2014 年 10 月，肯尼亚税务局推出了 M-Service 平台——一个方便纳税人缴税和获取税务信息的手机应用程序。

该平台由两项服务组成：信息服务、移动支付所有税费并生成交通收入费用的电子账单。信息服务使纳税人可通过短信访问肯尼亚税务局的特定信息。移动支付所有税费并生成交通收入费用的电子账单方便纳税人通过他们的移动电话，每天快速、便捷地支付多达 14 万肯尼亚先令（KSH）（目前约 1373 美元）。该服务可在 Safaricom 通信公司移动支付平台（M-Pesa）和 Airtel Money 平台上使用，所付款项被实时清算、处理并回到肯尼亚税务局账户，纳税人保留来自移动金融服务供应商发出的付款确认短信，作为向肯尼亚税务局账户付款的证明。在个人层面，一旦确定了税务评估或费用，就更容易在 M-Pesa 平台上进行支付并收到来自 iTax 系统的回复。

M-Service 平台鼓励肯尼亚税务局的机构改革，是与其机构能力相匹配的。

数字化与肯尼亚税务局改革的影响

本章已经表明，数字化有助于税收设计和税收征收。在评估影响时，本章依赖对各种税收来源以及随时间推移的总税收努力的趋势分析。

截至目前的结果似乎表明，数字化在缴纳税款和税收管理方面有巨大的潜力。图 10.3 显示了自 2014 年推出 M-Service 平台至 2016 年期间，肯尼亚税务局在 M-Service 平台上进行的交易量及收缴税款所占比例。

图中前两个季度基本上是测试期。现有资料显示，该平台于 2014 年 10 月推出时，每月只有 1411 笔通过移动电话金融服务进行的纳税交易，总值为 523 万肯尼亚先令（约 51274.50 美元）。截至 2016 年 10 月，成交量增至 4 万多笔，总值为 7140 万肯尼亚先令（约 70 万美元）。该图还显示，自 2015 年第二季度以来，通过肯尼亚税务局 M-Service 平台支付的税款比例有所增加，反映出纳税人使用该平台纳税的信心日益增强。

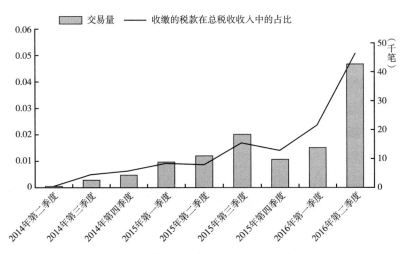

图 10.3   肯尼亚税务局 M-Service 平台的税款统计

资料来源：作者对肯尼亚税务局（KRA）数据的分析。

对税收设计的影响

数字平台影响了新税种的设计和整体税收的改善，但是很难区分出其他积极因素的影响。显然，肯尼亚税务局的税基有所扩大，新税种被引入，如汇款的消费税就证实了这一点。该税于 2013 年第三季度开始征收，自实行以来的三年内增加了两倍多，从 2013 年第三季度的 8.96 亿肯尼亚先令（约 878 万美元）增加到 2016 年第二季度的 31.87 亿肯尼亚先令（约 3125 万美元）。除了预扣增值税（VAT）以外，这种稳定的收入增长在同时推出的其他新税种中并没有出现。图 10.4 显示了新税种对税收总额的季度贡献趋势。

综上所述，2007/08 财政年度的营业税、2013/14 财政年度的汇款消费税、2014/15 财政年度的预扣增值税、2014/15 财政年度的资本利得税以及 2015/16 财政年度的租金收入的表现趋势表明，自 2012/13 财政年度以来，总体税收努力（税收收入在 GDP 中的占比）有所增加。如图 10.5 所示，自 2012/13 财政年度起，新税种的税收努力有所增加，在税收总额中所占百分比增加，部分原因就在于 2013 年 iTax 系统的引入。

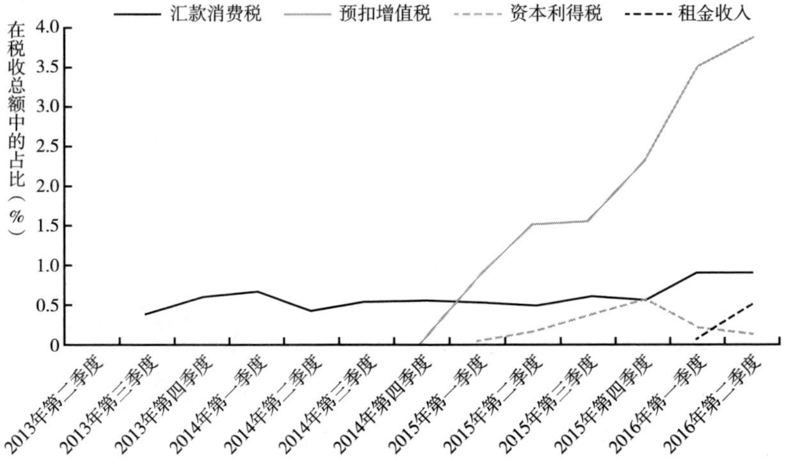

251

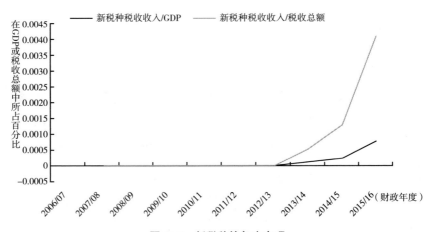

图 10.4　新税种对税收总额的贡献

资料来源：作者对肯尼亚税务局数据的分析。

图 10.5　新税种的年度表现

资料来源：作者对肯尼亚税务局数据的分析。

对非正规部门的影响

与其他发展中国家一样，非正规部门在肯尼亚经济中发挥着重要作用。该部门由小规模商贩组成，他们一般靠几个雇员维持生计（World Bank，2006）。他们的各种活动包括出售或摆卖食物和衣服、经营食品摊和小型售货亭，以及出售家庭用品和燃料。他们从事小型制造、生产、建造或修理商品工作（World Bank，2006）。

非正规部门也具有很大的创收潜力。但是，在肯尼亚，由于大量未登记的纳税人和未申报的交易以及与之相关的收入，非正规性仍然是国内资源调动的一个挑战。根据当年的一项基线调查，1993 年肯尼亚国家统计局估计有 91 万家中小型企业在经营，拥有多达 200 万名员工。到 2015 年，该指标数据已大幅增加，2016 年经济调查显示，非正规部门在这一年雇用了大约 1250 万人，占劳动力总数的 82.8%（KNBS，2016a）。

肯尼亚国家统计局 2016 年小型、中小型企业（MSME）调查显示，肯尼亚非正规部门已经发展成为一个高度活跃和充满活力的部门。调查显示，约 156 万家持有营业执照的微型及中小型企业及 585 万家无营业执照的企业共雇用了 1490 万名员工。持证经营企业的工资薪金月度支出为 641 亿肯尼亚先令（约 6.284 亿美元），无营业执照的微型及中小型企业月度工资薪金支出为 90 亿肯尼亚先令（约 8824 万美元）（KNBS，2016b）。这是尚未征收的所得税收入的一个重要部分。

实现企业正规化是解决对非正规企业征税问题的方案之一，即从微型企业向小型企业、从小型企业向大型企业发展，但这一进展转变尚不明显。然而，尽管结构性和体制性条件阻碍了这一进展，但数字化使这些企业能够参与正式的金融交易，并以电子方式缴纳必要的税款。随着时间的推移，这些正式交易将转化为企业本身的正规化交易。

事实上，纳税人的数量随时间推移有所增加，但要评估 M-Pesa 对非正规性的影响则需要调查数据。然而，现有的文献显示，银行业正通过数字金融系统，在协助中小企业实现正规化和成长发展方面扮演了重要角色。

数字金融系统平台使小规模纳税人（主要是非正规部门的纳税人）更

容易和更方便地履行纳税义务。没有支付平台的小规模纳税人不得不亲自前往肯尼亚税务局的办事处进行小额交易，这是一个成本较高、花费大量时间的烦琐程序。然而，蓬勃发展的数字金融服务，尤其是在线业务和移动银行业务，使非正规部门的企业主能够方便地在他们的市场进行小额交易。GrowthCap 和 FSD Kenya（2016）提出，除了通过数字金融系统提供的金融服务外，大多数银行还向中小企业客户提供关系管理和业务咨询（面对面和在线），以帮助他们转向正规化和发展业务。

　　正规和非正规企业在其运营中采用了基于移动电话的解决方案，影响了肯尼亚税务局的税收设计。这些企业使用电话联系客户和供应商，进行转账、申请小额信贷、进行小额存款及纳税。它们还向各县政府缴纳税费，其中一些县政府已通过数字金融系统收取有关款项。这些移动电话交易留下的数据路径为非正规经济的大部分领域打开了一扇窗。

　　对税收管理的影响

　　图 10.6 显示了税收收入趋势，2006/07 财政年度的这条线标志着 M-Pesa 的引入为数字化和金融普惠性奠定了基础，这与肯尼亚税务局开始实施国内综合税务管理系统的时间相同。2012/13 财政年度的这条线显示了肯尼亚税务局推出 iTax 系统的时间。该数据显示，从 2005/06 财政年度到 2012/13 财政年度，在 2013 年 9 月引入 iTax 之前，肯尼亚的税收收入占 GDP 的比例平均为 18.1%。在同一时期，GDP（以不变价格计算）平均增长 5.13%。

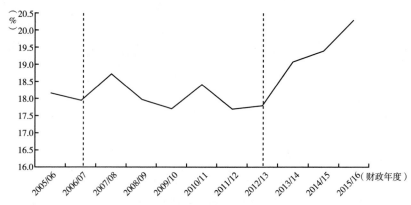

图 10.6　肯尼亚的税收努力（税收收入 /GDP）

资料来源：作者对肯尼亚税务局数据的分析。

由于税基扩大、体制改革以及数字平台支持下的税收便利化，肯尼亚税务局的税收收入从 2011/12 财政年度的 6959 亿肯尼亚先令（约 68.2 亿美元）增加到 2013/14 财政年度的 9118 亿肯尼亚先令（约 89.4 亿美元）。在 2014/15 财年，税收收入首次突破万亿肯尼亚先令大关，达到 1.02 万亿肯尼亚先令（约 100 亿美元）。

税收收入占 GDP 的比例从 2013/14 财年的 19.1% 提高到 2015/16 财年的 20.3%，GDP（以不变价格计算）平均增长 5.66%。也许这一趋势与经济增长是一致的，但数据表明，在 2007~2013 年，GDP 增长没有明显变化，GDP 年均增长 5.02%；2014~2016 年，GDP 年均增长 5.66%。

到 2018 年，肯尼亚税务局的目标是将税收成本降低到收入总额的 1% 以下，并打算通过实现所有流程自动化和利用数字金融系统来降低纳税人的运营和合规成本，以实现这一目标。

图 10.7 显示，税收成本自 2011 年以来一直在下降。成本的降低可能反映了肯尼亚税务局的数字化改革所带来的税收系统的效率提升，因为数字化改革有助于简化税收程序，使纳税人更容易遵守规定，减少了税收欺诈和逃税的机会。它还提高了纳税人账户数据的准确性，缩短了纳税人与肯尼亚税务局沟通所需的时间，并提高了肯尼亚税务局提取收入数据和信息的速度和准确性，提高了纳税人信息的保密性及纳税人的接受程度。

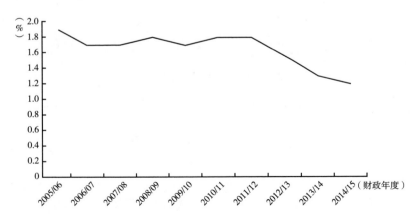

图 10.7　包括资本性支出在内的税收成本占比

资料来源：作者对肯尼亚税务局数据的分析。

具体而言，iTax 系统具有成本有效性，因为它可以同时处理大量纳税人业务，并减少肯尼亚税务局审核、储存和处理报税表等的工作量，降低运作成本。该系统有助于加快税务评估和服务提供，使税务管理更加有效。现在，纳税人可随时随地通过互联网提交报税表。

此外，税收设计和税收征管的数字化减少了纳税人与税务官员之间的互动，减少了税务欺诈（合谋和逃税）的机会。在实现数字化之前，肯尼亚税务局主要依靠税务代理来征税。随着数字化的发展，以前欺骗纳税人和肯尼亚税务局的"流氓代理"已经被淘汰，现在可以更容易地对在肯尼亚税务局登记的税务代理进行在线认证，可接入互联网的纳税人可以实时远程监控他们的账户。

数字平台和肯尼亚税务局整合项目的实施提高了肯尼亚税务局内部运行的透明度并减少了税收体系腐败的机会。图 10.8 显示了来自非洲民主动态调查计划（Afrobarometer）过去四轮关于公众对腐败看法的调查结果。该研究就民主和治理的各个方面对 37 个非洲国家进行了调查。

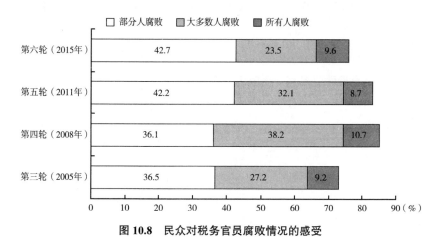

图 10.8　民众对税务官员腐败情况的感受

资料来源：作者对非洲民主动态调查计划数据的分析。

每项统计调查的样本人数约为 2400 人。调查结果考察了肯尼亚公民认为有多少税务官员（肯尼亚税务局官员或地方政府税务官员）存在腐败行为。值得注意的是，自 2008 年以来，这一比例在下降。非洲民主动态调查计划的调查结果显示，认为存在税务官员腐败的受访者比例已经从 2008 年的 85% 下降到 2015 年的 75.8%。

更具体地说，认为大多数税务官员腐败的人数比例从 2008 年的 38.2% 降至 2015 年的 23.5%，认为所有税务官员腐败的人数比例从 10.7% 降至 9.6%。虽然这些答复仅涉及被认为存在腐败的肯尼亚税务局官员和地方政府税务人员，但它们清楚地表明，肯尼亚税务局的数字化以及利用现有的付款系统来征收税款，大大减少了个人与税务官员接触的机会，因而也大大减少了欺诈和逃税的事件。

肯尼亚案例的启示

本章明确指出，数字化有助于实现更有效率和效益的税收设计和税收管理。iTax 系统和肯尼亚税务局的 M-Service 促成了纳税人记录的单一视图，改进了对账单、匹配付款和银行报告的在线查看，允许实时监测税收情况，并引入了系统检查和审计跟踪，最大限度地减少了纳税人和税务官员之间的互动，减少了该组织的廉正受损情况。

数字化给肯尼亚税务局提供了通过共享第三方信息加强和改进其税收执行机制的机会。目前，iTax 系统已经与综合财务管理信息系统、肯尼亚中央银行实现信息共享，并计划与国家社会保障基金、国家健康保险基金和数字居民平台等其他数字平台共享信息。机构间共享信息将有助于识别潜在的欠税者、未登记的企业和个人，并提升纳税人的纳税积极性和纳税遵从度。

数字金融系统作为一个全国性的交易平台，使纳税人无论身在何地都可以更容易和方便地履行他们的纳税义务，并提高了税收收入。纳税人不需要到肯尼亚税务局办事处缴税或到银行办理付款手续。数字金融系统还提供了一个平台，税务部门可以利用该平台及时、直接地将税款退至纳税人的银行账户或他们的手机账户。但该模块尚未在 iTax 系统中实现。通过

256

数字金融系统可缩短退税时间，以减少与退税相关的税收扭曲带来的投诉和不满。

由于许多因素，大多数发展中国家的税基都很窄，一个明显的原因在于其庞大的非正规市场。在这一领域，数字金融系统有望在帮助非正规企业实现正规化和扩大各国税基方面发挥重要作用。这里的正规化并不意味着这些非正规企业将被自动注册。反之，正规化指的是将交易纳入正式平台使政府能够设计激励措施，以便整合这些非正规业务。随着银行通过数字金融系统吸引中小型企业和微型企业加入，预计其中大多数企业将实现正规化并发展成为稳定的正规企业，成为潜在的纳税人。

肯尼亚税务局的体制改革增强了其调动国内资源的能力。此外，对于机构运行失败的一方面——腐败，肯尼亚税务局通过数字化减少了纳税人和税务官员的互动，而互动被视为欺诈的机会。肯尼亚税务官员的腐败程度自 2008 年以来的下降也证实了这一点。此外，由中央银行 G-Pay 系统支持的综合财务管理信息系统进行的税收管理，实现了中央和县政府的有效税收管理以及对供应商和招标流程的有效付款。

然而，正如 2016/17 财政年度预算政策声明所承认的，数字金融系统也给国家带来了财政风险。该财政风险与交易量、数字金融系统所雇用的纳税人人数、该系统资助的数千家企业以及随之而来的政府税收收入有关。这意味着该系统本身是一个重要的税收来源，因此系统运行失败将对国家的总体财政收入或财政状况产生重大影响。

一般而言，数字金融系统已经改变了纳税形式，它通过支付结算（包括缴税），以及有针对性的社会保障为以往没有银行账户的人带来更多储蓄和投资机会。迄今为止的研究（Suri and Jack，2016）表明，由 M-Pesa 推动的数字金融系统使 2% 的人口摆脱了贫困。政府慢慢地从现金支付转向数字支付，这对肯尼亚的税收管理产生了巨大的影响。此外，肯尼亚在实现税务管理自动化和允许与其他第三方系统整合方面仍有很大潜力。

参考文献

GrowthCap，and FSD Kenya. 2016. *SME Banking in Kenya.*

Financial Sector Deepening（FSD）Kenya. 2013. *Kenya Financial Diaries 2012–2013：Socio-Economic and Demographic Datasets.* Nairobi.

Kenyan Bureau of Statistics（KNBS）. 2016a. *Economic Survey 2016.* Nairobi.

———. 2016b. *Micro，Small and Medium Establishment（MSME）Survey.* Nairobi.

Kenyan Revenue Authority（KRA）. 2010. *Revenue Administration Reforms in Kenya：Experience and Lessons.* Nairobi.

———. 2015. "Sixth Corporate Plan 2015/16–2017/18，Trust through Facilitation." Nairobi.

Ndung'u，Njuguna. 2017. "Boosting Transformational Technology：Creating Supportive Environment for Game-Changing Innovations." In *Foresight Africa：Top Priorities for the Continent in 2017*，edited by Amadou Sy and Christina Golubski. Washington，D.C：Brookings Institute.

Njoroge，Kiarie. 2016. "Treasury Report Reveals Fears over M-Pesa's Critical Role in Economy." *Business Daily.* November 30.

Seelmann，Jürgen，Dietrich Lerche，Anja Kiefer，and Pierre Lucante. 2010. *Benefits of a Computerized Integrated System for Taxation：iTax Case Study.* Bonn：Federal Ministry for Economic Cooperation and Development.

Suri，Tavneet，and William Jack. 2016. "The Long-Run Poverty and Gender Impacts of Mobile Money." *Science* 354（6317）：1288–1292.

World Bank. 2006. "Kenya Inside Informality：Poverty，Jobs，Housing and Services in Nairobi's Slums." Water and Urban Unit 1，Africa Region，Report 36347. Washington，D.C.

———. 2016. *World Development Report 2016：Digital Dividends.* Washington，D.C：World Bank.

11 印度数字化和去货币化对财政政策产生的影响 *

拉欣·罗伊　素雅什·拉伊 *

印度的数字化

　　近年来，各种举措和趋势促进了印度经济的大规模数字化。在固定线路技术的普及率相对较低的背景下，随着电信业的自由化以及移动技术的蓬勃发展，印度在过去十年左右的时间里移动电话迅速普及。

　　截至 2017 年 2 月，超过 11.6 亿印度人订购了移动电话服务，其移动电话密度为 85.9[①]（Telecom Regulatory Authority of India，2017）。电话密度在过去十多年的时间内上涨了 10 倍，而移动电话服务价格急剧下降。截至 2017 年 2 月，已有 2.61 亿人成为宽带用户，远高于 2006 年 3 月的 140 万人。

　　一些政府项目正在推动这种数字化。其中，国家生物识别身份计划（Aadhaar）已覆盖约 11.5 亿居民[②]，可以实现居民身份的识别和认证。在银行业，有两个项目正在帮助将"无银行账户者"引入经济中。在 2014 年 8 月启动的 Pradhan Mantri Jan Dhan Yojana 项目下，截至 2017 年 3 月，已开设了超过 2.8 亿个银行账户，在此之前，还有 2.43 亿人在政府普惠金融计划下开户。其中许多账户都是由以前从未拥有银行账户的人

---

　　* 　作者感谢印度国家公共财政及政策研究所的 Meghna Paul 提供的研究帮助。
　　① 　每 100 名居民的订购者数量。
　　② 　数据来自印度身份证管理局。

持有 [1]，而 Pradhan Mantri Jan Dhan Yojana 账户中约有 60% 是在农村地区开设的。

银行业务和支付业务也正在发生巨大变化。2006 年，新规定允许银行指定代理商，被称为商业代理和商业导引 [2]，这一创新能够降低为低收入家庭和企业提供银行和支付服务的成本。官方最近还允许发行支付银行和多种预付工具的牌照。

继 2016 年 11 月废除 500 卢比和 1000 卢比钞票后，政府宣布了若干措施，以加快价值存储和支付数字化的步伐，包括降低了现金交易的数额上限，减少了对政党的现金捐款，并宣布了若干针对电子支付的鼓励措施，例如对数字支付的服务税予以一定的减免。此外，还免除了通过数字方式向政府机构支付的交易费用，并为数字支付提供折扣和奖励。印度储备银行还降低了多种数字支付模式的用户费用。

数字化的现状

尽管普遍认为印度是数字化的领导者，但印度经济的数字化程度仍然相对较低。2016 年在世界经济论坛的网络就绪指数中，在"利用信息和通信技术提升竞争力和福利的表现如何"的排名中，印度在 139 个国家中排名第 91 位，中国排名第 59 位，巴西排名第 72 位，南非排名第 65 位。印度在数字服务的可购性方面排名很高（第 8 位），但在所有其他方面表现平平或较差（见表 11.1）。

印度的支付数字化还有很长的路要走。印度 POS 机的渗透率是世界上最低的，远低于巴西和中国等（BIS，2016）。调查报告称，印度大多数人从未使用过数字交易方式。

---

[1]　根据 Sharma、Giri 和 Chadha（2016）的研究，67% 接受调查的账户持有人表示 Jan Dhan 账户是他们的第一个银行账户。

[2]　商业代理是代表银行进行交易的代理人。这些交易通常包括接受存款、赎回存款和为支付提供便利。商业导引只进行业务资源定位，不允许进行交易。

印度的数字化进程引起了人们的担忧。印度缺乏全面的法律框架来保护数字服务用户的隐私（Bhandari and Sane，2016），导致用户信息容易被滥用。用户缺乏相关技能，这是一个重要问题。例如，由于识字率相对较低（2011 年略高于 74%），用户可能无法保护自己的隐私。由于补偿、执法和裁决体系存在缺陷，用户可能无法因隐私滥用或受到欺诈获得赔偿。

表 11.1　印度网络就绪指数排名

参数	印度排名
数字服务的可购性	8
商业和创新环境	110
基础设施	114
技能	101
个人使用	120
商业使用	75
政府使用	59
经济影响	80
社会影响	69

注：该指数通过三个子指数衡量数字技术的驱动因素情况：整体环境、准备情况（基础设施、可购性、技能）和使用情况（个人、企业、政府）。整体环境子指数涉及的驱动因素是社会和经济影响，以及商业和创新环境；准备情况子指数是基础设施、数字服务的可购性和技能；使用情况子指数是个人、商业和政府使用。

资料来源：世界经济论坛的网络就绪指数。

法律框架下虽然有国家监督，但几乎没什么实际帮助（Bhandari and Sane，2016）。虽然最近的趋势表明印度正准备快速实现数字化，但可能会出现"数字鸿沟"。据估计，9.3% 的村庄没有移动网络覆盖（Parliament of India，2017）。有几个邦的电话密度远低于全国平均水平，如阿萨姆邦、比哈尔邦、中央邦和北方邦的电话密度为 70，而电话密度超过 100 的邦如泰米尔纳德邦和旁遮普邦则拉高了全国平均水平。

数字化对财政政策的潜在好处

数字化可以通过多种方式使财政政策受益，包括以下六类。

（1）政府对个人的付款：政府可以提高各种项目下对公民和居民的财政支付效率，并可以通过更好地识别受益人来提高这些项目的有效性。有报告显示，政府的一些项目存在明显的遗漏，这可以通过使用数字认证方法来改善。例如，一项政府研究估计，在公共分配系统下发放的粮食补贴中有 58% 没有到达目标受益者手中（Government of India，2005）。使用数字化的数据库来确定计划的受益者可以帮助提高一些项目的效率。

（2）公共采购：政府可以依靠能提高透明度和竞争力的电子系统来提高公共采购的效率和全面性。

（3）非税收收入：政府可以通过数字支付提高非税收收入的收费效率，从而降低处理现金的相关成本。

（4）税收征收：政府可以通过数字方法提高税收效率。例如，电子报税可以降低征税成本和减少所需资源。

（5）税务情报和执法：获取有关金融交易的实时或准实时信息有助于改善政府的税收执行。个人和企业与数字经济相结合并接受和进行数字支付，更易生成反映避税或逃税交易的痕迹。

（6）电子政务：政府可以依靠数字化来提高治理效率，包括流程的数字化以及公民更优的信息获取。例如，土地记录的数字化可以通过在线向居民提供此类信息，以及可能通过改进土地记录变更和土地交易的流程来帮助更好地管理土地资源。

下一节将介绍政府为实现这些数字化优势所付出的努力。

262

政府对数字化的响应

如上所述，数字化为政府提高效率创造了机会。中央政府启动了大大小小的项目以将信息技术的使用纳入其系统和流程，并在 2015 年将此类举措纳入了同一个名为"数字印度"的项目，该项目目前包括政府的 115 项大大小小的举措。[①]

政府对个人的付款

直接福利转移项目开始于 2013 年，旨在直接向受益人账户支付政府款项。它致力于通过重新设计福利计划中的现有流程来改革政府交付系统，以简化和加快信息和资金的流动。它还旨在准确确保定向受益人、去除重复及减少欺诈。

截至 2017 年 3 月 16 日，来自 20 个部委的 99 个计划已与直接福利转移系统结合。[②] 该系统预计将最终涵盖所有涉及向个人转移现金的计划，这意味着由中央政府 75 个部委管理的 1182 项计划中，有 65 个部委的 536 项计划将进行整合。

从 2013 年 1 月到 2016 年 12 月，通过直接福利转移系统进行转移的政府支付占到 GDP 的 1.1%（Centre for Policy Research，2017）。其中约一半是根据全国农村就业保障计划进行的转移支付。其他涉及直接福利转移的主要计划包括烹饪燃气补贴和国家社会援助计划，该计划向老年人、寡妇和残疾人提供经济援助，并提供奖学金。

政府还为各种计划下的端到端处理建立了各种门户平台。例如，政府启动了国家奖学金门户平台以处理奖学金流程，其中包括提交学生申请，核实、批准和向政府奖学金的最终受益人进行支付。与之类似，Jeevan Pramaan 是一项基于 Aadhaar 的针对政府养老金领取者的生物识别数字服

263

---

① 完整清单可在电子和信息技术部获得，http：//www.digitalindia.gov.in/di-initiatives。

② 该清单可在以下网址找到，https：//dbtbharat.gov.in/scheme/schemelist。

务，旨在改善养老金领取者生活证件的签发。

此外，政府已开始将不同的数据库与受益人的政策决策相联系，例如，利用税收数据库拒绝向高收入家庭提供烹饪燃气补贴。这些举措可能有助于更好地进行有针对性的补贴。

政府在电子支付方面也逐步取得了可观的进步。按照财务总监（Controller General of Accounts）2017 年 3 月 1 日的说法，截至 2016/17 财年（FY）的所有政府付款中，约 98% 是电子付款（BGR，2017）。

公共采购

印度政府于 2012 年 10 月启动了中央公共采购在线门户平台，要求各部委通过门户平台或其他电子采购解决方案进行所有估价在 100 万卢比（按购买力平价计算为 58000 美元）以上的采购。2015 年 4 月上述门槛被降至 50 万卢比（按购买力平价计算为 29000 美元），2016 年 4 月降至 20 万卢比（按购买力平价计算为 11600 美元）。政府还要求公共部门以及各部委行政控制下的自治和法定机构使用电子采购渠道。

2016 年，中央政府推出了政府电子市场，以单一窗口对常用的小额商品和服务进行在线采购。中央公共采购门户平台促进了高价值商品（20 万卢比及以上）的电子采购。政府电子市场支持直接购买、电子竞标和反向电子拍卖，以帮助实现最佳价值。该门户网站为政府用户、产品销售商和服务提供商提供在线注册的便利。向购买类似商品和服务的人员提供各部门和机构的采购信息，预计有助于克服各供应商之间的信息不对称。

非税收收入

政府还推出了旨在为交易提供便利的国家支付服务平台 PayGov，该平台允许客户通过互联网访问各种服务。政府部门和机构可以使用该平台并通过其门户平台提供服务，该平台也提供在线支付服务。

尽管如此，政府机构征收的许多用户费用目前尚未以电子方式收取。

264

有些部门在实施电子支付方面比其他部门更加成功。例如，目前超过 50%的乘客票务和超过 95% 的铁路货运票务均为在线运营。但是，印度考古调查局管理的大多数博物馆和考古遗址都不接受电子支付。主计审计长的报告（2013 年第 18 号审计报告和 2014 年第 17 号审计报告）指出了印度考古调查和邮政部门盗用现金的情况和风险。

税收征收

中央政府征收的大部分税款都是以电子方式存入和返还的。实际上，政府已经强制要求某些类别的纳税人进行电子报税。根据电子报税的条件，目前大多数组织和个人都需要以电子方式报税。例如，任何收入超过50 万卢比（29000 美元），即约为人均收入 5 倍的个人，都必须以电子方式报税。

2017/18 财年启动的一项重大改革是引入商品和服务税（GST）。将纳税人从目前的间接税制下转换到商品和服务税制下需要付出相当大的努力。政府创建了商品和服务税网络，这是一个为所有商品和服务税利益相关者（包括政府和纳税人）提供单一门户平台的非营利组织。该门户网站可以被中央政府用于追踪每笔交易，同时纳税人可以进行报税。该系统完全在线运行，旨在提供发票以及其他服务，以便将所有出货的应税供应品与所有收到的应税供应品相匹配。该系统可以有效减少逃税行为。

税务情报和执法

2004 年，印度在金融行动特别工作组下设立了一个金融情报单位，它负责收集和分析涉嫌洗钱的交易信息。它从各种金融公司获取数据，并生成情报报告，用于收入调查和执法流程。

电子政务

印度政府已经推出了几项利用数字技术改善治理的计划。

例如，政府通过公共财务管理系统（Public Financial Management System）基本实现了公共财政管理的自动化。政府已经开始了一项在全国范围内数字化土地记录的计划，并推出了一个用于文件和证书数字发放与核实的平台（Digilocker）。

此外，政府启动了国家数字扫盲计划，向为政府提供前端服务的 525 万人提供信息技术培训，受惠者包括儿童保育工作者、卫生工作者等。政府还启动了电子地区使命模式项目（e-District Mission Mode Project），旨在通过集中的公民服务软件应用为市民服务和培训部门员工，加强地区行政管理。地方政府的社区服务中心（Panchayat）将强化由 25 万个中心组成的网络来提供服务。政府还推出了 e-Panchayat，提供了可实现当地农村职能自动化的软件。

数字经济的挑战

数字化也可能带来一些财政方面的挑战。众所周知的主要挑战是数字经济造成的税收困难。数字化为公司利润转移到低税收地区提供了机会，而公司实际上在这些低税收地区可能并没有重要的业务。

2016 年，中央直接税委员会提出了针对电子商务商业模式的税收建议。委员会建议针对因某些特定服务向非居民的付款进行均等化征税。自 2016 年 6 月 1 日起，政府对超过 10 万卢比的跨境 B2B 交易实行 6% 的均等化征税，截至 2016 年 12 月 31 日已征收 14.6 亿卢比。

政府举措对财政造成的影响

有关数字化对政府财政政策影响的实证证据和研究都很少。部分原因是大多数举措都是新推行的。但是，对于上述举措的研究有很大的潜力，研究范围可以从设计和实施的描述性案例研究到严格的影响研究。

Muralidharan、Niehaus 和 Sukhtankar（2016）对安得拉邦就业和养老

金项目的生物识别验证支付基础设施进行了评估，揭示了积极的财政结果。新系统在不影响可得性的前提下进行了更快、更可预测、更少腐败的支付。该研究还发现，这项投资具有成本效益，仅受益人节省的时间就等于干预的成本，并且政府和受益人之间的资金流失大大减少了。实际上，在就业计划中资金流失减少了 12.7%。

印度政府表示，直接福利转移计划为 2014/15 财年和 2016/17 财年累计节省 0.5 万亿卢比[①]，约占政府总支出的 1%。但是，由于工作细节尚未公布，无法核实这些估算的质量。2016 年，政府估计由于直接转移燃气补贴，2014/15 财年和 2015/16 财年累计节省的资金为 0.21 万亿卢比[②]，约占总支出的 0.4%。

去货币化的决定

印度财政部长 Arun Jaitley 在 2017 年 2 月的预算报告中解释了去货币化的原因（见专栏 11.1）。最直接针对的目标是财政，目的是扩大税基。"多年以来，偷税已成为一种生活方式。这样会损害更大的公共利益，造成逃税者不义而富，并对穷困者造成伤害，对于包容性社会来说导致不可接受的平行经济产生。去货币化旨在创造一种新的'常态'，使 GDP 更高、更清洁、更真实，"他总结道，"我们很大程度上处于一个不遵守税收规矩的社会。现金在经济中占主导地位使人们有可能逃税。当有太多人逃税时，本来属于他们的负担就会落在那些诚实和守规矩的人身上。"（Jaitley，2017）

---

① 　见发表于此的声明，http：//pib.nic.in/ndagov/Comprehensive-Materials/compr20.pdf。

② 　见新闻稿 http：//pib.nic.in/newsite/PrintRelease.aspx？ relid=147384。

专栏 11.1　大额钞票的去货币化 [①]

2016 年 11 月 8 日，印度政府援引《1934 年印度储备银行法》，撤销 500 卢比和 1000 卢比面额钞票的法定货币地位。所有持有这些钞票的人都应该将其存入银行账户或中央银行，相应金额将存入其银行账户。

这些大额钞票约占流通货币的 87%，约为 2350 亿美元（按名义汇率转换），占 GDP 的 10%。政府还引入了 2000 卢比的钞票，并发行了一系列新的 500 卢比钞票。本章在撰写时正在进行的再货币化主要通过这些钞票进行。

2016 年 12 月 28 日，政府发布了 2016 年"特定银行票据（终止责任）条例"，以终止政府对已被取消法定货币地位的纸币的责任。该条例还对交易或持有此类纸币的人处以罚款。该条例后来被议会确认为 2017 年《特定银行票据终止责任法》。

一段时间以来，政府担心因未记账而不纳税的这部分收入的规模。National Institute for Public Finance and Policy（2013）给财政部的报告虽然仍属机密（因此没有详细引用），但其显示了该国境内存在大量未计账财富及收入。然而，世界银行发现，就其影子经济规模而言，印度与大多数发展中国家相比更大（Schneider，Buehn and Montenegro，2010）。印度在 98 个发展中国家中排名第 15 位 [②]，该研究发现，1999~2007 年，印度影子经济从占 GDP 的 23.2% 缩减至 20.7%。

此外，印度国家公共财政及政策研究所使用受政府委托意在扩大税基的分析模型，证明了确实存在扩大税基的可能性。但鉴于非正规部门规模庞大，如果只是使用现有政策工具，税基扩大的余地也很有限。财政部考虑了新型工具，甚至去货币化等方法。

[①]　资料来源：印度总理于 2016 年 11 月 8 日发表的宣布去货币化的讲话，以及 2017 年《特定银行票据终止责任法》。

[②]　第 1 位意味着影子经济占 GDP 的比例最小。

267　　　　即使印度存在未记账的财富，从这个经济体中征收大量额外的税收可能也并不容易。正如政府 2015~2016 年经济调查所指出的，印度所得税征收情况已经明显好于该国经济发展水平所预期的程度（Government of India，2017）。

　　考虑到民主国家倾向于征税和支出的理论，该调查将民主视为一个控制变量，而上述关于个人所得税的调查结果仍然成立，尽管整体税收与 GDP 的比率低于应有的水平。虽然缴纳税款的个人比例远低于预期，但收到的个人所得税实际上比基于该人均收入水平的预期要好。令人满意的所得税征收与所得税纳税人数较少之间的这种不匹配可能是因为收入集中在少数个人身上，也可能是因为雇用了大量人口的农业完全没有征到税，因为不对农业收入征税。

　　在去货币化之后，税务部门向所有存款金额超过 25 万卢比的人发出通知，要求他们说明是如何获得这些资源的。政府还实施了两次大赦，尽管也进行了一些重罚。

　　去货币化是一项大胆的决定，预计会产生显著的短期和长期结果。下面将讨论预期的结果以及迄今为止可获得的数据。

对税收的影响

268　　　　去货币化对税收和税基的影响可以在短期（2016~2017 年）或中长期（2017 年及以后）内加以考量。由于缺乏现金支付，预计增长会因需求减少而受到负面影响。因为非正规部门的临时工薪资以现金支付，特别是在建筑或纺织等劳动密集型行业，再加上现金流量的问题，产量预计也会减少。然而，政府主张此举将使税收更加合规并有助于长期扩大税基。

对税收的短期影响

　　表 11.2 显示了 2016~2017 年去货币化对 GDP 增长负面影响的估计，大多数组织预计其在当年会有重大影响，而 2017~2018 年影响将有所减缓。

机构	2016~2017 年		2017~2018 年	
	去货币化前	去货币化后	去货币化前	去货币化后
国际货币基金组织	7.6	6.6	7.6	7.2
世界银行	7.6	7.0	7.7	7.6
亚洲开发银行	7.4	7.0	7.8	7.8
印度经济调查	7.0~7.75	6.5~6.75		6.75~7.5
摩根士丹利	7.7	7.3	7.8	7.7
汇丰银行	7.4	6.3	7.2	7.1
野村	7.8	7.1	7.6	7.1
高盛	7.6	6.3	…	…
ICRA 评级机构	7.9	6.8	…	…
CARE 评级机构	7.8	6.8	…	…
印度信贷评级资讯服务有限公司	…	6.9		
惠誉	7.4	6.9	8.0	7.7
BofA-ML	7.4	6.9	7.6	7.2
Ambit Capital	6.8	3.5	7.3	5.8
印度储备银行	7.7	…	7.6	7.1
中央统计局	…	…	7.6	7.1

表 11.2　各机构对印度 GDP 增长估计值

注：…=不可用；BofA-ML=美银美林。

资料来源：Reddy（2017）。

　　表 11.3 显示了 GDP 的最新增长预测。可以看出，在 2015/16 财年第四季度之后，GDP 和总附加值（GVA）的增长开始减速。然而，减速的步伐似乎在 2016/17 财年第四季度更加突出，预计这一季度去货币化的影响将全部显现。初步估计显示，2017/18 财年第一季度，GDP 和 GVA 增长率分别进一步降至 5.7% 和 5.6%。虽然很难说减速有多少来自去货币化，但其他指标表明经济活动在去货币化后确实减少了。图 11.1 显示了去货币化后工业生产的增长显著减速。

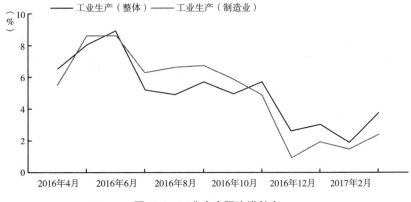

图11.1　工业生产同比增长率

资料来源：印度经济监测中心。

表 11.3　GDP 增长和总附加值增长估算				
	GDP 增长		总附加值（GVA）增长	
	2015/16 财年	2016/17 财年	2015/16 财年	2016/17 财年
全年	8.01	7.11	7.94	6.62
上半年	7.79	7.73	7.89	7.17
下半年	8.21	6.53	7.98	6.10
第一季度	7.58	7.92	7.59	7.56
第二季度	8.01	7.53	8.20	6.77
第三季度	7.25	6.97	7.29	6.65
第四季度	9.13	6.12	8.65	5.57

单位：%

资料来源：印度政府、中央统计局。

　　尽管经济增速下滑，2016/17 财年的税收增长情况良好（见图 11.2），与上一年几乎相同。事实上，所得税的增长率高于近年来的水平，这可能是因为政府采取了额外的收入调节措施。例如 2016 年下半年针对石油产品的税率高于 2015 年同期税率可能解释了消费税的上升。

此外，2016 年 9 月结束的税收特赦计划下的所得税款提高了所得税征收额。在去货币化后有所加大的收入执行力度也可能对征收有推动作用。这些都可能对 2016/17 财年经济减速对税收的影响产生削弱作用。

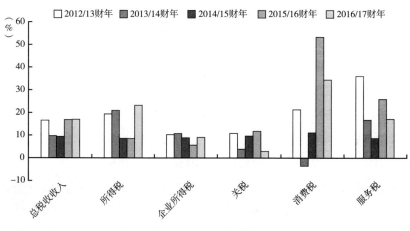

图 11.2　税收同比增长

资料来源：世界经济展望数据库（由印度经济监测中心维护）。

对税基的长期影响

尽管税收收入似乎没有受到影响，但去货币化可能已经影响了税基，正如 GDP 和 GVA 数据所示。

值得注意的是，表 11.3 所示的国民账户统计数据没有考虑到非正规部门的影响，而非正规部门的影响预计会很大。政界普遍认为，非正规部门主要使用大额现金。因此，预计去货币化会减少产出，从而影响要素支付，以及所得税和消费税税基。这是因为中央统计局公布的季度数据是通过外推正规部门的情况来估计的。因此，2017/18 财年经济调查指出："国民收入账户根据正规部门指标估算非正规部门经济活动，前者未受同样程度的负面影响。但是，成本仍然是真实存在并显著的。"但是，由于非正规部门对直接和间接税收的一阶贡献远低于正规部门，所以如果非正规部门经济活动的减少并没有被该活动向正规部门迁移取代，那么充其量只会对收入产生很小的影响。同样地，上述迁移如果发生，其对收入的影响将是积极的。

除了经济正规化之外，政府还期望更高的税收遵从度，并期望使用去货币化后得到的银行存款数据来为税收执行提供情报。政府发现，有180万人的现金交易与他们的个人资料不符（Department of Revenue，2017）。目前政府正在对从存款人那里获得的答复进行评估。此外，政府还增强了分析大量现金存款数据、跟踪纳税人和报告实体的合规状况的能力。

这些努力可能会在中长期内优化税收合规。2017/18 财年的预算详细表述了政府对于去货币化对税收收入具有积极长期影响的预期。虽然2017/18 财年的税收与 GDP 的比率预计仅上升 0.06%，但这一数字标志着 GDP 的重要结构性变化。① 预计个人所得税率将上升 0.28%，而所有其他税收将会下降或保持不变。预计 2017/18 财年个人所得税将占总收入的 16%，高于 2016/17 财年的 14%，而服务税和间接税的份额将下降。因此，我们推断这是政府心目中的去货币化的主要财政收获。如果成功，这将符合财政部部长的既定目标，即通过提高税收所占份额，同时扩大税基来确保增加税收与 GDP 的比率。

对银行信贷的影响

图 11.3 显示，虽然银行存款特别是活期存款在去货币化后大幅增长，但信贷却大幅下滑。贷存比由 2016 年 10 月的 74.35% 下降至 2016年 11 月的 69.26%。截至 2017 年 7 月，贷存比已上升至 72.23%。以存款形式吸收的增量资金的很大一部分被部署在流动资产中。很难说，银行是否认为存款增加是暂时的，抑或反映了私人投资需求疲软和银行面

---

① 2016/17 财年修正的估计预测税收与 GDP 的比率为 11.3%，高于预算估算的 10.8%。这一增长完全是由于对商品和服务征收的间接税高于预期。因此，在 2017/18 财年的预算估算中，政府可能在预测间接税收入进一步增加方面持谨慎态度，同时也需注意到在 2017/18财年引入新商品和服务税的不确定性。

临资产负债困难等因素限制了它们的风险偏好，从而导致信贷需求持续疲软。在此背景下，值得注意的是，2016 年 10 月至 2017 年 4 月，基于基金的边际成本贷款利率的中位值下降了 78 个基点。但这一下降并没有增加对信贷的需求，因此，虽然借贷更加便宜了，但信贷增长出现了显著减速。

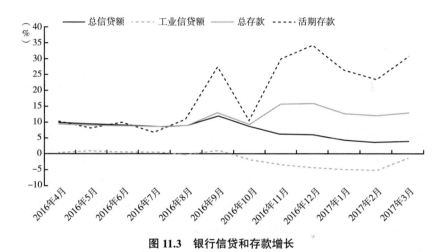

图 11.3 银行信贷和存款增长

资料来源：印度经济数据库、印度储备银行。

对未记账收入的影响

2016/17 财年经济调查认为，去货币化可被视为对未记账收入的征税。这是因为政府要求超过最低门槛的存款人解释这些存款的来源。因此，无法计算收入或财富的持有者可以采取以下方式：申报其未记账收入，并以惩罚性税率缴税；继续隐瞒，不进行纸币新旧转换，相当于承担了 100％ 的税率；付出一定成本洗黑钱。

政府一直对让未记账收入的持有人变"干净"持乐观看法。贫困福利计划允许人们申报现金存款，其中 50％ 将立即由政府没收，25％ 将以无息存款的形式被政府扣留四年。

有报道显示，政府乐观地认为，该计划将产生 5000 亿 ~1000 亿卢比（2016/17 财年所得税总额的 15%~30%）的净收入。[①] 事实上，根据政府的说法，该计划只通过额外税收和附加费征收了 230 亿卢比（占 2016/17 财年所得税总额的 0.67%）。这表明政府鼓励人们承认其未记账收入并没有产生良好的反应。此外，政府已发现 1640 亿卢比涉嫌未记账。只有经过调查和司法程序才能清楚地知道其中有多少是真正的未记账收入。然而，即使这仅相当于去货币化钞票总价值的 1.1% 左右，也会引发人们对用这种方法解决未记账收入问题的有效性的质疑。

印度储备银行 2016/17 财年年度报告指出，大约 99% 的去货币化涉及的纸币已存入银行系统。因此，似乎大多数未记账收入的持有者已经能够找到方法将他们的未记账收入显示为合法收入，也可能一开始就没有太多以现金形式存在的未记账收入。政府可能会对那些存入不明现金的人采取执法行动。但是，由于逃税者会采取必要的预防措施来自我保护，所以从这个来源获得大量额外收入并不容易。在这个阶段，似乎去货币化计划在减少未记账收入方面并未取得很大进展。

对数字化的影响

在去货币化以及鼓励数字化价值存储和数字支付的措施之后，长期转向数字支付成为可能。政府领导人多次表达了这一观点，包括 2017 年 2 月的经济调查。从长期来看，现在说这些期望会实现还为时尚早，但到目前为止的趋势是喜忧参半的。

由于在去货币化之后预计会产生一定影响，我们绘制了在过去三年内电子支付的同比增长率图。2016 年 11 月至 2017 年 3 月，与前几年相比，似乎只有借记卡、信用卡支付改善显著（见图 11.4）。对于大多数工具而

---

① 请参阅 Moneycontrol 网，http:// www .moneycontrol .com/ news/ business/ economy/ pmgky-flop-why-black-money-holders-dont-mind-taking-on-the-i-t-department-2249931 .html。

言，其增长率低于往年。因此，虽然去货币化对数字化的稳态影响仍有待观察，但迄今为止的信息表明现有迹象并不乐观。

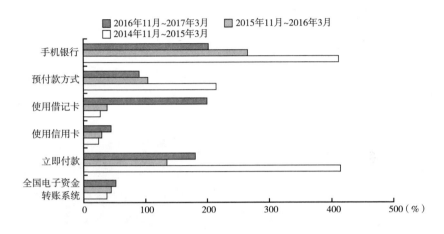

图11.4 电子支付增长率

资料来源：印度储备银行。

揠苗助长的后果

如前所述，尽管政府和私营部门已采取措施加快经济数字化，但印度在许多重要指标上落后于与其经济情况类似的国家。此外，不能想当然地认为去货币化对数字化有推进作用。尽管稳态可能会有所改善，但幅度可能不会如预期般明显。尽管如此，中央政府已经启动了各种受益于数字化的举措，并且正在迅速启动各种计划以整合收集和交换信息的数字方法。

印度的数字化举措可分为两类：与公民、居民和私人组织直接互动的举措，以及仅仅旨在改善政府内部流程的举措（见表11.4）。启动国家数字化扫盲计划等举措属于后者，其余举措则属于前者。前者中的方案可以进一步分为对公民和居民具有强制性的方案，以及在保留非数字选择的同时创建数字选择的方案。

274

表 11.4 政府数字化计划的分类			
该计划涉及方面	该数字化方法是否具有强制性	对谁具有强制性	例子
政府对个人 / 企业	强制的	低收入个人	直接福利转移
		较高收入的个人和企业	电子采购、向金融情报单位提交信息、电子纳税、电子报税等
	可选的	不适用	土地记录数字化、社区服务中心
政府对政府	不适用	不适用	国家数字化扫盲计划

资料来源：作者使用有关数字印度计划的信息进行分析。

大多数电子政务举措和征收非税收入系统的数字化都属于可选择使用的数字方法类别。在具有强制性的类别中，有一个案例可以区分强制性针对的是普通公民和居民还是企业及较富裕的公民和居民。在前一类中，最重要的举措是直接福利转移计划，该计划正在快速整合向公民付款的政府计划。强制电子采购、强制向金融情报单位提交信息以及电子纳税和电子报税都属于后者。

只要这些举措得到很好的实施，就很难对基于技术改善内部政府流程的举措提出反对。但是，对于涉及公民、居民和私人组织的计划，需要进行仔细审查。特别是针对普通公民的带有强制性的数字化计划，有必要研究可能产生的意料之外的后果，并看一下可以通过何种做法来确保良好实施。一些潜在的意外后果可能包括因基础设施的局限性而错误地排除受益人、因数据完整性和安全问题而导致系统受到损害，以及因受益人意识不到而导致的错误。去货币化的决策及后果也表明，试图通过复杂系统快速推出的解决方案有许多意想不到的后果。

结　论

印度在短时间内集中进行的数字化旨在利用近年来移动服务的显著增长。虽然数字服务价格是可负担的，但由于基础设施不足和覆盖范围不够全面，印度仍然有很长的路要走，才能实现普遍的可得性。随着 Aadhaar 的引入，政府一直在试图提高公共支出特别是转移支付的有效性。政府还试图利用数字化来改善税收执行。这些政府举措对财政政策造成的结果尚未得到测算，尽管现在有限的研究表明直接福利转移可以节省成本。

2016 年，印度政府决定回收 500 卢比和 1000 卢比面额的流通钞票。这一事件对财政政策和数字化都产生了重大影响。从短期来看，预计此举将对税基产生负面影响，主要是因为几乎所有预测机构都预期去货币化会暂时减缓经济增长。尽管国民经济核算数据显示产出增长显著减缓，但税收增长并未减缓。这可能是因为在这一年还采取了额外的收入调节措施并加强了执法工作。因此，尽管税收增长可能保持稳定，但潜在的经济增长有所减缓。

预计去货币化对非正规部门有很大影响，但这最多只会对收入产生很小的影响。非正规部门对公司税的贡献不大，故而影响主要来自产出下降，从而使该部门就业人员的可支配收入降低，进而令消费税受到影响。自进行去货币化以来，银行信贷增长明显放缓，对未记账收入的影响似乎也很小。

虽然预计去货币化会导致向数字支付的永久性转变，但现在就说其已实现还为时尚早，因为数据显示出相当大的波动性。但越发明确的是，对于大多数支付工具而言，去货币化并没有产生积极影响。

强制使用数字方法有许多好处，但实施这些举措也带来了风险。例如，鉴于印度的数字化分流，新系统可能存在排除对象的错误，特别是在将资金转移给公民或居民时。一些逸事性的媒体报道指出了直接福利转移计划的快速实施如何导致受益对象被排除。[①] 此外，由于印度对隐私的保护措施薄弱，强制让如此多的公民和居民将其个人信息和财务数字化可能会产生意想不到的负面后果。同样，如果存在欺诈或其他犯罪行为，补偿和裁决制度方面的薄弱也可能导致公民和居民无法获得帮助。

276

---

① 例子参见 HBX（2016）。

鉴于印度在实现令人满意的经济数字化水平方面仍有很长的路要走，以及在实施数字化措施方面仍有薄弱环节，因此采用不同的、更加渐进的方法可能更好。如果政府确实希望利用数字化来实现有益的财政结果，同时避免错误排除对象和造成其他不公平结果的风险，那么政府应该投资于或鼓励投资于更好的基础设施，以便尽量减少数字鸿沟。此外，政府应该建立一个包括隐私保护在内的全面的消费者保护框架，并开发补偿、执行和裁决体系，使用户的数字体验更加安全。

参考文献

Bank for International Settlements（BIS）. 2016. *Statistics on Payment, Clearing and Settlement Systems in the CPMI Countries.* Basel.

BGR. 2017. "98% of Government Payments Made Digitally in 2016–17: CGA." June 22.

Bhandari, Vrinda, and Renuka Sane. 2016. "Towards a Privacy Framework for India in the Age of the Internet." Working Paper 179, National Institute for Public Finance and Policy, New Delhi.

Centre for Policy Research. 2017. "Direct Benefit Transfer（DBT）, Jan Dhan, Aadhaar and Mobile（JAM）GOI, 2017–18." *Budget Briefs* 9（6）.

Department of Revenue. 2017. "Income Tax Department（ITD）Launches Operation Clean Money." Press Release, Ministry of Finance, Government of India, January 31.

Government of India. 2017. "Economic Survey 2016–17." Ministry of Finance, Department of Economic Affairs Economic Division. New Delhi.

——. 2016. "Economic Survey 2015–16." Ministry of Finance, Department of Economic Affairs Economic Division. New Delhi.

——. 2005. "Performance Evaluation of Targeted Public Distribution System." Planning Commission, New Delhi.

HBX. 2016. "Rajastnan Presses on with Aadhaar after Fingerprint Readers Fail: We'll Buy Iris Scanners." April 10.

Jaitley, Arun. 2017. *Union Budget Speech.* Speech of the Minister of Finance, Government of India.

Muralidharan, Karthik, Paul Niehaus, and Sandip Sukhtankar. 2016. "Building State Capacity: Evidence from Biometric Smartcards in India." *The American Economic Review* 106 (10): 2895– 2929.

National Institute for Public Finance and Policy. 2013. "A Study on Unaccounted Incomes in India." New Delhi.

Parliament of India. 2017. "Statement by the Minister of State for Communications in Response to a Question in the Parliament." New Delhi.

Reddy, C. Rammanohar. 2017. *Demonetisation and Black Money.* Mumbai: Orient Blackswan Private Limited.

Reserve Bank of India. 2017. "Macroeconomic Impact of Demonetisation: A Preliminary Assessment." New Delhi.

Schneider, F., A. Buehn, and C.E. Montenegro. 2010. "Shadow Economies All over the World: New Estimates for 162 Countries from 1999 to 2007." Policy Research Working Paper 5356, World Bank, Washington, D.C.

Sharma, Manoj, Anurodh Giri, Sakshi Chadha. 2016. "Pradhan Mantri Jan Dhan Yojana(PMJDY) Wave III Assessment." MicroSave.

Telecom Regulatory Authority of India. 2017. "Highlights of Telecom Subscription Data as on 30th November, 2016." Press Release 09/2017, February 1.

277

12 政府数字化与公共财政管理的整合
——初步证据

马尔科·坎贾诺　艾伦·盖尔布　露丝·古德温－格罗恩

　　支付在政府如何为各种项目进行财政资源转移方面居于中心地位，而进行支付的方式很大程度上在现代公共财政管理（PFM）体系发展中处于边缘地位。尽管如此，作为金融包容性或效率提升议程的一部分，部分政府正在努力实现支付数字化，因为一般认为数字化可以间接促进经济增长和减少贫困。

　　本章主张目前已经是时候将支付数字化作为功能性 PFM 的一部分，以改进该体系并拓展改革目标。

　　每年政府、私营部门和开发组织都会向低收入和新兴市场经济体的人提供数十亿美元的现金支付。据估计，2014 年有超过 10 亿人接受政府转移支付和其他支付，平均来看，发展中国家运营的约 20 个社会保障体系的年化成本占国内生产总值的 1.6 %（World Bank，2015）。考虑到转移、补贴、工资和养老金支付，对个人的公共支付通常会占到发展中国家 GDP 的 12 %，而且往往会更多。

　　经验表明，从现金转向电子支付通常更安全，特别是对女性而言，而且对被金融体系排除在外者有更高的效率。这一转变可以为更广泛的金融服务提供途径，同时电子支付可以降低成本，提高政府、开发组织和企业的透明度。更重要的是，如果这一努力是旨在实现政府目的的、更广泛的公共资源管理的一部分，那么这一转变及利益最大化可以更快地完成。

　　尽管中国和墨西哥等政府的支付数字化技术取得了快速进展并处于领导地位，但其他新兴经济体的结果参差不齐，部分政府在采用数字化方面进展缓慢。正如 Better than Cash 联盟在最近一份回顾 25 个国家数字化经验的报告中指出的那样，一部分原因来自政府和公司缺乏一个能够向其展示如何实现数字化益处的合乎情理、因地制宜的框架（Janis and Shah，2016）。[①] 如果没有广泛而统一的分析框架，政府和公司就无法利用其他市场和参与者的经验来有效地实施数字支付。该报告确定了在经济体内有效实施数字支付的 10 个步骤。[②] 与本章相关的是政府支付和收入的数字化。[③]

　　在 2016 年二十国集团（G20）杭州峰会上，各国领导人对数字化和包容性做出了承诺，并对八项数字金融包容性高层次原则予以认可。其中包括建议提供激励机制以实现所有政府收支的数字化（如果可行的话）（GPFI，2016b）。[④] 到目前为止，数字化已经在构成 PFM 新兴架构的复杂体系网络和流程之外得到大规模贯彻和实施（Cangiano，Curristine and Lazare，2013）。

　　本章通过展示四个案例研究主张支付数字化应该成为现代 PFM 体系不可或缺的组成部分。

　　本章首先定义了支付数字化及其主要目标，然后说明了数字化和 PFM 是同一枚硬币的两面。本章提供了开发和实施大型财政管理信息系统所遇挑战的警示性事例，并展示了爱沙尼亚、加纳、印度和墨西哥[⑤] 的案例研究。这些研究表明，支付数字化和 PFM 的成功联合实施具有显著的效益。本章最后将介绍案例研究中的重要经验教训以及未来研究的挑战和方向。

---

①　Better than Cash 于 2012 年启动，以响应公共和私营部门对于实现数字化现金支付进行更多战略支持、研究和指导，目的是加速从现金向电子支付的转换。它由比尔及梅琳达·盖茨基金会、花旗、万事达、奥米迪亚网络、美国国际开发署和维萨资助。联合国资本发展基金会是其秘书处。

②　在过去十年中，该报告中的 25 个国家的交易量平均每年增长 32%。

③　相关文献将这些资金流分类为政府对人（G2P）、政府对企业（G2B），反之亦然（P2G 和 B2G）。

④　Better than Cash 是 G20 全球金融包容性伙伴关系的实施合作伙伴，与市场和支付系统子集团密切合作。

⑤　加纳、印度和墨西哥是 Better than Cash 的成员。

支付数字化意味着什么？

政府、企业和国际组织在全球范围内分配和接收数十亿美元的现金支付，包括工资、福利、养老金、社会项目、人道主义援助、罚款、税收等。随着移动电话销售和应用的速度逐渐加快，以及通过互联网进行新型支付方式的快速扩展，实现支付数字化的可能性正在迅速增加。[1]

本章将支付数字化视为从现金支付向某种形式的电子或数字支付的转变（BTCA，2012）。专栏 12.1 介绍了支付和市场基础设施委员会对电子或数字支付的定义和分类。

专栏 12.1　电子支付工具定义和分类

国际清算银行的支付和市场基础设施委员会（CPMI）促进了金融稳定和更广义的经济中的支付、清算、结算和相关安排的安全性和效率。CPMI 和 World Bank（2015）认为"支付服务提供商包括银行和其他存款机构，以及汇款运营商和电子货币（e-money）发行者等专业化实体"。它们将电子支付工具分为三大类。

基于电子资金转账的工具：直接（即账户到账户）进行贷记转账和借记转账。作为账户到账户的支付，这些工具可以完全以电子方式处理。

基于支付卡的工具：包括信用卡、收费卡和借记卡支付，通常涉及塑料介质的实体卡。除少数特例外，均可以通过电子方式发起、授权、验证、清算和结算。

基于电子货币（e-money）的工具：一般而言，这些工具需要付款人在支付服务提供商（PSP）处维护一个预充值的交易账户，通常是非银行账户。具体产品包括通过互联网发起支付指令的在线货币，通过手机发起的移动货币以及预付卡。

---

[1]　在 2000 年第一季度，有 4.67 亿（占人口的 7.7%）独立的移动电话用户。截至 2017 年第一季度，独立用户数为 49.7 亿人（占人口的 66.3%），年均增长率为 15%（GSMA，2017）。1995 年，全世界每 100 人中有 1.6 个移动用户。到 2015 年，这一数字已达到 98.3 个（年均增长率为 23%）。如今，移动用户数量超过世界人口（国际电信联盟基于世界银行、世界发展指标得出）。对照移动电话保有量增长，国际电信联盟估计每 100 人中的互联网用户数量从 1995 年的 0.8 人增加到 2015 年的 43.8 人。

表 12.1 提供了理解各种类型的付款人和收款人的框架，包括政府向企业和个人以及政府机构之间、企业和个人对政府的支付。

表 12.1 支付矩阵：付款人和收款人的付款类型			
		收款人		
		政府	企业	个人
付款人	政府	G2G 预算拨款、资金划拨	G2B 赠款、商品和服务付款	G2P 福利计划、工资、养老金
	企业	B2G 税收、许可费用	B2B 为货物和服务付款	B2P 工资和福利
	个人	P2G 税收、公共事业费用	P2B 采购	P2P 汇款、礼金
	发展共同体	D2G 税收	D2B 为货物和服务付款	D2P 现金转账

注：B = 商业（非金融私营部门）；D = 发展共同体伙伴；G = 政府；P = 个人。有关支付矩阵的进一步说明，请参阅 BTCA（2012）。

资料来源：BTCA（2012）。

通过数字支付，政府的目标主要是发展现代和包容性的经济。[1]G20 已经很好地明确了政府支付数字化的益处——提高透明度[2]、可归责性以及节约成本（Klapper，2014）。同样明显的是，数字化下的支付透明度增强了政府与公民之间的可归责性，更明确地将政府提供的服务与征收的税

---

[1]   支付数字化可能是政府数字经济举措的关键要素。开放数据门户平台以提供对政府数据的公开访问是另一类数字政府计划，墨西哥是一个很好的例子（OECD，2016）。重要的是，虽然这两项举措都不是数字经济的代名词，但它们都对建立数字经济有所帮助。

[2]   在透明度方面，Rogoff（2016）是通过数字化克服价值数十亿美元的影子经济的公开倡导者。

收联系起来（Pillai, 2016）。例如在肯尼亚的情况 [1]，通过数字化支付推动金融包容性的机会使居民和整个经济受益 [2]。

支付数字化和公共财政管理：互补性和注意事项

互补性——同一枚硬币的两面

支付数字化应该被纳入复杂的政府 PFM 体系，以充分获取这些系统提供的有效性和功能方面的全部潜在收益。[3] 与 PFM 相结合，支付数字化可以直接或间接地使政府受益。直接有效的数字化加快了基本的 PFM 功能实现，即工资管理、找到正确的受益人，以及通过与政府银行账户更快地对账来记账和报告，并通过提供更可靠的审计轨迹来加强可归责性。

数字化对提高财政事件的信息质量也很重要。[4] 间接益处包括加快年度预算执行报告的写作，提供更及时的政府现金状况信息（加强现金管理），并使银行交易的线上信息的对账高度便利化（有关这些问题的进一

---

[1]　Johnson（2016）为肯尼亚人使用移动货币提供了民族志方面的宝贵见解。

[2]　根据国际货币基金组织总裁克里斯蒂娜·拉加德的说法："更强的金融包容性具有切实的经济效益，例如更高的 GDP 增长率和更少的收入不平等。通过提供对账户、信贷、基础设施、女性和低收入用户的准入，金融包容性有助于使增长更具包容性。"（国际货币基金组织 CGD 活动开场致辞，"金融包容性：宏观经济和监管挑战"，2016 年 4 月 11 日）

[3]　实质上，PFM"涉及政府管理公共资源（收入和支出）的方式以及此类资源对经济或社会的即时和中长期影响。因此，PFM 与过程（政府如何管理）和结果（金融流动的短期、中期和长期影响）均有关系"（Andrews et al., 2014）。支付和转账的方式往往遭到忽视。在过去五年的 PFM 书籍和出版物（Allen, Hemming and Potter, 2014; Cangiano, Curristine and Lazare, 2013）中，几乎找不到"数字化"这个词。这个定义提出了一个问题，是什么使 PFM 体系有效地实现其目标？Andrews 等（2014）阐明了"PFM 体系需要以可靠和及时的方式记录并分配财政资源到正确的地方，以便对其进行审计，确保正确使用资金"。在同一篇论文中，Andrews 等（2014）将职能性 PFM 体系刻画为促进审慎的财政决策、可靠的预算、可靠和有效的资源流动和交易，以及体制化归责的体系。支付数字化完全可以归在最后两个因素之下，因为它有助于确保高效和有效地处理支付和转账。

[4]　财政信息质量是财政透明度的核心。在重新制定 2014 年财政透明度准则时，国际货币基金组织将其定义为公开报告中过去、现在和未来公共财政状况的全面性、清晰性、可靠性、及时性和相关性。

步讨论，请参阅第 6 章）。

通过大幅减少现金使用，数字化还可以帮助缩小影子经济的规模，从而减少逃税的机会（Rogoff，2016）。同样，它可以帮助将汇款业务脱离非正规机制和汇款运营商，从而修补这一国际收支交易中恶名昭彰的漏洞——这也是逃税的另一种途径。已识别身份的参与者之间的 P2P 数字汇款也可以加强针对金融行动特别工作组建议的合规性，并降低代理银行"去风险化"① 的可能性。

虽然数字化举措可以在政府或私营部门内出现，但只有两个部门之间的结合和协调才能使国家内部和国家之间的利益最大化。这使政府能够认识到支付数字化对PFM有完全支持作用，实际上就是同一个硬币的另一面。它在数字化议程的整合中应发挥领导作用，以更好地服务于政府目标。

注意事项——从 FMIS 的实施中学习的经验教训

政府的财政管理信息系统（FMIS）跟踪财政事件并总结财政信息（Diamond and Khemani，2015）。② 核心 FMIS 可能包含也可能不包含与职能性 PFM 体系相关的包括税收在内的支付 / 转账功能。③ 世界银行、国际货币基金组织和美洲开发银行已经开展了若干研究，评估了许多国家引

---

① 去风险化是指为应对违反反洗钱和打击资助恐怖主义条例的制裁风险而取消代理银行关系（Center for Global Development，2015）。

② Diamond 和 Khemani（2015）将 FMIS 定义为"公共支出管理流程的计算机化，包括借助于完全集成化的财务管理系统进行相关部委和其他支出机构的预算制定、预算执行和会计工作。整个系统还应确保与其他相关信息系统的集成和通信"。他们还阐述道："由于对集成化的要求，FMIS 通常被定性为集成财务管理信息系统。遗憾的是，'综合财务管理信息系统'这一术语有时可能会被错误地解释为描述能够在公共支出管理中捕捉到所有功能流程和相关资金流动的系统。"

③ 根据 Khan 和 Pessoa（2010），Diamond 和 Khemani（2015），Dener、Watkins 和 Dorotinsky（2011），以及 Una 和 Pimenta（2016），"核心"模块通常包括总分类账、预算会计、应付账款和应收账款。"非核心"模块包括工资单、采购、项目分类账和资产登记等领域。

入的综合 FMIS 的相对优势和劣势。[①]

世界银行独立评估小组的评估（IEG，2016）以及 Hashim 和 Piatti（2016）确定了 FMIS 项目成功实施的以下先决条件。

- 更完善的预算分类。
- 与预算分类相结合的统一会计科目表。
- 更好的国库单一账户运营。
- 承诺控制和监督机制。
- 现金管理职能的建立。

成功实施直接适用于数字化的 FMIS 的另一个关键的先决条件是公共财政管理架构中政府目标的统一视角。如果没有这个条件，政府就可能将手段、目标性流程和职能性流程混为一谈。除非特别留心，否则数字化议程也可能陷入这个陷阱。专栏 12.2 中马拉维的故事说明了这一点。

如上所述，数字化支付和转账应该借鉴 FMIS 实施的经验教训。Diamond 和 Khemani（2015）发现计算机化促进了两类改革：加速现有运作流程的效率性改革，以及改变现有程序的有效性改革。当信息技术（IT）使组织更有效，而不仅仅是提高效率时，它会真正得到回报。

数字化不能由 IT 驱动或由提供者驱动。反之，为了实现其提高效率的潜力，数字化需要由能够解决问题的职能驱动，同时牢记中长期目标。正如 Andrews（2013）所论述的那样，数字化的使用者在一定程度上应该接受内生性和干中学，必须具有与提出的解决方案相并行的开发能力和素质；同时还应该接受，面临具有挑战性的背景因素，一定程度的对现金支付的需求仍将持续存在（ODI，2016；Sturge，2017）。

由于政府数字化的核心功能是处理支付和收款，所以应避免出现"孤岛"

[①]　在 1984~2010 年，世界银行资助了 51 个国家的 87 个综合 FMIS 项目，平均成本为 2500 万美元（Dener，Watkins and Dorotinsky，2011；Dorotinsky and Watkins，2013）。在拉丁美洲，美洲开发银行资助了 47 个 PFM 改革项目，设想以 2600 万美元的平均成本采用集成 FMIS（Una and Pimenta，2016）。两项研究都将这些项目的平均时间定为 6 ~ 7 年，因此经常跨越一个以上的政治周期。

风险，即不同的系统和 IT 基础设施成为协调政府与公民之间整体关系的障碍。

最后，关于引入大型计算机化系统的成本效益方面的研究很少，这意味着在数字化工作开始时重视建立效率和有效性评估是另一项有价值的教训。[1]

专栏 12.2　马拉维 FMIS 项目

马拉维从 2010 年开始建立并推出了财政管理信息系统（FMIS），其涵盖大部分预算和关键核心模块，包括资金承诺控制系统。最近对世界银行资助的 FMIS 项目进行的一次回顾表明，即使是管理良好的 FMIS 项目本身也无法促成运作良好的公共财政管理（PFM）系统（IEG，2016）。

回顾发现，FMIS 正处于开发阶段，其辅助的 PFM 环境尽管在纸面上令人满意，然而并没有改变实际行为。例如，即使控制措施到位，资金承诺仍继续在系统外处理。据报道，支出单位仍然在维护一个 FMIS 系统外的登记处，并根据需要上传资金限额。有证据表明，支出单位使用非正式发票同时生成本地采购订单和支付凭单，尽管此举与指令相悖。随着时间的推移，大量的逾期支付累积到 2014 年，据估计占 GDP 的 9.2%，而在所谓的现金门事件丑闻中，3200 万美元遭到侵吞。

与 FMIS 环境相关的 PFM 体系、流程和控制方面的弱点导致了上述结果。2016 年世界银行独立评估小组（IEG）指出，与 FMIS 更直接相关的一些技术因素也起到了负面作用，例如系统访问控制不力、数据采集不足、电源供应不稳定导致系统性能不佳、服务器容量不足，以及连接不可靠。但这些并不是解释结果的关键。更加关键的是对监管框架的忽视，以及作为问题根源的内部控制失效。这反过来反映了整体上对 PFM 总体架构及其组成部分之间的相互关系缺乏理解，而这些组成部分往往未能重视基本的控制流程，例如银行对账等。

对马拉维 FMIS 项目的独立回顾提供了两个主要教训。

---

[1]　IEG（2017）对 FMIS 改革的回顾总结发现，"研究可行选项并仔细权衡利弊对于在应用软件开发方面选择适当的国家特定策略（采购 vs 自主开发应用程序）至关重要""通过良好的监测和评估框架，可以对改善 PFM 效果产生促进作用"。

一是，如果不同时解决基本的 PFM 问题，就无法实现信息技术解决方案。马拉维和其他地方一样，对于 FMIS 能解决所有问题的不切实际的期望导致在出现问题时归罪于 FMIS 的倾向。

二是，即使是精心设计和运作良好的 FMIS 也不足以构成支持良好的公共财政管理的充分条件。导致马拉维发生重大腐败事件的会计链条的崩坏主要是因为对流程的忽视，而不是 FMIS 的技术缺陷。

精选的国家案例

本节描述的四个国家案例研究说明了 PFM 和政府支付的数字化确实是同一枚硬币的两面，并指出了有助于决定其成功的因素。

表 12.2 总结了国家案例。虽然每个案例都是不同的，但它们指出了与前一节确定的任何计算机化项目都亟须的共性因素：确定问题和需求、制定定制化的解决方案，以及加强机构化能力。也许最重要的是，这些案例还指出了解决现有特定 PFM 体系范围之外的问题的方式，以及数字化如何促进形成政府针对优先事项和目标的统一视角。

印度实现快速数字化的方式是将唯一身份认证、Aadhaar 和金融包容性相结合，以提高政府福利的效率和有效性，通过减少社会福利计划下的非法受益人数量，产生了值得关注的收益（见第 11 章）。[①] 墨西哥的单一

287

---

①　许多国家越来越多地试图巩固其社会保障计划，或者至少通过整合受益人的登记来使其合理化。这需要对受益人进行一致和唯一的身份识别，同时整合支付机制以实现规模经济并防止重叠和重复。然而，关注隐私的非政府组织质疑共同身份识别系统，诸如常见的国家身份证或类似的全国性体系的可取性，因为贫困的受益者在实践中除了注册几乎别无选择，它实际上代表了强制注册。包括巴基斯坦和南非在内的许多国家已经转向数字身份识别和支付，以更有效地提供社会补助金。有关此类案例的更多信息，请参阅 Gelb and Decker（2012）以及 Gelb and Diofasi（2017）。

表 12.2 国家案例总结

国家	年份	主要目标	主要改革	效果的具体体现	预计节约
印度	2009 年至今	金融包容性、减少漏损和腐败，使补贴计划合理化，改善税收	唯一数字身份识别，金融包容、改革补贴和转移支付，增强支付和互用性	超过 11 亿人参与。截至 2017 年 3 月有 2.8 亿个账户；液化石油气补贴，包括全面改革；各邦推出补贴和支付改革	2.5 年间节省 70 亿美元
墨西哥	2007~2013 年且仍在进行	现代公共财政管理透明度，成本节约，金融包容性	单一国库账户，数字支付，实现金融包容性的措施	目前通过单一国库账户支付和联邦一级实现数字化	每年 12.7 亿美元
爱沙尼亚	2001 年至今	高效的政府，经济包容性，私营经济的数字平台	唯一的通用身份识别，X-Road：数字化的数据框架和监管制度	X-Road 为所有人提供独特的实际身份认证。连接了 170 个公共部门和 1571 个私人服务数据库，报税的 98% 实现数字化	通过电子签名各省省了 820 年的工作时间和GDP 的 2%
加纳	2008 年至今	金融包容性，消除身份重复数据，通过 e-Zwich 支付公共工资	e-Zwich 智能卡系统，消除身份重复数据，通过 e-Zwich 支付公共部门工资	增加 e-Zwich 的支付使用，所应用的领域减少了 40% 的公共部门工资支付	单此一项应用每年节省了 3500 万美元

资料来源：作者汇编。

国库账户的长期发展和支付数字化，开始为平行开发，后来为协调开发，显著提高了效率，现在两者都有助于实现包容性目标。爱沙尼亚的基础设施数字化显著有益于政府的有效性。加纳数字识别标准化、摆脱现金经济的努力仍然面临挑战，但公共部门工资单上的"幽灵员工"现象在上述过程中已基本被消除。

总体而言，这些案例（代表了四大洲）说明了各国在协调 PFM 和数字化方面存在许多共同挑战。但表 12.2 中列举的估计节约数额仍然是有指向性的，因为它们并非始终基于严格的分析并且不具有可比性。为揭示数字化对经济的影响，需要在发展中经济体的范围内进行更加严格的比较研究。

印度

2009 年，印度成立了印度唯一身份识别机构，其任务是向每个居民发放一个唯一的识别号码 Aadhaar。Aadhaar 与数字支付一起作为一个雄心勃勃的项目的一部分被引入，即将国家转向包容性数字经济，最初的重点是改革和使大量的补贴和支付计划合理化。这些补贴和支付计划每年共占约 600 亿美元的公共支出，研究显示，许多计划存在巨大的漏损和偏离。这一战略是将补贴和福利与已识别的个人联系起来，并通过财政账户支付所有福利，然后提供额外的金融服务，如储蓄和保险，使这些账户具有可用性。

到 2017 年初，该计划参与人数已超过 11 亿人，在很大程度上达成了目标。该计划现在几乎包括了所有成年人，正在向儿童扩展。Aadhaar 依靠数字技术和生物识别技术来唯一地识别人员并使他们能够对交易进行身份验证，是世界上最大的身份管理计划。

为了实现这一目标，将 Pradhan Mantri Jan Dhan Yojana（PMJDY）计划下的财务账户 ① （取 Jan 的首字母 J）、Aadhaar（取首字母 A）和手

---

① 　有关更多信息，请访问 Pradhan Mantri Jan Dhan Yojana 网站，https：//pmjdy.gov.in/。

机号码（取首字母 M）连接起来，构成 JAM 策略。数字身份认证和支付以多种方式结合在一起。

首先，数字化的 KYC（Know-Your-Customer，了解你的客户）流程大大降低了获得新银行客户的成本，并在 2017 年 3 月之前开通了约 2.8 亿个 Jan Dhan 账户，用于接收数字化的转账。数字化的 KYC 还有助于移动银行业务的扩展和新支付银行的创立，这是提高支付基础设施密度的重要一步。

其次，通过 Aadhaar 支付桥梁 G2P，可以简便地向任何已识别身份的个人付款，而无须输入他或她的账户的详细信息。

最后，进一步地，支持 Aadhaar 的支付服务使得与 Aadhaar 号码或相关手机号码相关联的任何两个账户之间进行无缝 P2P 数字支付成为可能，即使这两个账户开设在不同的银行。

目前该数字系统的适用范围仍有争议，并且在最高法院面临着若干挑战，部分原因在于 Aadhaar 的引入方式 ——作为自愿凭证或认证服务。但其用途正在向 PFM 相关的其他领域扩展，最近一次是为了加强税收管理。例如，2017 年 4 月，所有税务申报都必须附有 Aadhaar 号码（如果该人没有 Aadhaar 号码，则并不强制其取得该号码），并且正在采取进一步措施将 Aadhaar 整合进资产登记。这将使得建立一个完整的个人经济概要成为可能，以帮助识别选择不申报的潜在纳税人。

数字化项目的一个特别有趣的特点是它是如何推出的。虽然 Aadhaar 本身及其相关的 Aadhaar 支付桥梁和支持 Aadhaar 的支付服务是综合技术项目，但各个邦甚至一些区都可以自由地采用它，并将技术应用于其已确定的问题和优先事项。改革在一些领域正在迅速发展，但在其他领域则更缓慢，并且可能涉及大量实验和实施创新。在最先进的邦，改革已经持续了五年或更长时间；在最欠发达的邦，改革几乎没有开始。由于印度第十四届财政委员会的奖励，随着更多的税收收入下放到各邦，各邦可自由支配的支出权正在增加，邦内也存在激励。①

———————————

① 有关更多信息，请参阅 http：//indiabudget.nic.in/es2014-15/echapvol1-10.pdf。

通过加强社会计划的管理来节省资金的邦将拥有可用于其他目标的资源。安得拉邦克里希纳区也许提供了这类改革的最先进的例子。补贴、福利和养老金制度已经数字化，通过广泛的公平价格商店（Fair Price Shops）系统提供的补贴商品的供应链也已经数字化，这样可以实时监控通过该系统实现的支付和补贴。

支付和补贴配给的付款可以在总体层面由城镇、个别银行或"公平价格商店"进行监控，并且更进一步甚至可以按受益人个人进行监控，为每笔交易创建完整的审计踪迹。店主无法再挪用无人认领的产品以谋取私利；系统可协调存量和流量，以确保其能够用在下个月的分配中。

克里希纳区还提供了改造和创新的例子，例如，通过便携式天线和双重用户识别模块（通常被称为 SIM 卡），改善移动 POS 机（有时称为移动 ATM，尽管它们具有多种功能）的连接性。

290

克里希纳和其他地区也为如何解决从先前制度中受益的既得利益集团对改革的反对提供了经验教训，包括提供支付、补贴和服务的第一线实体，这些实体不再能够为了自己的利益而挪用公共支出。在某些情况下，可以通过增加服务利润来进行收买——如果利润没有设定在合理的水平，他们就没有动力实施转移。在另一些情况下，可以通过与希望在新系统下提供服务的竞争者签订新合同来绕过它们。

与 FMIS 一样，实施涉及的不仅仅是技术，还需要愿景、明确的目标和持续的承诺。

在印度应用这些系统的另一个例子是在燃料补贴领域。出于公平的原则，以及为了向家庭提供价格波动缓冲和减少森林砍伐，印度长期以来一直向家庭提供受补贴的燃料。相对于煤油，液化石油气（LPG）是一种受欢迎的清洁燃料。在改革的第一阶段，Pratyaksh Hanstantrit Labh 计划改变对 LPG 烹饪气瓶的补贴形式，将其直接转入受益人家庭的金融账户，每年最多 12 个气瓶。这样允许了由市场力量设定气瓶的定价，而不是反映受补贴的价格。众所周知，改革已经淘汰了大量重复和虚假的关系，并减少了向非补贴商业用户的转移。改革第二阶段涉及向更多的家庭大规模推出 LPG 计划（Pradhan Mantri Ujjwala Yojana，简称 Ujjwala 计划）。①

　　在各种通过这些数字系统实现的财政节约的估算中，2017 年 3 月，通信和信息技术部给出了在过去两年半的时间里节省了 4900 亿卢比（约合 70 亿美元）的数据。这一估计的细节依据尚未公布，而且很可能是偏乐观的，但即使是这样的节省中的一小部分也将代表数字技术投资的巨大回报。②

　　然而，有几个因素使储蓄估计复杂化，包括难以将反事实具体化，以及储蓄应事前考虑还是事后考虑。例如，液化石油气改革的节约在很大程度上取决于单位补贴，而补贴额随着改革推进时发生的世界能源价格下跌而急剧减少。但是，能源市场是不可预测的，而且改革已经建立了一个能够更好地帮助政府应对未来价格冲击的体系。

　　另一个复杂因素是，改革的目的不仅仅是削减补贴，更是加强该计划的管理，以便在印度各地推广。随着该计划的推出，补贴按比例增加，但慢于没有消除虚假联系时的情况。使用统一身份认证还可以使以前收到过煤油补贴的家庭在提供 LPG 连接时从列表中被剔除。与通过控制价格提供补贴而不是直接转入已识别的金融账户的反事实相比，产生了进一步的节约。

　　当然，公共部门的节约并不是对于成功数字化的唯一测度。同样重要的是改革是否改善了提供的服务。对许多项目来说，这仍然是一个悬而未决的问题。特别是在一开始，一些受益者可能会因新系统投入使用而感到不方便。但潜在收益的存在是毫无疑问的。

　　一项严格的研究评估了采用生物识别支付基础设施（称为智能卡）对全国农村就业保障计划（NREGS）和社会保障养老金（SSP）项目的影响。通过为超过 158 个分区的 1900 万人推出智能卡，一项大规模的随机

291

---

①　Ujjwala 计划是 2016 年印度总理纳伦德拉·莫迪（Narendra Modi）推出的一项计划，旨在使更多贫困和农村家庭能够使用液化石油气——一种清洁的烹饪燃料。

②　Aadhaar 系统首批十余亿注册的成本约为每人 1.16 美元。总体成本预计约为 20 亿美元。有关成本和收益的更多讨论，请参阅 Gelb 和 Diofasi（2017）。

对照试验得以开展。新系统提供了更快、更可预测且腐败更少的 NREGS 支付流程，而不会影响项目的可参与性。对于每一个结果，处理组的一阶随机分布主导着对照组的分布。这项投资是具有成本效益的，因为仅仅是 NREGS 受益人节省的时间就等于干预成本。NREGS 和 SSP 项目中政府与受益人之间的资金漏损也大大减少。绝大多数受益人更喜欢这两个项目的新系统（Muralidharan，Niehaus and Sukhtankar，2014）。

墨西哥 [①]

墨西哥清楚地说明将 PFM 现代化与政府支付数字化相结合以提高效率和金融包容性的好处。2013 年墨西哥政府的国家数字战略，即数字墨西哥，由总统倡导，是 2013~2018 年国家发展计划的一部分。其中包括"通过公共支出的民主化来鼓励数字服务的创新"和金融包容性的承诺。这一战略反映了 15 年来历届总统通过单一国库账户实现中央集权、将政府收入和支出数字化作为建立现代 PFM 体系的一部分的努力，以及最近政府对金融包容性的关注。[②]

292

在 2013 年战略之前，墨西哥对金融包容性的承诺一直处于同步的轨道上。2007~2012 年，国家发展计划特别提到了长期计划是增加能够获得金融服务的人员和企业的数量并保证这些增量。2007 年，墨西哥议会发布了新的"金融服务透明法"，该法律为金融机构收费、报表披露原则以及银行提供基本储蓄产品的义务制定了更加精确透明的标准。2008 年，墨西哥议会批准了"银行法"的改革，允许使用非金融实体作为银行代理人（Goodwin-Groen，2010）。2011 年 9 月的总统令设立了全国金融包容理事会。

[①] 本节摘自 Babatz（2013）。

[②] 1997 年，Ernesto Zedillo 总统授权联邦政府的所有部委与财政部合作实施 Sistema Integral de Administración Financiera Federal。这是为高效的单一国库账户开发 IT 基础架构和重塑业务流程过程的起始。2007 年，总统 Felipe Calderon 和财政部部长 Gina Casar 在中央银行行长 Agustín Carstens 的支持下将单一国库账户纳入法律。2010 年，总预算法令要求所有政府部门转向集中电子支付。这是第一次将"促进受益人对电子支付的使用和银行化"，即金融包容性作为开发现代 PFM 体系的目标之一。

然后，作为 2011 年 G20 的主席，墨西哥领导了关于金融包容性的《玛雅宣言》。这一切都促使总统在 2016 年启动了全国金融包容性政策，该政策明确承诺通过促进使用电子支付以提高效率来合并这两个议程。

墨西哥的经验明确指出了在 2013 年之后结合在一起的数字化与 PFM 之间的协同作用。它还表明了高层一致背书和支持的作用以及跨机构协调的必要性。在技术层面，这一转变是由墨西哥财政部（the Mexican Federal Treasury）内的一批核心高级技术公务员与中央银行等其他主要机构合作设计和支持的。如果没有这样的技术能力，该过程的复杂性很可能导致其陷入停滞。[①] 总的来说，据估计，墨西哥政府每年至少节省了 12.7 亿美元，占其工资、养老金和社会转移支付总支出的 3.3%。这些测算背后的方法和假设在 Babatz（2013）中有详细描述 [②]，但这仍然是估计值，因此应将其理解为指向性的，而不是明确的结果。尽管如此，这一节约的数量级仍难以忽视。

爱沙尼亚

近 20 年来，爱沙尼亚一直把整个政府的数字化作为优先事项考虑。正如 Lindpere（2017）所指出的那样，其目标是让所有公民进入国家数字经济，以实现经济的全部成本效益。与拥有广泛历史遗留体系的其他国家不同，作为一个新独立的国家，爱沙尼亚能够以非常全面的方式向数字经济过渡。

其中一个重要的步骤是在 2001 年创建 X-Road，这是一个数据交换层，可以在信息系统之间实现基于互联网的安全数据交换。公共和私营部门的企业和机构都可以免费将其信息系统与 X-Road 连接起来。这是

293

---

① 例如，2011 年的总统令不可能使转变在一夜之间强制完成，但它与高层拥护者的持续压力都是关键的动力。

② Babatz（2013）的成本节约估算，计算了工资、养老金和转移计划，使用了三项数据假设：无须在支付前存入资金所赚取的利息（浮动部分的成本）、通过不向银行支付费用以进行转移支付而节省的费用，以及由未经授权或不正确的支付造成的损失所带来的节省。

政府主办的共享基础设施，通过让它们可以利用现有的基础设施进行数据交换，公共和私营机构更容易共同创新并节约资源（Janis and Shah，2016）。[①] 另一个重要步骤是创建一个先进的数字身份识别系统，使公民可以为数字交易进行身份验证。爱沙尼亚的系统是世界上发展最快的系统，不仅可以进行身份验证，还可以通过数字方式远程签署文档。目前，130 万公民中有 110 万人拥有电子或数字身份证（Margetts and Naumann，2017）。

在爱沙尼亚实现整个 PFM 体系现代化的情况下，这项举措的成本效益数据[②] 令人信服，即使并非所有估算都是对完全具体的反事实进行严格分析的结果。通过消除当面交互的必要性，X-Road 估计其在 2016 年节省了相当于 820 年的工作时间（Government of Estonia，2017）。[③]

数字纳税申报统计数据也使爱沙尼亚与众不同。2016 年，超过 98% 的报税表来自爱沙尼亚税务及海关总署通过 X-Road 设立的电子税务系统（Margetts and Naumann，2017）。X-Road 通过将雇佣税记录与每个公民的税务记录联系起来，实现了数字化的所得税申报系统。

加纳

加纳提供了一个使用数字支付来消除"幽灵员工"的例子。尽管多年来加纳一直致力于实施公共部门改革，该国长期以来一直在努力控制经常性支出，与收入水平相当的国家相比，这一支出相对于 GDP 而言较高。

---

① 截至 2017 年 5 月，X-Road 已连接 170 个公共部门数据库，提供 1571 项公共和私人服务，所有服务均基于每个公民的标准化强制性数字身份识别。X-Road 每天收到超过 100 万个请求，并在 2016 年处理了超过 5 亿笔交易（Government of Estonia，2017）。

② 自 1991 年恢复独立以来，爱沙尼亚一直是并且仍然是 PFM 体系改革的领跑者。从早期采用以成果为导向的预算编制到权责发生制会计，以及最近的权责发生制预算，改革受到有效的财政和预算执行系统以及高度透明和可归责性的支持。

③ 假设每次向 X-Road 提出的请求都可节省 15 分钟的官员时间，而通过 X-Road 提交的请求中有 5% 涉及人与人之间的沟通，使用电子服务在上一年帮助节省了 7182262 个工作小时（Government of Estonia，2017）。这些显然是简化的假设，但它们有力地证明了节约的程度。

冗员问题长期存在，尤其公共部门的工资和福利问题一直是个挑战，占 GDP 的比重超过 9%。加纳的另一个 PFM 挑战是整个经济体中基于现金的支付是主流，削弱了税收管理，从而减少了税收。

正如 Breckenridge（2010）所解释的那样，加纳的 E-Zwich 支付系统——"世界上第一个生物识别货币"借鉴了南非开发的技术，使之在即使没有完全可靠连接的情况下，也可以向数字支付过渡。它还旨在将金融包容性扩展到那些不识字且不太能够处理个人识别码（PIN）来管理交易的人。

E-Zwich 系统在注册期间采集客户的指纹，删除其中的重复数据，并将模板存储在智能卡上。例如，在配备生物识别读卡器的 ATM 上的每笔取款，都将根据存储在其卡上的模板检查持卡人的指纹。系统可以脱机工作，并在连接可用时将卡余额与基础账户的余额进行对账。为了确保可审计的踪迹，ATM 记录卡片上的最后 10 个交易，而卡片记录 ATM 上的最后 10 个交易。

预计 E-Zwich 系统将服务于两个关键的 PFM 目标。首先，它通过将所有工资支付合并到一个单一的无重复数据系统①中来厘清政府工资单。它将即时标记多重付款，因为属于单一个人的不同账户将全部映射到同一身份标识。其次，由于它最初是针对大型雇主，并在整个经济体中推行的，预计将通过确保更多员工的工资和薪水支付到数字账户中来加强税务管理。

E-Zwich 的结果喜忧参半。虽然近年来增长较快，但其增长速度比预期增长慢。因为它增加了针对支付公共项目的受益人的使用量，其交易量从 2014 年的 220 万笔增加到 2016 年的 530 万笔（Citifmonline，2017）。但正如 IMF（2016）所指出的那样，使用 E-Zwich 支付所有公共工资的计划遭到了反对，特别是来自加纳的公共部门工会。它认为该

---

① 无重复数据系统是指统计上身份具有唯一性的系统，在这个意义上，任何个体具有两个或更多不同身份的概率极小。通过多模态生物识别技术，即使对于非常大的人群，也可以进行去重。

系统会增加额外成本并给收款人带来不便，因为该系统还没有足够密集的服务网点。

从事后回顾来看，最好将唯一身份识别系统与特定的金融技术分开，这是印度采取的方法。尽管如此，据报道，一份针对加纳遭受丑闻困扰的国家服务体系（National Service System）的申请，发现了 35000 名虚构雇员，几乎是 75000 名原始工资单上的一半，可能为加纳政府每年节省 3500 万美元。[①] 相对于 35 亿美元的公共部门工资单，这只是小小的收获，但它代表了对 E-Zwich 项目初始投资的超高回报率。[②]

数字化挑战：我们可以学到什么，我们从这里去向何处

PFM 的传统方法尚未从细节上关注支付的数字化，特别是对政府外部的实体。但是，如案例研究所述，使用数字支付和唯一身份识别技术解决的问题与公共财政的健全管理高度相关。事实上，关于政府外部支付的大多数问题基本上与政府内部支付相同，居于职能性 PFM 体系的核心（如"支付数字化意味着什么？"一节所述）。

• 支付是否安全、及时并以合理的行政成本交割？

• 是否存在"幽灵员工"、漏损或腐败的严重问题？

• 当资源通过银行或其他中介机构流向最终接收者时，政府能否实时"跟踪资金"？是否有可审计的踪迹？

此外，人们还需要考虑数字支付在帮助摆脱现金经济方面的更广泛的作用，现金经济大部分仍在税务网络之外。

四个案例研究，即爱沙尼亚、加纳、印度和墨西哥提出了各种方法来

[①]　B&FT Online. 2016. "E-Zwich Helps Flush Out 35000 Ghost Names from Payroll ... Saves Gov't GH？146m." April 21,2016.

[②]　系统提供商 Net-1 收取 2000 万美元的前期费用加上每张卡 3 美元的费用。广泛覆盖的话，整个加纳大约有 700 万张卡，需要支付 4100 万美元（Gelb and Clark，2013）。这当然没有包括建立该系统的所有成本，但它具有指向性的意义。

开发能够满足这些政策目标的功能性 PFM。

通过整合支付服务和实现数字化，墨西哥旨在使支付合理化并提高效率。

在爱沙尼亚，数字化远远超出了支付的范畴，几乎涵盖了所有政府与公民接触的职能。应再次强调的是，其目标是以较低的成本进行有效和包容性的管理。

印度的数字化转型是由多重目标驱动的，但首要目标是通过消除漏损和冗余来提高其大量存在的补贴、转移支付和计划的效率，以及生成可审计的踪迹。金融包容性也是一个重点。通过更广泛地促进数字支付来改善税收管理正在成为下一个优先事项。

加纳的项目虽然范围有限，但也有类似的目标，首先是通过将支付渠道转移到生物识别账户来弥补其公共部门工资单的管理缺陷。在金融包容性的基础上，下一阶段的重点是扩大税收网络，使之包括所有正规的工资和薪金。

这种向数字支付和更广泛的数字经济的转变在某种程度上是随着新技术的采用而自然发生的，但往往远远不够快速和全面，特别是在潜在利益最大的国家。如前所述，该转变还需避免常见错误，并从近来对政府内部引入大型计算机化计划的尝试的回顾中吸取教训。

此外，案例研究在很大程度上证实了高层领导的必要性，这是一种综合全面的进行数字化和 PFM 的方法，前者将成为后者的组成部分，并有利于理解风险和挑战。下面将简要讨论这些关键的成功因素。

高级别领导者

只有通过高级别、可持续的政治和技术领导者整合这些议程并借鉴国际专家的议程对其进行支持才能取得成功。正如墨西哥和爱沙尼亚的案例所说明的，这些改革需要时间。此外，正如印度的案例所展现的，高级别政治和技术领导者需要处理不可避免的各种问题，包括需要中和那些以前制度的受益者的反对。如果没有政治意愿，技术本身就是无效的。加纳无

296

法在公共部门更广泛地应用其数字支付系统正说明了这一点。印度的方式表明，与简单地安装新的计算机系统或支付基础设施相比，这些改革需要更多的东西。改革更多是制定有效使用数字支付的战略，这需要自上而下的观点和广泛的参考框架。数字化主要是在地方层面推动的，从而激励了更多财政收入分配给地方。

上述案例面临着不同的问题和优先事项，但在制定数字战略的各个方面时，也考虑到了更具体和更广泛的 PFM 目标。

综合全面的方法

建立一个全面的数字和监管基础设施非常重要，这将允许对 PFM 采取包容性的方式。上述每个例子都提供了令人信服的证据，无论是 X-Road、E-Zwich 还是 India Stack。值得注意的是，政府支付的数字化，如墨西哥和印度，只是整个经济向数字（非现金）支付更广泛过渡的一个阶段。然而，这是一个关键的阶段，因为其经常会构建和维持更广泛的 P2P 数字支付所需的第一轮基础设施，包括 POS 机和现收现付设施。政府支付数字化还可以增加人们对数字系统的熟悉程度，方式包括为金融系统的新客户开设大量账户。在最初的几年，其中许多账户不会用于接收政府付款以外的目的，但这种情况会慢慢改变。

然而，因果关系不是单向的。反过来说，更广泛的 P2P 数字化对最初的 G2P 阶段加以补充，以开始构建数字生态系统。它减少了将支付款和转账立即兑现的需要，并降低了对现收现付设施的依赖。它还提高了整个经济体支付和交易的透明度，以进一步改善税收管理。这样在决定通过废除大面额钞票和其他措施积极地减弱现金在经济中的作用时，数字基础设施可以处于准备就绪的状态（见第 11 章对印度去货币化的讨论）。

第一个监管方面的优先事项是鼓励普遍互联互通的电信管理体制。即使移动设备的数量惊人地增加，现在地球上几乎不分男女儿童人手一个，但贫穷国家人口密度较低的地区依然缺乏基本的连接，而且许多国家的大容量宽带互联网仍然非常昂贵。

　　第二个监管方面的必要条件是为金融服务提供者提供公平的竞争环境，鼓励进入和竞争并促进其将低收入客户纳入范围。例如，各国应采用基于风险的方法来进行 KYC（了解你的客户），使要求渐进化，从而使为低收入客户提供基本服务的小账户面临严格程度较低的客户尽职调查要求。①

　　互用性应该成为另一个重点，以协商和低交换费用实现跨提供商付款。建立这样一个相当于受到监管的公用事业有利有弊。一个例子是印度的统一支付接口，这是由印度国家支付公司发起并由印度储备银行监管的支付系统，它促进了移动平台所有用户之间的即时资金转移。互用性还有助于确保存在足够密集的金融代理网络，以实现方便的现收现付交易和提供其他服务。②

　　基于这些例子，唯一身份标识是运行良好的数字支付系统的另一个先决条件。如果没有集中式数据库来验证身份，那么很难建立一个强健的数字支付生态系统。

　　例如，在加纳，98%的人称至少有一种形式的 ID，但全国的市场参与者都在与各种形式的身份识别和身份数据库纠缠。由于政府和公共实体使用了 9 个独立的生物识别数据库，所以难以有效地进行 KYC 工作。要验证 ID 的形式或当前账户的持有者，公司必须能够访问相应的数据库。然而，加纳缺乏国家层面的集中的身份识别方法和数据库，导致其包容性数字支付生态系统的发展受到阻碍（Janis and Shah，2016）。

　　实际上，这样一个系统可以通过许多方式使 PFM 受益，并且令人惊讶的是，政府有时会支持多样化的、不可互用的且成本高昂的身份识别系统，而非专注于公民登记和国家身份认证的核心系统。

298

---

① 　有关可改善金融包容性的金融监管的进一步讨论，请参阅 Center for Global Development（2016）和 GPFI（2016b）。

② 　对于访问另一个网络的代理来说，允许合理的交换费是合乎逻辑的，因为这涉及提供真实（非虚拟）的服务。

对风险的认识

向数字化经济的转变也给公民和政府系统带来了风险。对于公民而言，数字交易和互动与具有匿名性的现金形成的鲜明对比，可能会延伸到个人生活的方方面面。Better than Cash 的"负责任的数字支付指南（2016）"记载了 8 项数字支付的良好实践，遵循这些实践将大幅降低对公民的风险。例如，保护客户数据的 7 项准则对 G2P 支付不成问题，但它是更广泛的支付生态系统需要考虑的因素。谁在哪个商店买了什么，都将被记录下来并转化为具有相当大商业价值的数据。

各国需要采取措施确保这些数据的安全防护，并确保不断增长的数字信息云不会过度侵犯公民的隐私或政府机密信息的隐私，因为二者都与数字经济密切相关。这提出了远超本章范围的法律和监管问题，但因为只有大约一半的发展中国家有数据隐私法，所以有必要对其加以强调。现在，对于所有此类系统而言，数字安防持续升级已成为必要条件，对于有资质的内部专家的重要性再怎么强调也不为过。

未来工作的方向

来自爱沙尼亚、加纳、印度和墨西哥的这些案例的局限性凸显了对于更严格、更可比研究的迫切需要，以对政府结合 PFM 和更广泛的包容性议程建立包容性数字经济的方式进行记载和系统化。其中，支付创新的速度更加凸显了稳健研究的重要性，研究应是具有实际意义的，而不是浮于表面的。

然而，或许更紧迫的是研究未将 PFM 与更广泛的政府数字化议程相联系的反事实，以及未以数字方式连接以 PFM 为基础的政府与公民之间日益复杂的关系的反事实。这些例子也强调了培养本国和国际 PFM 专家的必要性，以便将现代化职能性 PFM 置于政府更广泛的数字化和包容性议程的中心，并应对不断变化的风险。

这是对国际货币基金组织、世界银行、联合国以及活跃在该领域的双边资助者技能发展议程的行动呼吁。

299

结　论

目前，通往数字经济的火车离开了站台并且正在迅速前进。其目的地是一个更具包容性的社会，每个人都可以从更低的成本、更快的金融交易处理速度以及更高的政府服务效率中受益。

如果数字化成为现代职能性 PFM 的一个组成部分，并与更广泛的改革议程（如金融与社会包容或数字身份识别）相结合，则未来数字化可以更快地到来。在着手实施这些举措时，从管理风险的大型政府计算机化举措的记录中和数字服务领导者的经验中可以学到很多东西。

数字支付不是"银色子弹"。它将需要大量的知识资本和基础设施投资。但如果数字化议程与 PFM 并行，那么发生较大风险的可能性将会降低。本章介绍的来自爱沙尼亚、加纳、印度和墨西哥的案例是数字化与更传统的 PFM 目标整合方法的一部分及综合效益的具体例子。其主张是将支付数字化纳入职能性 PFM 体系的一个主流部分，这反过来又有助于实现 PFM 目标和更广泛的包容性议程。

参考文献

Allen, Richard, Richard Hemming, and Barry H. Potter. 2014. *The International Handbook of Public Financial Management*. New York: Palgrave Macmillan.

Andrews, Matt. 2013. *The Limits of Institutional Reform in Developing Countries: Changing Rules for Realistic Solutions*. Cambridge, M.A: Cambridge University Press.

Andrews, Matt, Marco Cangiano, Neil Cole, Paolo de Renzio, Philipp Krause, and Renaud Seligmann. 2014. "This Is PFM." CID Working Paper 285, Center for International Development, Harvard University, Cambridge, M.A.

Babatz, Guillermo. 2013. "Sustained Effort, Saving Billions: Lessons from the Mexican Government's Shift to Electronic Payments." Better Than Cash Alliance, New York.

Better Than Cash Alliance (BTCA). 2012. "The Journey Toward 'Cash Lite': Addressing Poverty, Saving Money and Increasing Transparency by Accelerating the Shift to Electronic Payments." New York.

——. 2016. "Responsible Digital Payments Guidelines." July 20.

Breckenridge, Keith. 2010. "The World's First Biometric Money: Ghana's E-Zwich and The Contemporary Influence of South African Biometrics." *Africa* 80 (4): 642–662.

Cangiano, Marco, Teresa Curristine, and Michel Lazare. 2013. *Public Financial Management and Its Emerging Architecture*. Washington, D.C.: International Monetary Fund.

Center for Global Development. 2015. "Unintended Consequences of Anti–Money Laundering Policies for Poor Countries." CGD Working Group Report, Center for Global Development, Washington, D.C.

——. 2016. "Financial Regulations for Improving Financial Inclusion." CGD Task Force Report, Center for Global Development, Washington, D.C.

Chang, Ha-Joon. 2006. "Understanding the Relationship between Institutions and Economic Development." WIDER Discussion Paper No. 2006/05, United Nations University World Institute for Development Economics Research, Helsinki.

Chang, Ha-Joon, Antonio Andreoni, and Ming Leong Kuan. 2013. "International Industrial Policy Experiences and the Lessons for the UK." Evidence Paper for the Government Office for Science, London.

Cirasino, Massimo, Hermnat Baijal, Jose Antonio, Garcia Garcia Luna, and Rahul Kitchlu. 2012. "General Guidelines for the Development of Government Payment Programs." World Bank Working Paper 96463, World Bank, Washington, D.C.

Citifmonline. 2017. "E-Zwich Patronage Grew by 140% in 2016." February 15.

Committee on Payments and Market Infrastructures (CPMI), and World Bank. 2015. "Payment Aspects of Financial Inclusion." Consultative Report, World Bank, Washington, D.C.

Dener, Cem, Joanna Watkins, and William Leslie Dorotinsky. 2011. "Financial Management Information Systems: 25 Years of World Bank Experience on What Works and What Doesn't." World Bank Study, World Bank, Washington, D.C.

Diamond, Jack, and Pokar Khemani. 2015. "Introducing Financial Management Information Systems in Developing Countries." IMF Working Paper 05/196, International Monetary Fund,

300

Washington, D.C.

Dorotinsky, W., and J. Watkins. 2013. "Government Financial Management Information Systems." In *The International Handbook of Public Financial Management*, edited by R. Allen, R. Hemming, and B. Potter. New York: Palgrave Macmillan.

Gelb, Alan, and Julia Clark. 2013. "Identification for Development: The Biometrics Revolution." Center for Global Development Working Paper 315, Center for Global Development, Washington, D.C.

Gelb, Alan, and Caroline Decker. 2012. "Cash at Your Fingertips: Biometric Technology for Transfers in Developing Countries." *Review of Policy Research* 29 (1): 91–117.

Gelb, Alan, and Anna Diofasi. 2017. "Biometric Revolution: Towards Sustainable Development in the Digital Age." Center for Global Development, Washington, D.C.

G20 Global Partnership for Financial Inclusion (GPFI). 2016a. *Global Standard-Setting Bodies and Financial Inclusion: The Evolving Landscape*. Washington, D.C.: GFPI.

———. 2016b. "G20 High-Level Principles on Digital Financial Inclusion." Washington, D.C.: GFPI.

Goodwin-Groen, Ruth. 2010. "Innovative Financial Inclusion: Principles and Report on Innovative Financial Inclusion from the Access through Innovation Sub-Group of the G20 Financial Inclusion Experts Group." Consultative Group to Assist the Poor, Washington, D.C.

Government of Estonia. 2017. "X-Road. Republic of Estonia Information Systems Authority Facts about the X-Road."

Government of India. 2017. "Direct Benefit Transfer." Savings Report to the Prime Minister's Office. New Delhi.

GSMA. 2017. "GSMA Intelligence Data."

Hashim, Ali, and Moritz Piatti. 2016. "A Diagnostic Framework to Assess the Capacity of a Government's Financial Management Information System as a Budget Management Tool." IEG Working Paper, World Bank, Washington, D.C.

Independent Evaluation Group (IEG). 2016. "Project Performance Assessment Report: Malawi." Financial Management, Transparency, and Accountability Project. World Bank, Washington, D.C.

———. 2017. "A Review of Lessons in Reforming Financial Management Information Systems." World Bank, Washington, D.C.

International Monetary Fund（IMF）. 2016. "Ghana: Third Review under the Extended Credit Facility Arrangement." Country Report 16/321, Washington, D.C.

Janis, William, and Reeya Shah. 2016. "Accelerators to an Inclusive Digital Payments Ecosystem." Better Than Cash Alliance, New York.

Johnson, Susan. 2016. "Competing Visions of Financial Inclusion in Kenya: The Rift Revealed by Mobile Money Transfer." *Canadian Journal of Development Studies* 37（1）: 83–100.

Khan, Abdul, and Mario Pessoa. 2010. "Conceptual Design: A Critical Element of a Government Financial Management Information System Project." IMF Technical Notes and Manuals 10, International Monetary Fund, Washington, D.C.

Klapper, Leora. 2014. *The Opportunities for Digitizing Payments: How Digitization of Payments, Transfers, and Remittances Contributes to the G20 Goals of Broad-Based Economic Growth, Financial Inclusion, and Women's Economic Empowerment.* Washington, D.C: World Bank.

Lindpere, Martin. 2017. "Summary of Estonia' s Digitization Revolution." Remarks at IMF 2017 Fiscal Forum: Digital Revolutions in Public Finance. April 22–23.

Malik, Tariq. 2014. "Technology in the Service of Development: The NADRA Story." Center for Global Development, Washington, D.C.

Margetts, Helen, and Andre Naumann. 2017. "Government as a Platform: What Can Estonia Show the World？" Research Paper, University of Oxford, Oxford.

Muralidharan, Karthik, Paul Niehaus, and Sandip Sukhtankar. 2014. "Payments Infrastructure and the Performance of Public Programs: Evidence from Biometric Smartcards in India." NBER Working Paper, National Bureau of Economic Research, Cambridge, M.A.

Organisation for Economic Co-operation and Development（OECD）. 2016. *Open Government Data Review of Mexico: Data Reuse for Public Sector Impact and Innovation.* Paris: OECD Publishing.

Overseas Development Institute（ODI）. 2016. "Cash Transfers: What Does the Evidence Say？" London.

Pillai, Rashmi. 2016. "Person to Government Payments: Lessons from Tanzania's Digitization Efforts." Case Study, Better Than Cash Alliance, New York.

Rogoff, Kenneth S. 2016. *The Curse of Cash.* Princeton, NJ: Princeton University Press.

Sahay, Ratna, Martin Čihák, Papa N' Diaye, Adolfo Barajas, Srobona Mitra, Annette Kyobe, Yen Nian Mooi, and Seyed Reza Yousefi. 2015. "Financial Inclusion: Can It Meet Multiple

Macroeconomic Goals？" IMF Staff Discussion Note 15/17, International Monetary Fund, Washington, D.C.

Sturge, Georgina. 2017. *Five Myths about Cash Transfers*. London: Overseas Development Institute.

Suri, Tavneet, and William Jack. 2017. "The Long-Run Poverty and Gender Impacts of Mobile Money." *Science* 354（6317）: 1288–1292.

Una, Gerardo, and Carlos Pimenta. 2016. "Integrated Financial Management Information Systems in Latin America: Strategic Aspects and Challenges." In *Public Financial Management in Latin America*, edited by Carlos Pimenta and Mario Pessoa. Washington, D.C: Inter-American Development Bank.

World Bank. 2015. *The State of Social Safety Nets*. Washington, D.C.

——. 2017. *World Development Indicators*. Washington, D.C.

第五部分

这一切价值几何

13 政府支付数字化在发展中经济体中的价值

苏珊·隆德　奥利维亚·怀特　杰森·兰姆

2009年，令阿富汗警察感到惊讶的是，当政府开始以数字方式通过手机而不是现金发放工资时，付款方式并没有成为问题。相反，打进电子银行账户的存款比以往任何时候都要多得多。有些警察认为出了问题，另一些人认为这是意外加薪。

真正令人惊讶的事情是，这是警察们首次收到全部的工资。新的数字交付阻止了那些经常侵吞他们办公室所经手的现金工资的高级官员和职员，这些钱占到一些官员收入的30%（USAID，2014）。政府薪酬发放人员同样惊讶地发现，该国警察部队中有多达10%的人是由"幽灵警察"——仅仅是为了让腐败官员收到他们没有赚到的钱而并不存在的实体组成的（World Economic Forum，2014）。

这个故事说明了发展中国家的政府利用数字支付来修补漏洞百出的支付系统的潜力。在进入政府账户的过程中也会出现资金流失，因为税收人员接受贿赂以低估欠款或从企业和个人的付款中进行侵吞。数字交易使欺诈行为变得复杂，并消除了政府支出和收入的漏损。本章量化了政府支付交易从现金方式转向数字方式时带来的潜在价值。这一分析发现，数字化发展中国家的政府支付可以节省GDP的0.8%~1.1%，相当于2200亿~3200亿美元。[①] 这相当于所有政府支付交易额的1.5%，并且超过了

---

① 本章以McKinsey Global Institute（2016a）的研究为基础。因为作者使用了2015年的最新数据，并扩大了分析范围，使之包括减少欺诈和支付处理以及政府间交易方面的节省，故本章结果大于该报告中的结果。

2015 年给新兴市场经济体的全部官方发展援助。

306　　　此外，这一计算可能低估了所涉及的实际价值，因为我们没有尝试去测算其中可观的间接利益。在上述总额中，大约相当于 GDP 的 0.5%（1050 亿 ~1550 亿美元）将直接累积给政府并增加财政余额，而因为政府支出达成了既定目标，剩余部分则将使个人和企业受益。

　　这些数字并不是一个预测，因为获取价值取决于政府内部的前期投资和运营变化。不完整的数据妨碍了分析，因而我们提出了一系列关于潜在价值的估计。尽管如此，本章利用现有的最佳数据，首次对政府支付数字化的潜在好处进行全面的跨国评估。在权衡信息技术和硬件所需的成本时，了解这些优势的潜在重要性非常重要。

　　本章首先着眼于发展中国家政府支付的现金和数字支付程度。它包括不同收入水平和地理位置的七个国家：巴西、中国、印度、印度尼西亚、墨西哥、尼日利亚和南非。然后详细介绍了计算向政府支付数字化付款的潜在价值的方法。后续部分描述了所使用的数据，提供了计算结果，并讨论了计算中未包括的其他潜在好处。结论讨论了计算的局限性，并揭示了对未来研究的看法。

现金在发展中国家的政府支出和收入中很常见

　　在发展中国家，无论是通过笔数还是交易额来衡量，在个人和企业以及政府实体之间进行的大部分政府支付交易都以现金或支票的形式进行。数字支付，包括直接在金融账户之间通过清算所自动转账，以及通过信用卡和借记卡、电汇交易、移动货币交易和其他非现金支付，在许多国家所占份额仍然很小（见图 13.1）。例如，在尼日利亚和印度尼西亚，2015 年只有 20% ~25% 的政府支出支付和 10% ~15% 的税收通过数字渠道进行。① 在巴西、中国和墨西哥，政府对数字支付的使用更为

---

①　此处的分析包括在数据可得范围内所有级别的政府——中央、州或省，以及地方。

先进。在南非，数字支付在政府交易中的份额已经达到了发达经济体水平。

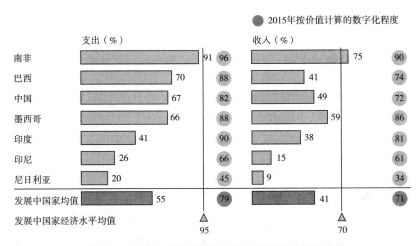

图 13.1 发展中经济体有很大机会将政府支付数字化

注：图中数字为在政府支付中的份额，笔数为除现金、支票和基于纸质媒介的交易总数。金额为除现金和支票价值的总额。不包括 G2G 交易。图中发达国家均值数据为基于 20 个发达经济体数据的加权平均。

资料来源：麦肯锡全球研究院和麦肯锡全球支付地图。

当我们按价值而不是按笔数衡量政府支付时，数字交易的份额会显著增加。这并不奇怪，因为最主要的支付，特别是政府和企业之间以及不同政府部门之间的支付已经实现数字化。图 13.1 中，圆圈中的数字列显示了按价值衡量目前已经数字化的支付的份额。例如，在尼日利亚，按价值衡量时，大约一半的政府支出是用数字支付进行交易，尽管按笔数衡量只有20％的交易是数字化的。同样，在 2015 年估计有 34％的税收收入是通过数字支付征收的，而只有 9％的交易笔数是数字化的。平均而言，按价值衡量，2015 年图中所示的 7 个发展中国家政府支出的 79％和税收收入的71％是数字化的。

虽然世界各国政府已开始将其支付转移到数字渠道，但仍有进一步数字化的余地。这并不奇怪，因为许多发达经济体仅在过去十年才对政府交易广泛使用数字支付。例如，在美国，联邦政府在 2013 年完全取消了对社会保障受益人，即退伍军人福利和其他联邦援助的纸质支票。在西班牙和意大利，按价值衡量，分别有 8% 和 7% 的政府支出仍以现金或支票形式进行。

计算政府数字化收支带来的价值的方法

308 　　数字支付有望堵住政府各种支出和收入"漏洞"。例如，现金工资只会使某些职员、老板和其他人在雇员收到工资之前进行侵吞，社会保障和养老金福利以及对供应商的付款也是如此。收入流也容易发生漏损：增值税可以通过现金形式收取，但从不向政府汇报。在到达政府之前，所得税和现金支付的费用也可能被盗走。除了堵住这些漏洞之外，从手动处理现金支付转向数字处理可以带来显著的运营收益。在这一分析中，我们试图衡量数字化政府支出和税收收入能够产生的全部收益。

衡量价值的框架

　　政府收支的支付方式从现金转为数字化主要产生了三种好处：减少漏损、减少欺诈性付款和逃税，以及降低政府内部支付处理的成本。表 13.1 描述了三种价值来源：政府支出、政府收入和不同政府组织间的支付。来自世界各地的许多研究提供了对这些影响的大小的估计以及通过数字化支付获得的价值。本章研究介绍了其中的一些工作。

减少政府支付和税收收入的漏损

　　以现金支付工人、养老金领取者、供应商和居民社会计划的系统很容易因为腐败而遭受损失。除了贪污之外，风险还包括抢劫和单纯的放错货币。电子支付转账大大降低了官员侵吞资金或用户支付贿赂的风险。这种漏损的代价可能非常高。印度的研究人员利用一项随机对照试验发现，在将全国农村就业保障计划中工人的工资支付数字化后，平均而言，安得拉邦的漏损率从 30.7% 下降到 18.5%（Muralidharan, Niehaus and Sukhtankar, 2016）。

在科特迪瓦，在该国 2011 年内战之后，学费几乎全部以现金支付，并受到贿赂、盗窃和其他安全问题的严重影响，从而降低了教育系统的质量。2011~2014 年，国家技术教育部开始要求以数字方式支付学校费用，大多数家长使用移动钱包进行支付。2014 年，99% 的中学生以数字方式支付了学费，结果显著减轻了丢失付款、欺诈、盗窃以及管理现金的行政负担（Frydrych, Scharwatt and Vonthron, 2015）。

表 13.1 政府支付交易潜在储蓄的三大主要来源			
		潜在的节省来源		
		漏 损	欺诈和逃税	处理成本
支出	对公共部门雇员	• 政府财政人员侵吞或盗取工资	• 付给假冒或去世的员工的薪水	自动化支付可以节省后台成本（包括处理和运输、文书工作、发生错误和返工的全时工作量成本）
	对个人	• 政府财务人员侵吞或盗取补贴和养老金	• 给没有资格获得补贴或退休金的个人转移支付	
	对企业	• 政府财务人员侵吞或盗取补贴款或采购合同款	• 对于货物和服务的超额计费 • 对未开展的工作计费	
收入	从企业	• 税收人员或政府财务人员侵吞或盗取所得税	• 征收的增值税没有支付给政府 • 非正规经济中的逃税	
	从个人	• 税收人员或政府财务人员侵吞或盗取所得税	• 个人逃避所得税	
政府间支付	政府实体之间	• 公共部门机构和市政当局未获得全额转移支付 • 为公共物品和服务（例如公园、博物馆）支付的费用没有报告和转入预算	不适用	

资料来源：麦肯锡全球研究院。

2014 年暴发的埃博拉病毒暴露了塞拉利昂利用现金支付医疗保健工作者的缺点。一些紧急救援人员不得不离开病人好几天，走几英里从区域办

310　事处领取工资，有时发现有人在他们到达之前已经冒领了他们的现金。该国于 2014 年 12 月通过移动钱包引入电子支付，在疫情的最后 13 个月内为政府和医疗工作者节省了 1070 万美元（Bangura，2016）。

依靠现金及支票用于税费的支付往往同样麻烦，因为其中一些收入最终会落到税务官员自己的口袋里而不是国库中。在坦桑尼亚，当局试图通过打印收据簿并要求征税者记录每笔付款，并在收到另一本收据簿之前交付记录的金额来阻止税务人员的腐败行为。到 1995 年底，30% 的收据簿和 35% 的预期收入都丢失了（Fjeldstad and Semboja，2000）。通过数字支付而非现金来征税可以消除这种漏损，从而提高政府收入。

减少欺诈性付款和逃税

欺诈是政府支付的第二个问题，包括支付假冒的或已故雇员的工资、为供应商和承包商并未进行的工作付款，以及其他欺诈性付款。在津巴布韦，2011 年估计中央政府工资名单上有 40% 的假冒员工（BBC，2011a）。在洪都拉斯，近 1/4 的教师工资流向所谓的"幽灵员工"（World Bank，2010）。有时，在政府采取措施根除问题之前，问题的严重程度并未显露出来。例如，在博茨瓦纳，南非和印度安得拉邦采用生物识别技术从其福利名单中清除不存在的受益人后，受益人减少了 12% ~25%（Gelb and Decker，2012）。数字支付使政府审计人员能够更好地发现欺诈行为，因为此类支付可以生成其可以分析的数据踪迹。表 13.2 中的例子说明了问题的严重程度。

表 13.2　漏损和欺诈性付款可以将政府支付的一半转移给特定的个人群体	
类　别	例　子
对"幽灵员工"的欺诈性付款	津巴布韦中央政府工资总额的 40% 洪都拉斯教师的 23% 肯尼亚内罗毕市工资总额的 19% 印度全国农村就业保障计划的 18%（恰蒂斯加尔邦为 5%，北方邦为近 80%） 巴布亚新几内亚教师的 15% 阿富汗警察的 10% 加纳公务员的 10%

续表

类 别	例 子
政府间支付的漏损	乌干达学校非工资开支的 87% 赞比亚可选教育支出的 76% 乍得的区域卫生部门非工资经常性预算支出的 73% 坦桑尼亚恩戈罗保护区收入的 40% 肯尼亚卫生支出的 38% 巴西 8% 的市政支出
居民补贴的漏损	印度定向公共分配体系食品补贴的 58% 印度社会项目的 44% 印度安得拉邦全国农村雇员保障计划的 31% 印度 IAY（社会福利计划）中建设和翻新住房补贴的 25% ~50%

资料来源: Arze del Granado、Coady 和 Gillingham（2010）；Banerjee（2015）；BBC（2003，2011a）；Ghana Ministry of Finance（2012）；Government of India（2005）；McKinsey & Company（2010）；Price Waterhouse Coopers（1999）；Reinikka 和 Svensson（2004，2006）；World Bank（2004，2010）；World Economic Forum（2014）。

欺诈也发生在收入中，主要是通过逃税的形式。例如，未向税务部门报告的、以现金支付的零售销售收入和专业服务收费，未能收取或支付增值税或销售税的企业，以及少报其收入的个人。如字面定义，了解逃税的程度是困难的。如果公民使用信用卡或借记卡付款，或者企业主被要求通过电子方式记录现金销售，他们就会生成税务部门可以跟踪的数字踪迹。在这里的分析中，我们并不试图衡量逃税行为，一来是因为缺乏有关其程度的数据，二来是因为减少逃税需要整个经济体内的个人和企业进行数字化支付。

降低政府内部支付处理的成本

数字支付减轻了政府与现金相关的许多负担，从而可以节省大量资金。一旦数字支付基础设施到位，所有这些流程包括收集、计算、记录和运输现金所涉及的手动流程几乎可以实时进行并且边际成本为零。美国政府在 2013 年开始要求所有受助人以电子方式接收联邦福利金后，联邦福利金支付的成本降低了 90% 以上（US Department of Treasury，2011）。菲律宾通过 4Ps 社会福利计划（电子交易成本为 0.45 美元，而现金交易成

311

本为 0.96 美元）将支付数字化，每笔交易节省了 0.51 美元（Zimmerman，Bohling and Parker，2014）。在海地，电子交易成本为 0.50 美元，政府从每笔 Ti Manman Cheri（TMC）社会救助计划交易中节省了 1.17 美元（Zimmerman，Bohling and Parker，2014）。

计算政府支付数字化潜在价值的方法论

以下公式计算了政府从现金支付转为数字支付的潜在价值：

$$V_{i,t} = \sum_k \left(PV_{i,k,t} \times c_{i,k,t}^v \times \rho_k + PN_{i,t} \times c_{i,k,t}^n \times \Phi \right)$$

其中，i 代表国家，t 代表年份，k 代表政府支付交易的类型。

312 　$V_{i,t}$ 是政府以及经济中的个人和企业通过数字化政府支付交易节省现金的总价值，包括防止漏损和欺诈以及降低支付处理成本。

等式中的第一个组成部分衡量了减少漏损和欺诈带来的潜在节约。

$PV_{i,k,t}$ 是第 t 年国家 i 的类型为 k 的政府支付交易的价值。

$c_{i,k,t}^v$ 是按价值计算的类型为 k 的政府支付交易中通过现金或支票进行的份额。

ρ_k 是针对类型为 k 的支付减少漏损和欺诈所节省的百分比。我们使用根据下面所讨论的文献中发现的实证估计来确定 ρ_k 的范围。

等式中的第二项通过从现金转向数字支付来衡量实现的处理成本减少量。

$PN_{i,t}$ 是第 t 年国家 i 的类型为 k 的政府支付交易笔数。

$c_{i,k,t}^n$ 是按笔数衡量的类型为 k 的政府支付交易中以现金或支票（即非数字）形式进行的份额。

Φ 是通过从现金转向数字化来提高处理效率时每笔交易节省的价值。我们使用在下面讨论到的其他研究中发现的实证估计来确定 Φ 的范围。我们假设 Φ 的取值对于所有支付类型都相同。

这一分析区分了五种类型的政府支付（在上面的等式中用 k 表示）：

G2C：政府向消费者支付的款项，包括向政府雇员支付工资、向家庭和个人支付现金补助，以及政府向个人进行的其他支付。

G2B：政府向企业支付的款项，包括向供应商、承包商和其他给政府提供商品和服务的供应者支付的采购成本。

C2G：消费者向政府支付的收入和其他税费。

B2G：企业向政府支付的款项，包括企业所得税、增值税和其他费用。

G2G：一个政府实体向另一个政府实体支付的款项，例如中央政府向州或地方政府的支付，或向公共教育和医疗机构的转移支付。

我们分析的一个关键变量是 ρ_k，代表可以通过数字化在政府支付中消除的政府支出和收入中的漏损和欺诈的程度大小。我们回顾了现有关于不同类型支付下漏损和欺诈规模的经验估计的文献。不可否认的是，只有少数此类研究存在，并且报告的有关此类漏损规模的数据的值域很宽。表13.2展示了一些从关于政府向个人和企业支付的漏损规模的文献中找到的例子。

这一分析使用了 ρ_k 的一个取值范围，反映了实际规模的不确定性。对于政府向消费者支付的款项（主要是政府雇员的工资和家庭补贴支付），我们假设漏损和欺诈占支付总价值的15%~25%。对于政府向企业支付的款项（主要用于采购政府购买的商品和服务），我们假设漏损率较小，为此类支付价值的5%~15%。这种假设反映了这样一个事实，即这类支付通常规模更大，更有可能在当时进行审计。对于政府实体之间的支付，出于类似的原因，我们同样假设5%~15%的支付价值会丢失。

最后，对于消费者和企业向政府支付的款项（即后者收取的税费），我们根据所能找到的为数不多的报告假设，支付的5%会被官员侵吞或由于贿赂损失掉。这个数字可能是一个偏低的估计。此外，重要的是，它不包括可能由逃税导致的数额更大的政府收入损失，换句话说，不包括故意低报的个人或企业收入或销售额。我们并不试图衡量逃税的价值，因为减少这种逃税需要从所有来源对个人和企业的收入进行数字化，这超出了本章的研究范围。下面在"分析中未包括的其他潜在利益"部分中，我们将讨论在整个经济体中更广泛地使用数字支付可以如何减少逃税行为。

我们分析的另一个关键变量是 Φ，它表示从现金转为数字支付后每笔支付交易处理成本的减少量。如上所述，对处理成本降低的估计各不相同。来自美国和欧盟等发达经济体的估算一般显示的每笔付款交易成本节省数额更高，为2~3美元，反映了这些地区的劳动力成本较高。在劳动力成本较低的发展中国家，节省的成本较少。根据菲律宾和海地的经验，我们选择0.50~1.20美元作为每笔交易的成本节省数额。

对重点国家和所有发展中国家的结果外推

如上所述，这一分析侧重于跨越地理范畴的7个发展中国家：巴西、中国、印度、印度尼西亚、墨西哥、尼日利亚和南非。这样的选择部分反映了可用数据的质量和粒度，部分反映了每个国家/地区的支付专家检查结果的能力。虽然我们希望在样本中包含更多低收入国家，但不完整的数据使其无法做到。

7个重点国家占所有发展中国家国内生产总值的61%。为了估计所有发展中国家的潜在价值，这一分析使用它们在GDP中的份额来推断结果。理想情况下，我们将获得所有发展中国家现金与数字支付份额的精细数据，这将使外推更加精确。但是，由于缺乏这些数据，我们转而简化了假设，即根据国内生产总值将7个国家的结果推断到所有发展中国家。这会对结果产生负向偏差，因为低收入国家在今天更可能使用现金支付，从而可能会从政府支付数字化中获得更大的收益。

数　据

我们从两个主要来源获取数据。我们从国民收入账户获得2015年不同类型政府支出和收入的价值数据。我们从哈沃分析数据库（Haver Analytics）中获取这些数据，该数据直接从国家财务报表中获取。它涵盖了各级政府——中央、州或省和地方的数据。政府支出数据包括社会服务、工资、补贴、个人和企业补助以及公共安全费用等。政府收入数据主要包括税收、财政服务收入以及其他分红和支付。我们根据国际货币基金组织财政监测（Fiscal Monitor）和世界银行的世界发展指标（World

Development Indicator）数据库交叉检查和丰富了这些数据。①

麦肯锡全球支付地图是另一个重要的数据来源。麦肯锡公司创建了这个专有数据库，以提供全球支付业务的详细视图。这些数据来自公共和私有来源，总数超过 200 个。数据包括个人、企业和政府实体之间的支付流（数量和价值）、每个支付流的渠道（例如现金、支票、预付卡、信用卡、借记卡、自动清算所付款即信用转账和直接借记、电汇）、提供者通过支付活动产生的收入和成本（各种类型的费用和利息收入），以及支付相关设备的库存（例如信用卡和借记卡的数量）。该数据库覆盖全球 45 个国家。通过在不同地理区域采用一致的定义和度量方式，该地图能够提供支付行业具有一致性的全球视图。本章使用了该地图的最新版本，其中包含了截至 2015 年的数据。

为了进行分析，我们从麦肯锡全球支付地图中获得了两个关键数据序列。首先是不同类型的政府支付交易的数量，包括政府收入和支出。我们还获取了以现金和数字方式支付的政府支付份额的估计值。在地图中，这些份额使用各种来源进行估算，以国际清算银行红皮书为起点，同时纳入了从行业数据源获得的每个国家的数据。

结果：政府支付数字化的价值

我们的计算表明，对于大多数国家来说，将政府支付数字化可以创造大约 1% 的 GDP 价值，相当于为所有发展中国家每年创造 2200 亿 ~3200 亿美元的价值（见图 13.2）②，包括通过减少漏损和欺诈以及提高政府支付效率产生的价值。这一区间反映了对每个来源潜在节省的不同假设。

---

① 政府支出、收入数据与国际货币基金组织对巴西和印度的财政监测不同。对巴西来说，这一数据更低，因为我们排除了巴西 Petrobras 等国有企业。印度的数据则有所不同，因为其还包括邦政府支出和收入数据。

② 本章的结果比 McKinsey Global Institute（2016a）中的结果要大。本章使用更新的数据并扩展分析，包括减少欺诈和节省支付处理，并包括 G2G 交易。

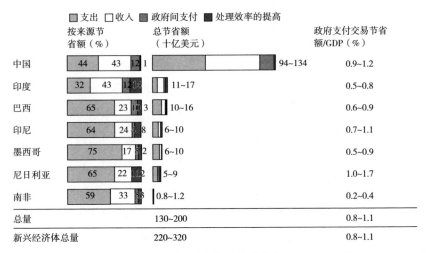

图 13.2　发展中国家政府支付数字化的价值每年为 2200 亿 ~ 3200 亿美元（政府支付交易每年节省额）

注：由于四舍五入，加总数字可能不会严格等于合计值。

资料来源：麦肯锡全球研究院及麦肯锡全球支付地图。

　　总价值中的近一半——所有新兴市场中大多数国家 GDP 的 0.5% 左右，即每年 1050 亿 ~1550 亿美元通过降低处理成本、税收收入和减少政府间支付中的漏损和欺诈性付款等方式累积给政府（见图 13.3）。在这些来源中，对于大多数国家而言，税收收入的漏损和欺诈性付款约占总价值的 2/3。这笔资金直接增加了财政余额，可用于减少赤字、投资基础设施、资助社会计划等。

　　余下部分的价值，即每年 1150 亿 ~1650 亿美元或者国内生产总值的 0.5% 来自向整个经济体中更广泛的参与者支付的漏损。个人可以通过收到全额的工资和补贴获得一定的福利。企业将受益于官员因受阻而无法侵吞支付给企业的商品和服务款项。随着更多公共支出达到预定目标，例如道路和其他基础设施、医疗保健和教育，社会也将受益。

　　数字化政府支付的潜在价值因国家而异，反映了政府通过现金或支票收款或付款的价值。在印度尼西亚和尼日利亚等政府数字支付份额较低的国家中，这一价值特别大。印度尼西亚每年可以获得 60 亿 ~100 亿美元，

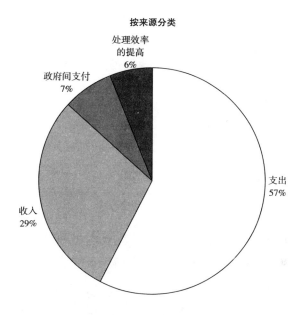

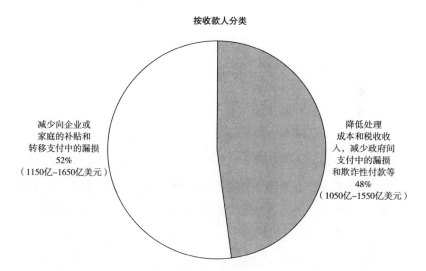

图 13.3　政府支付交易数字化的节省几乎一半都归政府所有

注：由于小数位四舍五入，加总可能不等于 100%。发展中国家政府支付交易每年节省的 100% =2200 亿 ~3200 亿美元。

资料来源：麦肯锡全球研究院和麦肯锡全球支付地图。

占国内生产总值的 1.1%。这反映了政府补贴计划的大部分以及其他付款和收款仍以现金支付。这一价值与印度尼西亚矿物制品行业的年增加值相当。同样，尼日利亚的现金收付款份额也很高。数字化政府支付每年可为尼日利亚带来 50 亿 ~90 亿美元的价值，相当于 GDP 的 1.7%，处于区间高位。

316 　　在南非，政府支付数字化的份额与发达经济体的份额相当，而且进一步扩大的空间较小。尽管如此，我们的分析表明，通过将仍在进行现金交易的政府支付数字化，南非政府可以每年收获高达 12 亿美元（占 GDP 的 0.4%）的价值。

分析中未包括的其他潜在利益

　　我们对政府支付数字化所带来的潜在收益的估计虽然很大，但可能是一个保守的数字，因为其并未试图量化可能显著的二阶效应。有三个重要的类别：改善政府服务的提供，例如改善社会补贴的定向性和降低缺勤率；鼓励整个经济体内的企业和个人更广泛地采用数字支付；减少逃税行为，将经济活动从非正规经济转变为正规经济。

改善政府服务的提供

317 　　转向数字支付使政府能够以多种方式改善服务的提供。首先，教师、医护人员和其他政府雇员的工资支付数字化使他们能够定期而不是偶尔领取工资。这一简单行为已被证明可以降低政府工作人员的缺勤率。例如，在印度，一项研究发现，在拥有可靠的数字化工资支付的邦，教师的出勤率为 90%，而在其他邦只有 60% ~80%（McKinsey & Company，2010）。教师出勤率的提高，提高了教育质量，使学生能够学到更多知识，提高了经济中人力资本的质量。在以数字方式向医护人员支付的体系中也观察到了相同的效果。长期来看，人力资本水平的提高对 GDP 增长会产生积极的影响。

　　数字支付还使政府能够将社会福利定向给最贫困的家庭。例如，巴西在 2003 年将四个现有的现金转移支付计划合并为一个名为 Bolsa Família 的计划后，通过转向数字支付，改善了针对最贫困公民所进行的援助提供情况。新体系将 80% 的福利提供给巴西最贫困的 1/4 人口，该比例较之前安排的 64% 有所提高（Lindert et al.，2007）。与此同时，符合 Bolsa Família 计划的 1240 万户家庭的行政费用已下降超过 3/4，降至 2.6%，而之前这一费用比例为 14.7%（Pickens，Porteous and Rotman，2009）。数字化补贴支付的最后一个好处是提高金融包容性。2000 年，大约 20% 的巴西成年人拥有银行账户（von Mettenheim and de Lima，2014）。截至 2014 年，该比例上升至 68%，在 Bolsa Família 服务对象家庭的成年人中，该比例则上升至 99%。

318

综观各发展中国家，政府通常使用价格补贴而非向有需要的人提供现金。使用数字支付来帮助贫困家庭购买基本商品可以避免市场扭曲。扭曲可能来自对食品、燃料和其他商品的直接补贴，并大大降低项目成本。国际货币基金组织的研究人员估计，全球燃料补贴 43% 的好处给了最富裕的 1/5 的人，因为他们的消费相对较高，而只有 7% 的好处流向最贫困的 1/5 的人（Coady et al.，2015）。在全球范围内，该研究发现，停止燃料补贴可以使政府收入增加 2.9 万亿美元，同时使全球二氧化碳排放量减少 20%，并使与空气污染相关的早逝人数减少 55%。

最后，向有需要的家庭提供数字支付也可以取代以实物分发的补贴，例如向穷人提供小麦、大米和其他粮食的项目。这些项目带来了巨大的后勤挑战，并且可能会发生漏损。例如，印度政府每年花费 210 亿美元用于食品补贴，但补贴小麦的 54%、补贴糖的 48% 和补贴大米的 15% 在到达穷人手中之前就已经漏损丢失（Radcliffe，2016）。为贫困家庭提供数字现金转账可以大幅降低这些成本。在四个国家（厄瓜多尔、尼日尔、乌干达和也门）进行的一项随机对照试验发现，通过借记卡进行的现金转移可以在除尼日尔以外的所有国家实现更好的营养方面的成果，并使四个国家的成本都有所节省，范围是从乌干达的每次转移支付节省 2.96 美元到尼日尔的每次转移支付节省 8.91 美元（Hoddinott et al.，2013）。

促进个人和企业更广泛地使用数字支付

除了数字化政府支付的直接价值以外，其潜在的更大益处是促进整个经济体内数字支付基础设施的发展，并促使企业和个人更广泛地采用数字支付。为了加快这一进程，印度于 2014 年启动了 Pradhan Mantri Jan Dhan Yojana（PMJDY）金融包容性倡议，引导人们开立超过 2.8 亿个新的银行账户，以通过数字方式获得政府补贴（Government of India，2017）。2016 年 11 月，印度进一步令面值为 500 卢比和 1000 卢比的纸币不再流通。这一突如其来的措施造成了以现金为主的供应链的短期中断，但也促使数百万个人和小企业注册了移动支付项目。移动支付和商务平台 Paytm 在现金禁令实施后的三个月内增加了 5000 万新用户，截至 2017 年 3 月，其用户总数增加至 2 亿多。

麦肯锡全球研究院估计，个人、企业和政府广泛采用数字支付可以将新兴市场经济体的 GDP 在 10 年内提高 3.7 万亿美元，即 6%（McKinsey Global Institute，2016a）。这是因为转向数字支付可以使企业、金融机构和个人在进行经济交易时节省大量时间和成本。近 2/3 的 GDP 增长将来自金融和非金融商业及政府的生产力，以及进行数字支付的政府。1/3 的影响来自整个经济体的额外投资，这些投资来自针对个人和中小微企业的更广泛的金融包容性。剩余的一小部分来自个人节省的时间，使得工时可以增加。考虑到这些巨大的经济效益，政府支付数字化所需的成本和投资似乎并不是太高。

数字化支付可以实现更好的税收执行，并可以缩小非正规经济的规模

现金交易作为主导产生了大规模的非正规或"影子"经济，这些企业没有注册实体，不纳税，也不遵守生产或劳动力市场法规。世界银行估计，2007 年非正规经济规模从发达经济体 GDP 的 18% 到发展中国家 GDP 的 50% 不等（Schneider，Buehn and Montenegro，2010）。逃税的成

本可以非常高。例如，印度表示，由于逃税，2016 年税收总额不足 1170
亿美元。这相当于该国 GDP（2 万亿美元）的 6% 左右，超过政府计划当
年在资本市场借款的总额（900 亿美元）（Kumar，2016）。在墨西哥，据
一份报告估计，税率不变的情况下，非正规经济减少 1% 意味着新增 5.6
亿美元的税收收入（Mazzotta and Chakravorti，2014）。

　　企业和消费者从现金转向数字支付，为税务审计员提供了数字踪迹以
用于审查。通过使用可以检测纳税人数字化数据踪迹模式的新分析工具，
审计员可以大大提高他们检测欺诈的能力。在大多数国家和地区，税务部
门每年只审核 5% 或者更少的报税表，但他们并不知道针对的是否是最大
的逃税者。数字支付可以通过生成更多交易数据来提供帮助。在分析模型
中，使用这些数据可以改善对疑似逃税的检测，从而增加每个审计案例中
获得的平均额外收入。与早期算法相比，新的基于过去结果不断改进其性
能的机器学习算法在欺诈检测方面表现出卓越的进步。

　　除了增加税收收入外，将非正规企业纳入正规经济还可以通过给予其
资本获取渠道，使其能够投资和发展，并为更高效的企业创造机会，从而
提高整个经济体的生产力。一旦企业进入正规经济，健康和安全法规的合
规情况也会得到改善。当然，各国政府在寻求扩大数字支付的同时减少逃
税行为，必须采取好的方式：税收执行的突然加强已被证明会产生意料之
外的后果，包括减少非正规公司对数字支付的使用。

320

结　论

　　数字化政府支付和收款可以帮助新兴市场经济体的公共部门在不提高
税率的情况下大幅增加收入，并消除数百亿美元的浪费和欺诈。此外，数
字化支付可以帮助减少腐败和贿赂，使政府支出达到其意愿的目标。该分
析估计其价值约为所有发展中国家 GDP 的 1%，相当于 2015 年所有官方
发展援助的价值。

　　我们的研究结果有几点需要注意。首先，虽然我们使用了可得的最佳

数据，但差距仍然存在，特别是在评估地方和省级政府的现金支付方面。其次，我们没有尝试量化重要的二阶效应，例如改善政府服务提供、减少逃税，以及促进企业和个人更广泛地采用数字支付。如果将这些收益的价值计算在内，尤其是从长期来看，将大大提高政府支付数字化的价值。最后，获得数字化支付的价值需要的不仅仅是对技术的投资。虽然数字支付使官员更难以侵吞政府支付，并提高政府检测欺诈的能力，但政治意愿仍是必需的。目前从腐败中获益的重大既得利益集团将抵制和阻碍变革。

数字化政府支付不是一项小任务，它会带来管理风险。购买和实施新的会计和支付系统需要成本和时间。对于企业和政府而言，此类系统的价值通常来自在部署新系统时对运营流程的重新设计。风险包括与网络安全相关的，以及针对宕机甚至电力故障的 IT 稳健性的风险。向数字支付的转变还要求政府经过缜密思考后制定隐私相关法律，以保护和维护公民和其他居民的信任。

我们认为数字化政府支付对政府来说是一项重大任务，其中许多政府已经面临未满足公共服务需求，并且有大额财政赤字的挑战。但本章的结果表明，政府支付数字化的潜在价值将远远超过成本，并为政府财政余额及社会带来显著的正回报。

321　　关于数字化政府支付的影响及其最有效的方法的进一步研究亟须进行。关于家庭补贴支付漏损的大部分证据来自 2010 年以来印度的一系列研究。需要进行更多关于政府支付数字化对减少全球范围内更多国家的漏损、欺诈和降低管理成本的影响的研究。目前已有至少两项随机对照试验，但不同环境下的试验对于了解局部环境如何对结果产生影响也是非常重要的。此外，还需要研究政府支付数字化的二阶效应，特别是在改善政府服务提供方面，以及对教育和健康结果的影响。最后，新的技术例如区块链正在发展，这可能为高支付效率和创建各种安全、透明的合约开辟新的途径。目前缺乏数字支付系统的发展中国家可能有机会跨越到下一代技术。

数字支付可以实现高效、安全的交易，它是现代经济的命脉。政府可以增加其财政余额，并通过使其自身的支付数字化，从而在促进全社会采用数字化金融方面发挥积极作用，这对所有人来说都是双赢的。

参考文献

Aker, Jenny, Rachid Boumnijel, Amanda McClelland, and Niall Tierney. 2015. "Payment Mechanisms and Anti-Poverty Programs: Evidence from a Mobile Money Cash Transfer Experiment in Niger." Working Paper, Center for Global Development, Washington, D.C.

Arze del Granado, Javier, David Coady, and Robert Gillingham. 2010. "The Unequal Benefits of Fuel Subsidies: A Review of Evidence for Developing Countries." IMF Working Paper 10/202, International Monetary Fund, Washington, D.C.

Babatz, Guillermo. 2013. "Sustained Effort, Saving Billions: Lessons from the Mexican Government's Shift to Electronic Payments." Better Than Cash Alliance, New York.

Banerjee, Abhijit, Esther Duflo, Nathanael Goldberg, Dean Karlan, Robert Osei, William Parienté, Jeremy Shapiro, Bram Thuysbaert, and Christopher Udry. 2015. "A Multifaceted Program Causes Lasting Progress for the Very Poor: Evidence from Six Countries." *Science* 348 (6236).

Banerjee, Shweta S. 2015. "From Cash to Digital Transfers in India: The Story So Far." CGAP Brief, Consultative Group to Assist the Poor, Washington, D.C.

Bangura, Joe Abass. 2016. "Saving Money, Saving Lives: A Case Study on the Benefits of Digitizing Payments to Ebola Response Workers in Sierra Leone." Better Than Cash Alliance, New York.

British Broadcasting Corporation (BBC).2003. "Headcount Reveals Nairobi Scam." March 11.

——. 2011a. "World Bank Report Exposes Zimbabwe Ghost Workers." May 13.

——. 2011b. "Zimbabwe Civil Servants Exposed by World Bank Report." May 13.

Coady, David, Ian Parry, Louis Sears, and Baoping Shang. 2015. "How Large Are Global Energy Subsidies？" IMF Working Paper 15/105, International Monetary Fund, Washington, D.C.

Demirgüç-Kunt, Asli, Leora Klapper, Dorothe Singer, and Peter Van Oudheusden. 2015. "The Global Findex Database 2014: Measuring Financial Inclusion around the World." World Bank Policy Research Working Paper 7255, World Bank, Washington, D.C.

322

Fjeldstad, Odd-Helge, and Joseph Semboja. 2000. "Dilemmas of Fiscal Decentralisation: A Study of Local Government Taxation in Tanzania." *Forum for Development Studies* 27 (1): 7–41.

Frydrych, Jennifer, Claire Scharwatt, and Nicolas Vonthron. 2015. "Paying School Fees with Mobile Money in Côte d' Ivoire: A Public-Private Partnership to Achieve Greater Efficiency." GSMA, London.

Gauthier, Bernard, and Ritva Reinikka. 2007. "Methodological Approaches to the Study of Institutions and Service Delivery: A Review of PETS, QSDS and CRCS." AER Working Paper, African Economic Research Consortium, Nairobi.

Gauthier, Bernard, and Waly Wane. 2007. "Leakage of Public Resources in the Health Sector: An Empirical Investigation of Chad." World Bank Policy Research Working Paper 4351, World Bank, Washington, D.C.

Gelb, Alan, and Caroline Decker. 2012. "Cash at Your Fingertips: Biometric Technology for Transfers in Developing Countries." *Review of Policy Research* 29 (1): 91–117.

Ghana Ministry of Finance. 2012. *Budget Statement and Economic Policy of the Government of Ghana for the 2002 Financial Year.* Accra, Ghana.

Government of India. 2017. *Pradhan Mantri Jan Dhan Yojana—Progress Report.* Ministry of Finance, New Delhi.

——. 2005. "Performance Evaluation of Targeted Public Distribution System." Programme Evaluation Organisation, New Delhi.

Hoddinott, John, Daniel Gilligan, Melissa Hidrobo, Amy Margolies, Shalini Roy, Susanna Sandström, Benjamin Schwab, and Joanna Upton. 2013. "Enhancing WFP' s Capacity and Experience to Design, Implement, Monitor and Evaluate Vouchers and Cash Transfer Programmes: Study Summary." International Food Policy Research Institute, Washington, D.C.

Kireyev, Alexei. 2017. "The Macroeconomics of De-Cashing." IMF Working Paper 17/71, International Monetary Fund, Washington, D.C.

Kumar, M. 2016. "In Need of Cash, India Chases $117 Billion in Elusive Back Taxes." Reuters, April 17.

Lindert, Kathy, Anja Linder, Jason Hobbs, and Bénédicte de la Brière. 2007. "The Nuts and Bolts of Brazil' s Bolsa Família Program: Implementing Conditional Cash Transfers in a Decentralized Context." SP Discussion Paper 0709, World Bank, Washington, D.C.

Mazzotta, Benjamin D., and Bhaskar Chakravorti. 2014. *The Cost of Cash in Mexico, The Institute for Business in the Global Context.* Medford, M.A: Fletcher School of Law and Diplomacy, Tufts University.

McKinsey & Company. 2016. *Global Payments Map.* Washington, D.C.

——. 2010. "Inclusive Growth and Financial Security: The Benefits of E-Payments to Indian Society." McKinsey & Company, Washington, D.C.

McKinsey Global Institute. 2016a. "Digital Finance for All: Powering Inclusive Growth in Emerging Economies." Washington, D.C.

——. 2016b. "The Age of Analytics: Competing in a Data-Driven World." Washington, D.C.

Muchichwa, Nyasha. 2016. *Working without Pay: Wage Theft in Zimbabwe.* Washington, D.C: Solidarity Center.

Muralidharan, Karthik, Paul Niehaus, and Sandip Sukhtankar. 2016. "Building State Capacity: Evidence from Biometric Smartcards in India." *American Economic Review* 106 (10): 2895–2929.

National Institute of Public Finance and Policy (NIPFP). 2012. "A Cost-Benefit Analysis of Aadhaar." New Delhi.

Pickens, Mark, David Porteous, and Sarah Rotman. 2009. "Banking the Poor Via G2P Payments." CGAP Focus Note 58. Consultative Group to Assist the Poor, Washington, D.C.

Price Waterhouse Coopers. 1999. *Tanzania Public Expenditure Review: Health and Education Financial Tracking Study.* Dar es Salaam.

Radcliffe, Dan. 2016. "Digital Payments as a Platform for Improving State Capacity." Center for Global Development, Washington, D.C.

Reinikka, Ritva, and Jakob Svensson. 2004. "Local Capture: Evidence from a Central Government Transfer Program in Uganda." *The Quarterly Journal of Economics* 119 (2): 679–705.

——. 2006. "Using Micro-Surveys to Measure and Explain Corruption." *World Development* 34 (2): 357–370.

Schneider, Friedrich, Andreas Buehn, and Claudio E. Montenegro. 2010. "Shadow Economies All Over the World: New Estimates for 162 Countries from 1999 to 2007." World Bank Policy Research Working Paper 356, World Bank, Washington, D.C.

US Agency for International Development (USAID). 2014. *Digital Finance for Development: A Handbook for USAID Staff.* Washington, D.C.

US Department of Treasury. 2011. Press Release, April 26.

von Mettenheim, Kurt Eberhart, and Maria Fernanda Freire de Lima. 2014. "Monetary Channels of Social Inclusion: A Case Study of Basic Income and The Caixa Econômica Federal in Brazil." *Revista de Administração Pública* 48 (6): 1451–1474.

World Bank. 2004. *Papua New Guinea: Public Expenditure and Service Delivery.* Washington, D.C.

——. 2010. *Public Expenditure Tracking and Service Delivery Survey: Education and Health in Honduras–Main Report.* Washington, D.C: World Bank.

World Economic Forum. 2014. *Future of Government Smart Toolbox.* Geneva.

Zimmerman, Jamie M., Kristy Bohling, and Sarah Rotman Parker. 2014. "Electronic G2P Payments: Evidence from Four Lower-Income Countries." Consultative Group to Assist the Poor, Washington, D.C.

索　引

译后记

历经两年多，这部译著终于即将付梓，回顾起来颇多感触，我印象中最早是2018年接触到这份报告，2019年初我受院党委委托牵头财政大数据研究所平台建设，在研究中无意间看到这个报告的英文版，阅读后如获至宝，每读一遍都有新的体会，当时就想把它尽快译介给国内读者。报告详细探讨了数字化浪潮对公共财政体系的重塑，涉及宏观调控、财政管理、税务管理、扶贫资金、财政信息系统建设等诸多方面，参考文献更是信息丰富，报告对当前国内财政数字化转型以及数字财政建设具有重要的借鉴意义，给我们提供了很多新的视角和技术路径。

本书的翻译过程曾经因无法拿到版权而一度停滞，有幸得到 IMF 财政事务部的黄国华博士的帮助，我通过 email 和本书的主编之一、IMF 财政事务部执行主任桑吉夫·古普塔先生取得联系，得知他已经退休，但是他愿意向更多的国家介绍这部前沿作品。同时本书的翻译亦得益于社会科学文献出版社副总编辑蔡继辉先生、编辑杨轩女士等在对外知识产权协商以及编辑过程中给予的大力支持。

本书翻译和审校过程中得到了刘尚希院长、傅志华副院长的悉心指导。其他参与本书翻译的学生有：中国财政科学研究院 2016 级博士梁城城、2018 级财政学博士刘彼得，2018 级财政学硕士朱慧、李珂，对他们认真的工作表示感谢，公共收入中心的施文泼副研究员对税收部分内容做了审校工作，我本人主要负责最后的总审校。由于本书内容涉及面广，尽管我们做了认真的译校工作，但不可否认仍存有瑕疵，请各位业界同仁不吝指正。

王志刚

2021 年 9 月于北京

译校者简介

译者简介

本书由中国财政科学研究院财政大数据研究所组织翻译。中国财政科学研究院财政大数据研究所（BDIF-CAFS）成立于2019年2月，是中国财政科学研究院根据财政改革与工作需要设立的新型开放性科研平台，以"促进中国财政决策科学化、专业化、智能化"为宗旨，汇集国内外专家学者智慧，借鉴国际先进经验，结合中国的现实国情和体制特征，聚焦基于数据的财经政策研究，跟踪财政科技创新进展，探索建设国内最权威、全面的财政大数据平台并开展相关研究，为政策制定者和企业提供高质量的决策依据。

梁城城，中国宏观经济研究院投资研究所助理研究员，经济学博士，研究方向为财政理论与政策、房地产经济。

刘彼得，中国财政科学研究院财政学博士研究生，研究方向为财政理论与政策。

朱慧，中国财政科学研究院财政学硕士研究生，研究方向为公共财政。

李珂，中国财政科学研究院财政学硕士研究生，研究方向为公共财政。

审校者简介

刘尚希，经济学博士，研究员、博士生导师。中国财政科学研究院党委书记兼院长，高端智库首席专家。第十三届全国政协委员，国务院政府特殊津贴专家。曾多次受邀参加中央领导同志主持的包括国务院、全国人大、全国政协的座谈会、研讨会和专题学习会等。注重从风险和不确定性出发来研究经济社会问题，对收入分配、公共风险、财政风险、公共财政、宏观经济、公共治理等问题有创新性的探索成果。

傅志华，经济学博士、研究员、博士研究生导师。中国财政科学研究院副院长，兼任中国财政学会常务理事兼副秘书长，中国财政学会地方财政研究专业委员会主任委员。先后从事过国际问题研究、新闻和财经问题研究工作。长期专注于财政经济理论与政策研究，重点涉及财政经济安全、区域（地方）财政经济、能源与环境财税政策、外国财政经济问题等。

王志刚，经济学博士，研究员，博士生导师，国家信息中心理论经济学博士后。2005 年毕业于北京大学光华管理学院国民经济学专业。现任中国财政科学研究院宏观经济研究中心副主任，财政大数据研究所所长。第五届中央国家机关青联委员、第十二届全国青联委员。研究领域为宏观经济学、政府债务、数字财政。

图书在版编目（CIP）数据

公共财政的数字化变革 / (印) 桑吉夫·古普塔等著; 中国财政科学研究院财政大数据研究所译. -- 北京：社会科学文献出版社，2021.11
书名原文：Digital Revolutions in Public Finance
ISBN 978-7-5201-8653-7

Ⅰ.①公…　Ⅱ.①桑…②中…　Ⅲ.①公共财政－财政管理－研究　Ⅳ.①F810.2

中国版本图书馆CIP数据核字（2021）第138168号

公共财政的数字化变革

著　　者 / 〔印〕桑吉夫·古普塔　　〔英〕迈克尔·基恩　　〔英〕阿尔帕·沙阿
　　　　　　〔加〕吉纳维芙·维迪尔　等
译　　者 / 中国财政科学研究院财政大数据研究所
审　　校 / 刘尚希　傅志华　王志刚

出 版 人 / 王利民
组稿编辑 / 蔡继辉
责任编辑 / 杨　轩
文稿编辑 / 陈丽丽
责任印制 / 王京美

出　　版 / 社会科学文献出版社 （010）59367069
　　　　　　地址：北京市北三环中路甲29号院华龙大厦　邮编：100029
　　　　　　网址：www.ssap.com.cn
发　　行 / 市场营销中心 （010）59367081　59367083
印　　装 / 三河市东方印刷有限公司

规　　格 / 开 本：787mm×1092mm 1/16
　　　　　　印 张：25.5　字 数：380千字
版　　次 / 2021年11月第1版　2021年11月第1次印刷
书　　号 / ISBN 978-7-5201-8653-7
著作权合同
登 记 号 / 图字01-2021-2418号
定　　价 / 128.00元

本书如有印装质量问题，请与读者服务中心（010-59367028）联系